私は自由なのかもしれない

〈責任という自由〉の形而上学

斎藤慶典

慶應義塾大学出版会

私は自由なのかもしれない　目次

凡例

・本書で引用ないし参照した文献の詳細な書誌情報は、巻末に「文献一覧」として纏めた。本文ならびに註でそれらに言及する際には、原則として著者名と出版年のみを記す。

・外国語文献の引用に当たっては、邦訳書の存在するものは参照して多くを教えられたが、文体の統一その他の理由で必ずしもそれに従っていない。訳者のご寛恕を乞うと共に、この場を借りて謝意を表させていただく。

・頻繁に引用する一部の外国語文献については略号を用い、原書頁付け／邦訳書頁付けをこの順で並記した。

・引用文中の……は中略を、／は改行を表わす。中略の場合に、本論での議論の進行に合わせて、引用文の順序を入れ替えた場合がある。引用者による補いは〔 〕で括った。また、強調は引用者によるものであり、原著者によるものはその旨註記した。

・文意を取りやすくするために意味上の纏まりを明示する際は、〈 〉で括った。

はじめに

本書の目的は、私が自由なのかもしれないことの論証である。それは、私が自由であることの論証ではない。本書は、事柄の性質上この後者の論証が不可能である事情をも明らかにすることになるだろう。それが不可能なのは、自由が優れて形而上的な事態だからなのだ。本書の議論の骨子を極めて大まかに予め呈示するなら、それは次のようなものである。

「何ごと／ものかを私の名の下に担って、それを他者へと差し出す」ことができて初めて、私は自由と成る。このときの「何かを私の名の下に担う」ことが「責任」であり、この「担う」ことは取りも直さず他者へと向けて「私が何者であるか」を顕わにする。ここで「他者」とはいかにしても私の権能が及ばないものの謂いであり、それは何にも増して「他人」と「私自身の死」として私に切迫する。すぐ後で述べるように、この「私から他者へ」という動向が「倫理」にほかならない。この動向の向かう先があくまで「他者」であって、「他人」に限定されないことを（必ず「他人」を含むにしても）憶えておいてほしい。

だが、私を自由な者とするこの動向は、「そうでありうる」という仕方でしか成り立たない。「倫理」を偽る、すなわち偽善ということが常に可能だからだ（この偽善の内には、自己欺瞞も含まれる）。かつ、この動向の内実は、さまざまな要因によって容易にその実現が阻害される。こうした意味で、それは「脆い」。それは可能性においてのみ存立するのであり、このことを本書は「純粋な可能性」と呼ぶ。斯くして自由は、その「脆さ」の故にこの「可能性」をあくまで可能性としてもち堪え・護るために、かつ、その内実の空洞化を可能なかぎり避けるために、「正しさ＝公正さ」を基本原理とする共同体の構築（＝政治）を要請する。

ところで倫理だが、それは「よく生きる」ことの追求だと言われる。そのことに異存はないが、その場合の「よさ」とは何か。それが私にとっての何らかの利益（「私のために」、つまり広い意味での——私の家族や、私が属する共同体や種《ホモ・サピエンス》を含む——エゴイズム）であるなら自然界の生物にとってその追求は当然であり、全ての生物は放っておいてもそれを追求する。生存本能が、それを私に命ずるからだ。したがってこの追求は、現に全ての生物がそれを行なっているという意味で、事実に属する。

これに対して、もし「他者のために」といったことが追求されるとしたら、それは生命と自然の論理からは出てこない（この意味で）「異常な」事態である（それは生命と自然の論理＝フィジックスの外部に位置するのだから、メタ・フィジカル＝形而上的な事態である）。だが、そんなことがもし可能なら、それは大いに「よい」ことなのではないか。現にそれが追求されているか否かは定かでないが（それは事実の次元にないからだ）、それは追求されるに値する（すなわち「よい」）のではないか。そう言ってよいなら、「よさ」とは「（私が）他者のために」ということ——「私から他者へ」というあの動向——にほかならない。そうであれば、〈「よく生きる」ことの追求としての倫理〉は「他者のために」の追求以外ではない。

他方、「正しさ＝公正さ」とは、私も他人も含めて皆を等しく取り扱うこと、すなわち「皆のために」である。したがって本書は、「よさ」（＝「他者のために」）をその可能性の内で保持するために「正しさ」（＝「皆のために」）が要請されるに至るその途筋を明らかにしなければならない。つまり本書は、倫理が政治を要請するのはどのような事情の下でなのかを解明しようと試みることになる。

この試みを駆動しているのは、「よさ」といったことが可能なのかもしれないという驚きである。そしてこの可能性の中核にあるのが、〈責任という自由〉なのだ。私がおのれの名の下に（つまり、ほかならぬ私がそれを欲するという仕方で）何かを担い（これが〈責任という自由〉である）、そのことが取りも直さず、担われたそれを他者へと向けて（他者のために）差し出すことであるなら（これが倫理だった）、それは「よい」ことであり、その「よさ」をあくまでその可能性においてもち堪えるために私は「正しさ」に基づく共同体の構築に向かうのである。

したがって、本書の議論の全ては〈責任という自由〉の可能性の検討——もしそれが可能なら、それはどのようにしてか——へと収斂し、そしてそこから派生する。倫理がそれなしには成り立たない自由の可能性を検討するためには私たちの世界の存立構造を解明する存在論から始める必要があり（自由は存在の新たな可能性だからだ）、このようにして存在の新たな可能性として自由が視野に入ることを通じて、その存立を曲がりなりにも確保するために最終的には政治が不可欠であることが帰結するのである。

右にその骨子を示した議論を、本書は序章と三つの部に配された五つの章において展開する。**序章「ある」に訪れた危機**は、私たちの世界の成り立ちと在りよう（存在の仕方＝存在構制 Seinsverfassung）に考察を集中する。本書の主題である「責任という自由」は、私たちの世界が存在するその仕方の内に深く織り込まれているからだ。本章が取り組むのは、私たちの世界が幾つかの「危機」、ないし「突破」を経ることで成り立っているのではないかという問いである。今「成り立っているのではないか」と推定するような口調で述べたのは、そこでの考察が形而上的考察、つまり何ごとかを演繹や検証によって証明することの叶わない次元の中を動くからだ。演繹や検証が為されるためには、根拠の提示や実地の経験が可能でなければならない。ところが、本章がこの現実の成立にとって決定的だと考える「危機」ないし「突破」は、それに根拠を与えることも実際に経験することも不可能なのだ。したがって、それが生命と自然の論理の外部に位置する事態であることは言うまでもない。「責任という自由」は、その根をこの形而上の次元に有している。

とはいえ、それは決してどこか縁遠い世界の話ではない。最も身近には、私自身の誕生と死を考えてみればよい。なぜ私が、斎藤慶典（ここにあなたの名を入れて読んでほしい）という特定の人物として生まれねばならなかったのか。いや、それが誰（という人物）であれ、そもそもなぜ私が生まれねばならなかったのか。もちろん、特定の人物がそのような人物であることには、それなりの原因や理由がある。親から受け継いだ遺伝的要因や、生まれ育った環境とそこでの経験がそれに答えてくれるだろう。だが、そのような人物の内の特定の者が、なぜ私なのか。私は、その特定の者でなくても構わなかったのではないか。そもそも私が存在しなくても、よかったのではないか。

この問いに、あなたは答えることができるだろうか。その理由を、すなわち根拠を、与えることができるだろうか。ところでその当の私は、間違いなく死ぬのである。だが、その死を私は経験することができないのだ。死とは私の存在の喪失にほかならないのだから、存在しないものがそれを経験することはできない。このように、根拠も定かでなければ経験も覚束ない誕生と死に挟まれるようにして、私は〈いま・ここで＝現に〉「ある」、すなわち存在している。このことを、いったいどう理解したらよいのか。

それを曲がりなりにも理解するために為されるのが、形而上的考察である。つまりその考察は、このようにでも考えてみればそれなりに筋を通すことができ、少なくとも私はその筋に乗っておのれの存在を、つまり〈いま・ここで＝現に〉「ある」ことを全うするに吝《やぶさ》かでない、といった類いのものなのだ。そんな考察を私がここであなたに差し出すのは、ひょっとしたらそれが、あなたがあなたの存在を理解するにあたっての叩き台になるかもしれないと思うからに過ぎない（尤もこの場合の「理解」は、すでにふつうのそれとは大きく異なっている可能性が高いのだが）。そんなことを私が思うのは、今述べたような仕方で私たちがおのれの誕生や死に思いを寄せることができる以上、どうやら私たちはすでにして形而上的存在であるらしいと見定めたからだ。そして本書は、何にも増して責任と自由こそ（両者は、「責任という自由」という仕方で切り離し難く結び付いているのだが）、私たちのそのような存在の仕方と不可分であることを示そうとして書かれた。根拠を与えることも経験することもできないおのれの誕生と死にあたかも居合わせているかのように出会うことで、私は自由の可能性に開かれるのだ。

　そこで、「危機」と「突破」である。これらは、何ものかの（何よりもこの世界の）存在の仕方が決定的に変容を被る事態（「存在の位相転換」と言ってもよい）を指し示している。この世界は、なぜか存在している。だが、それはなくてもよかったのではないか。そう言ってよいなら、世界は「ない」から「ある」への位相転換を被ったのだ。「ない」が「危機」に瀕して、「ある」へとおのれを「突破」したのである。だが世界は、ただ「ある」だけでもよかったのではないか。ところが世界は私たちの下では、ただ「ある」のではなく、何かが何かとして姿を現わすという仕方で「ある」。すなわち、世界は「現象」している。そうであれば世界は、「ある（存在）」から「現象」へと立ち出《い》でたのだ。この「現象」することが、世界の根本形式なのである。しかし世界は、いつまでも現象しつづけるのだろうか。少なくとも、私においてはそうでない。私の下でもはや世界が姿を現わすことのないときが、いつか必ずやって来る。そのとき私は、単なる「ある」に還るのだろうか、それとも「無」に帰すのだろうか。後者の場合、それは、ひとたび失われたら二度と還ってこないものが、すなわち唯一無二のものがありうることを示唆しないか。

このようにして、以後本書がその中を動くことになる思考の空間が設定される。思考はこの空間を、「危機」ないし「突破」に導かれて歩んでゆくことになるのだ。では、「危機」ないし「突破」といった事態は、いかにして可能となったのか。それが可能となるためには、おのれを絶えず破棄して乗り越えてゆこうとする「力」の如きものをこの世界の根底に想定しなければならない。と同時に、この「力」の及ぶ射程が検討されねばならない。「力」が（単に自身の下にとどまるのでなく）おのれを押し開き・弾けるためには、はたして当の「力」だけで充分なのかが問われうるからだ。

「力」が弾けるためには、何か弾ける「先」のようなものが——あるいはその「破れ」のようなものが——孕まれねばならないのではないか。この「先」は——あるいは「破れ」は——、いったいどこから「力」に到来したのか。「力」が力であるためには、何かその「外部」の如きもの、その「他者」を要請しはしないか。あるいは、その「外部」ないし「他者」を被ることで初めて、「力」は力たりうるのではないか。思考がここで直面しているのは、先の「ない」から「ある」への位相転換である。それはもはや（あるいは、いまだ）、「突破」ですらない可能性があるのだ。仮にそうだとして、どうして思考はそれに直面しえたのか。それは、「ある」が徹頭徹尾「ない」に曝し出されていることの発見に等しいのではないか。

第Ⅰ部は、**自由**を主題とする。**第一章　「私」という単独者**　は、その前半で私たちの生きる自然の存在構制を、現代科学の新たな動向を参照しながら〈「創発」による「基付け」関係〉として捉える。

物質的存在秩序からの生命的存在秩序の成立、後者の内での（自動化された無意識の生命維持システムとしての）「心」から（現象する認知対象を明確な輪郭を具えた「何」かとして熟慮する）「意識」の成立、これらを理解可能なものとするのは、これまで殆んど注目されなかったり非科学的とされてきた「創発」と「基付け」を不可分のものとして結び付け、それを存在論上の概念にまで精錬する作業である。すなわち、或る存在秩序は、その内に孕まれた「エネルギー」の昂進によって或る時点で（予測も演繹もできない仕方で）全く新たな存在秩序へと移行し（「創発」である）、そのようにして成立した新たな秩序は以前のそれに「支え」られつつそれを「包む」のだ（「基付け」である）。このようにして自然は、飛躍（ないし断絶）を介してそのつど連続性を新たに打ち立ててきた。そして、或る種の自発性の下で可能となる自動化された反応が、時空的隔たりを介した〈反応の猶予〉としての熟慮と成るとき、ふつう私たちが自由と呼んでいるものが姿を現わす。

第一章後半は、こうした自由の担い手と目される個体たちの間で形成される共同体の可能な姿を、尊厳という観点から考察する。しばしば、自然（ないし被造物）の尊厳、人間の尊厳、他者の尊厳といったことが言われる。だが、それらが尊厳の名に値するのは、何を以ってしてなのか。そこには、全く由来の異なる二つの視点が混在しているように思われるのだ。すなわち、「等しい者たち」の視点と「単独者」の視点である。前者においては相克する自由の調整が、後者においては単独者たる私がその力の一切及ばないものに〈何もの／ごとかを担う〉という仕方で応ずることとしての自由が、それぞれ問題となる。そしてそのいずれもが、本書最終章が取り組む責任という事態に深く関わっているのである。

第二章　私は自由なのかもしれない　は、何かが何かとして現象することを可能とする「想像力」に注目する。それは、〈ただ「ある」〉ことから距離を取る能力、何かを「ない」の光の下で初めて存在の理解へともたらす能力として、私たちの世界の根幹を成す能力なのだ。この能力が私たちの下で「純粋な可能性」という新たな次元を開き、この次元において、そしてこの次元においてのみ、自由がその本来の意味を獲得する次第が論じられる。この議論の対話相手となるのは、ジョン・ロックに端を発する現代英語圏の哲学における自由論である。この対話を通して、何もの／ごとかを「よし」としておのれの名の下に「欲する」ことのできる「意欲」の主体の成立が自由にとって決定的であること、ならびに因果必然性と自由は両立可能であること、更には、別様に行為も意志もできないときですら自由は可能であること――むしろこの場合にこそ、自由の構造が鮮明に現われること――が示される。本章の結論を簡潔に述べれば、次のようになる。「ひょっとしたら、私は自由なのかもしれない」。これは、決してネガティヴな結論ではない。そうではなく、自然の中には存在しない或る新たな次元が開かれたことを告知するものなのである。

第Ⅱ部は、現代においてあらためて自由と責任の関係を考え直す上で重要な業績を遺した二人の哲学者、ハンス・ヨナスとハンナ・アレントの検討に充てられる。それぞれの哲学の鍵語、**生命と行為**が主題となる。**第三章　生命は存在の目的か**は、**ヨナス**の世代間倫理を検討の対象とする。自然の中に生命がその目的として存在することを存在論的に基礎付けようとする彼の議論にとって要の位置を占めるとされる心身（心脳）関係論が、その随伴現象説批判においても、創発説批判においても何ら積極的な成果を上げえていないことが、最初に示される。心ないし意識（それは生命という新たな存在秩序の成立の内に、初めから織り込まれている）が自然の内で占める存在論上の地位を明らかにしえなかったことの帰結として、この次元の内に懐胎する自由の本質についての洞察も阻まれる。だがヨナスの議論は、その存在論的＝形而上学的目論見の失敗にも拘わらず、生命に固有の論理の探究を通して以下の点を示唆する地点にまで達している。すなわち、生命は自然の目的ではなく、自然を貫き・支える或る「力」がその昂進の果てにおのれを突破したとき、姿を現わしたのである。

次いで、こうした「力」の形而上学の観点から、彼の世代間倫理を支える責任――未来世代に対する現在世代の責任――という原理が〈生命の自己保存〉という本能の次元に位置するものの補完物に過ぎない可能性が指摘され（これを本書は「道徳」と名付ける）、そこに〈何もの／ごとかを自らの名の下に担う〉「倫理」の主体の成立に関わる議論が欠落していることが示される。この〈自らの名の下に担う〉ことを以って初めて、私は自由の名に値する者と成るのである。この論点に関わる考察を、彼の「感情」論の中に探る余地がある。

彼は感情を、道徳が命ずる当為を主体が意志するよう根拠付ける心（理）的要因として重視する（それどころか、道徳にとって「最も基本的な所与」とすら位置付ける）が、本書はそれを〈一方的に到来する何ものかをそのようなものとして受け止め、その受け止めることを通して受け止められたものに――最終的には、受け止めることそのことに――応答する能力〉として捉え直す。そして、この応答が「応答しないことのできない応答」として、応答する私を唯一にして固有の者、すなわち単独者とすることを以って、〈到来する他者におのれを自らの名の下に担って向かうこと〉を私に可能にし、このようにして私を自由な者とする次第を示す。

第四章　倫理は行為たりうるか　は、公共的な政治空間における「行為」に私たちの自由が実現する場を見出そうとした**アレント**を検討する。彼女は私たち人間の活動を、生命の維持のために日々同じことを汲々として繰り返す「労働」、生成消滅の中にある個々の生命体を超えて存続する「物」たちから成る「世界」を樹立する「制作」、公共の場でおのれの「誰であるか」を実現することで栄光に包まれる「行為」に区分し、古代ギリシアにおいて一旦は成立した「行為」を現代に取り戻そうと試みる。それこそが、何かを「新たに始めること」としての「自由」が存立する場だというのである。本章はこうした彼女の議論の中に、「労働」――それは生命の自己維持を論理の基本とする――が私たちの生の中で占める基底性に対する洞察と、それとは全く次元を異にする「倫理」――それは「私が（から）他者のために（へ）」という動向によって成り立つのだった――が本質的に「隠されたもの」にとどまらざるをえないことに対する洞察を認める。

しかし、彼女にあって労働は後に遺すべき何ものも生み出さないが故に軽蔑の対象となり、倫理は光に充ちた公共の空間に入ることができないが故に考察の対象から除外される。これに対して本章は、労働を全ての支えとしておのれの生に包んだ上で営まれる共同の生としての政治――それは、当の共同の生の維持を誰にとっても明らかな目的として共有し、その目的のために有効な制度を制作する活動（「皆のために」）として営まれる――が、倫理をその可能性の内にあくまで保持する途筋を追究する。この追究に欠かせないのが、「新たに始めること」としての自由がいかにして可能になるかについての原理的な考察である。ところが彼女の議論においては、人間の「誕生」がそのまま「新たに始めること」と重ね合わされてしまうため、自由が人間にとって自明の所与と化してしまい、この原理的な考察が欠落したままなのだ。これに対して本章は、私があたかもその起源――誕生――に居合わせるかのようにしてそれを「よし」としうるところに、自由の存立の場を見る。これが主体の誕生であり、その主体の下で初めて自由がその全貌を顕わにする。併せて、彼女のデカルトに対する誤解が、このようにして主体がそこにおいて立ち上がる現場に彼女の思考が立ち入ることを阻んでいる次第が示される。

第Ⅲ部は、何もの／ごとかを私の名の下に担うこと、すなわち**責任**が私を初めて自由にする次第の徹底した解明を課題とする。この課題を**ハイデガーとレヴィナス**の所論の検討を通じて遂行するのが、**第五章　責任という自由**である。私たちの現実を根底で支える動向を、ハイデガーは「実存＝脱自」として提示する。それは、何ものかが絶えずおのれを乗り越えて止むことのない動向の謂いにほかならず、本書はそれを「力の昂進」ないし「存在の過剰」と呼んだ。この動向の下で世界が〈いま・ここで＝現に〉「ある」ところのもの、すなわち「自己」として披かれるのだ。だがこの「自己」は、いまだ「主体」ではない。それがおのれの名の下に何かを担って立つことを以って自由な者と成るためには、幾つもの過程を経る必要がある。しかし、この一連の過程を導くのも、先の「実存＝脱自」の動向なのだ。この動向がおのれの存立をもはや不可能とするその究極の地点、すなわち「無」にまで達したとき、そこに「おのれに固有」ということが可能となる新たな次元が開けるのである。

この新たな次元に向けての歩みは、事実性・可能性（能力性）・必然性・肯定性という四つの段階ないし存在様相を潜り抜けることで漸く完遂される。世界が〈現に〉「ある」ところのものとして開示されること自体は全てに先行し、全てがそれを被るしかない事実性である。だがこの事実に、自己はそれをおのれが欲したものとして関わることができる。すなわち、可能性（能力性）である。そればかりではない。この事実にどのような仕方であれ関わることのできる者は、この自己を措いてほかにないのだ。これはすなわち、自己はこの事実に関わらないでいることができないことに等しい。関わらないという選択も、自己の選択となってしまうからだ。この必然性を自己が認めたとき（ハイデガーが「決意性」と名付けたのはこの事態以外ではない）、それは肯定性に転化する。世界が〈現に〉「ある」ことそのことを、私は自らの名の下に担ったのだ。このことを以って私は、自らの起源に立つ。すなわち、私は自由な者と成ったのである。

このようにして自由と成った私は、個別の具体的状況の中でそのつどおのれの事実性を反復しつつ（おのれの過去を受け止め直しつつ）可能性として開かれたままの将来へ向かっておのれを投げ掛けてゆく（選択してゆく）のだが、そのつど私がその固有性に照らしてどのような選択をしたらよいのかは未規定なままであり（それが自由ということなのだ）、かつ確定することがない（自由が純粋な可能性の次元に位置するものだからだ）。このような私は、その成り立ちからして（時間的・空間的にどこまでも延び拡がる）世界の／という全てを——その中に存在する他人たちをも含めて——担う唯一の者なのだが、そのかぎりで「歴史的・共同的」に存在している。このときの「歴史」性と「共同」性とはいかなる事態なのかが、あらためて検討されねばならない。

この検討を経て明らかになるのは、唯一の者である私がおのれの名の下に担い・応ずる「歴史」と「共同体」は（想像力が樹立する）私の「思い」の内にのみ姿を現わす原理的に「隠されたもの」であらざるをえず、かつその存立を「思い」の内で維持するためには「顕わなもの」の次元へと移行せねばならない事情である。これを本書は、レヴィナスとの対話を通して「倫理」から「政治」へ、「よさ」から「正しさ」へ、「応答（という仕方での共同性）」から「国家（という仕方での共同性）」への移行と変容の必然性として論ずる。私が〈何もの／ごとかをおのれの名の下に担う〉ことで姿を現わした自由という未曾有の事態は、その存立を「純粋な可能性」の内で堅持するために「国家」を要請するのである。「政治の存在理由は自由」（アレント）なのだ。

序章　「ある」に訪れた危機

本章の議論を、いや、本書全体を、一つの「お話」と看做してもらってよい。すなわち、私たちの世界、この現実は、見ようによってはこのようにも見えるという、一つの「お話」である。このお話は、それがお話としてそれなりに筋が通っている（首尾一貫している）ように思われたなら、そこから私たちがおのれの生きるこの現実についてあらためて考えるための材料を得ることができるかもしれないような、そんな類いのお話なのだ。そのようなお話のことを、古来哲学は「形而上学」と呼び習わしてきた。すなわち形而上学とは、私たちがいかにしても経験することができないにも拘わらず、私たちが私たちであることにとって無縁ではありえない事柄について、それらが経験の対象ではないが故にお話の体裁を取って遂行される思考のことなのである。本章において〈いかにしても経験できないにも拘わらず、決して無縁ではありえないもの〉とは、私たち自身の誕生と死にほかならない。それらが「危機」以外の何ものでもないこと、そしてそのことがいったい何を意味するのかをめぐって、本章の議論は展開する。本章の表題に「危機」を掲げた所以である。

危機（Krisis, Krise）は単なる危険（Gefahr）ではない。危機とは、或るもの（状態）がそれと全く異なるもの（状態）へ、場合によっては正反対のそれへと転ずるその分水嶺、瀬戸際に立つことだ。これに対して危険は、或るもの（状態）に生ずる害や損失であり、その程度によって危機にまで発展することもあれば、そこまでには至らない場合もある。「怪我をする危険がある」とは言うが、「怪我をする危機がある」と言わないのは、このためである。

さて、世界は私たちの下で、すなわち〈いま・ここで＝現に〉[1]、二つの危機に関わっているように思われる。第一の危機は〈いま・ここで＝現に〉いつもすでに乗り越えられてしまっている危機であり、第二の危機は〈いま・ここで＝現に〉つねに切迫して熄むことがないにも拘わらず、当の〈いま・ここで＝現に〉が決してそれの向こうに行くことのできない危機である。世界は、それが〈いま・ここで＝現に〉存在しているかぎりで、すなわち私たちの下で、つねにこの二つの危機に差し挟まれるようにして、両者の狭間にある。ここで「私たち」とは、世界が〈いま・ここで＝現に（da）〉存在することにつねに居合わせている者（「現存在」Dasein）のことにほかならない。そして、「私たち」をこのように定義し直したのがマルティン・ハイデガー（一八八九―一九七六）である。したがって、本章の議論は、彼との対話を一つの手掛かりとして展開されることになる。

この「狭間にあること」において何ものかがひとたび何ものかとしておのれを顕わにしたなら、もはや決してそのことを抹消し得ない（なかったことにできない）という仕方で、かつ同時に、当の何ものかがひとたび失われたなら（必ずやそれは失われるのだが）、もはや二度と同じものが帰って来ることはないという仕方で、何ものかがそのものにのみ固有なものとして姿を現わす。私たちの下で危機は、固有性という次元を開くのである。何かがおのれに固有であって二つとして同じものがないということ、すなわち何かが唯一のものであることが、ひょっとしたら可能かもしれないのだ（だが、それがあくまで〈ひょっとしたら可能かもしれない〉ものであることを、忘れないようにしよう）。このようにして、私たちの下で危機と固有性が不可分のものとして結び付くのであり、かつ、この結び付きは当の危機自体が固有のものであることに由来するかぎりで、それは危機の固有性でもある。どうしてそうなのだろうか。このことの次第を、以下で見ていくことにしよう。

1　存在＝現象

〈いま・ここで＝現に〉

世界は私たちの下で、〈いま・ここで＝現に〉ある。すなわち、存在している。世界は〈いま・ここで＝現に〉あるところのものとして、私たちの下で姿を現わしている。すなわち、現象している。かつてハイデガーは、「ある＝存在する」が（理解されたところのものとして）〈いま・ここで＝現に〉「姿を現わす＝現象する」この事態を、あるいはこの事態が成立する次元を、「現存在」と呼んだ。現存在において「ある（存在）」は、それが「姿を現わすこと（現象）」と等しくなったのであり、存在と現象が相覆う次元ないし場所が現存在なのである。

では、存在と現象はどのような仕方で覆い合っているのか。すでに述べたように、それらは「理解」されることにおいて相覆うのだ。全ては「ある」ところのものとして理解されて「姿を現わす」。私たちの下で何かが何かとして姿を現わしたとき、それはすでにどんな仕方であれ「ある」ところのものとして理解されて姿を現わすのであり、斯くして「ある（存在）」もまたこの理解の下で（理解の対象として）姿を現わす。そして、理解されたところのものとは「意味」にほかならないのであってみれば、およそ何ものかが現象することを可能にしているのは意味なのだ。何ものかが「意味」という仕方で姿を現わすこと、そのようにして「ある（存在）」と「現われ（現象）」が相覆うこと、本書はこれを「生命」という存在秩序の成立として捉える。[2] 全てが何らかの仕方で「ある」ところのものとして、その「意味」において〈いま・ここで＝現に〉「姿を現わす」こと、それが「現存在（現にあること）」なのであり、この「現存在」に意味を（理）解する者として参与する不可欠の成員（メンバー）、それが私たちなのである。[3]

ここで「私たち」とは、「ある（存在）」が意味において姿を現わす現場（〈いま・ここで＝現に〉）であることを以って定義されていることを忘れてはならない。存在と現象が重なり合う現場に不可欠の成員として参与するのが私たちなのであって、その現場が人間なのか、それ以外の者（たとえば他の動物たち）も含むのかは、予め定まっているわけではないのだ。それどころか、その現場が厳密には私のみなのか他人たちも含むのかですら、予め明らかであるとはかぎらない。つまり、この現場を「私たち」と呼ぶのは仮の名に過ぎず、「〈いま・ここで＝現に〉存在が現象へと立ち出でているところ」、そこが問題なのである。

視点・場所が披かれる

今、存在が現象へと「立ち出でる」と述べた。なぜ、「立ち出でる」なのだろうか。「ある」が姿を現わすためには（存在が現象するためには）、「ある」がそれに対しておのれを顕わにするところの視点のようなものが披けているのでなければならないはずだ。存在がそこにおいて姿を現わす場所が披けているのでなければならない、と言ってもよい。「ある」が姿を現わすためには、「ある」が端的な「ある」にとどまっているのではなく（ただ「ある」のではなく）、「ある」からの距離ないし隔たりのようなものが必要なのだ。ちょうど、何かを見るためには、見て取られる当のものから適当な距離を取らなければならないように、である。この距離ないし隔たりが、「ある」がそれに対して姿を現わすところの視点、存在がそこにおいて顕わとなるところの場所なのだ。そのような視点ないし場所が披かれる、と言ってもよい。

つまり、「ある」が端的におのれ自身の下にとどまっている状態から、おのれに対して距離を隔てる状態へと移行することを以って、「現象する」ということが可能となる。それは、「ある」が端的な「ある」からその外の披かれた場所へと立ち出でることにほかならない。すなわち存在は、今や現象へと立ち出でたのだ。まるで存在が、言ってみればその強度を昂《たか》めることによってもはやおのれの下にとどまっていることができなくなり、おのれの外に溢れ出してしまったかのようなのである。その溢れ出た先が、存在がおのれを顕わにする（存在が自らを現象へともたらす）或る披かれた場所なのだ。存在の強度の昂進、この点にはのちにあらためて立ち返る。ここでは次の点だけを確認しておこう。危機は、「存在の強度の昂進」によってもたらされる。この危機が現実のものとなったとき、存在はその位相を根本から新たにする。すなわち、位相転換を被る。この位相転換を、一つの位相から別の位相への「突破」と捉えることができる。位相転換を惹き起こしたのは、「存在の強度」という或る種の「力」だからだ。[4]

何かとしてある

存在が現象へと立ち出でたこの次元は、どのような「あり」方をしているだろうか。この次元の存在構造について、考えてみよう。この次元においては、「何」かが「何」かとして姿を現わしている。すなわち、「何」かが「何」かとして「ある」。単に「ある」のではなく、「何」かが「ある」のだ。ここで決定的なのは、「何」かなるものの成立である。言ってみれば、単なる「ある」の闇の中から、その闇を切り裂くようにして「ある」ところのものである「何」かが、そのもの自身を表わすくっきりとした輪郭を伴なって、或る披かれた場所の中に浮かび上がってくるのだ。そのようにして浮かび上がって来たもの、すなわち披かれた場所へと立ち出でたものが身に帯びているそのものの輪郭、それが「何」かとしての「何」かなのであり、この「として」によって規定されることが、存在が現象することを可能にしたのである。

今や姿を現わすに至った「何」かが身に帯びているこの「として」、すなわちそのもの自身を表わす輪郭、これをかつてプラトンは「イデア（理念）」と呼び、アリストテレスは「エイドス（形相）」と呼んだ。それは現象する「何」かを、その何「である」かにおいて規定するもの、すなわちそのものの「本質」であり、この本質を獲得することによって「何」かが〈いま・ここで＝現に〉存在するものとなったのである。[5] ドイツ語で「本質」を表わすWesenという言葉が「実在」すなわち〈いま・ここで＝現に〉存在するものをも表わすのは、このような事情による。そして、この「本質にして実在」（Wesen）を本章は、先に「意味」と呼んだのである。それは、存在を「何」かとして現象へともたらすところのものなのだ。

明らかなように、存在と現象が等しいものとなるこの次元にとって決定的なのは、「何」かという、「ある（存在）」を述語としておのれに服せしめる「主語（Subjekt）」の成立である。「何」かが「ある」（たとえば、「机」が「ある」）のだ。このときの「何」が主語であり、「ある」はこの主語に帰属する「述語（Prädikat）」となる。「ある（存在）」をおのれの下に集約することで「存在するもの（存在者）」となり、そのことを以って「ある（存在）」を現象へともたらすもの、それが「主語」なのだ。そして、このような主語の成立、すなわちそれが姿を現わすその現場に、それに対して当の主語が現象する視点として、あるいはそこにおいて当の主語がおのれを顕わにする場所として〈いま・ここで＝現に〉居合わせるもの、それが「現存在」であるかぎりでの「私たち」なのである。私たちの下で世界は「何」かが「ある」ところのものとして成立し、そのようなものとして姿を現わす。

このときの「私たち」の在りようは、あくまで「何」かという主語にして存在するもの（存在者）がそれに対して現象する視点、そこにおいて現象する場所であって、それ自体は存在する「何」か（主語）ではないことに注意しよう。もちろん、私たちは誰かとして、特定の人物として、個々人として、現象する。だが、そのようにして主語となって現象するに至った私たちの下には、それが現象する「何（誰）」かであるかぎり、当の誰かがそれに対して現象するあの視点、当の人物がそこにおいて姿を現わすあの場所が抜けていることを忘れてはならない。このような視点にして場所が抜けていないかぎり、いかなるものも現象することはないのであり、このときの視点にして場所自体は、すなわち「私たち」は、いかなる意味でも存在するもの（存在者）、すなわち主語ではないのだ。視点にして場所であるかぎりの「私たち」を、「何」かとして存在するもの、すなわち主語として世界の内部に位置付けたとき、それが「心」とか「意識」（あるいは「人間」）と呼ばれるものとなると言ってもよい。だが、これら「心」や「意識」や「人間」は、本章がハイデガーを借りて定義し直した意味での「私たち」のことではない。「私たち」とは、それに対して、そこにおいて、初めて世界が姿を現わす視点にして場所であり、世界の内部の一地点のことではないからだ。(6)

「ある」は、「である」と「がある」へと二重化する

存在と現象が相覆うこの次元の構造を纏めよう。この次元においては、全てが〈「何」か「である」ところのもの「がある」〉という仕方で「ある＝存在している」、すなわち「現象している」。このときの「である」が、現象する主語の輪郭を象《かたど》る「本質」を成す。本質とは、主語である「何」かが何「である」かを表わすところのものなのだ。そのようにして何か「として」規定されて初めて、その「何」か「がある」ことが可能となる。「がある」は、その何「である」かを規定された当のものの「実在」を表わす。つまり、単なる「ある」が「である（本質）」と「がある（実在）」に二重化されたとき、「ある（存在）」は現象へと立ち出でたのである。「ある」の内に「である」と「がある」という二つの仕方での「ある」が孕まれたとき、「ある（存在）」は「現象」と肩を並べるものとなったと言ってもよい。このとき、「である」と「がある」の下で「ある（存在）」はおのれを顕わにしたのであり、すなわち現象するに至ったのだ。

〈単なる「ある」が「である」と「がある」に二重化することで、「ある」の主語として「何」かが現象する〉というこの事態に不可欠なのは、現象する主語（「何」か）がそれに対して姿を現わすところの視点、そこにおいて現象するところの場所が抜けていることだった。視点にして場所として〈「何」か「である」ところのもの「がある」〉という事態の成就に〈いま・ここで＝現に〉立ち会う者、ないし立ち会うこと、それが現存在と呼ばれた「私たち」である。今、「立ち会う者」を直ちに「立ち会うこと」と言い換えたのは、〈「何」か「である」ところのもの「がある」〉という事態の成就に立ち会うかぎりでの「私たち」自身は、そのかぎりで「何」か「である」のでもなければ、「がある」ところの「何」かでもないからだ。単なる「ある」が、「である」ところのものと「がある」ところのものへと二

重化され、そのようなもの「として」規定され・分節化されるにあたって、いわばその媒体として機能する者、否、機能すること、それが「私たち」なのである。この「私たち」は、(たとえば「人間」「意識」「心」といったような)「何か」「何者か」であることに先立つ次元に位置している。(7)

この「私たち」が、それもまた現象するところの「何」(者)かへと転ずるとき、すなわち私たちが誰かとして、特定の人物として、個々の一人ひとりとして現象するとき、そのときにもそこに披かれている視点にして場所、この意味で「である」にも「がある」にも、総じて「ある」に決して回収されないその外部、「ある」がそれへと向かって溢れ出てしまうこの余剰ないし過剰、これがいったい何に由来するのかについては、あらためて触れることになる。この点を考えるためにも、考察は存在と現象が相覆うこの次元を一旦離れて、存在が現象へともたらされる以前の状態に遡らねばならない。すなわち、現象以前の次元とはいかなる次元なのかを考えてみなければならない。

2　現象以前

石や机にとっての世界

現象以前の次元として、さしあたりまず考えることができるのは、すでに本章が何度も触れている「(単なる)ある(存在)」に全てが浸され、その内に全てが沈み込んでいるような次元である。この次元を思い浮かべる(イメージする)にあたっては、路傍《みちばた》の石ころや土塊《つちくれ》、海川を満たしている水、吹き抜ける大気《かぜ》、燃えさかる炎を考えてもらえばよい。あるいは、この部屋にある机や椅子や書架、窓や壁でもよい。これらはいずれも、単なる物である。そしてもちろん、存在が現象へと立ち出でている私たちの次元においては、主語として何らかの規定性の下で(石ころとして、机として…規定されて)姿を現わし、存在している。しかし、当の石ころや机自体にとって、世界はどんな在り方をしているだろうか。

私たちが身を置いているこの次元においては、全ては何らかの仕方で「何」かとしておのれを顕わにしている。すなわち、現象している。これに対して、水や椅子などの単なる物にとっては、何ものも何かとしておのれを顕わにすることがない。すなわち、現象することがない。それら単なる物においては、現象することにとって必要不可欠な「何」か、すなわち〈主語として立ち、述語（何かとしての規定性）をおのれに従えるところのもの〉がどこにも成立していないために、全ては非現象の闇の中に沈んでいるのである。全てがそれに対して姿を現わすところの視点、全てがそこにおいて現象するに至る場所が披かれていないために、全ては自身の下に蹲るようにしておのれの内に閉じ込められている。今便宜的に「非現象の闇」という言い方をしたが、正確に言えば非現象とは闇ですらない。闇が闇として姿を現わしているなら、それはすでに一個の現象するものだからだ。そのような現象することの全面的な不成立をこそ「非現象」（「現象以前」）は指し示しているのだから、それは闇ですらありえないのである。

だが、この端的な非現象は、単なる「無（ない）」ではない。そうではなく、全ては確かに「ある」のだが、全てがその「ある（存在）」ことにおいて、言わば一部の隙もなく埋め尽くされているが故に、「何」かとして姿を現わす余地が全くないのだ。吹き抜ける大気《かぜ》や書架といった単なる物にとっての世界とは、このようなものだろう。物にとって世界は、おのれが「何」ものであるかを顕わにすることのないままに、ただ「ある」。全てが「ある」の内に閉じ込められ、「何」もの「である」ことも叶わない次元、それが現象に先立つ非現象の次元の「あり」よう（つまり、「ある（存在する）」仕方）なのだ。

単なる「ある」、端的な「ある」

この次元においては、敢えて言えば「全て」「がある」のだが（これまで本章もそのような言い方をしてきた）、ここで言う「全て」は（一見するとそのように見えるにも拘わらず）主語ではない。主語であることができない、と言っても同じことである。この「全て」は、現象以前のこの次元そのものを、すなわちその全体を指し示しているのだが、この次元それ自体はいかにしても「何」かであることができないのであり、ただ単に「ある」ことしかできないのだ。「何」か「である」ことのできない単なる「ある」、「何」もの「がある」のでもない端的な「ある」、それがこの次元の「あり」ようなのである。

したがって、ここでは何ものかがおのれ自身であることもまた、できない。「おのれ自身である」ということが成り立つためには、当のおのれがその何「である」かにおいて規定されて姿を現わさなければならないからだ。ここでは、「全て」がその主語としての機能を失って（あるいは、いまだおのれを主語として確立することがないまま）ただ「ある」ことの一般性の内に溶解し、何ものでもない。「ある」の普遍性が全てを覆い尽くし、全てが単に「ある」ことの内に呑み込まれる。単なる「ある」という無名性、すなわち一般性が全てを支配しているのであり、この「ある」を逃れ去る何ものもない。この「ある」を凌駕する何ものもないのだ。「ある（存在）」が「ある（存在）」と完璧に重なり合っているのであり（「全てがある」とはこのことにほかならない）、この意味で「ある（存在）」が一歩もその外へと立ち出でることのない次元、「ある（存在）」が「ある（存在）」の下に安らい、完璧な充足の内にまどろんでいる次元、それが現象以前のこの次元なのである。

だが、この「ある（存在）」が〈「何」か「である」ところのもの「がある」〉という仕方でおのれを顕わにしている私たちの次元、すなわち存在と現象が等しいものとなっているこの次元から現象以前の次元を遡って眺めるとき、単なる「ある」には、その充足の安らぎが破られる危機が迫っていたことが明らかになる。「ある」がひたすらその「ある」ことにとどまっていてもよかったはずなのに、単なる「ある」はおのれを破棄して全く別の次元へ、おのれとは異なる次元へと移行してしまうからだ。この移行は、あたかも単なる「ある（存在）」がおのれを溢れ出し、おのれをはみ出るかのようにして、おのれの外部へと立ち出でるという仕方で遂行される。すなわち、「突破」である。[8]「ある」が「ある」として顕わになる次元へのこの立ち出では、いったいどのようにして可能となったのか。

「ある」に訪れた危機

単なる「ある」の破棄として「ある」に訪れたこの危機は、どこから当の「ある」に到来したのだろうか。単なる「ある」は全てだったのだから、この到来もまた全ての内に孕まれたもののようにも見える。それ以外に、すなわち全ての外に、何ものかが到来するところなど、どこにもないからだ。先に、〈単なる「ある」がおのれを溢れ出し、おのれをはみ出る〉と表現したのは、こうした事情による。そうであれば、この危機は「ある」が自ら招いたものなのだ。しかし、全てはただ「ある」だけでも、一向に構わなかったのではなかったか。「ある」の充足が破られなければならない理由など、「ある」の中のどこを探しても見出されないのではないか。「ある」が「ある」であるかぎりで、「ある」でないもの、すなわちその外部にして他者を孕むことなど、不可能なのではないか。

もし、そう言っていいなら、「ある」はおのれの他者に触れられることによってのみ、その内におのれの他なるものを孕み、孕まれたそれによっておのれを破棄するまでに至ったことになる。単なる「ある」がおのれを破棄するというこの危機は、「ある」自身が招いた危機なのか、それとも「ある」がその外部に触れられることで（その他者に襲われることで）訪れた危機なのか。この問いに私たちは、現時点で与えるべき答えをもたない。唯だ一つ確かなのは、少なくとも私たちにとってこの危機が（それを自ら惹き起こしたのか、それともそれに襲われたのか定かでないまま）現に単なる「ある」に生じ、その危機が現実のものとなることを以って私たちの拠って立つこの次元が成立したということ、すなわち存在が現象するこの現実が成立したということである。

この危機を「ある（存在）」に生じた第一の危機と呼ぶとすれば、この第一の危機は私たちの下では、すなわち存在と現象が肩を並べるこの次元においては、すでに歩み抜かれてしまった危機として姿を現わす。歩み抜かれてしまった以上、それは私たちにとってはもはや危機たりえないのだが、私たちの拠って立つ〈存在が現象へと立ち出でている次元〉がその存立を単なる「ある」に負っているかぎりで――というのも、〈何か「である」ところのもの「がある」〉この次元がいずれにせよ「ある」なしでは立ち行かないものであることは確かなのだから――、当の「ある」に生じた危機は私たちにとって無縁ではありえない。この第一の危機は、その歩み抜きが私たちにとって「一度も現在であったことのない過去」に位置する危機なのだ。私たちが私たちであるかぎりで、私たちはこの危機の歩み抜きに居合わせることができないからである。この意味でそれを、（ひたすら過去でありつづける）「純粋過去」と呼ぶこともできるだろう。

歩み抜かれてしまった第一の危機の彼方に私たちのこの現実はあるのだが（同じことを私たちの側から見れば、歩み抜かれてしまった第一の危機の「此方《こなた》＝こちら側」に私たちのこの現実はあるのだが）、その私たちには第二の危機がすでに切迫している。この新たな危機もまた私たちにとって、私たちが私たちであるかぎりで決して経験することができないもの、この意味で歩み抜くことができないものなのだが、それは、今度はその歩み抜きが私たちにとって「決して現在となることのない未来」に位置する危機として立ち現われる。その次第を次に検討するが、考察の現段階で第一の危機について、次のように言うことができる。

「（単なる）ある」の破棄としてのこの危機は、存在が現象へと立ち出でた次元に身を置く私たちにとっては、そのようにして全てが現象することそれ自体が不可能となる「現象以後」の次元へと移行してしまうこととしての危機——第二のそれ——が歩み抜かれてしまったとき、再びそこへと差し戻されることになるのかもしれない次元（すなわち非現象の次元）に関わる危機として、それを私たちが私たちであるかぎり経験することがないにも拘わらず、私たちにとって決して無縁ではありえないものなのである。この第一の危機は、それが私たちにとって「一度も現在であったことがない」にも拘わらず、私たちが私たちであることがそれなしには成り立たない「過去」に属するからだ。

3　現象以後

a　「ない」

切迫する第二の危機

第一の危機が歩み抜かれることによって成立した私たちのこの現実、すなわち〈「何」か「である」ところのもの「がある」〉という仕方で「ある（存在）」が現象へと立ち出でた次元には、その次元の成立と共に、早くも第二の危機が切迫している。なぜなら、世界がそのような仕方で「現象すること」は、いつ失われてもおかしくないからだ。「もはや世界が現象しない」という事態は、いつでも訪れうるし、現に訪れてもいる。例えば、私たちが夢すら見ない深い眠りに落ちているとき、世界は〈いま・ここで＝現に〉現象してはいない。〈「何」か「である」ところのもの「がある」〉という仕方でおのれを顕わにすることがない[9]。

だが、この非現象は、そこに再び現象が回帰するとき、すなわち〈「何」か「である」ところのもの「がある」〉という仕方でおのれを顕わにするとき、現象する次元の内に生じた単なる部分的欠落として、現象の次元の内に回収される。しかもこの部分的欠落は、厳密には欠落ですらない。ちょうど、私にはこの書架の特定の側面しか見えず（つまり、特定の側面しか現象しておらず）、他の側面は直接には姿を現わしていないにも拘わらず、それら他の側面は私が移動すれば姿を現わすものとして、あるいはこの部屋に居る別の人に対しては現に姿を現わしているものとして、すでに現象しているのと同様、たま私には直接現象することがなかったに過ぎないからだ（ハイデガーの師フッサールの現象学は、これを「付帯的現前ないし間接的現前（Appräsentation）」と呼んだ）。私が深い眠りに落ちているその間にも、世界が現象することをやめたことなど（すなわち、現象するがままの姿で存在することをやめたことなど）一瞬たりともない、というわけである。

しかし、この深い眠りは、再びそこに現象という覚醒が訪れることを予め保証するものではない。世界がもはや二度と現象することがない、ということが可能なのだ。この事態は、私たちの下では、私自身の死という仕方で切迫する。全てが何らかの仕方で「ある」ところのものとして〈いま・ここで＝現に〉姿を現わすこの次元（ハイデガーが「現存在」と呼んだ次元）が根底から失われる危機、それが私自身の死だ。そのような危機は、いつ訪れてもおかしくないものとして、私たちの下ですでにその片鱗を顕わにしている。しかし、すでに論じたように、この第二の危機もまた、それが歩み抜かれたときには、現象にその不可欠の構成契機として立ち会う私自身の存立が失われてしまうが故に、私が経験することのないものである。

単なる「ある（存在）」が破棄され現象へと移行する第一の危機が、すでに歩み抜かれてしまった「一度も現在であったことのない過去」に属するのに対して、今や現象の不可能性は、いつそれが私を襲ってもおかしくないものとして、だがその到来に私自身が立ち会うことのできないものとして、ひたすらに切迫する。現象が非現象へと移行するこの第二の危機は、「決して現在となることのない未来」として切迫するのであり、この「切迫」という仕方で僅かにその片鱗を煌《きら》めかせるのみなのだ。すなわち「純粋未来」である。

「ある」の強度がその限界に達する

このような仕方でおのれの危機にいつもすでに直面している現存在を、ハイデガーは「死へと関わる存在」と呼んだ。それは、単なる「ある」を破棄しておのれを現象へともたらした存在が、今や〈死に関わって「ある」〉こととして、私たちの下で、そのような現象することとそのことの不可能性としておのれを破棄する次元に開かれるまでに至ったことを示している。まるで、単なる「ある（存在）」から現象へと突破するほどまでに昂められた存在の強度が、今や私たちの下で更にその強度を昂め、ついには当の「ある」ことそのことをも破棄する次元に達してしまったかのようなのだ。

ここでは、「私たちの下で」ということが決定的である。というのも、例えば、世界が現象することに私たちと同様立ち会っているに違いない動物たちの下では、「ある」ことそのことの破棄としての死が、危機という仕方で彼らに切迫することはないように見えるからだ。言うまでもなく、彼らもまたその生を終えるのだが、この意味での死は、彼らにあっては、そのときにのみ彼らを襲うのである。これに対して私たちの下では、死は危機としてすでに〈いま・ここで＝現に〉切迫している。切迫するという仕方ですでに死に襲われている、と言ってもよい。動物たちはそのときが来たらただ単に死ぬのだが、すなわち生を終えるのだが、私たちはといえば、〈いま・ここで＝現に〉いつもすでに死につつあるのだ。「死に関わってある（存在する）」とは、このことにほかならない。このような仕方で「ある（存在）」は、私たちの下で、当の「ある」ことそのことの破棄に危機という仕方で達してしまっている。「ある（存在）」の強度が、私たちの下で、当の「ある（存在）」の破棄というその限界にまで（もはやそれ以上昂まることのできない極限にまで）昂まったかのようなのだ。

「ある（存在）」は、おのれ自身と完全に重なり合って自らの下に充足する単なる「ある（存在）」を破棄して、単に「ある」のではない現象の次元へと、すなわち〈「何」か「である」ところのもの「がある」〉状態へと立ち出でた。第一の危機が、歩み抜かれたのである。このとき、「ある（存在）」はすでにおのれの外部へと、すなわち単に「ある」のではない次元へと、おのれを超え出ていた。つまり、何かが何かとして現象するためには、現象する「何」ものかがそれに対して姿を現わすところの視点、そこにおいて姿を現わすところの場所が披かれねばならなかったのだが、この視点にして場所自体は「何」ものでもない「抜け」として、すでに「ある（存在）」の外部を孕んでいたのである。

しかし、私たちの下では、事態はそれにとどまらない。現象することとそのことの不可能性として切迫する死は、現象の破棄もろとも、「ある」ことそのことが（存在そのものが）破棄される可能性をも開いてしまうのだ。「ある」が「ない」に曝し出されるのである。単なる非現象ではなく、「ない」ということが可能なのだ。どういうことか。

二度と回帰することのないもの

「ある（存在）」を襲うこの極端な可能性は、ひとたび成立した〈「何」か「である」ところのもの「がある」〉という事態がもし失われたならば、それはもはや〈二度と回帰することがない〉のではないかという疑念と共に開かれる。同じことを逆から言えば、現象へと立ち出でた「何」かが、たとえ一旦は失われたとしても、再び・三たび・何度でも、あらためて現象することが可能なら、二度と回帰することのないものなど何もない。一旦姿を消したかに思われたその「何」かは、その同じものがいつでもあらためて姿を現わすことができるのであれば、決して失われたのではなく、すなわち「ない」へと転じたのではなく、単に現象することから一旦身を退いたに過ぎず、いつも「あり」つづけていたのだ。それはちょうど、私たちが皆この部屋から退出すればこの書架はもはや誰に対しても現象しなくなるけれども、だからと言ってそれが「ある（存在する）」ことをやめたとは誰も思わないのと同様である。その証拠に、誰かが忘れ物をしたことに気付いて再びこの部屋に戻れば、がらんとしたそこにちゃんと書架が先ほどと同様「あり」つづけていることが確認できるのだ。

〈いま・ここで＝現に〉姿を現わしていることどもが（例えば、あなたが本書を読むといったことが）これからもいつも可能であるならば、何も失われるものはない。その気になればまた読めばよい、というわけだ。今読んでいる部分はつまらないけれども（あるいは、訳が分からないけれども）、もう少し先に行くとひょっとしたら面白いことが書いてあるかもしれない。そうであれば、その読書はあなたにとって、面白いこともあればつまらないこともある同じ読書なのだ。読書とはそもそも面白かったりつまらなかったりするところのものなのであり、面白かったりつまらなかったりするのは読書である以上当然のことなのである。そのことを承知の上であなたは本の頁をめくり、その気になればまた、面白いかつまらないかは読んでみなければ分からないことを承知の上で、頁をめくるのだ。「また」読むことのできるものは、同じもの以外ではありえない。

ところが、今のあなたの読書が、すなわち〈いま・ここで＝現に〉起こっている出来事が、ひとたび失われたら最後（それは必ず失われるのだが）二度と戻ってこないものだとしたら、どうか。今読んでいるのと同じ頁をまた読むとしても、あくまで〈いま・ここで＝現に〉起こっていることに関して言えば、それは明らかに別ものとならざるをえない。〈いま・ここで＝現に〉起こっていることそのことを、そっくりそのまま再現することはできないのだ。仮に同じ頁をまた読むことで〈いま・ここで＝現に〉起こっていることの何がしかを想い起したとしても、あるいは全てを想い起したとしてすら、それは〈いま・ここで＝現に〉起こっていることと同じではありえない。あくまで、その想起に過ぎないからだ（今のあなたの読書は、想起ではない）。もちろん、想起を想起することもできるが、そのときの「想起」と「想起の想起」も同じものではありえない。もし、このように言ってよいのだとすれば、〈いま・ここで＝現に〉起こっているこの出来事は、それがひとたび失われたら最後、二度と、永遠に、戻ってくることはない。

「ある」に生じたスキャンダル

そして、それが永遠に失われたのであれば、それは非現象としての単なる「ある（存在）」に一時的に身を退いたのではなく、もはや「ない」ところのものとなったのだ。〈「何」か「である」ところのもの「がある」〉という事態そのものが根底から（つまり、単なる「ある（存在）」への後退でなく）破棄されることがすなわち、「ない」ということなのである。「ある」が「ない」に曝し出されること、非現象すなわち単なる「ある（存在）」ではなく端的な「ない」が可能だとは、このことなのだ。「ある（存在）」がその強度を昂めて現象へと立ち出でるという事態は、私たちの下で更にその強度が極限まで昂められたかのようにして、ついに「ない」という事態の可能性を開いてしまったのである。これは、「ある（存在）」に生じた未曾有の事態ではないか。スキャンダルと言ってもよい。なぜなら、私たちのこの現実はどこからどこまでも、その隅々に至るまで、何らかの仕方で「ある」＝「存在」することで埋め尽くされているように思われるからだ。

　すでに古代のギリシアにおいてパルメニデスが喝破したように、この現実の根本原理は「あるはある、ないはない」ではなかったか。この命題の前半部すなわち「あるはある」は「ある（存在）」の遍在性・恒存性（遍《あまね》く・恒《つね》にありつづけること）を、「ある」が世界の全てを埋め尽くしているさまを述べ、その後半部すなわち「ないはない」は「ない」ということの不可能性を述べていたはずだ。ところが今や「ある（存在）」は、その根底的破棄としての「ない」に直面しているのである。ひょっとしたら「ない」ということが可能であるかもしれないのだ。これを先に、（「ある」に生じた）「未曾有の事態」あるいは「スキャンダル」と述べたのである。

　かつてイマニュエル・カントは、理性（すなわち哲学）が自由と必然の二律背反に陥ったことを「スキャンダル」と述べた[10]。私たちは一方で自分が自由に行為していることを疑わないが、他方で、全てにそれがそうであることの然るべき原因があるのなら（自然科学は自然を支配する因果必然性を自然法則として探求する営みにほかならない）、私たちの行為もまたその因果必然性に従っていることを認めなければならない。だが、私たちが自由であり、かつ必然に服している（すなわち自由でない）とは端的に矛盾であり理解不能だ、というわけである（この問題に、本書も第I部第二章であらためて取り組む）。だが、本書はむしろ次のように考える。「ある（存在）」が「ない（無）」に曝し出されていることの発見、すなわち、全てに遍く浸透し揺るぎないものに見えた「存在」の覇権が「無」に襲われることで根底から揺らぐという仕方で存在に到来した「スキャンダル」こそが、自由の可能性を開くのではないか。この次第を、本書は第I部以下の本論での議論を通して見届けることになる。

b 固有性

「あった」ことを「なかった」ことにはできない

今見たように、「ある」ところの「何」かが失われても「ある」ことそのことは微動だにしなかった「存在」の覇権が根底から揺らぐことがあるとしたら、それは驚くべきことだった。「スキャンダル」と述べた所以である。しかし、驚くべきことはそれに尽きない。「何」かが永遠に失われ「なき（ない）」ものとなることの可能性は、逆説的にも、当の失われるものが、まさにそれが失われることにおいて、それが失われるかぎりで、そのものに固有にして唯一のものであるかもしれない可能性をも同時に開くからだ。どういうことか。〈「何」か「である」ところのもの「がある」〉という事態が、ひとたびそれが失われたならば二度と回帰することのないものだとしたら、当の事態がそのようなものであることはもはや何ものによっても埋め合わせることができない。回復することができない。

これはすなわち、失われた当のものが言葉の厳密な意味でそれに「固有」なもの、ほかに等しいもの・並ぶもののない「唯一」のものであることにほかならない。永遠に失われるもののみが、それに固有なもの、唯一のものたりうる。すなわち、それは永遠なのだ。なぜなら、そのように固有にして唯一のものがひとたび存在したのなら、つまり存在するものとして現象したのなら、そのようなものが存在し現象したことそのことは、もはやいかにしても抹消することができないからだ。そのようなものが存在し現象したことそのことはたちどころに、あるいは遅かれ早かれ失われてしまうにも拘わらず、いや、失われてしまうが故に、もはや抹消不可能なのである。

私たちはここで、このような仕方で「ない」という事態に、私たちにあっては「死」と等しいところのそれに向き合いつづけた二〇世紀フランスの哲学者ウラジーミル・ジャンケレヴィッチ（一九〇三―一八五）を、その主著に端的に『死』の名を与えた哲学者を、引き合いに出すことができる。彼によれば、私たちにとって死は、すなわち「ない」は、或る意味で考えるべき唯一の問題なのだが、それは死すなわち「ない」ということのみが、ひとたび存在するところのものとして姿を現わしたものを、存在として現象したものを、もはや端的な「ない」へと差し戻すことを不可能にするからなのである。死は或る意味では確かに、全てが端的な「ない」へと失われることであるにも拘わらず、そうなのだ。「あった」ことを「なかった」ことには、いかにしてもできない。[11] 引用しよう。

「死は生きている存在の全てを破壊するが、生きたという事実を無と化すことはできない。」

(Jankélévich[1966], 414/498f.)

「存在した（あった）という抹消不可能な事実は、死が生きている人間に贈る贈り物だ。つまり、存在した（あった）という事実は、文字通り永遠の瞬間なのだ。」

(Jankélévich[1966], 415/500)

「全ては失われた。そして、そのことによって全ては得られたのである。[12]」(Jankélévich[1966], 417/502)

この抹消不可能性が、「あった」ところのものをおのれに固有で唯一のものとする。繰り返せば、それが永遠に失われるからであり、このことがそれを確固不動のものとするのである。

だが、この〈「何」か「である」ところのもの「がある」〉ことの固有性・唯一性は、いったいどのようにして担保されるのか。それが抹消不可能であることを、何が保証するのか。この〈「何」か「である」ところのもの「がある」〉ことの固有性・唯一性をその抹消不可能性において担保するのは、当の事態のそのようなものとしての現象に立ち会う者、すなわち当の事態がそれに対して姿を現わすところの視点、当の事態がそこにおいて現象へともたらされるところの場所以外ではありえない。そして、その視点にして場所が披かれているのは、〈いま・ここで＝現に〉〈「何」か「である」ところのもの「がある」〉ことに立ち会っている私の下でなのだ。つまり私は、「何」ものかがそのようなものとして姿を現わすことに立ち会うことで、そのことがその抹消不可能性において（すなわち、「あった」ことはもはやいかにしても「なかった」ことにはできないという仕方で）固有にして唯一であることの証人となるのである。

ここで、そのような私のみが、ひとたび現象へともたらされたところのものの固有性・唯一性を担保する証人でありうるという点を見逃してはならない。つまり、この固有性・唯一性は、その現出（その事態が現象すること）に居合わせた私が当の現出に向かい合うかぎりでしか、そのようなものであることはできない。そのような仕方で私は現象したものの固有性・唯一性を言わば「担う」のであり、この「担う」ことにおいて私は現象へと立ち出でた当のものないし当の事態に「応ずる」のだ。この「応ず《レス》ること《ポンス》」(antworten, répondre) がすなわち、「責任《レスポンシビリティー》」(Verantwortung, responsabilité) ということではないか。それに応ずる者がほかに誰もいないところでそれに応ずること、このことが私をして責任を担うところの者たらしめる。責任を担うところの者、すなわち「主体」である。このとき初めて、私は主体として立つ。「担う」ことによって「応ずる」こと、このことが「責任」の成立であると共に「自由」の次元を開くものでもあることを、本書は最終的に第Ⅲ部第五章において集中的に検討する。

責任を担う主体

この主体は、「ある（存在）」を述語としておのれに従える〈「何」か「である」ところのもの〉、すなわち「主語」としてのそれではない。それは、現象へと立ち出でたものの固有性・唯一性をそれのみが「担う」者として、当のものに全面的に「服す」。固有なものの存在を「被る」と言ってもよい。主語をも主体をも意味する（ドイツ語の）Subjekt,（フランス語の）sujet は、〈何ものかを「被り」・その下に「服する」（フランス語の subir, 英語の suffer）者〉をも指し示していたことを、ここで想起すべきなのだ。そのようにして「被った」何ものかに「服する」という仕方で当のものを「担う」こと、それは、私に対して姿を現わしたところのものに私自身を開放すること（場所を提供すること）に等しい。開放とは、おのれを顕わにするところのものに正面から向かい合い、それを迎え入れることなのだ。歓待すること (hospitalité)、と言ってもよい[13]。

かつてハイデガーは、このことを「覚悟すること」（覚悟性）ないし「決意すること」（決意性）と呼んだ。「覚悟」とはものものしいが、それは要するに、私に対しておのれを顕わにするものに私を開きつづけること、それに正面から向かい合うという仕方で応ずること以外ではない。「覚悟性」を表わすドイツ語Entschlossenheitもまた、このことを示している。それは、何か閉じられたもの、おのれの内に閉じこもるもの——それ自体として見られた「(単なる)ある(存在)」はそのようにしておのれに充足するものだった——の「閉じられてあること」「閉じられたあり方」(Geschlossenheit)の「突破にして廃棄」(Ent-)なのであり、そのようにして「閂《かんぬき》をはずすこと」ないし「閂がはずれてしまうこと」、あるいは「はずれてしまった閂を何かで覆い隠さず、はずれてしまったことをよしとして肯定し、自らそれを欲したかの如くに、はずれたままに維持しつづけること」なのである。この「覚悟性・決意性」についても、本書は第Ⅲ部第五章でそれをあらためて自由と関連付けて論ずる。

固有にして唯一のものに向かい合うことを通して「ない」に直面してしまったのかもしれないこと、それに曝し出されてしまったのかもしれないこと、あるいは、「ない」に直面し・それに曝し出されることを通して固有にして唯一のものに向かい合ってしまっているのかもしれないこと、つまりは、閂が外れてしまっているのかもしれないこと、そうした事態に向かい合うという仕方で応じ、それをもち堪えんとすること、それが「覚悟性」にして「決意性」だと言ってもよい。「ある(存在)」の閂が外れてしまっているのかもしれない可能性——これを本書は、「ある」の無根拠性としてあらためて思考することになる——に到達した者は、もはやこの可能性から解き放たれることがない。この可能性から眼を逸らすこと、その可能性に眼をつぶることは、そこにこの可能性が開けてしまっていることをもはやいささかも変えないからだ。

この可能性は、固有にして唯一のものの証人である私をも呑み込む。私もまた、私に対して・私において姿を現わした固有にして唯一のもの共々、おのれが担ったものが固有にして唯一であることにおいて、同じくひとたび失われたら二度と回帰することがないからだ。固有にして唯一のものの証人であること、つまり、それらがそのようなものとして現象へともたらされたことの不可欠の媒体として機能することが「私が私であること」なら、そのようにして姿を現わしたものが根底から失われることは、そこに媒体として居合わせる私もまた失われるほかないことを意味する。この意味で、私はそのつどつねに失われてもいるのだ。では、固有にして唯一のものが〈いま・ここで＝現に〉ある通りのものであることの唯だ一人の証人である私が失われることは（今や事柄の本性上、この証人はつねに一人でしかありえない）、固有にして唯一ということを再び不可能とするだろうか。結局のところ、全ては永遠に失われて、何もなかったことと同じになるのだろうか。

証言のたびごとに、世界はおのれの抹消不可能性を確立する

ここでも私たちは、「あった」ことはもはや決して「なかった」ことにできないと述べたジャンケレヴィッチと共に、否と答えなければならない。なぜなら、「あった」こと、すなわち何かが何かとしてその固有にして唯一の性格において姿を現わしたことは、それが姿を現わした〈いま・ここで＝現に〉すでに抹消不可能性の刻印を押されているからだ。だが、この抹消不可能性は、何ものかが〈いま・ここで＝現に〉姿を現わしているかぎりのそれではないか。その通りである。何ものかが固有にして唯一のものとして姿を現わすのも、それが〈いま・ここで＝現に〉そのようなものとして姿を現わすかぎりでのことなのだ。

そして、実際〈いま・ここで＝現に〉世界がそのようなものとして姿を現わしている。そうであれば、そのことはもはやいかにしても抹消できない。つまり、この抹消不可能性の証人である私は、その抹消不可能性を丸ごと携えて失われ、二度と戻ってくることがないのだが、まさにそのことが私ならびに私

が携えていた全てを、何ものもその代わりになることができない固有にして唯一のものたらしめるのだ。固有にして唯一のものを証言することは、その証言が失われ不可能となることと一体なのである。〈いま・ここで＝現に〉その証言が為されることが決定的なのであり、その証言が為されるそのたびごとに、世界はまるで不死鳥のようにおのれの抹消不可能性を確立するのだ。(14) そしてこのことは、「ある（存在する）」ところのものの全てがその「あること（存在すること）」を根底から破棄する可能性と、決して矛盾しないのである。

なぜ、全ては「ある」のであって、「ない」ではないのか

このようにして、第二の危機の下で「ある（存在）」がその極限にして尖端において「ない」に触れてしまったとき、遡って第一の危機がそれを襲ったところの「（単なる）ある（存在）」にはひょっとして「（端的な）ない」が、つまり、いかにしてもなかったことにはできない固有性・唯一性がそこに何の痕跡すら残すことのない「（全《まった》き）無」が先立っていたのかもしれない可能性が、微かに浮かび上がる。繰り返そう。その可能性とは、「（単なる）ある（存在）」にはひょっとして「（端的な）ない」が先立っていたのかもしれないという可能性である。この地点に至って初めて、「なぜ、全ては「ある」のであって、むしろ「ない」ではないのか」という問いが成り立つ余地が生ずる。全ては「なく」てもよかったかもしれないにも拘わらず現に全てが「ある」なら、それは、「（端的な）ない」がおのれを破棄して「ある」へと移行したのかもしれないことを示唆する。このことは、「（端的な）ない」が被った危機ではないか。

しかし、そのような「（端的な）ない」においては、もはや（あるいは、いまだ）危機ということが

意味を成さない。危機を被るはずの何ものも、そこには「ない」からだ。したがって、仮にそんなことが可能だったのだとしても、「(端的な)ない」から「(単なる)ある」への移行ないし突破を画する(はずの)危機は、第零番目《ゼロ》の危機にとどまる。そんなことが起こったのだとすれば、それは危機ですらありえない或る根本的な選択ないし転倒なのだ。なぜ「ない」ではなく「ある」が選ばれたのか、「ない」が「ある」に転ずるなど、思考にとっては理解を絶した不可能事であるほかない。だが、「ある(存在する)」ことの強度の昂まりは、私たちの下で、いや正確に言い直せば、固有にして唯一のものの唯だ一人の証人である私の下で、ついにその不可能な限界たる「(端的な)ない」に触れてしまったのかもしれないのだ。もし、そんな接触が起こったのだとしたら(そんなことが可能なのだろうか)、それは私が、現象することの不可能性としての私自身の死に直面することの中で生じたのだ。

しかし、このような「現象以後」の次元は、再び単なる「ある(存在)」へ回帰することでもありうることを忘れてはならない。つまり、「死」は「ある(存在)」の外部としての「無」(「(端的な)ない」)への開口部であると同時に、「(単なる)ある(存在)」(もはやそこにおいて世界が現象しない「物」たちから成る次元)への折り返し地点でもある。死者は土に還るのだ。死という非現象の闇の中では、「(単なる)ある(存在)」と「(端的な)ない(無)」は区別できない。[15] あるいは、こう言ってもよい。「(単なる)ある(存在)」と「(端的な)ない(無)」は、(驚くべきことに)両立可能なのだ。それは、いかにしてか。

端的な無を地として浮かび上がる唯一性

〈いま・ここで=現に〉という仕方で担われた「存在」(すなわち、現象へともたらされた「存在」)がもし固有にして唯一のものであるとしたら、そしてそうであるときにのみ、そのような固有にして唯一のものが失われることは「(端的な)ない(無)」ということが可能であることを示唆する。なぜなら、そのような固有にして唯一のものが失われることのみが、もはやそのようなものはいかにしても「ない」ことを、それに代わる何ものもありえないことを意味するからだ。全ては「あり」つづけるにも拘わらず(私が死んだとしても、私の身体を構成していた物質は形を変えて――「土」である――「あり」つづける、すなわち「(単なる)存在」は微動だにしない)、何かが決定的に失われて二度と回帰しないということが可能なのである。

この事態は、「(単なる)ある(存在)」という非現象の闇の中から「何」かが「ある」ところのものとして姿を現わす(存在=現象)ことを介して、当の「何」ものかがおのれに固有の存在を失う可能性に開かれる、という仕方で達成される。この「何」ものかは、おのれの存立を「(単なる)ある(存在)」に負いながら、「何」か「である」ところのおのれ「がある」ことに対して、それが決定的に失われうることにおいて向かい合う。この向かい合いは、「ある」ところのものがそれに対して・そこにおいて姿を現わす視点にして場所において為される。この視点にして場所が、私なのだ。そして私は、およそ現象するということが端的に不可能となる自らの死に直面することの中で、「(端的に)ない」(「(全き)無」)という極端な可能性に触れる。何ものかがその固有性・唯一性を抹消不可能性において確立することは、最終的にはこの「(端的な)ない(無)」というもはや思考不可能な事態(もしそれが思考可能なら、思考された途端にそれは「ある(存在する)」ところのものとなってしまうからだ)をいわば地《ぢ》として、この地の上に浮かび上がった図のようにして可能となったのである。

そのようにして「(端的な)ない」の内で決定的に失われるもののみが、「(全き)無」に見舞われるもののみが、逆説的にも「永遠」の名に値するものと成る。なぜなら、そのようなものをなかったことにすることは、それが〈いま・ここで＝現に〉姿を現わしているかぎりで、そしてそのかぎりでのみ、もはやいかにしてもできないからだ。端的に失われるもののみが、最終的には「(全き)無」に呑み込まれてしまうかもしれないもののみが、その端的に失われることにおいて、おのれを固有にして唯一のものとして確立する。

二度の大量殺戮を惹き起こし（二つの世界大戦である）、ナチズムによるガス室とスターリニズムによる粛清とアメリカによる原爆を…[16]経験した危機の世紀にあって、かつて「危険のあるところに、救うものもまた生い育つ」と述べたヘルダーリンをハイデガーは引き合いに出した (Heidegger[GA7], 35/58)。そのハイデガーに抗して、次のように言おう。「ある（存在）」に対して、その「ある」ことの根本的喪失の危機が切迫するところにのみ（私の下で、〈現に・いま＝ここで〉その危機は紛れもなく切迫している）、ひとたびそこに姿を現わしたものはその固有性と唯一性において抹消不可能であることが示される。これが「永遠」ということなのだ（それは、「永続」とは決定的に異なる）。すなわち、今私が述べるべきは、次のことだ。「危険のあるところに、救う者もまた生い育つ」のではない。危機の切迫するところにのみ、それに応ずる者の下で、永遠ということが可能なのだ。そして、その永遠を担って他者に向かうことができるのは、私だけなのである。

I

自由

第一章　「私」という単独者

序章は、もし私が自らの名の下に何もの／ごとかを担うこと、すなわち〈責任という自由〉が可能なら、それは存在が新たな次元へと立ち出でたことを示唆すると論じた。自然と生命という存在秩序が「突破」された可能性があるのだ。本章前半は、この「突破」がいかにして可能となったかを生命という存在秩序の存立構造の内に探る。生命に特徴的な或る種の「自発性」を、「自由」の先駆形態と見る余地があるからだ。だが、それはあくまで先駆形態にとどまる。生きるためには個体は自発的でなければならず、この意味でそれは生命によって命じられたことに変わりはないからだ。ところで、この生命に対してしばしば「尊厳」ということが言われる。その尊厳をみだりに侵してはならない、というようにだ。本章後半は、この尊厳についての自然的ならびに形而上的な見解を提出する。本書が最終章で集中的に検討することになる「責任」という観点からの〈他者との共同〉を考える上で、それらが重要な示唆を与えてくれると考えるからである。そして、その形而上的な見解の中で、「私」という単独者が姿を現わす。この単独者が自らの名の下に世界を「よし」とし、それを「担って」他者へと向かうとき初めて「自由」の可能性がその全貌を顕わにするさまを、本書はつづく第二章以下で跡付けていくことになる。

1　自然的世界の存在構制

生命という存在秩序（存在の一つの仕方）がこの世界において占めている位置について考えることから、始めよう。現代の私たちは大抵の場合、一方でこの世界を〈物質（無機的自然）〉という、それ自体は生命をもたない存在者の次元と、他方で、それら物質が特定の仕方で結合・配列されることで成立した〈生命を有する存在者（有機的自然）〉の次元という、二つの次元から成るものとして捉えているだろう。このように世界を捉えたとき、それら二つの次元の間の関係はどのようになっているだろうか。

これら二つの次元のそれぞれの在り方を更に検討してみると、それらの次元の内部にも幾つかの互いに区別しうる存在秩序が成立しているさまを看て取ることができる。例えば物質的自然の内部には、素粒子や量子のように私たちが直接観測することのできない存在者たちから成る秩序――場合によっては、観測以前の量子のように、その「存在」の身分すら問題となる次元――から、それら素粒子が特定の仕方で結合されることで成立する原子核や原子のような存在者たちの秩序、更にはそれら原子がこれまた特定の仕方で結合されることで成立する分子のような存在者たちの秩序、あるいはそれら分子の結合体としての高分子化合物…といった異なる存在秩序が見出される。

他方、有機的自然の内部でも、原核細胞や真核細胞一つから成り立つ単細胞生物から、多数の細胞が集合して構成される生命体の秩序、更にはそうした多細胞生物の中にも植物的な生命の秩序と動物的な生命の秩序の区別、等などを見出すことができる。こうした、それぞれの次元内部の異なる存在秩序の間の関係は、どのようなものなのか。

存在論的「基付け」関係

物質的（無機的）自然と生命的（有機的）自然、更にはそれら両次元内部に見出されるさまざまな存在秩序相互の間には、「基付け（独語でFundierung, 仏語でfondation）」関係と名付けることのできる特有の関係が成り立っていると本書は考える。この「基付け」関係については本書に先行する『生命と自由』（二〇一四年）においてすでに詳しく論じたので、ここでは今後の議論に必要なかぎりで、その要点を纏めておこう。

本書はこの関係概念を直接には、一九世紀後半に活躍したドイツ＝オーストリア学派の論理学者アレクシウス・マイノング（一八五三―一九二〇）の発想を取り入れた『論理学研究』（一九〇〇／一九〇一）のエトムント・フッサール（一八五九―一九三八）――現象学の創始者――から受け継いでいる。尤もフッサールの場合、この関係概念は専ら論理学上のそれとして捉えられた上で――例えば、「芝生の緑色」と「この芝生は緑色をしている」と言ったときの「芝生が緑色であること」との間には、前者（芝生の緑色）が後者（芝生が緑色であること）を「基付け」ており（つまり、前者なしには後者は成り立たない）、そのようにして「基付け」られた後者の「～であること（Sein＝存在）」はそれ自体一箇の新たな対象として直観されうる、と論じられる――、その「基付け」の内実をめぐって「一方的基付け」関係や「双方向的基付け」関係といった詳細な分析が施される。しかし、本書が依拠するのは、こうした論理学上の関係概念を、この世界の内に存在するさまざまな存在者ないし存在秩序間の関係概念へと拡大した『知覚の現象学』（一九四五）におけるメルロ＝ポンティによる次のような定式化である。

〈基付けるもの〉として働く項は、……〈基付けられるもの〉が〈基付けるもの〉の一規定ないし一顕在態として現われるという意味では確かに最初のものであり、このことは〈基付けられるもの〉による〈基付けるもの〉の吸収を不可能にしている所以だが、しかし〈基付けるもの〉は経験的な意味で最初のものであるわけではなく、〈基付けられるもの〉を通してこそ〈基付けるもの〉が姿を現わす以上、〈基付けられるもの〉は〈基付けるもの〉の単なる派生態ではない。(Merleau-Ponty[1945], 451/2-281)

この定式化は「基付けるもの(次元)」と「基付けられるもの(次元)」の関係を形式化して表現しているので、これだけでは分かりづらいかもしれない。本書はこの関係を、私たちの世界(この現実)を構成する最も基本的なものと捉える。それは例えば、基本的には物質の集合体である「脳」という私たちの身体器官と、そこにおいて実現される「心ないし意識」という状態との間にも成り立っている。つまり、脳と心との関係を説明するにあたっても有効な関係概念が、この「基付け」関係なのである。そこで、先のメルロ＝ポンティの定式化をいわゆる心脳関係に適用して表現すれば、次のようになる。

脳は、心が脳の一規定ないし一顕在態として現われるという意味では確かに最初のものであり、このことは心による脳の吸収を不可能にしている所以だが、しかし脳は経験的な意味で最初のものであるわけではなく、心を通してこそ脳が姿を現わす以上、心は脳の単なる派生態ではない。(1)

「基付け」関係の要となるのは次の二つの関係であり、この両者が決して切り離せない点にある。すなわち、一方で、〈基付けられる項〉(今の例では、心ないし意識)は、それを〈基付ける項〉(今の場合、脳）なしには存在しえない。これは、〈基付ける項〉（脳）が〈基付けられる項〉（心）を「支える」という関係である。しかし他方で、〈基付ける項〉（脳）がそのようなものとして存在するのは（のちにもあらためて見るように、「そのようなものとして存在する」とは「そのようなものとして姿を現わす＝現象する」ことに等しい）、あくまで〈基付けられる項〉（心）の下においてであって、それ以外ではない。これは、〈基付けられる項〉（心）が〈基付ける項〉（脳）をそのようなものとして「包み＝包摂し」、この「包む」ことにおいて後者（基付ける項＝脳）にそのようなものとしての（脳としての）存在を付与するという関係である。つまり、一方の「支える」関係と他方の「包む」関係が不可分な形で結合して初めて成り立つのが、「基付け」関係である。

過剰なエネルギーによる「創発」

この関係を本書は、物質的（無機的）自然と生命的（有機的）自然の間に成り立つと共に、それら両次元の内部に見出される（先に見たような）諸存在秩序間においても成り立っているものと捉える。そして、〈基付ける項（次元ならびに秩序）〉から〈基付けられる項（次元ならびに秩序）〉が成立するに至る過程ないし機構（メカニズム）が「創発（emergence）」である。現代の生命科学研究を牽引する論客の一人ピエル・ルイジ＝ルイージは、「創発」を次のように定式化した。すなわち、「創発」とは「より複雑性の低い下位の構成物が集合することによって、〔かつ、そこに一定以上のエネルギーが供給されることによって〕より高い複雑性が実現される際に生ずる、それまで存在していなかった新しい性質の出現」(Luisi[2006], 112/139) にほかならない。

「創発」は、二つの基本的な特徴を具えている。一つは、或る「過剰なエネルギー」の供給が為されることによって特定の系の内部（といっても、その辺縁）に生ずる「揺らぎ」が引き金となって惹き起こされる「対称性の破れ」である。これを、複雑系科学の第一人者クラウス・マインツァーは次のように表現する。「素粒子から星や生物に至る宇宙構造の多様性は、均質な状態の対称性が破れるという普遍化された相転移として説明することができる」（Mainzer[1997], 16/25）。この一連の過程の根底にあるのは或る「過剰なエネルギー」の供給という事態だが、これを現代の生命科学はさまざまな仕方で表現する。以下にその例を挙げるが、ここで現代の生命科学がさまざまに表現する「過剰なエネルギー」は、本書が先に（序章において）この世界の根底に想定した或る種の「力」の自然科学における対応物である。

例えば生化学において、それは「活性化（activation）」と表現される。「化学的な活性化が必要であることは、まさに前生物科学における重合[2]反応の弱点なのだ。原理的に言って、重合反応のためには〈前生物学的（な環境における）活性化〉が必要であり、すなわち或る種の自発的反応が前生物学的環境において存在したことを意味する」（Luisi[2006], 62/81）。次の発言は、これを「能動性」と表現する。「受動的な局在は、膜の生成、維持、分裂といった能動的な過程にどうにかして置き換えられねばならない」（Smith & Szathmary[1997], 99/134）。進化生物学にあっても、この「自発性」が不可欠なことが強調される。「自然淘汰だけが、私たちの世界の秩序を造り出す原動力ではない……。生物の世界を造り出す作業において、自然淘汰はあくまでも自発的に生み出された秩序をもつシステムに対して機能してきた」（Kaufman[1995], 71/146）。

自発性における自由の萌芽

こうした自発性・能動性について、現代日本の生命科学者金子邦彦は次のように述べる。「外からの条件だけではコントロールできない状態を生物は内部にもっていて、それゆえに「自主的に」振る舞うように見える」。「〔生命システムは〕内部状態をもった増殖系である」（金子邦彦[2003]、二九頁）。創発において決定的な役割を果たすこの自発性・能動性・自主性に本書が殊更に注目するのは、そこに「自由」の最も古い根を看て取る余地を認めるからである。もちろん、この種の自発性と自由は同じではない。似て非なるものだとすら、言ってよい。[3] にも拘わらず、この種の自発性なしには自由が不可能であることもまた、確かなのである。この意味で、この種の自発性は自由の必要条件を成している。

創発の第二の特徴は、先にも触れた「相転移」ということに関わる。過剰なエネルギーの供給によって生じた「揺らぎ」が引き金となって出現する新たな状態は、文字通り「全く新しい」状態なのであって、以前の系の状態からの予測や演繹がきかない。以前にはおよそ見当もつかなかった相貌が突如出現して「面目を一新」してしまうのであり、新たな次元が開かれるのだ（これをクリストフ・マラテールは「新奇性（nouveauté）」と呼んでいる（Malaterre[2010], 13/1, 98/122)）。つまり、或る同一のものが変化したのではなく、全く新しい次元が開かれて、その内に以前のものが包摂され（包まれ）てしまうのだ。新たに開かれたこの次元が以前の系を新たに組織化し直した形でおのれの内に「包み」、そのようにして包み込まれたものによって「支え」られる関係が、「基付け」関係なのである。

創発の以前と以後の間にある跳躍

したがって、創発を間に挟んだ以前の系と以後の系の間の関係（すなわち「基付け」関係）は、一方が他方に還元される関係でもなければ（例えば、脳が心に還元されるのでもなければ）、一方と他方が〈原因と結果〉によって結合される因果関係でもない（脳が心の原因なのでもない）。二つの系の間にあるのは、相転移に比すべき一種の飛躍、ないし跳躍なのだ（ここで、生命の哲学者ベルクソンの「生の跳躍（élan vital）」を想い起してもよいかもしれない）。私たちの世界は、X粒子やクォークを含む素粒子、電子から原子核、原子、分子を経て星々や銀河に至るまで、さらには特定の星（地球）の上では分子から生体分子や巨大分子（高分子）を経てポリマー複合体や代謝系ネットワークに及び、ついには細胞という形で生命に至るまで、その全幅に亘って、創発によって出現した新たな秩序がそれ以前の秩序と「基付け」関係によって結合されて階層を成すという仕方で構造化されているのである。

もちろん、創発は生命という存在秩序を生み出すことで終わったわけではない。生命はその内に植物的生命から動物的生命への創発を宿し、こうした過程の中で私たちの心あるいは意識に近しい〈何かが何かとして現象する〉次元が次第にくっきりと姿を現わしてくる。私たちは、一方で呼吸や血液循環による物質交替（代謝）を〈何かが何かとして現象する〉ような仕方ではっきりと意識することなく行なっているし（生命維持の基礎的過程を担う植物的秩序——この次元に縮減された状態は「植物状態」と呼ばれる——）、他方で野菜や獣を食料としてははっきり意識しつつそれらを生産・捕獲・調理して体内に摂取する（ヒト——ホモ・サピエンス——を含む動物的秩序）。更には、景色や絵画や音楽の「美しさ」を感じ、それを享受し、人の振る舞いの「善し悪し」について論ずる。私たち自身の内にも物質から植物的生命を経て動物的生命へ、更には心から意識に至る幾重にも折り重なった階層が畳み込まれているのである。[4] その様子を図示してみれば、次のようになるだろう（図1・図2参照）。

この二つの図における「心＝意識」は、「意識としての心」を表わしている。これに対して、図2における（単なる）「心」（「心＝意識」の内部に長方形で示された部分）は、おのれの周囲＝環境との（物質の）遣り取り——すなわち「代謝」——がそこにおいて（意識されることなく）行なわれる次元を

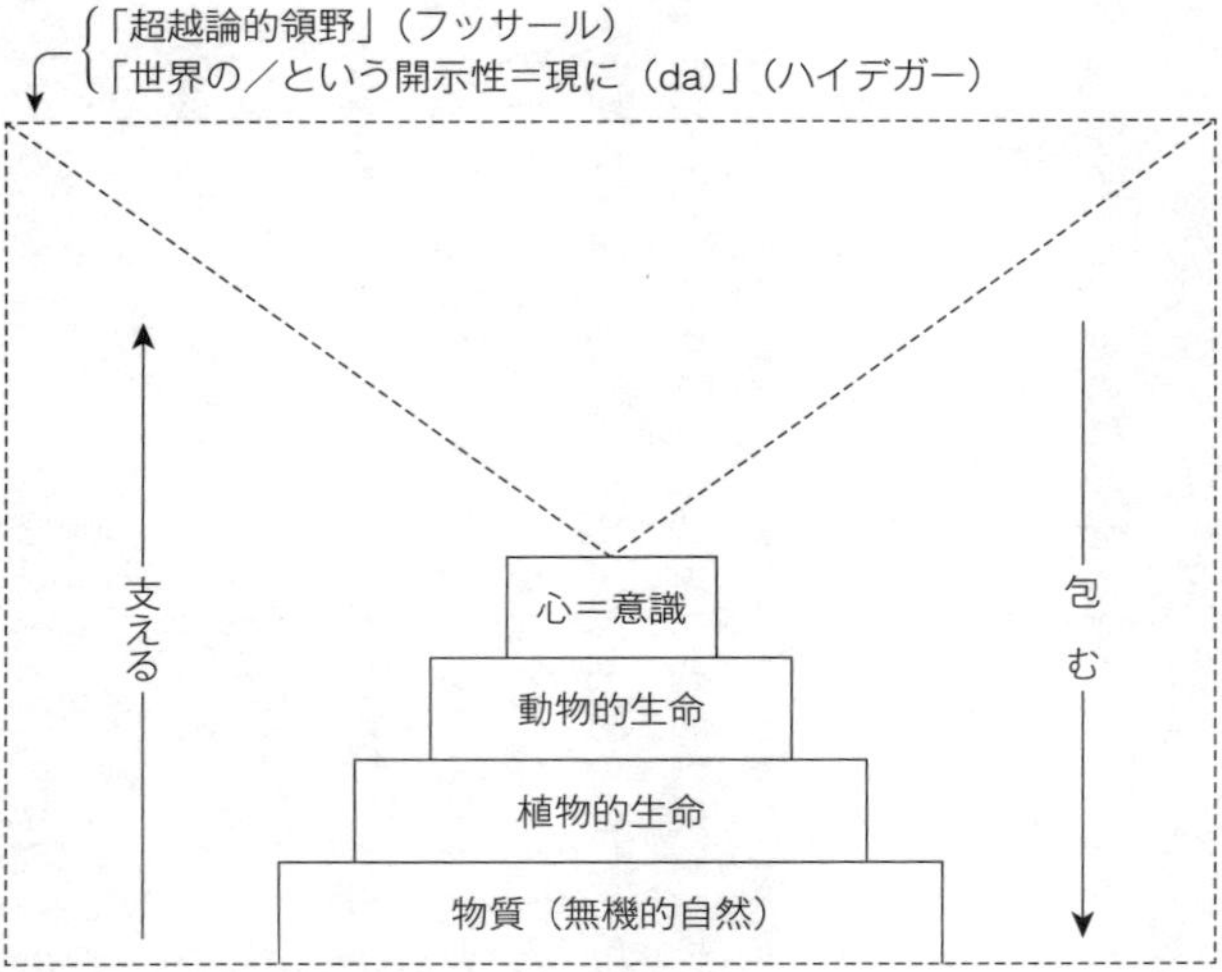

図１　世界の階層性を「横から」見た図

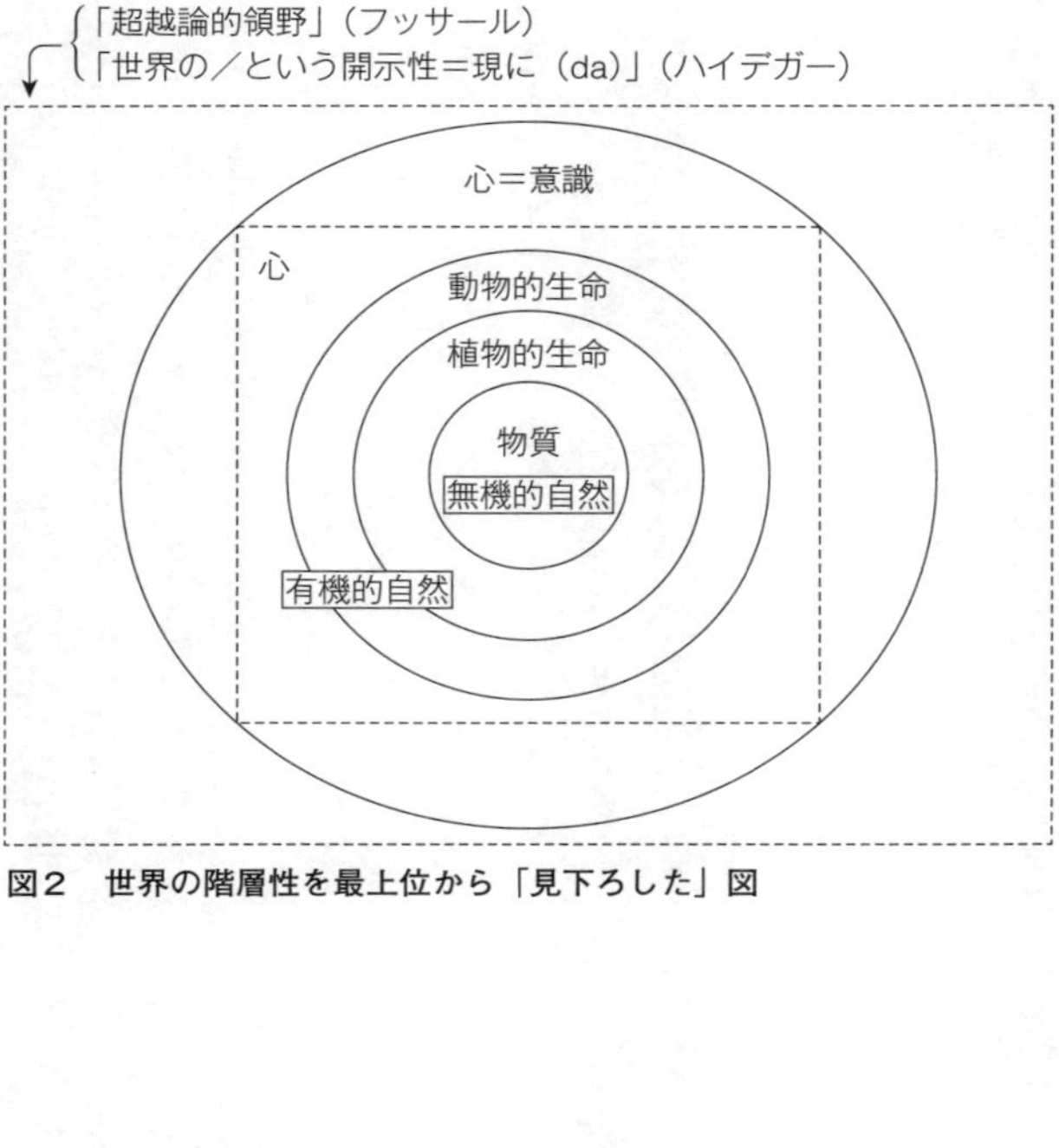

図２　世界の階層性を最上位から「見下ろした」図

示している。すでに動・植物には（それが生命であるかぎりで）この次元が開けているのであり、私たちのように「意識」をもった存在においても、私たちが生命である以上、当然この次元が開けている。それは、通常「無意識」裡に行なわれる生命維持活動の領域――呼吸や血液循環など――に該当する。[5]

創発による階層と〈いま・ここで＝現に〉

この階層化は、素粒子や原子核から銀河や星々に至るまで、更には銀河の一つである太陽系内の地球という惑星上で成立した生命という存在秩序の中で植物的生命から動物的生命を経て心や意識に至るまで、時間的にも空間的にも巨大なスケールで展開されている。そして、それらがそのようなものとして捉えられるに至る最終的な場所――のちにもあらためて論ずるように、この「場所」はフッサールによって「超越論的領野」として、ハイデガーによって「世界がそこにおいて開示される〈いま・ここで＝現に（da）〉」として捉えられた[6]――を考慮すると、私たちの下でこの階層化は図1ならびに2で破線を以って示された一番外側の次元にまで及んでいることになる（図1はこの階層性を――その上下関係を明示するために――言わば「横から」見たものであり、図2はそれを最上位の、つまり最終的に「基付けられた」次元――私たちの観点――から「見下ろした」さまを表わしている）。

この一番外側の次元が破線で示されているのは、それがおよそ存在しうるところのものの全てを含む次元として限界をもたない（外部をもたない）からであり（「世界」の／という「全て」がそのようなものとして姿を現わす次元は、そこを措いてほかにない）、すなわちその外部は端的に「ない」――「無」――からである。この次元を「何」かとして限定することはできないのであり、したがって実線（を以って限定すること）はもとより、破線を以って示すことも、実はできないのだ。それはおよそ何かが何かとして姿を現わすところの全てを満たしている或る種の「力」の充実であり、それを本書序章は「（単なる）ある＝存在」と表現した。

だがこのことは、「無」という「外部」が問題になりえないことを意味しない。意味しないどころか、それが一箇の問題となるとき初めて、言葉の強い意味での「自由」の次元が開かれることになる次第を、いずれ本書は見ていくことになる。

2　生命の基本形式

話をもう一度生命に戻そう。ここでは、物質＝無機的自然に「基付け」られて成立した高次の秩序である生命＝有機的自然の次元に固有の特徴を、その基本形式として取り出してみたい。

境界の成立

生命という存在秩序の成立にとって決定的なのは、おのれを取り巻く環境との間に相対的な境界が設定されることで形成される「個体」の出現（換言すれば、〈個体‐環境という構造〉の出現）である。すなわち、個体の内側とその外側が境界によって隔てられ（典型的には、「膜」のようなもので内外が区切られ）、そのようにして形成された個体を維持するために、境界の外と内の間で物質の遣り取り（代謝）が為されるような秩序が形成されることを以って、生命が始まる。脳神経科学者のアントニオ・ダマシオは次のように述べる。「生物を理解する一つの鍵は、その明確な境界、つまり〈内なるもの〉と〈外なるもの〉の分離にある。……有機体の生命は、その境界内の内部状態の維持によって定義される」（Damasio[2000], 135–137/175）。「境界がなければ身体もないし、身体がなければ有機体もない。生命は境界を必要とする」(Damasio[2000], 137/176f.)。

このような境界によって区切られた内部の状態を維持すること（恒常性）がすなわちそのような境界を保持することであり、これが個体の自己維持ということなのだ。ここで維持されるべきものとして姿を現わした「自己」とは、さしあたり一定の内部状態――恒常性――以上のものではない。だが、ここにすでに「維持されるべき」という「価値」ないし「意味」が姿を現わしていることを見逃してはならない。正確に言おう。「維持されるべき」ものに照らして（それを尺度ないし基準として）「価値」ないし「意味」が測られることを以って、「何」かが正の価値をもつものとして、あるいは負の価値をもつものとして、それぞれ限定されて――初めて――姿を現わすのである。[7] 生命の秩序は、こうして個体の自己維持を指導原理として成立する。同じことを逆から言えば、個体の自己維持を至上命令としないような秩序は、生命ではない。生命は個体に宿るからだ。

個体の維持を可能にする物質交換

そして、個体のこの自己維持は、おのれの外部にあっておのれを取り巻く環境との物質交換によって達成される。つまり、環境から切り離された個体は、もはや個体たりえない。個体というその内部をもつものの成立は境界によって区切られる外部との関係性を初めから含んでおり、個体と環境は生命という一つの事態を構成する不可分にして基礎的な契機なのである。「環境のない生物がないように、生物のない環境もない」のだ(Lewontin[1983], Varela & Thompson & Rosch[1991], 198/281 より引用)。

物質においては、基本的に特定の個物と別の個物との関係は相互に「外的（独立的）」である。箱の中のボールは箱の外に取り出してもボールであることに変わりはないし、箱は中にボールが入っていなくても箱だ。これに対して生命においては、内部をもつ個体の存立にとってその外部は「なくてはならないもの」、この意味で「内的（非独立的）」なものとなったのであり、ここには内部がその外部を自らに不可欠の部分としておのれの内に巻き込むという仕方で（同じことを逆から言えば、外部がその内部を自らに不可欠の部分として巻き込むという仕方で）、或る種の自発性ないし能動性の昂進とも言うべき事態を看て取ることができる。生命という秩序において「創発は、対象〔外＝環境〕と〔対象を〕見て取る意識〔内＝個体〕との間で生ずる共－創発」（Luisi[2006], 127/157）にまで、そのエネルギーのポテンシャルが昂進しているのだ。生命という秩序の指導原理である個体の自己維持は、更に当の個体の物理的・生理的限界（劣化＝老化）をも越えて、自己の再生産すなわち生殖へと昂まることで、（単に空間的な内／外の境界の維持にとどまらず）時間的な次元においてもおのれを展開していくことになる（世代の産出、すなわちジェネレーションである）。

オートポイエーシス理論が呈示する「自発性」

ここで昂進が認められる「エネルギーのポテンシャル」自体は、物質的なそれではないことに注意しよう。個体と環境の間で物質もエネルギーも遣り取りされ、この意味で個体の内と外を往き来する開放系が形成されているが、そのようにして物質とエネルギーを循環させるシステム自体の成立は――その要を成しているのは境界の設定だった――、どこからもそのエネルギーを受け取っていない。敢えて言えば、それ自身が当のエネルギーの源泉なのだ。本章が先に触れた、あの「自発性」「能動性」である。この「自己産出」に注目してその固有の論理を追究するのが「オート（自己）ポイエーシス（制作）」理論だが、そこではこの点が次のような仕方で問題化されている。

「〔オートポイエーシス・システムは〕物質的・エネルギー的には開かれており、絶えず物質の流出入が生じているが、自らの機能的維持については閉じた（作動的閉包 operational closure）系」（郡司ペギオ - 幸夫[2006]、三一九頁）であり、「オートポイエーシスの産出的作動の循環は境界そのものを形成する循環であり、一般に自己言及的作動の基礎にあって自己そのものを形成する作動」（河本英夫[1995]、一八七頁）なのである。この種の「自発性」が言葉の強い意味での「自由」へと展開・転回する可能性については、のちにあらためて触れることになる。(8)

「生命」の名に値するものは何か

さて、自己再生産（世代産出）をその系（発展系）として含む個体の自己維持が生命の秩序の根本原理であることを先に確認したわけだが、ではそのような自己維持ならびに自己再生産ができれば生命の名に値するかというと、必ずしもそうではない。例えば、溶液との親和性の大きいコロイド粒子──「小胞（vesicle）」や「ミセル（micell）」と呼ばれる──も自己を再生産することが知られているが、それはどう見ても大きな分子（巨大分子）ないし高分子に過ぎない。また、核酸の一種であり遺伝情報を担うＤＮＡやＲＮＡも自己複製を行なうが、だからといってこうした核酸が個体として環境と相互作用を行なうとは言えないだろう。この点に関して、ダニエル・デネットも次のように述べている。「或る種の巨大分子は、適切な条件が整った媒質の中に置かれると、自分自身の完全に正確な複製、あるいはほぼ完全に正確な複製を……構成し、〔おのれの〕外へ送り出すという、驚くべき能力をもっている。ＤＮＡとその原型であるＲＮＡは、いずれもそのような能力をもつ巨大分子である」（Denett[1996], 20/44）。自己再生能力をもったロボットに関しても、事情は同様だ。「自己再生能力をもつロボットが原理的に可能であることは、コンピュータの発明者の一人であるフォン・ノイマンによって数学的に証明されている。生命をもたない自己再生機構に関するノイマンの優れた設計は、RNAとDNAの設計と構造の細部を大いに予感させるものだった」(Denett[1996], 20/45)。つまり問題は、自己を維持し、場合によっては再生産するために自己=個体(有機体)が環境(外界)との間で行なう代謝(物質の遣り取り)を主宰するものが、当の自己自身でなければならないという点にある(正確には、「曲がりなりにも主宰者の位置に就いていなければならない」[9])。そうであって初めて、それは生命の名に値するのである。ノイマンのロボットにしても、DNAやRNAにしても、それらの自己再生メカニズムを当のロボットやDNA自身が主宰しているわけではない。ロボットには設計者や製作者が別に存在するし、DNAやRNAが自己複製機能を発揮するのはそれらを自らの内に統合した有機的個体の下で初めて、なのである。このかぎりで、生命の名に値するのは設計者や製作者の方であり、有機的個体の方なのだ。つまり、「生きている」と言えるのは設計者や製作者や有機的個体であって、ロボットやDNAやRNAが「生きている」とは言わない。

生物学的「認知」としての「代謝」

コロイド粒子が、「適切な条件が整った媒質」をおのれの環境として自ら産出したとき(それは、環境と個体の共創発という形で行なわれるのだった)初めて、それは生命の名に値するものとなる。そのためには、おのれを維持(再生産)するための代謝を主宰するものが、当の個体自身でなければならないのである。そして、当の個体自身が代謝を主宰するためには、代謝によっておのれの内に取り込むべき物質と、逆におのれの外へと排出・排除すべき物質を、当の個体自身が何らかの仕方で見分けうるのでなければならない。すなわち、何がおのれの存在の維持と再生産にとって必要であり、何が不要ないし有害であるのかを自ら識別すること、つまり「認知（(re-)cognition)」が、生命の秩序を構成する上で不可欠の（自己維持・自己再生産と並ぶ）もう一つの柱なのである。「代謝は、環境との相互作用によって進行する生物学的な認知現象」（Luisi[2006], 170/206）なのであり、生命という秩序にあって代謝と認知は同じものなのだ。ここで認知とは、〈何ものかが何ものかに対して何ものかとして〉姿を現わすこと、すなわち「現象すること」にほかならないことを憶えておこう。生命という次元が開かれることによって初めて、何かが「現象する」ということが可能となったのだ。斯くして今や、生命の基本形式は、おのれの絶えざる再産出（自己維持）、すなわち「オートポイエーシス（自己制作）」と、そのために必要な物質を当の自己自身が識別する「認知」、すなわち「何ものかが自己に対して現象すること」から成ると言ってよい。

この点を明言するルイジ＝ルイージから一文を引いて、本節を閉じよう。「オートポイエーシスは、生命にとって必要十分な条件ではない。オートポイエーシス・システムであることは必要条件ではあるが、生命という過程に至るためには、最も単純な形であれ、認知[10]という要素が必要となる。オートポイエーシスと……認知の組み合わせが、生命を構成するための最小限の要求なのである」（Luisi[2006], 171/207）。

3　自由の萌芽

維持されるべき個体としての自己と、その維持のために必要とされる認知活動という、生命を構成するための必要最小限な組み合わせの内に、自由という事態の最初の萌芽を看て取ることができる。それは、次のような途筋においてである。

維持すべきものとして「おのれ」を認知する

第一に、個体が維持すべきものとして何らかの仕方でおのれを認知していること、この意味での自己性が、自由の成立にとって最も基礎的な条件を成す。物質＝無機的自然においては、そもそも外部との物質の遣り取りを通じて一定の状態を維持すべき内部（そのような内部をもった個体＝自己）というものが存在しないが故に、全ては基本的に時間の経過と共に崩壊・解体してゆく（秩序が失われてゆく）。崩壊の方向に向かって時間が経過すると言っても同じことであり、この方向は一定である。これがエントロピー増大の法則であり、物質世界（物質であるかぎりでの物質）においてこの法則に反するものは存在しない。

例えば路傍の石は、短期的にはつねに同一の形状を保っているように見えても、長い時間スパンを取ってみれば一方的に崩壊してゆくのみで、解体したものが回復されるといったことは起こらない。これが、維持すべき内部すなわち自己をもたないということにほかならない。したがってそこでは、何もの／ごとかを自ら選び取るといった事態の成立する余地が全くない。「自ら選び取る」ところの「自ら」という次元が、そもそも存在しないからだ。

有機体は取捨選択を自ら行なう

これに対して、有機体（生命）においては、その最も基礎的な形態（たとえば単細胞生物）においても、一定の状態に維持すべき内部がすでに存在している。そして、その内部を維持するためには、必要な物質を取り込み、不要ないし有害な物質を排出ないし排除しなければならない。ここに、何ものかを自ら（内部）のために取捨選択する余地が生ずる。つまり、この取捨選択の余地は、何ものかが有用性というプラスの価値を帯びて認知され、別の何ものかが無用性ないし有害性というマイナスの価値を帯びて認知されることを以って成立したのである。このとき、認知の基準として機能しているのは、その存在を維持すべき自己なのであり、その自己との関係性を告知するものが（プラスやマイナスの）価値、すなわち、自己にとっての「意味（有意味性）」なのだ。(11)

そして、言うまでもなく、こうした取捨選択を当の有機体は、自ら行なう（自己が行なう）。当の有機体以外にそれを行なうものは差し当たり見当たらないのだから、（そのかぎりで）そのように言ってよい。尤も、この取捨選択を根本において可能にしているのは、すでに本章が何度も触れた、あの「一種の自発性」「能動性」ということになるだろう。はたしてこの「自発性」に、それを自らのものとして所持する「自己」が存在するか否かは、疑われてよい。だが、いずれにせよこの段階で、有機体には自由の最も基礎的な条件である自己性が、その成立の当初から「認知」活動を伴なって（正確には、認知活動に伴なって――つまり、活動に副詞的・付随的に居合わせるような仕方で）曲がりなりにも姿を現わしていることもまた、認められてよい。

植物的生命における取捨選択

しかし、その取捨選択の範囲は、いまだ極めて限定されている。これも生命の基礎的な形態の一つと言ってよい植物的生命を、例に取ってみよう。植物的生命は基本的に、根にあたる部分で土中から自らの存在の維持に必要なものを取捨選択し、葉にあたる部分で光を媒介にして大気中から同じく自らの存在の維持に必要なものを取捨選択する（光合成である）。このいずれの場合においても、取捨選択は基本的には自己（内部）と外部の境界面での直接的接触の下で行なわれている。つまり、境界（根や葉）に接触したものが自己維持に有用なものと識別（認知）されれば即（直ちに）取り込まれ、逆に無用ないし有害なものと識別（認知）されれば即（直ちに）排出ないし排除される。この取り込みと排出・排除の機構（メカニズム）は殆んど自動的と言ってよいもので、そこにふつう私たちが理解している意味での選択の自由は見られない。つまり、「取っても捨ててもよい」という猶予ないし未決定の部分が殆んどない。

これは、有機体に対して姿を現わす（現象する）ものと当の有機体自身の間の時間的・空間的距離が殆んどないことに等しい。直接的接触（空間的密着）における即座の反応（時間的密着）は、このことを示している。もちろん、そうは言っても一般的な植物の場合、時間の経過の中で徐々に根を張ってゆくし、より光の当たる方向に枝葉を伸ばしてもゆく。つまり、そのような仕方で時間的ならびに空間的な拡がりが、それなりに披かれてもいる。自己に対して何ものかが認知の対象として姿を現わす（現象する）とは、このようにして自己がおのれを取り巻く環境に時間的・空間的に披かれてゆく（時間と空間を孕んでおのれを環境へと向けて展開してゆく、すなわち共創発する）ことにほかならない。

動物的生命における認知対象の時空的拡がり

有機体に対して認知の対象がそこにおいて姿を現わすことになる時間的・空間的拡がりは、動物的生命の段階に至ると飛躍的に増大する。それは、認知を司る知覚器官の機能が数的にも質的にも飛躍的に増大したことと切り離せない。動物的生命が対象を認知する仕方はもはや直接的接触に限定されておらず、また、接触による対象の解像能力（対象の形状や肌理《きめ》を捉える能力）も大きく進展している。いわゆる五感の内で、触覚と味覚が直接的接触の下での対象の認知であるのに対して、それ以外の嗅覚、聴覚、視覚はいずれも対象を空間的な距離を隔てて捉える（認知する）能力である。これはすなわち、対象が現象する空間が、直接的接触とその近傍への限定から解き放たれて、自己の遥か彼方まで拡大されたことにほかならない。

対象がそこにおいて現象する場所（すなわち環境）の拡大は、単にこうした空間的次元においてばかりではなく、時間的次元においても生じている。空間とはあくまで自己から対象までの距離として、その有意味性において披かれたものであるが、対象が自己と接するには（例えば対象を摂取する場合、それを直接的接触にもたらさなければならない）その距離を横切る時間が必要だからだ。対象との空間的隔たりは、対象と接するのに（あるいは対象を回避するのに）要する時間的隔たりをも同時に告知しているのである。

それればかりではない。動物的生命は大抵の場合、植物的生命よりも発達した記憶能力を身に付けている。言うまでもなく、記憶は時間的能力である。つまり、時間を隔てて何ものかを保持する能力だ。昨日或る所でたんまりと獲物にありついた動物は、そのことを記憶していれば、今日もまた獲物にありつけることを期待して同じ所に向かうだろう。そして、今日も又そこで獲物にありつけたなら、明日もきっとそこに向かうはずである。このように、時間を隔てて何ものかを保持する能力は、過去から未来にまで及ぶ。習慣とは、そのようにして身に付く優れた行為能力のことにほかならない。

動物的生命における認知の場所の時間的・空間的拡大は、そのようにして拡大された時空的に披かれた場所を動物個体（自己）が自ら動くことによって、正確には、自ら動くことができる能力を身に付けることによって、自由の次元をも大きく拡大することになる。もともと、認知の能力の時間的・空間的拡大と、その時空的隔たりを動物個体が自ら動くことによって解消する能力（場合によっては——対象が有害な敵である場合など——その隔たりを保持しつづけたり、逆に拡大する能力）の昂まりは一体だったはずだが（そうでなければ、その認知は自己に何の利益ももたらさないのだから）、いずれにせよ自己がその対象と時空的な隔たりを介して関わるようになったことは、自由にとって決定的である。なぜなら、この隔たりがあるおかげでその隔たりの分だけ、対象を取り込むか排除するかに関して猶予の余地が生まれるからだ。

時空的に拡大された認知対象は選択の幅を増大させる

現象した対象が充分向こうにあれば、その対象を取り込むべくそちらに向かうか、逆に回避すべくそれから逃げ出すか、あるいはそのままの距離を保ちつづけて様子を見るかに関して、必ずしも即刻対応しなくてもよい余裕が生まれる。植物的生命における直接的接触の場合は、対象の認知とそれに依拠した対象の取捨選択は原則として即刻の内に行なわれなければならなかったが、今の場合、そこに自己にとっての有用性（ないし無用性や有害性）の程度を吟味する余地が生まれるのだ。直接的接触の場合は大まかに言ってプラスの価値とマイナスの価値しかなかったのに対して、今や価値の中に程度の差が生ずることによって、選択の幅が増大する。このことは、個体（自己）の自由の及ぶ領域の拡大を意味する。つまり、（植物におけるあるかなきかの自由に比して）自己はより自由になったのだ。

このようにして、現象する対象との時間的・空間的隔たりを介して当の対象と自己が取り結ぶ関係を担う能力を、「欲求」と呼ぶことができる。今や自己は、対象を（ポジティヴな意味でもネガティヴな意味でも）欲求することができるのだ。第三章で集中的に論じるハンス・ヨナスの次の発言は、この間の事情を的確に捉えている。「(動物と植物の) 相違を識別可能にするものこそ、運動の可能性である。この相違は、欲求と充足の間に〈隔たり〉を挿入すること、すなわち、離れた地点にあるものが目標になりうるということにある」(Jonas[1994],186f./192)。「知覚〔＝認知〕は対象を〈ここではなく、あそこにあるもの〉として〔空間的に〕示し、欲求は目標を〈まだないが、期待されるもの〉として〔時間的に〕示す」(Jonas[1994], 186f./192)。「欲望〔それは欲求と充足の間に〈隔たり〉を挿入することで成立する〕とは、あらゆる生命がもつ自己への基本的関心が、動物の間接性〔隔たりを介して対象を保持＝意識すること〕という条件下で帯びる形式」(Jonas[1994], 192/199) なのである。(12)

動物的生命の下で、現象するものは自己の欲求 (ないし欲望、以下同じ) の対象として、その時間的・空間的隔たりの下で姿を現わす (直接的接触は、そうした欲求の一形態として――時空的隔たりが殆んどゼロの欲求形態として――位置付け直される)。世界は、そのような諸対象がそこにおいて現象すると共に、その中を自己が動くことでそれら諸対象と交渉することのできる時空的に披かれた場所であり、この場所の中心を (時空的にも意味的にも) 占めているのが自己なのだ。ハイデガーが『存在と時間』において「現存在における世界の開示性」――本書なら「開披性」と表現したいところだ――について述べることができたのはこの故であり、彼の師フッサールが私たちのこの現実の最終的な基盤と見定めた「超越論的主観性」ないし「超越論的領野」もまたこのような「場所」の延長上にある。

欲求の担い手としての「自由」

自己は、そこから、あるいはそれに対して、世界が時間的・空間的に披かれる原点の位置を占めていると言ってもよい。(13) 認知の対象として現象する全てはこの原点に向かって中心化されており、この中心化の動向の成立と生命という秩序の成立は同一の事態なのだ。つまり、全てが「自己へ」「自己のために」という力線に貫かれることで当の自己に対して現象すること、それがすなわち生命なのである。そしてこの自己は、「自ら動く」能力を飛躍的に拡大させた動物的生命の下では、欲求の担い手として、おのれに対して姿を現わす全てを今や原理的にはおのれの力能の及ぶ対象として捉えることで、つまりそれらを欲求しうることを以って、自由の次元の主宰者とも成った。現象する全ては、自己の自由の光線を浴びて浮かび上がっているのである。いや「自己の自由」とは、もはや冗語でしかない。自己は、すなわち自由なのだ。自己は（もしそれが真に自己なのであれば）原理的に自由なのであり、残る問題は当の自己の力能の多寡（という事実上の問題）だけなのだ。

　しかし、全てが自己の自由の光の下で姿を現わすといっても、そのこと自体は、つまり〈全てが「自己のために」という動向に服すること〉自体は、自己の自由が及ぶところでない点を見逃してはならない。自己（個体）の自己維持（再生産）は、生命の秩序の下に存在する全てが服する至上命令であり、当の自己自身もこの至上命令に服していることに変わりはない。この意味では、自己が欲する（欲求する）全ては、生命の維持という至上命令によって〈そのように欲すべく定められている〉のである。喉が渇いて水が飲みたいと欲することは、そのように欲すべく命じられているのであり、つまりは水を飲むよう命じられているのだ。食欲にせよ性欲——有限な個体の生命を子の世代の再産出によって乗り越えることは、生命の維持以外の何ものでもない——にせよ、総じて本能とはこのような命令なのである。この点に鑑みれば、動物的生命もまた、根本においては決して自由でない（もちろん、その必要もない）。

4　「私たち」の／という共同体——中心化の相克と共存

生命の秩序において世界は現象するものとなったが、その現象することは全て、世界がそこから〈それに対して／そこにおいて〉披かれるところの原点へと中心化されることによって可能となった。生物〈生命〉の世界が〈個体（自己）と環境〉という構造を具えているとは、このことだった。しかし、世界がそこから抜けているところの原点が複数あるとしたら、どうか。複数どころか無数にあるとしたら、そのとき何が起こるだろうか。

中心化に対する「抵抗」

私たちの現実は、世界がそこから抜けるところの原点の複数性ないし無数性を強く示唆する。この示唆は、私の下へと全てを中心化せんとする動向に対する抵抗に出会うという仕方で為される。この抵抗は、事実上の抵抗ではない。いや、事実上の抵抗であれば、それは私の力不足に由来するものであって、私がもっと力を付ければ克服されるものだし、力及ばなければ克服されないままに終わるだけのことだ。その場合には（つまり、抵抗が単に事実上のものである場合には）、世界が私に対して中心化される仕方で現象し、世界がそのような仕方で構成されていること自体は、揺らぐことがない。世界にはこの中心化の力が及ばない部分が、私の力の有限性故に事実上残っているというだけのことだからだ。文字通りそれは残余なのであり、世界の中心から遠く離れたところに取り残されているに過ぎない（しかも、そのような残余の存在はやはり私に対して——すなわち中心化されて——告知される）。私が自己維持を全うできているのであれば、それで何の問題もないのだ。

ところが、世界がそれに対して現象する原点が私以外にも至る所で披けているのであれば、中心化の動向に対する抵抗は事実上の問題では済まなくなる。その抵抗は、克服されることもあれば克服されないこともある抵抗ではなく、そもそも原理的に克服できない抵抗となるからだ。この私とは別の原点とは、もしそれが原点であるならば、決して私に対して披かれることのないものとならざるをえないのだ。もちろん、そのような別の原点の原点としての存在を無視して、それを私の単なる認知の対象に回収してしまうことは可能である。むしろ大抵の場合、私はそうしていると言ってよい。例えば、Aさんは斯く斯くの人だ（認知である）から然々に対応すればよい、といったようにである。しかし、Aさんが世界の別の原点であるなら、それが原点であるかぎりで、それは決して私が認知可能な次元に姿を現わさない。私の認知が根底から覆される可能性が、原理的に残ってしまうのだ。

そうした覆しは実際しばしば起こるけれども、この覆しはそれが実際に起こるか否かとは独立である。すなわち、偶々《たまたま》その覆しが起こっていなくとも、いつ覆されてもおかしくないという状況は変わることがないのだ。このような（原理上の）抵抗に出会ったとき、私は世界が〈いま・ここで＝現に〉そこから披けている原点の絶対性を相対化せざるをえなくなる。今「原点の絶対性」と言ったのは、世界が〈いま・ここで＝現に〉そこから披けているところは少なくとも私にとって唯だ一つしかないことは動かない、動かしようがないからだ。そうであるにも拘わらず、別の原点による抵抗は――その抵抗が実際にどのように為されるかは実に多様だが、いずれにせよ最終的には私の認知が覆される可能性がつねに開かれたままであること（この可能性は、単に別の原点が存在するというだけで開かれてしまう）に帰着する――この絶対性を相対化せずには措かない。相対化とは、世界がそこからのみ披かれていたはずの原点が、そのようにして原点に対して現象する世界の内部の特定の地点となること、すなわち時間的・空間的位置をもつものとなることに等しい。世界（という全て）がそれに対して中心化されて現象する場所以外ではない私という自己が（このかぎりで私は世界の内に現象する何らかの対象ではない）、同様にそれぞれに対して世界が現象しているはずの別の無数の私たちの一部分、一成員《メンバー》となるのである。「われわれ」の一部分としての「われ」、「私たち」の一成員としての「私」である。

「われわれ」共同体は平等性に基づく「正しさ」によって支えられる

このようにして構成された「われわれ」共同体、「私たち」という共同体の下では、「われ」と「われ」、「私」と「私」は、いずれもがそれに対して世界が姿を現わす地点であるという点において原理的に同等である。それぞれの地点が事実の上でどんなに異なった能力や権能を有していようと（実際、異なった能力と権能を有している）、そうした事実とは別の次元において（すなわち、世界がそれに対して現象する地点であるという次元で）原理的に同等の存在なのだ。つまり「われわれ（私たち）」は、この次元において等しい者という点で結合されている。「われわれ（私たち）」の構成原理は「等しさ」、すなわち同等性・平等性なのである。したがって、〈等しい者を、それが等しい者であるかぎりで、等しく遇せよ（取り扱え）〉という命法が、この共同体の構成原理から直接に帰結する。すなわち、この共同体の成員を「等しさ」において遇することが、「正しい」ことなのである。このような共同体の存在意義を本書は、第四章でのハンナ・アレントの所論の検討を経由して第五章であらためて論ずる。その際には、この共同体に至る本節とは異なる途筋がありうることが示されるだろう。

この「正しさ」は、共同体のどの地点から見ても保証されうるし、また保証されうるのでなければならない。どの地点もが等しいものとされることを以ってこの共同体が構成されている以上、これは当然である。しかし、先にも見たように、事実においてはそれぞれの地点はさまざまに異なる能力と権能を有する個体（自己）だから——才能も境遇も性格も…千差万別である——、そうした事実上の相違を原理上の観点から規整しなければ「等しさ」はお題目に過ぎないものになってしまう。こうして、それぞれの地点の事実上の相違を一旦無きものと看做して、それぞれの地点に等しく保証されるべきものを「正しさ」の観点から指定することが要請される。例えば、ジョン・ロールズが『正義論』（一九七一）において展開したのは、「無知のヴェール」の下で——すなわち、事実上存在する相違を「知らない」ことにして——正義原理の内実を規定してゆくこうした一連の手続きだったと言うことができる。

「正しさ」を担保する超越的視点としての「国家」

ここでこの手続きの「正しさ」を担保するのは、全ての地点を等しいものと看做す或る種の擬制された超越的視点であり、それを本書は第五章で論ずるエマニュエル・レヴィナスの概念を借りて「国家」と名付ける。[14]ドイツ観念論の用語をもち出すなら、「人倫共同体（Sittlichkeit）」と言ってもよい（それが「道徳共同体（Moralität）」——本書の用語法で言うなら「倫理」の共同体——でないことに注意してほしい。本書は「道徳」と「倫理」を似て非なるものとして区別するが——このときの「道徳」は今の文脈では「人倫」に相当する——、この点については第II部第三章と第四章で論ずる）。全ての人が生まれながらにしてもつとされる自由を基盤に据えたいわゆる「自然権」はこうした超越的視点の下で初めて主張可能となるのであり、この意味で本書の言う「国家」（という超越的審級）をすでに前提にしている。等しいことを正しいこととして保証できるのは世界内の個々の地点ではなく（そうした個々の地点は今や世界内の特定の地点であるかぎりで、特定の——ローカルな——利害と無縁ではありえないのだから)、そうした個々の地点を事実とは異なる次元(ふつう、それは理念的な次元と呼ばれる)において超え出た理念的存在者たる国家のみなのである(ここでは、理念と擬制は同じ事態を意味する)[15]。

現実の国家がそうした正しさを保証する理念的な最終的審級とは似て非なるものに幾らでも転化することを敢えて度外視するなら、動物的生命において姿を見せた自由、すなわち自己(個体)の中心化に由来する自由、自己そのものである自由を、相対化された複数の、無数の中心の下で共存可能な形に規整した上で等しいものとして実効化しうるのは、こうした国家以外ではないことになるだろう(もちろん、動物たちの現実においてそのようなものは存在しないのだから、自由同士の衝突は弱肉強食を以って決着することになる)。それを、理念としての民主主義国家と言ってもよい。ここで「民主主義」とはデーモス・クラティア、つまり民衆《デーモス》という複数の、無数の中心ないし地点(生命の乗り物としての個体=自己)を尺度として立て、この尺度に則って全てを測る(司る《クラティア》)ことにほかならない。

「尊厳」をめぐって

以下本節では、このような観点の下で捉えられた「尊厳」——それは、差し当たり「人間の尊厳」ということになるだろう(動物たちの下には理念としての共同体は存在しないからだ)——がいかなるものであるかについて、一瞥を与えてみたい。本書の最終章であらためて考察する〈「責任」に基づく共同体〉の一つの側面を、この「尊厳」概念が示唆しうると考えるからだ。現在、私たちの下で主流を成している「尊厳(dignity)」概念は、人間ないし人格(『国連憲章』前文は、それをhuman personと表現している)に対して、それが人間(人格)であるかぎりで、それを可能なかぎり尊重すること、みだりに侵してはならないこと（「尊厳」と言ったときの「厳」には、この不可侵といったニュアンスがある）を意味していると言ってよいだろう。この場合の、尊重され、みだりに侵害されてはならないと考えられているものの根本は、生命という秩序の成立と共に姿を現わした「自由」――中心化する自己の下で姿を現わしたそれ――であるように思われる。この「自由」を認めた上で、それが「等しく」全ての人間＝人格に保証されるべきだとするのである。例えば、『国連憲章』第一条は次のように述べる。「全ての人間は生まれながらにして自由であり、かつ尊厳と権利とについて平等である」。自己中心化の動向によって成立した生命という秩序の内に基盤を有するこの自由――「生まれながら」の自由、つまり「自然権」としてのそれ――は、このように超越的視点の下で「全て」を「等しい」ものと看做した時点ですでにその全面性・絶対性（何しろそれは本来、全てを「おのれ＝自己のために」という基準で判定して取捨選択することだったのだから）に制限が掛けられ、等しいほかのものと共存しうるかぎりでのものへと規整される。つまり、「おのれ＝自己のために」の部分的制限の下で、自己自身のそれを尊重し他からの侵害から守るのと同様、それと等しいものであるかぎりで他の「おのれ＝自己のために」をも尊重し保護するわけである。その上で、「尊厳」を認められた「おのれ＝自己のために」の「おのれ＝自己」の範囲をいわゆる「人間《ヒト》」とする立場（『世界人権宣言』前文は、それを「人類社会（human family）」としている[16]）から、近年の『スイス連邦憲法』（一九九九年）のように「生命＝被造物（Kreatur）」全般にまで拡張する動きが見られたりもする。「おのれ＝自己のために」をその存立の基本原理とするのは「人間」ばかりでなく「生命」という存在秩序の根本なのだから、それに「尊厳」を認める以上、（事実上の実現可能性を度外視すれば）理論的には当然の動きと言ってよい（実際、『ドイツ連邦共和国基本法』も二〇〇二年七月の改正で、動物の保護を明示するに至っている[17]）。

ここで、一旦立ち止まらなければならない。その範囲がいわゆる人間に限定されるにせよ、生命（被造物）全般に拡大されるにせよ、そもそも「おのれ＝自己のために」ということに「尊厳」が認められるのはなぜなのだろうか。というのも、各人が（あるいは各生物個体が）「おのれの（存在の維持の）ために」行動することは生命体にとって至上命令であり、当然のことなのだから、なぜそれを殊更に「尊厳」と呼ばなければならないのかは決して自明でないからだ。等しいものを、それが等しいということのみを以って尊厳の名に値すると看做すことは、下手をすれば、エゴイズム（自己中心化）を保持するための体のいい偽装ですらありうる。[18] 本書の見るところ、こうした「尊厳」概念には次のような或る種の道徳的・倫理的直観が隠されているのだが、その直観の由来が必ずしも充分に論じられておらず、かつそれを論ずることの困難さの所以も明らかにされていないように思われるのだ。次節で多少ともこの点に立ち入って問題提起を試みるが、その直観とは次のようなものである。すなわち、〈何かそれだけに固有のもの〉に対しては誰も指一本触れることができないのだが、それにも拘わらずその〈固有なもの〉はいとも簡単に失われ、棄損される。このことに対する或る種の懼れを、この直観は示唆しているのだ。このことへの畏敬の念、と言ってもよい。

5 「私」という単独者――中心化の転倒

「尊厳」なるものの最終的な由来を尋ねる本節の試みを導くモチーフを、予め述べておこう。もし、何ものかに対して「尊厳」が認められるとすれば、それは（ふつうの意味での）自由の前提を成していた自己中心化そのものを転倒するような（或る特異な、だが自由ということの成立にとっては根本的な）「自由」が行使されたときではないか。より正確に言い直せば、指一本触れることのできない、何か不可侵のものが姿を現わすとき、それは尊厳の相貌を帯びるのだが、そのとき自己中心化の動向としての自由は、その動向を根本から転倒するような「自由」へと変貌するのではないか。だが、そのような極端な自由は、その「純粋な（単なる）可能性」において僅かに姿を見せるに過ぎず、しかも、そのような自由を看て取ることができるのは、世界の中に無数に存在する等しい者たちとしての自己のいずれでもなく、言葉の強い意味で唯だそれだけが〈いま・ここで＝現に〉それに対して世界が披かれているところのこの中心化における中心、すなわち「単独者」としての私のみではないか。けれども、生命の根本動向である「おのれ＝自己のために」を転倒させるような自由は、もしそのようなものが可能なのだとしたら、生命にとって一箇のスキャンダル以外の何ものでもないのである（それが「スキャンダル」である所以については、すでに序章で触れた）。

検討してみよう。中心化の動向に抗うものが他の中心化であることは、後者（他の中心化）が前者、すなわちこの中心化に抗うことの中でしか示唆されえない。このことを認めるかぎりで、〈いま・ここで＝現に〉存在する中心化はこの中心化のみとなる。したがって、そのときの中心である「私（われ）」もまた、言葉の強い意味で〈いま・ここで＝現に〉存在する唯一の者であることになる。そして、世界の全ては、どんなに間接的な仕方であろうと、この唯一の私との相関の中にしか存在しないのだから（私と関係することのない無数のもの／ことが世界に存在することも、この相関の中でしか示されない）、そのような唯一の私は世界と外延を（時間的にも空間的にも）等しくするものとなる。中心化に抗うどんな抵抗も、この世界、すなわち（この意味での）私においてしか生じえない。時間的・空間的にどこまでも延び拡がるこの世界と区別できないこのような私は、世界と同様「それしか（solus ipse）」存在しないところのものなのだ。この故を以って、そうした私を「単独者」と呼ぶことができる（この単独者を本書序章は「自由」でありうる「固有にして唯一のもの（者）」として予め呈示したのだが[19]、本章ではこの者の「唯一性」――「それしか存在しない」――に注目し、「固有性」に関してはあらためて第五章で集中的に論ずるので、前者の側面を際立たせるために敢えて「単独者」という呼称を用いる[20]。

この私には、並び立つ等しい者はもはや存在しない。したがって、平等性（公正性＝正しさ）の原理は、ここでは機能しない。そうであれば、この平等性＝公正性を適用して全ての「おのれ＝自己のために」に「尊厳」を認める通常の尊厳概念も、ここでは機能しない。では、この次元においてはどんな仕方であれ、「尊厳」ということは意味を成さないのか。必ずしも、そうとはかぎらない。

今見たような仕方で（のみ）〈いま・ここで＝現に〉私が、すなわち世界があること自体は、私が（世界が）どうこうすることのできるものではない。全てはこのことから（のみ）始まるのであって、それに先立つ何もの／ごともない。したがって、そのことに先立つその原因や理由や根拠もまた、ありえない。すなわち、このこと自体に私も世界も一切手出しすることができない。指一本、触れることができない[21]。この世界が、この私がいかにあるかに関してなら、世界や私が関与する余地を認めることができる。世界や私が別様であってもよかったのに現にこのようであるとすれば、そのことの原因や理由や、総じて根拠を探し求めることができ、それが見出されれば、見出されたそれに働きかける余地もまた生ずるからだ（もちろん、あくまで「余地」であって、いつでも働きかけうるとはかぎらないが）。ところが、世界と私が（どのようにであろうと）ともかくも〈いま・ここで＝現に〉「ある＝存在する」ということそのことにとっては、そのような世界と私がそもそも存在しないという事態しか並び立つものがない。存在に対立することができるのは、無のみなのだ。

だが、そうであるなら、世界と私が存在することの原因も理由も、ないことになる。原因も理由も、それらが存在するところのものでなければ意味を成さず、すでに存在を前提にしているからだ（この点に関しては、すでに序章でも論じた）。斯くして、世界と私が存在することとそのことは全てに先行し、いかなるものもそのことに指一本触れることができない。世界と私の存在の否定ですら、それらを前提にしている。否定しうるためには、それらはすでに存在していなければならないからだ。このような不可侵にして揺るがし難い事態に、かつてヴィトゲンシュタインは「神秘」の名を与えた。「神秘的なのは、世界がいかにあるかではなく、世界があることそのことである」（Wittgenstein[1918], 6.44）。仮にこの名を借用するなら、この「神秘」を前にして私（世界）が抱く思いには、どんな名を与えたらよいだろうか。

一切の手出しを拒み、かつ揺るぎなく存立する（にも拘わらず、それには何の根拠もないのだから、いつ失われてもおかしくない）事態を前にして抱く思いには、ひょっとして「尊厳」の名が相応しくはないか。この事態には、何か襟を正させる（一切の手出しを「拒む」が故に「厳」）、稀な（そうでなくても一向に構わなかったにも拘わらず、そうであるが故に貴重で「尊い」）ものが孕まれてはいないか。世界と私が存在することそのことが、中心化の動向の下で、一切の根拠の脱落と共にそのようなことそのこととして、私と世界に対して姿を現わす。これは、真に驚くべきことではなかろうか。

驚きは、事態が現にそうであるのとは別様であってもよかったのに、それにも拘わらず現にそうであることが気付かれたとき、訪れる。そうでなくてもよかったのに、「なぜ」「どうして」そうなのか。このことに驚くのだ。すなわち、「なぜ」「どうして」という問いには、「えっ！（なぜ？）」「えっ！（どうして？）」という仕方で、驚きが先行している。そして、この驚きによって惹き起こされた問い（「なぜ？」「どうして？」）に答えが与えられたとき（そうであることの原因や理由、すなわち根拠が与えられたとき）、驚きは収まる。どうしてそうであるかが、分かった＝理解されたからだ。ところが、世界と私が「ある＝存在する」ことにそのような根拠がもはやありえないのだとすれば、それはいつまでも驚きのままでありつづけることになる。先に「真に驚くべきこと」と述べたのは、この意味においてなのだ。

だが、ここにもう一つ、驚くべきことがある。それは、世界と私が「なぜか、ある（存在する）」という驚くべき事態に、当の世界と私が（両者は切り離すことができない[22]）向かい合うことができるということだ。中心化とは、全てを当の中心へと向けて現象させることだった。その上で、当の現象したものをおのれの内に取り込んだり、おのれの外へと排除することができるのだった。自由が中心化に根をもつとは、このことだった。だが、今私に姿を現わし、私が向かい合っているのは、もはや中心化の動向に服することのないものである。中心化という動向の下で全てが存在するものとして姿を現わすこと自体に対して、それはいったいなぜかが問われているからだ。問われていると言っても、この問いにもはやいかなる答えもありえない。そのことから全てが始まるのであって、そのことにもはや原因も理由も、すなわちいかなる根拠もありえなかったからだ。そうであるにも拘わらず、私はこの事態に向かい合い、向かい合いつづけることだけは、できる。それは、なお可能なのだ。つまり、この向かい合いは、なお私の自由の圏内にある。

もちろん、圏内にあると言っても、もはやそれ以上（向かい合うこと以上の）何かをすることはできないのだから、それは自由の限界に殆んど等しい。自由の極北と言ってもよい。にも拘わらず、私がこの極北にして限界になお身を持しつづけることができるのだとすれば、このとき自由は、自己中心化の動向にもはや服していないと言ってよいのではないか。少なくとも、その中心化の動向が空を切り、宙吊りとなる状態の内に、わが身を持しているのである。そのようなことが、可能なのだ。このことを、本節冒頭で「中心化の転倒」と言ったのである。「転倒」というのが言い過ぎなら、中心化の動向の無効化（宙吊り）と言ってもよい。この「無効化」を惹き起こしたものの方から――世界と私が何の根拠もなくただ〈いま・ここで＝現に〉あるところのものとして姿を現わすということ、そのことの方から――、先に「尊厳」と仮に呼んでみたものの光が射してくるのだ。

この「尊厳」は、自己が自己であるが故に有する（自己の中心化に由来する）「等しい者たち」の尊厳ではない。むしろ、それとは全く次元を異にすると言ってよいもの、すなわち、いかなる意味でも私（中心化）ではないもの、この意味で「私＝世界」とは異なる「他なるもの」の方から、やって来る。この意味での「他なるもの」からやって来る「尊厳」の光の下に私が、私という全て（世界）が照らし出されたとき、私＝世界はそれまでと全く違った相貌を見せはしないか。自己が自己であるが故に有しているように見えた尊厳も、また違った相貌を顕わにしないだろうか。その尊厳が尊厳たる所以は、自己ならびにそれと等しき者たちの存在とは異なる次元から汲まれたものではないか。それら等しき自己たちが身に帯びているように見えた尊厳は、それらの存在の言わば手前の次元から発していたのではないか。

だが、この「手前の次元」は、もはやいかなる根拠ももたない次元、むしろ無とも言うべき次元だったことを忘れてはならない。そのような次元について、何か確たる意味を以って語ることはできないのであり、夢や幻と同様、そのような次元を垣間見たようにも思われるのだが、それは単なる思い過ごしや錯覚であって、そんなものはどこにも存在しないかもしれないのだ。いや、その次元は、「おのれ＝自己のために」という動向の下で全てが「存在」するものとして姿を現わすのとは異なる次元、この意味で「無」の領域に位置する以上（つまり、「そんなものはどこにも存在しない」以上）、それについて何かを語ることがすでに、その次元を裏切ってしまうのである。

その次元について語ることがその次元を根底から損なってしまうという仕方で、その次元を「単なる（純粋な）可能性」の内にとどめ置く、と言ってもよい。その次元に直面したようにも思う、その思いを抹消することはできないからであり、理解の営みを麻痺させてしまうこの次元の前に——訝《いぶか》しげに、錯覚ではないかと自問しつつ——佇《たたず》むことはできるからだ。かの尊厳がこの「単なる（純粋な）可能性」の次元に根をもっているかもしれないことを、そしてその次元にまで自由が及びうるのかもしれないことを（それどころか、自由が本能——自己中心化——の偽装した姿ではなく、真にその名に値するものと成るのはこの次元が開かれて初めてであることを、本書はこのあと見ていくことになるだろう）、本書は先に（生命にとっての、存在にとっての）「スキャンダル」と呼んだのである。

「おのれ＝自己のために」行使される自由を（生命の秩序において初めて姿を見せた自由とは、そのようなものだった）、そのような「おのれ＝自己のために」という生命の自己維持が最終的には何の根拠もなく与えられているということとそのことにひたすら向かい合うという仕方で当の「おのれ＝自己のために」の「転倒」に使用する者、つまり「おのれ＝自己のために」を転倒する自由を行使する者は、〈いま・ここで＝現に〉機能し、その下で世界の全てが存在するものとして姿を現わすところのこの中心化をそのまま丸ごと宙に浮かせ、それを言わば世界の外部に向けて解き放つ。あるいは、世界の外部に向けて曝し出す。そんな、ありそうにも思われないことをしでかすことのできる者がもしいるとすれば、それはこの中心化において中心として機能している当の者以外ではありえないだろう。そのような者は、言葉の強い意味で唯だ一人しかいない（繰り返せば、他人たちはこの中心化に対して姿を現わすもの以外ではなく、中心化そのものとして与えられてはいないからだ）。すなわち、「単独者」である。

そのような単独者は、あろうことか、世界の全てを自らが担いつつ、それを自らに向けてではなく、世界の外部へと向けて差し出す。このとき、世界の全ては、その外部に照らし出されることで、「尊厳」にも似た色合いを帯びる。そのような世界が存在することに一切の根拠が欠けており、したがってそのことに対して世界は、そして今やそれを一身に担う単独者としての私は、指一本触れることができず、一切の手出しができないからだ（それにひたすら向き合うことを通して、それを自身が担うことを除いては）[23]。だが、そのような単独者としての私は世界の全てと重なり合うことでその輪郭の内に消失してしまうが故に、世界の中の一人物として姿を現わすことができない。かつてヴィトゲンシュタインが「思考し、表象する〔という仕方で世界を担う〕主体〔すなわち自己〕は、〔世界の中のどこにも〕存在しない」（Wittgenstein[1918], 5.631）と述べたように、である。このことは、おのれが世界の全てを担っていると述べることが一種の誇大妄想か、いかがわしいヒロイズムにしか聞こえないことに、正確に対応している。そのようなことを公言する人物がもしいたとすれば、その者は些か頭のおかしくなったお目出度い人物か、破廉恥な狂信者としてしか存在することができないからだ[24]。

言うまでもなく、本書もまたそのような危うい次元に身を置いているわけだが、敢えてつづけよう。このようにしておのれの内に世界の全てを担う単独者であるかぎりでの私（自己）に対しては、「尊厳」という言葉は相応しくないように思われる。繰り返せば、そのような単独者としての私は、もはや「おのれ＝自己のために」という動向に対して姿を現わす世界の全てに（当のおのれをも含めて）向かい合うことを通して、この意味でもはやそのような「おのれ＝自己」への中心化の動向に服さない自由を行使すること（この向かい合いは、自己の存在の維持に何ら寄与するところがないからだ）を通して、世界の全てを担うのだった。このようにして世界の全てを担うことを「責任」と呼ぶことが許されるとすれば——そもそも何かを「担う」といったことが可能でなければ、およそ「責任」なるものの成り立つ余地はないはずだからだ[25]——、この言葉だけがこうした単独者としての私には相応しいのではないか。こうした観点からすると、先に引いた『スイス連邦憲法』が謳うとされる「被造物の尊厳（Würde der Kreatur）」という概念が、正確には「創造に対する責任（*Verantwortung* gegenüber der Schöpfung）[26]」と表現されていたことは、留意されてよい。

もちろん、ここで「創造」と訳した語は「被造物」を意味する語としても一般に使われるので、通常この部分は「被造物に対する責任」と訳され、文脈上もそれで正しいのだが、本書のここでの議論の趣旨からすれば、この「責任」は単に被造物に対するものにとどまらない。というよりも、被造物に対する私の責任が生ずるのは、私と世界が存在するということそのこと（創造とはこのこと以外ではないはずだ）に当の私が向かい合い、そのことを自ら担うこと——「担う」とは、それを私の名の下に肯定し・「よし」とすることにほかならない[27]——によって初めて、その創造の内に含まれる被造物をも私が担うこと、すなわち「被造物に対する責任」が可能になるのだ。そして、このことを可能にする「創造に対する責任」とは、（私が世界を創造したのではないのだから）私を含めた世界の／という全てを私が私の名の下に受け取ったことを当の創造に対して証言することを措いてほかにない。それは創造に対して私が「はい」と答えること、すなわち創造の肯定である。そしてこの肯定の言葉は、創造が世界という全てを存在へともたらすことであるかぎりでもはや世界の内部で生ずる事態ではない以上、世界の外部へと向けて発せられているのだ。すなわち、私が「創造に対する責任」を担うとは、世界とは異なる次元へ向けての私の応答（Verantwortung）なのである。

もう一点、「尊厳」ということに関して付け加えておかねばならないことがある。今や本章は「尊厳」を、世界という全てを担うかぎりでの私に対してではなく、そのようにして担われた世界という被造物に対してこそ相応しいと考えるに至った（そしてその尊厳の光の源は、世界が「ある」ということそのこと、すなわち「創造」にあった）。だが、そのようにして私が担う世界という被造物には、私とは別の、他の原点が、それも無数の他の原点が披かれている可能性があるのだった。そしてそれらが原点であるかぎりで、それらは世界という全てがそれに対して初めて披かれるという仕方で、世界の外部へと通じているものにほかならない。けれども、私が〈いま・ここで＝現に〉世界が披かれる唯一の原点である以上（私が「単独者」であるとは、このことだった）、他の原点ということで何を理解してよいかは原理的に不明のままにとどまらざるをえない。「唯だ一つしかない」ものに「他の」同様のものがあるとは、背理でしかないからだ。もし、それもまた原点なのだとすれば、それは世界の中に（理解の対象として）姿を現わすことができない。このような他の原点（そのようなものがあるとして）と私が取り結ぶ関係は、いったいいかなるものだろうか。

それが世界の中に姿を現わさない以上、それとふつうの意味で関係が取り結ばれることはないはずだ。しかし、いかなる関係も不可能だろうか。ひょっとしてそれが他の原点なら、それもまた世界の全てを担っている——だが、それがどのようにしてなのかが決して私には明らかにならない仕方で——可能性があるのだ。そのような他の原点に私はこれまた指一本触れることができないのだから、それは「不可侵」だと言ってよい（この不可侵性は、他の原点もまた世界の外部に関わっていることに由来するのだろう）。そのような他の原点がその内に蔵されているのかもしれない（あるいは、そこから披けているのかもしれない）被造物たちを、私はいとも容易に傷付けたり破壊したりすることができてしまうにも拘わらず、それどころか、放っておいてもいずれそれは失われてしまうにも拘わらず、である。

私がそのような他の原点とかろうじて取り結ぶことのできる関係がもしあるとすれば、その関係の内実を成すものにこそ、ひょっとしたら「尊厳」という言葉はより相応しいのかもしれない。他の原点が、それが原点であるかぎりで有する揺るぎない「尊厳」である。この「尊厳」を介して、私は他の原点と共にあること（共同体を形作ること）ができるかもしれないのだ。この共同体は、本章が先に論じた〈等しい者たちから成る「われわれ」の共同体〉とは別物である。議論のこの次元では原点は唯だ一つしか抜けていないからであり、他に原点が抜けているのだとしてもそこにおいていかなる事態が生じているかを私は知りえない以上、「等しい」ということが成り立たないからだ。そのような共同体は、私という単独者の側からその可能性が垣間見られるのみで、決して共同体として可視的とならない。つまり、理念として共有されることもない。したがって、はたして共同ということが成り立つかどうかすら定かでないまま私を他の原点へと差し向けるのが、この「尊厳」なのだ。

だが、本章はすでに、世界という全てに、被造物にこそ相応しいものとして、この言葉を用いていたのだった。だとすれば、ここで本章が考えようとしている関係には、いまだ（あるいは、ついに）それに相応しい言葉が存在しないと言うべきだろうか。この問いに答えるためには、「尊厳」がそこに由来するところの源泉について、更に思いを巡らす必要がある。そして、その同じ源泉に、自由もまたその由来を汲んでいるかもしれないのだ。章をあらためて、はたして私は自由なのか、仮にそうだとして、それはどのような仕方でなのか、考えていこう。

第二章　私は自由なのかもしれない

本書はこれまでの考察を通して、私たちの世界の存在構制（存在する仕方）を次のようなものとして捉えるに至った。すなわち、この世界は創発によって新たに成立した存在秩序がそれ以前の存在秩序と「基付け」関係を取り結ぶことで、以前の存在秩序に「支え」られた新たな存在秩序が以前のそれを「包む」という仕方で幾重にも折り重なった階層性を成している。本章はこの把握を受けて、「自由」をこうした階層性の自然における最高次の段階に位置付けると共に、自然が生命において当の自然を超え出て更に高次の段階へと移行する新たな創発の生ずる場所として捉え直すことを試みる。すなわち自由は、自然が自らを超え出て、自然からは予測も演繹もできない全く新たな（新奇性をもった）次元（つまり超・自然的《メタ・ピュシス》＝形而上的次元）を切り拓く突破口を成しているかもしれないのである（図3）。

こうした自由の遥かな根《ルーツ》は、物質界に見られる或る種の「乱雑さ《ランダムネス》」、ないし確率的には極めて僅かなものである「揺らぎ」の内に看て取ることができるかもしれない。あるいは、素粒子の確率的な（原理的に確率的でしかありえない）存在の仕方をここに含めてもよい。但し、これらはあくまで自由の「遥かな根《ルーツ》」であって、自由そのものではない点が見落とされてはならない。いずれにせよ、自然界にはもともと或る種の「遊び」（「ハンドルの遊び」と言うときのようなそれ）が含まれているようなのだ。決定性からの「逸脱」――但し、大勢に何ら影響を及ぼさない――、と言ってもよい。この「遊び」ないし「逸脱」が生命の段階に至ると、いわゆる本能が規定する大枠の中の「どうでもよい部分」「いずれでも構わないもの」となって姿を現わす。例えば、水分さえ摂取されるなら水でも牛乳でも果物…「でもよい」とか、あちらへ行けさえすれば右回りだろうが左回りだろうが「構わない」といった形で、である。

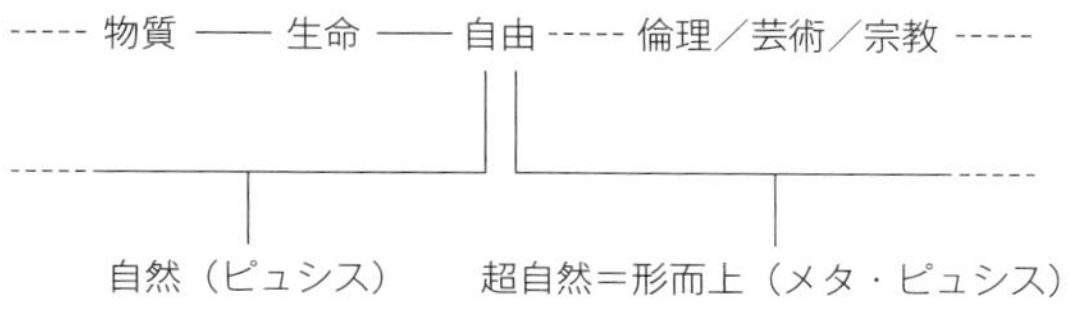

図３　自由は、自然が自らを超え出て、倫理や芸術や宗教といった形而上の次元へ移行する突破口を成しているかもしれない。

決定性からの（あるいは、決定性の内にすら孕まれている）こうした「余白」の中から、以下で見るような勝義の「自由」が自然の転回点《ターニング・ポイント》にして突破口として、漸く姿を現わす。この突破口を構成する能力として本章が注目するのは、想像力＝構想（像）力（imagination, Einbildungskraft）である。それは、私たちのいかなる能力のことだろうか。

1　想像力

想像力とは、端的な「存在」からの離脱の能力、端的な「存在」から距離を取る能力の謂いにほかならない。ここで端的な「存在」とは、〈ただ「ある」〉ことを指す。例えば、素粒子や机や山川は〈ただ「ある」〉。つまり、それらが運動していようが静止していようが、それらがそれら自体の下で素粒子や机や山川として姿を現わす＝現象することなく、端的に存在している。それらがそのようなものとして姿を現わす＝現象するのは、あくまで私たちに対してなのである。ましてや、それらがそれら自体の下で「存在」として理解されることもない。それらが存在するところのものとして理解されるのもまた、私たちの下でなのだ。[1] それらが素粒子や机や山川として姿を現わし、そのような現象の下で「存在」として理解されるためには、それらが〈ただ「ある」〉状態から離脱しなければならない。このことを可能にするのが想像力であり、この想像力の下でそれらは素粒子や机や山川として（つまり、何らかの存在者として）現象するに至る。

　何かが何かとして現象することは、おそらく自然が単なる物質の次元を超え出て生命の次元へと昂まったときを以って始まる。生命体にとって世界は、自らの存在を維持するために必要なもの（存在の維持にとって正《プラス》の価値をもつもの）と不要にして排除（排泄）すべきもの（存在の維持にとって負《マイナス》の価値をもつもの）として姿を現わす（ここで、物質界には存在しなかった「価値」という新たなものが成立した――創発した――点に注目すべきなのである）。[2] このようにして現象したものとの遣り取りを以って自らの存在を維持する秩序が、生命なのだ。ここでは、何かが何かとして姿を現わすことが、「存在の仕方（在りよう）」の観点から新たに構造化し直されている。つまり、〈ただ「ある」〉という仕方から〈現象する（という仕方で「ある」）〉へと「ある＝存在」が構造化し直されて、生命に対して文字通り「姿を現わす」のだ。現象を媒介にして存在が存在に関わるような構造が成立したと言ってもよい。存在が現象として自らをそれに対して顕わにするところのもの、それが生命であるかぎりでの私たちなのである。生命とは、「ある＝存在」が何らかの仕方で姿を現わす（「現象する」）という形で構成されるに至った存在秩序、「存在」と「現象」が等しいものとなった存在秩序なのだ。存在のこの再構造化は、どのような仕方で為されたのか。

　それは、〈端的ないま・ここにおいて世界が姿を現わすこと〉が全てに先行するという仕方で為された（本書序章、参照）。ここで「端的ないま・ここ」とは、世界がそこにおいて現象するに至るところの

「現に」（ハイデガーの用語を借用すれば「da」）の生起のことだった。世界がそこにおいて現象する時間・空間が披かれる、と言ってもよい。ところで、この〈端的ないま・ここで＝現に（da）世界が姿を現わすこと〉は、私たち（生命体）がそのことに気付いたときにはすでに成就してしまっており、そのことへの気付きはこの成就につねに遅れている。すなわち、このことの成就は「瞬間」という性格をもつ。瞬間とは、何ものかが姿を現わしたときには当のものの現出は過ぎ去ってしまっていること、この意味で失われていることを言う。

世界が〝像〟として時間的・空間的に現象する

だが、それが単に失われてしまうだけなら、そもそも何ものも現象することは叶わない。かつて、この現実を「万物流転」と看做した古代ギリシアの哲学者ヘラクレイトスに対して、もし万物がひたすら流転してひとときも止むことがないなら何ものも存在として現出することが叶わない、と異議を申し立てた弟子クラチュロスの述べる通りなのだ（cf. Aristoteles, *Metaphysica*, 1010a10f.）。つまり、何ものかが現象するためには、過ぎ去って失われたものが何らかの仕方でなお私たちの下にとどまって（ないし反復されて）いなければならないのである。それは、たちどころに失われる〈いま・ここで＝現に〉の生起ないし到来に引きつづくかのようにして、世界が特定の「状態」として何らかの時間的・空間的な幅をもって立ち現われる＝現象するという仕方で為される。

このとき、そのつど過ぎ去って失われざるをえないものを「像」――つまり、何らかの時間的・空間的な幅をもつことで形を得たもの――として（「像」という仕方で）保持する（反復する）能力がすなわち想像力＝構想（像）力なのだ。想像力とは、そのつど過ぎ去って失われざるをえない「端的な〈いま・ここで＝現に〉における何ものかの何ものかとしての存在」を、失われた当の「端的な〈いま・ここで＝現に〉」の外部に（つまり、〈いま・ここで＝現に〉の到来の後に）保持する能力だと言うことができる。「状態」とは、このような外部に（〈いま・ここで＝現に〉の到来に遅れるようにして）抜かれた現象の空間（正確には「時空間」）の内実を成すもののことなのである。

連続体として構成された時間における「今」

通常の意味での時間（以下、原則として空間については煩雑さを避けるため省略するが、事情は時間の場合と同様である）は、このようにして姿を現わした「状態」の内部で時計という道具（それは日時計から原子時計に至るまで、周期的な運動を利用して作られる）を使って計測されたものにほかならない。これに対して世界現出のそのつどの生起と成就（すなわち、〈いま・ここで＝現に〉ということの到来の「瞬間」）は、この意味での時間の外部に位置する。過去から現在を経て未来へと延びる連続体として構成された時間（それは一定方向に一定の速度で進んで行く一本の数直線で表わされる）のどこが「今」であるかは、この時間連続体の内部では定まらない。どんなにこの時間連続体を隅から隅まで凝視しても、そこには太古の昔から永劫の未来に至るまで何年何月何日何時何分何秒…という時間の名前（つまり時刻）がびっしりと記されているだけで、そのどれが「今」なのかを決定する手掛かりはどこにも与えられていない。それが定まるのは、端的な〈いま＝現に〉の側からのみ、なのだ。すなわち、この時間連続体の内部のどこにも存在しない端的な〈いま＝現に〉がその外部から時間連続体に一方的に侵入することによって、いつが現在であるかが定まるのである。このようにして時間連続体の内部の一定区間としての位置を占めるようになった「現在」を「今」と表記し、そうした時間連続体の内に予め存在するものではない〈いま（＝現に）〉と区別しよう。過去から未来へ向けてどこまでも水平に延びていく一本の直線にその外部から、言わば垂直に交差するような仕方で端的な〈いま＝現に〉が介入するのだ。これが、〈いま＝現に〉の到来――生起にして成就――ということにほかならない。

　したがって、一本の直線で表わされる時間連続体は、実は「静的《スタティック》」なものである。これは、そのつど「状態」として（初めて）姿を現わす世界を横並びに繋ぎ合わせて連続体とすることで成立する。この時間連続体の中で時間は、一定の速度で絶えず進行しつづける（「流れる」）ことでこれら横並びの諸「状態」を経めぐってゆくものとして構成されるのであり、そこには世界のそのつどの現出の生起が孕む動性《ダイナミズム》はもはやどこにも見られない。この意味で言えば、逆説的にもこの時間連続体は「無時間的」なのである。他方で、端的な〈いま＝現に〉はそのつどの世界現出の到来――それは「瞬間」という仕方で為されるのだった――として時間連続体の外部にありながらも、そのつど新たな「状態」を惹き起こすという仕方でそこに侵入することで時間を動態化《ダイナマイズ》する。時計の進行は決してこの動性を表わさず、「今～中」（例えば「今、読書中」、「今、研究会《セミナー》の開催中」…）という一定の「状態」を表示するに過ぎない。この「～中」の間、ひたすら時計の針は進行（という同一の「状態」）のままなのだ。言ってみればこの（同一の「状態」としての）進行は、〈いま＝現に〉のそのつどの到来――瞬間――という動性《ダイナミズム》の影の如きものなのである。

「想像力」は非連続な「時」を像へと披く

　この「動性」を「時」と表記するなら、次のように言うこともできる。「姿を現わす「状態」時間」は「流れる」（すなわち連続体だ）が、「時」は流れない。「時」はそのつど到来する。すなわち、それは非連続なのだ。私たちは「流れる時間」を（そして、その一部分を）「現在＝今」として生きることができるが、「到来する時」の方はいつも成就してしまっている。すなわち「瞬間」であり、私たちはいつもそれに「遅れて」いる。本書序章で見たようにハイデガーはこのことを「被投性」と呼んだのであり――私たちは、気付いたときにはいつもすでに時空的に披けた世界の中に居る――、「自由」はこの事態に私たちが新たに関わり直すその仕方に深く関わっているさまを、本書は第五章で見届けることになるだろう。だが、先を急がないようにしよう。いつもすでに到来してしまっている「時」に引きつづくようにして姿を現わす世界の特定の「状態」に関して、なお見ておくべきことがある。それは私たち生命にとって、それなしでは済ますことのできないものだからだ。

世界は、そのつど何らかの「状態」としておのれを現象へともたらして、止むことがない（この「止むことがない」があくまで「そのつど」のものであって、決して連続性を意味しないことを忘れないようにしよう）。そのようにして「状態」は、何ものかを何ものかとして特定の形（像）の下で初めて明確な存在者として現象にまでもたらす。生命はそのようにして現象する存在者との遣り取り（摂取と排泄）を通して、自らをも特定の形（像）をもったものとして現象させ、そのようなものとしておのれを維持する。こうして、時間・空間内で一定の形（像）を得た存在者たちの世界が成立するのである。したがってこの世界は、そのつど瞬間という仕方で到来する〈いま＝現に〉――すなわち、「時」――に遅れて（それに引きつづくかのように[3]にして）披かれる「状態」を構成する能力である想像力に、その存立を負っている。つまり想像力は、そのつど失われる瞬間を時間的な幅をもった「状態」へと披くことで言わば甦らせる（すなわち、反復する）能力、とはいえ「状態」として初めて現象させる能力、失われたものの内に孕まれていたものをそれが失われたかぎりで現象（現前）へともたらす能力、すなわち

「不在における現前」の能力なのである。この想像力の下で世界は初めて、おのれが現前するものであると共に失われる（不在の）ものでもあることを告知する。これが、「時」と「時間」という仕方で成立する私たちの現実の根本なのだ。

だが、ここで現象へともたらされたものがもはや瞬間において失われたものならば、それは単なる表象の如きもの、もはや存在しないものの影、この意味で幻や錯覚にも等しいものとならないだろうか。そのような幻や錯覚で以って生命はおのれを維持することなど、できないのではないか。霞を食べて生きてはいけないはずだ。その通りである。想像力は、単に失われたものを表象として再現しているのではない。想起しているに過ぎないのではない。では想像力は、どのようにして生命の維持に寄与しているのか。

私たちの〝現在〟を構成する想像力

想像力は、瞬間において失われた〈いま＝現に〉の到来を、その地点からこちら側に向けて、すなわち現在と未来に向けて、像の下で一定の「状態」として投企するのだ。つまり「状態」とは、瞬間において失われたものを、そのこちら側に向けて像として投企したものなのである。そして、投企された状態が一定のものとして許容され・維持されるかぎりで、現在を構成する。すなわち現在とは、失われた瞬間からこちらへ向けて投企され、なお維持されているかぎりでの「過去の」状態のことなのである。この「状態」がもはや投企された形では維持できなくなったとき世界は新たな瞬間に見舞われ、引きつづくようにして想像力が新たな「状態」を更にこちら側へと向けて投企する。以下同様にしてこの過程が繰り返される中で、私たちの現実は構成されてゆく。

このとき、投企された特定の「状態」が維持されるか否かを決定するのは、投企する側ではない点が見逃されてはならない。それを決定するのは、何かとして特定の状態の下で姿を現わすものの方なのである。これはすなわち、「状態」が投企するものの単なる「表象」ではないことにほかならない。その「状態」は、その下で像として姿を現わす当のものによって言わばその「実質」を与えられているのである。この「実質」に支えられることで、私たちはおのれの存在を維持してゆくことができるのだ。逆に、この「実質」が与えられないとき、投企された「状態」は空を切り、投企するものの存在は危機に曝されることになる。

現在の一種である予期された未来

他方で、どのような「状態」を投企するかに関しては、投企する側の関与する余地がある。このことが、「現在」や「未来」を私たちがある程度コントロールする可能性を開く。そのつどの到来の瞬間からそのこちら側へと向けて投企された「状態」がどの程度維持されるかは、その「状態」がどの程度変化（時間の動性）を（無視して差し支えないものとして）許容するよう設定されているかにも依存するからだ。そして、それが許容される範囲内が「現在」なのだ。つまり「現在」の幅は、どのような「状態」が投企されるかにも依存する。「現在」ばかりではない。予期された未来も、それなりに変化（つまり新たな到来の瞬間）に対して許容度の高い「状態」なのであり、それが許容され・維持されているかぎりで新たな瞬間は姿を現わさないのだから、それも広義の「現在」の一部なのだ。つまり予期された未来とは、過ぎ去った相の下に見られた現在の一種なのである。

例えば私が「明日の日曜日は家でのんびり過ごそう」と思い、そのようになればそれはこの現在の延長なのであり、そのことは「のんびり」の中身が音楽を聴くことだろうとテレビを見ることだろうと、あるいは散歩をすることだろうと変わりはない。だが往々にして予期せぬ事態が突発し、「のんびり」などしていられなくなることも、私たちはよく知っている。そのとき世界は新たな瞬間に見舞われ、新たな「状態」へと移行するのだ。予期された未来と、それ自体の方から何の前触れもなく突如姿を現わす新たな瞬間は区別されねばならず(本書が後者を「到来(avenir, Zukunft)」と呼んできたのに対比させるなら、前者を「未来(futur, Futur)」と呼ぶこともできるだろう)、両者を分け隔てるものこそ、時間連続体の外部からそこに侵入してくる端的な〈いま=現に〉なのである。

そして、この〈いま=現に〉の到来が実はいつでも可能であることを私たちに教えてくれるのも、想像力なのだ。「予期された未来」はあくまで「予期」されたものに過ぎず、その予期がいつ裏切られてもおかしくないことも、私たちはすでに知っている。この知は、「予期された未来」という「過去の相の下に見られた現在」から私たちが解放されることで得られる。そのような「未来」や「現在」から成る水平的で(横並びで)連続的な世界を超え出る能力、世界には〈いま=現に〉のそのつどの到来によって垂直に切り裂かれた切断線が走っている可能性に開かれる能力もまた、世界のそれぞれの「状態」から距離をとる能力である想像力を措いてほかに、その源泉をもたないのである(図4・図5参照)。本書はこのことも、第Ⅲ部第五章で詳しく検討することになる。

不在のものを現前させる想像力の根本性

だが、ここでも先を急ぎ過ぎないようにしよう。生命という存在秩序においては、「状態」として現前(現象)へともたらされたものは、それが新たな瞬間の侵入によって破られないかぎり確かに私たち

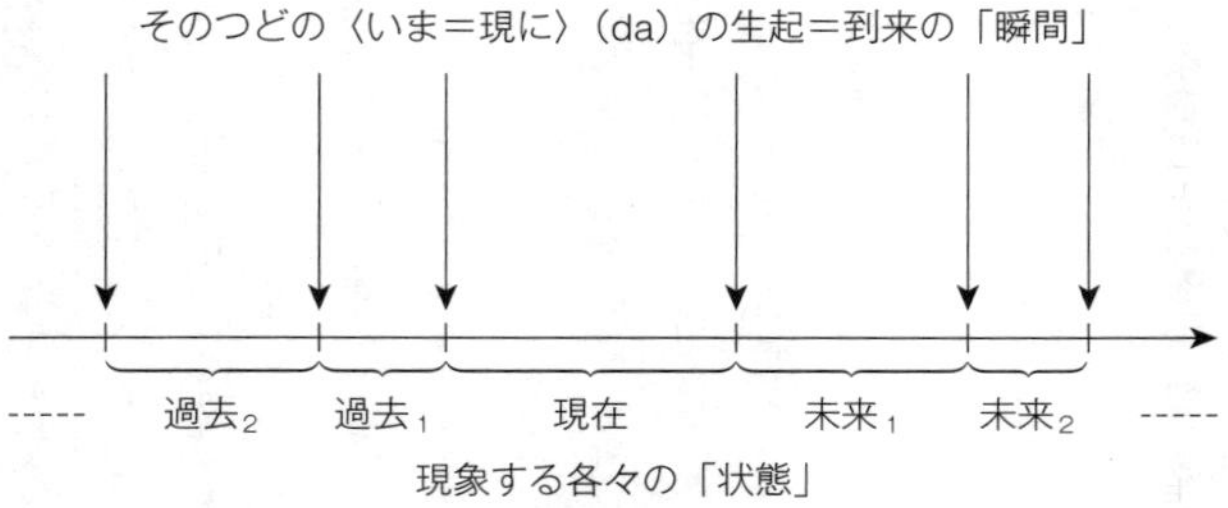

図4　時間における「状態」と「瞬間」

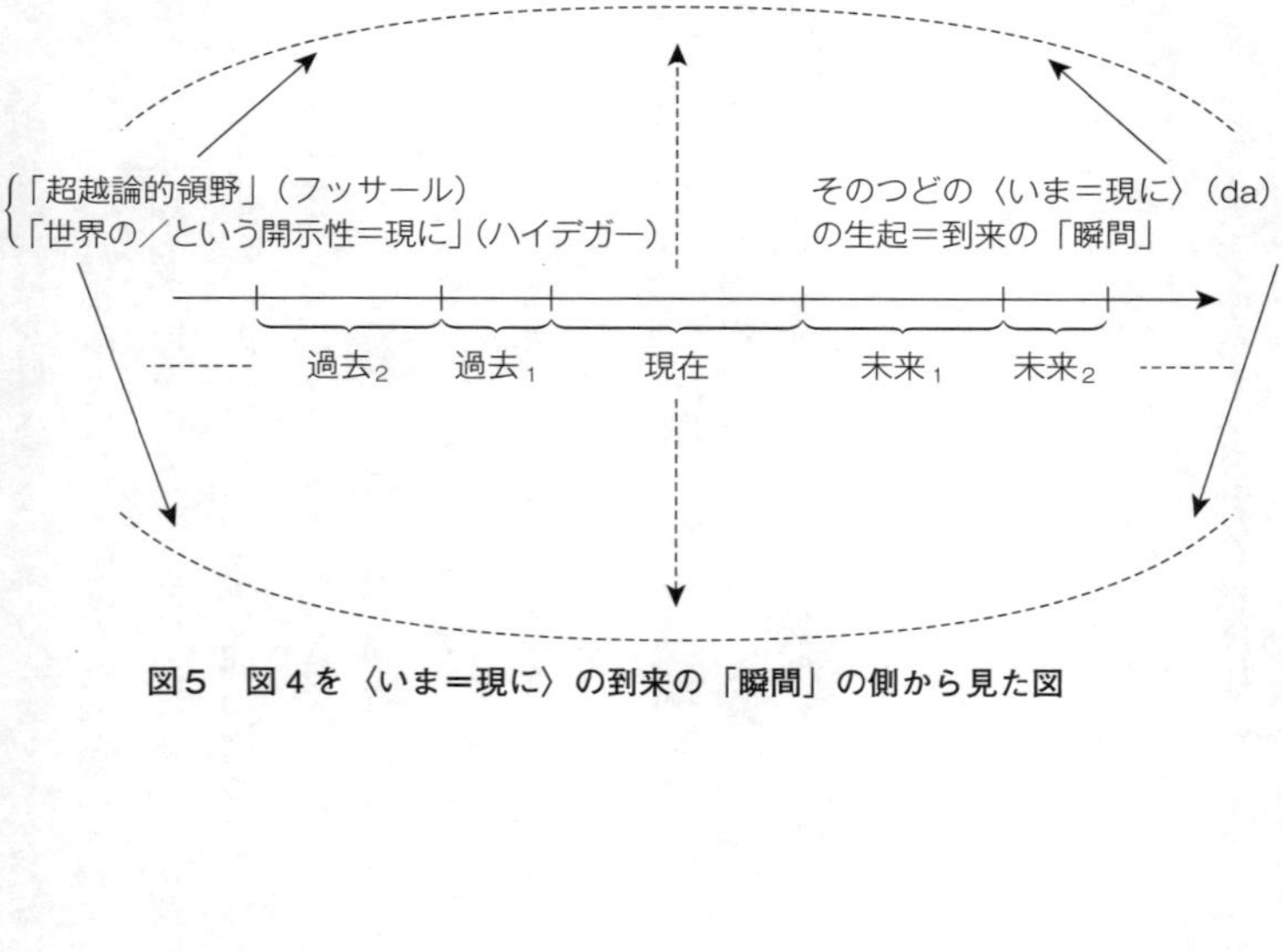

図5　図4を〈いま＝現に〉の到来の「瞬間」の側から見た図

の現実そのものなのであり、決して単なる幻や錯覚ではない。単なる想起でもない。同じことを逆から言えば、予期せぬ瞬間の侵入によって「状態」が破られたとき（そのときにかぎって）、その「状態」は過去（として想起の対象）となったのであり、場合によっては幻や錯覚だったことが顕わとなるのだ。生命は、そのようにして現象したもの（「何」かとして現象した存在者）を介して世界と関わることでおのれを養っていく存在なのである。生命がそれによっておのれを養う存在者たちは、想像力という、そのつどの〈いま＝現に〉の到来を起点にして現在へ（未来へ）と向けて投企された何らかの時間的拡がり（すなわち「状態」）を構成する能力の下で初めて、姿を現わした。すなわち、存在へともたらされた。このようにして姿を現わした存在者たちから成る世界が生命という秩序における世界なのであり、そのような仕方で「ある＝存在する」のが私たちの世界なのだ。

かつてカントが『純粋理性批判』の第一版で行なった「純粋悟性概念《カテゴリー》の超越論的演繹」とは、「状態」として伸び拡がる時間の中で世界に明確な形（像）を与えるカテゴリー（「何」かをその「何」において規定するもの）を、感性において与えられたものの「取り集め（Apprehension）」から想像力によるそれらの「再生産（Reproduktion）」――これを本章は「反復」とも表現した――へ、更にはそのようにして再生産されたものの悟性（カテゴリー）による「再認（Rekognition）」へと、それらが成り立つ条件へと遡って取り出そうとする試みだったと言うことができる。そしてこの「演繹」において示されたのは、感性における「取り集め」と悟性による「再認」を媒介する想像力（すなわち、不在のものを現前化することで「像」を産出する能力）の根本性だったのである[4]。

だが、想像力の働きはこれにとどまらない。見てきたようにそれは、瞬間において失われたものの内に孕まれていたものを現在（と未来）へ向けて投企することで現象へともたらし、斯くして明確な輪郭を具えた存在者を存在せしめる能力だった。この能力は、〈現にそうであるもの〉(「過去の相の下に捉えられた現在」)として特定の「状態」において現象したこの世界に対して今や更に距離を取り、この「状態」を超え出た地点から、すなわち、〈いま＝現に〉の生起＝到来に披かれた地点から、世界をそれが〈現にそうである〉のとは別様でありえたし・いつでも別様でありうるものとして、他でありえたし・いつでも他でありうるものとして、捉える新たな次元を切り拓くに至るのである。

2　純粋な可能性

あらためて確認しておかなければならないことがある。世界が〈いま・ここで＝現に〉という仕方で披かれることが、この世界における全てに先行している点である。全てはこの〈いま・ここで＝現に〉の到来にして成就に引きつづく(遅れる)仕方でのみ、姿を現わす。現象する。すでに失われた到来のこの瞬間に何ものかとしての輪郭を与え、そのこちら側へ向けて、すなわち現在(と未来)へ向けて投企する「状態」の成立である。現象する「状態」の起点を成している(はずの)〈いま・ここで＝現に〉の到来それ自体は、それ自体の側から一方的にやって来る。この到来にして成就は、こちらからの一切の手出しを許さない。そもそも「こちら(側)」なるもの(つまり現象する「状態」)はこの到来において初めて可能となるのだから(存在を付与されるのだから)、この到来に対して手出しできる何ものもないのだ。〈いま・ここで＝現に〉の到来が有するこの「如何ともし難さ」、その決定性、これを「実在」と呼ぶこともできるだろう。[5] この「実在」は、「現実」とは異なる。現実とは、「実在」という仕方での到来に引きつづく仕方で姿を現わす「状態」を構成する存在者(「何」かとして存在するところのもの)たちの中の一部(例えば、想起や予期や空想における存在者と対比されるかぎりでのそれ)

を成すもののことだからだ。これに対して「実在」は、全てがそこから始まる起点・起源・原点として全てに先行し、そのような仕方での到来は一切の手出しに先立って「如何ともし難い」。

〈いま・ここで＝現に〉の決定性においては様相の区別が「潰れ」る

ところが想像力は、この〈いま・ここで＝現に〉の到来が有する如何ともし難い決定性に対して、それが「他でもありえた」可能性を介してあらためて関わり合うことができるのだ。それは、いったいいかにしてだろうか。この問いに答えるためには、想像力がそれにあらためて関わりうるのかもしれない〈いま・ここで＝現に〉の決定性とはいかなるものなのかを見極めておく必要がある。すでに確認したように、この〈いま・ここで＝現に〉は一切に先行し、それ自身においておのずから定まるものだった。したがってそれは、想像力もまたそれに全面的に服さざるをえないものだ。それの到来と成就は一切に先立っているのだから、そのことにいかなる原因も理由も、すなわちいかなる根拠もない。端的に、そうでしかなかったのだ。この意味でそれは、自由や（それの否定としての）不自由を云々する以前の揺るぎない決定性であり、「無自由(afree)」[6]と言ってよい。

それが「そうでしかなかった」ことにはいかなる根拠もなかったのだから、この意味でそれは「偶々《たまたま》」そうだった、つまり「偶然」と言うことができる。だが、それが「そうでしかなかった」のなら、それは「必然」でもあったのではないか。そのように述べることもできるだろう。つまり、この〈いま・ここで＝現に〉の強固な決定性は、それが偶然であるのか必然であるのかさえ区別のつかないもの、この意味であらゆる様相が「潰れて」[7]しまうものなのだ。通常は対極を成すものである偶然と必然が重なり合ってしまってそのいずれとも見分けのつかない特異点、それが〈いま・ここで＝現に〉の決定性の位置するところだと言ってもよい。だが、この特異点が無根拠で（も）あるのなら、つまり「偶々」「そうでしかなかった」――今見たように、ここは「偶々」すなわち偶然と、「そうでしかなかった」すなわち必然がこのように重なり合っているのだが――のなら、同じく「偶々」別の（他の）「そうでしかなかった」であってもよかったのではないか。〈いま・ここで＝現に〉の無根拠な到来にして成就に遅れる仕方で活動の余地を与えられた、何かを何かとして「状態」において現象させる能力である想像力は、このような仕方で自らの起源にして原点に関わる（向かい合う）ことができるのである。もし、それが可能であるのなら、それはこの能力が、すでに失われた〈いま・ここで＝現に〉の到来に対して、そこから隔てられることでそれに（あらためて）関わる能力であるからに違いない（この隔たりもまた想像力にとっては「如何ともし難い」ものなのだから、それは〈いま・ここで＝現に〉から想像力に贈られたもの、あるいは〈いま・ここで＝現に〉がおのれを超出することで生み出されたものなのかもしれない）[8]。

こうして、磐石で微動だにしないように思われた〈いま・ここで＝現に〉の全てに先行する決定性が、「他の」「そうでしかなかった」決定性（それはすでに他でもありえた可能性でもある）と対比されることで（だが、あくまでこの対比の中でのみ）、宙に浮く。このとき、特定の「そうでしかなかった」決定性に全面的に服していたものが、別の・他の諸々の（「そうでしかなかった」）可能性の中から当の「そうでしかなかった」を欲し・選ぶ余地が生ずる[9]。どういうことか。

ジョン・ロックの部屋の例

ここで、かつてジョン・ロックが『人間知性論』で提出した例を、この問題を考えるための手掛かりとして引き合いに出そう[10]。大略、次のような例である。或る男が部屋の中に居る。この男が今自分の居る部屋から外に出るか、あるいはそこにとどまるか、思案する。思案の結果この男は、この部屋にとどまることにする。この部屋の居心地がよかったのか、あるいは思いを寄せている人がそこに居たからか、それは問わない。いずれにせよ男は、思案の結果この部屋に居ることの方を欲し・選んだのだ。ところが、この部屋には外から鍵が掛けられており、彼は部屋から外に出ようとしても出ることはできなかったのである。そうだったのなら、つまり、彼は部屋にとどまることしかできなかったのなら――それ以外の行為の可能性（他行為可能性）がなかったのなら――、この部屋にとどまるという彼の選択は無意味だったのだろうか。彼に選択の余地があるように見えたのは（部屋の状態についての無知による）錯覚であり、そもそも選択など成り立っていなかったのか。

　そうではないだろう。仮にこの男が、自分の今居る部屋に外から鍵が掛かっていることを知っていたとしよう。それでも彼は、自分が実際に外に出ることができる／できないに拘わらず、あるいは外に出られないのだとしても、自分にはこの部屋に居ることの方が好ましいと思うことができるはずだからだ。彼がそう思うことができるのなら、彼はこの部屋にとどまることで自らの思いを叶えたことになるのではないか。すなわち、この状況を自ら欲し・選んだことになるのではないか。

　逆の例を考えてみてもよい。彼は何らかの理由でこの部屋にとどまりたくなかったとしよう。外に出たいと思ったとしよう。だが、鍵が掛かっている以上、彼は外に出ることができない。このとき、彼はどう思うだろうか。明らかに、不自由を感じるだろう。自らの自由が阻害されたと思うに違いない。だが、それは彼の力では「如何ともし難い」のだ。部屋に居つづけること、それ以外の（他の）行為の可能性はない――つまり「そうでしかなかった」のだ。そうであれば彼は、そもそも自分は（自由の阻害としての）不自由ですらなく、「無自由」だったと思い知ることになる。もともと選択の余地などなかったのだ。先の「部屋に居たい」と思う場合と今の「外に出たい」と思う場合の間には、選択の余地の成立に関して非対称性があるように見える。一方では選択は成り立つように見え、他方ではその余地がないように見えるからだ。この点でロックのこの例は、通常の選択、つまり複数の可能性の中からいずれをも選択できる対称性を有さない特異な例と言うことができる。だが、そうだとしても、そのことを以って「部屋に居たい」と思うことが選択の対象たりえないということには、必ずしもならない。

むしろ、次のように考えるべきかもしれない。「外に出たい」と思ったのなら、すでにそのことは選択の対象になっているのだ（「部屋に居たい」と思うことが選択の対象となっていると言いうるのと同じ意味で）。だが、「外に出たい」と思うことが選択として無意味になってしまうのに対して、「部屋に居たい」と思うことは（驚くべきことに）必ずしも無意味ではない。つまり、この非対称性は選択そのものの成立に関わるのではなく、選択の（行為としての）有効性・実効性に関わっていたのだ。いずれにせよ、「部屋に居たい」と思う選択に（のみ）、それが有効である（実効性をもつ）余地が開けていることに変わりはない。これは、いったいどういうことだろうか。

「そうでしかなかった」ことを選択し、それを主体として担う自由の次元を開く想像力

このとき私たちは想像力の助けを借りて、選択ということが意味を成す次元に初めて身を置いたのではないか。この選択は、「そうでしかなかった」にも拘わらず（〈いま・ここで＝現に〉の全てに対する先行性である）、それを「そうでなかった」ことが可能だったものとして捉え直すことで成立する。つまり、そのような可能性の空間を、「そうでしかなかった」「如何ともし難い」「実在」の上に被せるよ

うにして切り拓き、その次元にわが身を置きつつあらためて当の「実在」に、当の「そうでしかなかった」ところのものに関わり直すことで、選択が有意味である余地が開かれるのだ。そのようにして、「そうでしかなかった」自らの存在を欲し・選ぶことで、つまり自らをおのれの存在の起源にして原点に置くことで、そして欲し・選ぶという仕方でそれを「わがもの」として「受け容れ」「担う」ことで、私は自らの（存在の）主体と成る[11]（ハイデガーはこの「受け容れ」「担う」ことを、『存在と時間』の良心論において「負う（schuldig）」と捉えたのではなかったか[12]）。

　このように考えることができるとすれば、私は「そうでしかなかった」おのれの〈いま・ここで＝現に〉をあたかも他の「そうでしかなかった」が可能であったかのようにして（それとの対比の下で）欲し・選び、それを「担う」（「負う」）ことで、自由と成ったのだ。そのようにすることが、有意味でありえたのだ。そうであればこの次元においては、自由だから（他であることが可能だから——他行為可能性があるから——）何かを「担う」ことができるのではない。責任を「負う」ことができるのではない。そうではなく、「そうでしかなかった」「如何ともし難い」「実在」を「担い」、それを「負う」ことができるから、自由なのだ。いや正確には、「担う」ことで自由と成るのだ。自由が責任の条件ではなく、何ごとかを「負う」ことが私を自由な者とするのである。想像力という、〈いま・ここで＝現に〉からの超出の能力の昂進が、自由の次元を開いたのだ。

　しかし、このような仕方で開かれた自由の次元の内実は、あくまで他の「そうでしかなかった」こととの対比の中で、この「そうでしかなかった」が選ばれたに過ぎないことを忘れてはならない。そして、このときの他の「そうでしかなかった」は、決して〈いま・ここで＝現に〉と成ることがないのだ。そうでなければ、この「そうでしかなかった」が「そうでしかなかった」であることができないからだ。

これはすなわち、他の「そうでしかなかった」が決して実現することなく、言わばその「純粋な可能性」において存立しているかぎりでのみ、自由が成り立つということにほかならない。これは、私がおのれを〈あたかも自由であるかのように看做す〉ことでもある。

だがこれは、（しばしばそう論じられてきたように）自由が単なる擬制に過ぎず、結局のところそれは幻ないし錯覚でしかないということではない。[13] 先にロックの例に即して検討したように、他の行為の可能性（部屋の外に出る）が決して実現されることがなくても、この「そうでしかなかった」（部屋の中に居る）を欲し・選ぶことが有意味でありうるからだ。したがってこの有意味性は、実現可能性とは独立の「純粋な可能性」において、あくまで可能性であるかぎりでの可能性の次元で確立される有意味性ということになる。ふつうの意味での可能性がその実現とどんなに僅かではあれ繋がっていなければ意味を成さないのに対して、ここでの可能性はその実現とは独立な（つまり、一切繋がっていない）のである。このような「純粋な（「単なる」と言ってもよい）可能性」は、私たちの現実の基盤を成しているはずの自然《ピュシス》の中のどこにも居場所をもっていないように思われる。それにも拘わらずそのような可能性が文字通り「可能」なのだとすれば、その「可能性」が位置する場所は自然とは別の場所、この意味で自然を超《メタ》えた場所であるほかない。すなわちそれは、超自然的、メタ・ピュシス的、形而上的次元なのであり、更に言えば「非《ア》・場所《トポス》＝ユートピア」なのだ。そこが、自由の故郷なのである。

「純粋な可能性」にとどまる自由の次元

世界を「状態」の下で現象へともたらす想像力は、ここに至って私たちを、自然を超えた場所にまで導いてしまったかのようなのだ。そして本書はこの超自然的、形而上的次元を、自然から創発した全く新たな、自然の見地からは予想も演繹もできない次元として捉えることができるのではないかと考えているのである。

だが、ここで急いで付け加えておかねばならない。この次元での選択の、すなわち自由の有意味性は、あくまで先の「単なる・純粋な可能性」における（ユートピア的な）ものでしかないのだ。この点を見失ったとき、この自由は単なる独断、つまり自己満足と見分けがつかないものとなる。あくまで自分が自らの起源でありうる可能性に開かれているに過ぎないことを忘れて、自分が自らの起源であると思い込んだとき、それはありもしない根拠をでっち上げて自らに付与し、そのことで安心する自己欺瞞以外の何ものでもなくなるのだ。[14] このとき自由は、単なる錯覚以上に質《たち》の悪いものと成る。それはおのれを欺くものと成ってしまうからだ。

この点を踏まえた上で私たちは、かつてニーチェが語った「運命愛(amor fati)」をここで想い起こすこともできるだろう。運命とは、「そうでしかなかった」ことにほかならない。何ごとかを運命と見定めるとは、「そうでしかなかった」ことに気付くこと、「そうでしかなかった」と思い至ることだ。その上でその運命を愛するとは、「そうだったのか。そうでしかなかったのか。では、それをもう一度！」と、それを全面的に肯定すること、丸ごと受け容れること、すなわちそれを「担う」ことだろう。もしそれが「全面的」で「丸ごと」なのであれば、正確には「それをもう一度！」ではなく、「それを何度でも！」ということになるはずだ。これが、ニーチェの永劫回帰思想の根底ではないか。それは、「如何ともし難い」〈いま・ここで＝現に〉の到来に全面的にわが身を委ねること、そのような仕方でこの〈いま・ここで＝現に〉を「担う」こと以外ではないのである。[15]

このようにして初めて、「主体」が成立する。私は「主体」たりうる。だが、この意味での主体の存立の場は、あくまで「純粋な可能性」の次元、形而上の次元である。しかし、それが「単なる可能性」であることは、決して無意味ではないのだ。

3　因果必然性と自由

自由の故郷が上述のようなものであるとして、つまり自由の原初的な在りようが以上のようなものであるとして、本節では、しばしば自由の対極にあってそれと対立するものと考えられている因果必然性（ないし因果決定性）を検討する。これに対して（一旦話を戻すことになるが）前節で検討したのは、一切の原因や根拠に先立って初めから「そうでしかなかった」という仕方で決定されていると共に、そこに根拠が不在であるという意味では偶々「そうでしかなかった」という偶然――このかぎりでは非決定論――でもある事態だった。つまり、〈決定性ないし必然〉と、〈非決定性ないし偶然〉という、通常であれば対立するはずの二つの様相が重なり合ってしまって、いずれとも見分けのつかない事態である。様相概念が十全に機能しないこの事態を、先にはニーチェに倣って「運命（論）」と呼んでみたのである。

この意味での運命が私たちの現実の根底を成しているのであり、本書はこれを「実在」とも表現した。自由は、この運命ないし実在と私たちが独特な仕方で関わるとき、初めて姿を現わす。本節で検討するのは、そのようにして姿を現わした自由が、因果必然性とどのような関係にあるのかという問いである。自由と因果必然性は、一方が成り立てば他方が成り立たないような二者択一関係にあるのか。それとも両者は、何らかの仕方で両立しうるものなのか。

この問題を考えるにあたって、そもそも因果関係とはどのようなものなのかをあらためて確認しておかねばならない。本章のこれまでの考察から明らかなように、因果関係すなわち原因と結果の関係は、〈いま・ここで＝現に〉が全てに先行して「如何ともし難い」「そうでしかなかった」仕方で到来したとき初めて披かれる「状態」としての現象空間（時空間）の内部で構成される。全てはこの「現象する時空間」の内部で「何」かとして規定されることで、そのような存在者として存在するに至る。この「として」という規定なくしては、存在者が存在者であることが叶わないのである。存在者とは存在するところの「何」か以外ではありえず、この「何」かを規定するのが「として」だからだ。存在に輪郭を与えて現象へともたらし、斯くして何かとして存在せしめるもの、この意味での「輪郭」に等しいこの「として」、これが古代ギリシアにおける「イデア」ならびに「エイドス」の原義だった（序章第一節、参照）。それは、何かをそれ以外のものと区別して判然とさせる輪郭の如きものであり（輪郭を得て初めて何かはそのようなものとして「看て取られる《イデインされる》」）、だからこそそれを「形相」すなわち「形」と訳すこともできるのだ。

事物を「何」かとして見て取る特定の「視点」

この意味で「として」は、何かが現象するための条件を成している。「として」なくしては何ものも現象しない。では、この「として」はどのようにして成立するのか。「として」は、それが何ものかに対することで初めて定まる。つまり、「として」が「として」たりうるのは、それが何らかの視点ならびに観点に対するかぎりで、なのである（ひとたびその視点に対して視野が披かれたなら、全てはその視野において初めて姿を現わす、と言うこともできる。視点と視野は不可分だからだ）。何かが見えるためにはそれを見て取る視点が不可欠なのであり、視点なくしては全てが不可視の闇に没してしまうのだ。

しかもその視点は、そのつど特定の視点でなければならない。知覚を例に取れば、知覚情報源は複数でも、それらの情報が集約される一点がなければ像は結ばれない（つまり、像は姿を現わさない）。私たち人間の場合、世界についてのたくさんの情報は（視覚で言えば）まずは両方の眼それぞれに、（聴覚で言えば）両方の耳それぞれに到達するが、それらが最終的に集約される一点がなければものは見えないし、音は聴こえない。その一点においてのみ世界は見えるのであり、聴こえるのだ。そしてその一点は、世界の中の特定のどこかと事実上重なり合っている。[16] かつてフッサールも述べていたように、神ですらものを見・音を聴くためには、世界の中のその特定の一点に降りてこなければならないのだ。

世界を因果的に捉える場合にも、当然このことは当て嵌まる。特定の一点（「パースペクティヴ」の原点と言ってもよい）に対して初めて姿を現わした事物（世界内の物や出来事）は、私たちの場合、共同主観的＝相互主観的な仕方で同定《アイデンティファイ》されて、その規定が定まる。この机はこちらから見てこう、そちらから見てそう、あちらから見てああ…であるところの或る一つの物なのである。このときの机は、私たちの知覚という特定の観点から規定されている。その同じ机を、量子力学は素粒子の集合体として捉える。素粒子は私たちの知覚では捉えられず、さまざまな観測装置を媒介にして捉えたその間接的な証拠から推定される理論上の構築物である。つまりそれは、特定の物理理論の観点から規定されて初めて姿を現わす。

更に同じ机を、〈その上に本やパソコンを置いて作業するための道具〉として捉えることもできる。このとき机は、本を読んで考えたり、パソコンを操作して情報を得たり・計算したりする私たち人間の実践という、これまた特定の観点から規定されている。そのようなものであるかぎりでの机は、地面の上を這っているアリに対しては決して姿を現わさないだろう。アリにとってそれは、今自分がその上を這って移動している地面と地つづきで、それと区別されることすらないのではないか。逆に、私たちの太陽系を含む銀河と同じ位の大きさの存在者がいたとすれば、その存在者にとってこの机など存在しないに等しいものとなるだろう。それはちょうど、私たちにとって精密な理論の相関者としてかろうじてその存在が捉えられる素粒子の、更に下位の単位の存在者のようなものであり、それが現在の私たちにとっていまだ何ものでもないのと同様だろう。

根拠律の一形態である因果律

このように、特定の観点[17]と相関することで初めて、何らかの事物がそのようなものとして（規定されて）現象する。因果的に世界を捉える場合も、同様である（同様でしかありえない）。因果的思考は、そのようにして現象した事物を〈何らかの原因によって惹き起こされた結果〉として捉える。事物がそのようなものであることには何らかの根拠があるのであって（根拠律）、当の事物が物理的存在であれば、それは何らかの原因によって惹き起こされた結果であり（因果律）、当の事物が人間の行為（人間が関与する出来事）であれば、それには何らかの理由や目的がある（理由律・目的律）、というわけだ。つまり、因果律は根拠律の一形態であって、当の根拠律自体に何らかの根拠があるわけではないことを忘れてはならない（もし根拠律にも根拠があるとすれば、その根拠の根拠…へと無限遡行が始まって収拾がつかなくなろう）。

　根拠律とは、根拠があると看做せば理解しやすくなる（よく分かる）——少なくとも、世界の或る部分に関しては——ということ以上ではない[18]。したがって、根拠律の一形態である因果律に関しても、事情は同様である。或る事物（例えば物体や物理的出来事）がそのようであるのには原因があるとすれば、その原因を突き止めることで私たちは、当の事物を操作《コントロール》する可能性を手に入れる。当の出来事の原因に介入することで（少なくとも部分的に、場合によっては——上手くすると——全面的に）、その結果を左右することができるようになるからだ。因果律を理解するにあたって、この点を押さえておくことが肝要である。というのも、因果的にこの世界を捉える場合、この世界に生ずることには全て何らかの原因があるのだから(19)、或る結果の原因として特定されたものにも当然それがそうであることの原因があり、斯くして全てが因果の鎖でどこまでも繋がることになるからだ。

つまり、或ることの原因を挙げだしたらどこまで行ってもきりがないのであり、これでは埒があかない。仮に世界が無限だとしたら原因探求には無限の時間がかかってしまうし、有限だとしてもその（時空的な）広さは並大抵のものではない。実際に私たちがやっていることは、特定の結果に対して相関が最も高いと思われるものを選び出し、それを以って原因と看做しているのである。こうした因果的相関の探求にとって決定的に重要なのは、原因がそれの原因だとされるところの結果をどのようなものとして捉えるか、である。相関の程度を測る基準となるのは、この結果の方だからだ。そして、当の結果がどのようなものとして捉えられるかを規定するにあたっては、何らかの観点の設定が不可欠なのだった。つまり、何が何の原因であり、何が何の結果であるかは、どのような観点を設定するかに依存している。この観点を外《はず》してしまったら、世界は何かとしての規定性を失って無定形《アモルフ》な闇の中に沈み込んでしまい、原因も結果もないことになってしまう。換言すれば、いかなる観点とも独立に、世界それ自体（そのようなものがあるとして）において原因と結果が定まると考えることはできないのである(20)。

物理・生理的次元での原因探求と因果必然性

では、因果必然性と自由の関係を問うにあたって問題となる因果性とは、どのような因果性だろうか。それは、私たちが日々の生活の中でどのように振る舞うかを規定する原因である。つまり、私たちの特定の振る舞いをその結果として惹き起こすところの原因である。このとき、私たちの振る舞いは殆んどの場合、最広義での物理的なもの、フィジカル（身体的、自然的）なものとして捉えられているだろう。そして、この捉え方の現代における最も尖鋭な形態は、私たちの振る舞いを脳という物理・生理的存在者からの指令によって惹き起こされるものとして捉え、脳内の電気的・化学的状態にその原因を求める遣り方だろう。

　私たちの振る舞いを、こうした物理・生理的観点の設定の下で捉えることができることは確かである。そして、この観点の下で特定の物理・生理的振る舞い＝出来事として規定された結果に有意の《レリヴァントな》（つまり相関の高い）物理・生理的原因が見出されるだろうことも、間違いない。だが、結果や原因がそのようなものとして姿を現わすのは、物理・生理的観点の下でも更に特定の観点に依存することを忘れてはならない。例えば、事態を化学的・生理的観点で見るのと、物理的・電気的観点で見るのとで、原因や結果として姿を現わすものの在りようは全く異なる。もちろん、化学的観点において姿を現わした何らかの存在者と物理的観点におけるそれとの間に、何らかの対応関係を見出すことは（大抵の場合）できるだろう。だが、これら二つの観点相互の間に因果関係があるわけではないことに注意しよう。特定の観点の下で初めて何らかの因果関係が定まるのであって、観点同士の間に因果関係を云々する余地は、事柄の性質上ありえないのである。

　したがって、例えば化学的事態は物理的事態によって惹き起こされるといったことは、ありえない。

実際の脳生理学的探求においては、例えば或る種の痛みの、あるいは幻覚のメカニズムの解明が目指されるといったケースが圧倒的に多い。そのメカニズムが分かれば、それらで悩まされている人たちにとって朗報だからだ。この場合の解明の手続きは次のように為されるはずだ。まず、問題の痛みや幻覚が特定のそれとして（例えば「ちくちくする」痛みとか「鈍い」痛みとか…、切断されて存在しない足の指先に痒みを感じるとか悪口を言う声が聴こえるとか…）捉えられ（これらは特定の意識状態、すなわち心の状態である）[21]、次いでそれに対応する（それを「惹き起こす」ではないことに注意してほしい）生理・化学的ないし物理的・電気的状態が脳内で特定される。一旦この特定に成功すれば、後はその特定された状態を惹き起こす有意《レリヴァントな》の原因の探求に乗り出せばよい。

「重ね描き」される異なる次元の間には「基付け」関係が成立している

この原因探求が上手くいく場合もあればそうでない場合もあることは脳生理学の現状が示す通りだが、上手くいくケースが間違いなく存在するのだからやってみる価値は充分ある。しかし、この一連の過程の起点となっている痛みや幻覚がどの観点の下で規定されているかを忘れてはならない。今の場合、それは私たちの意識状態・心の状態である。基準となるこの観点がなければ、そもそも脳内にそれに対応する状態を探すことができない。しかも、脳内に対応する状態を探すときには、観点が別のものに（物理・化学的観点に）変更されている。変更されていると言っても、変更前の観点が放棄されたわけではない。変更前の観点（今の場合、心的な観点）を下敷きにして、その上に変更後の観点（物理・化学的観点）が重ねられ、この新たな観点の下での規定が付け加えられていくのだ。いわゆる「重ね描き」（大森荘蔵）である[22]。

しかし、それぞれの観点は次元を異にしているので、上に重ねられた観点による世界の現出によって下の観点が抹消されるわけではない。つまり両観点の間に「上書き」関係はない。上に重ねられた観点によって新たな相貌の下に現象するに至った世界の下《した》には、以前の観点の下《もと》で現象した世界が依然として存在しつづけている。この重ね描きの場面でより下位に（下敷きに）なる次元は、先の「基付け」関係における〈基付けられた〉次元（基付けの階層においては上位の次元）である。基付けにおける上位の次元は、それを〈基付ける〉下位の次元を自らの内に包摂する（包む）ので、より包括的なものとして重ね描きにおいて基盤を成すのだ。

　先に確認したように、観点相互間に因果関係は設定できないから、痛みや幻覚という心的状態は何らかの物理・化学的存在者が原因となって惹き起こされる結果ではない。あくまで、特定の心的状態と特定の物理・化学的状態の間に対応が見出されるに過ぎない。したがって、脳内の物理・化学的状態相互の間に有意な因果関係が見出されて、そこで原因として特定されたものに首尾よく介入することができれば、目指す結果を惹き起こすことができ、この結果に目指す心的状態が対応していることを期待できる。しかし、原因としての特定の物理・化学的状態と結果としての同じく特定の物理・化学的状態の間には因果関係に従った論理的あるいは概念的（カテゴリー的）関係があるが、その物理・化学的原因と特定の心的状態との間にそうした論理的関係はない。あくまでも対応関係が期待できるだけであり、この期待が充たされないケースがあっても何ら不思議ではない。

　例えば、特定の心的状態に複数の物理・化学的脳状態が対応していてもおかしくないし（脳の一部が損傷したとき、脳の他の部分がその部分の働きを肩代わりするときのように）、逆に特定の物理・化学的脳状態に複数の心的状態が対応していてもおかしくない（ミュラー＝リアーの錯視や、ルビンの杯のような反転図形をその一例として挙げることができる。物理的刺激のレヴェルでは同一のものが、明らかに見え方において異なっているからだ)。したがって、特定の物理・化学的脳状態を因果関係に介入することで惹き起こしたとしても、目指す心的状態がその物理・化学的脳状態につねに対応するとはかぎらない。目指されたものとは別の心的状態が対応するといったことが、ありうるのだ。すなわち、心的状態と物理・化学的状態の間に対応関係が見出されるとしても、両者はあくまで独立であり、そのかぎりでそれぞれが並立したまま存立しつづけるのである(したがって、一方を他方に「還元」することはできない)。

両立する自然の次元と自由の次元

以上の考察を踏まえて、あらためて自由について考えてみよう。全てに先行する〈いま・ここで＝現に〉の到来という「如何ともし難い」仕方で「そうでしかなかった」ものを、自ら欲し・選んでわがものとして担うことで、主体は自由となるのだった(むしろ、そのような仕方で初めてそもそも主体なるものが成立する、と言った方が正確である)。このような仕方で全てに先行する〈いま・ここで＝現に〉の到来に関わり直す営みは、言うまでもなく主体の「思い」の中で遂行される。この「思い」は、ふつう「意識」と読み換えられるだろう。しかし「意識」は、現実に存在する(とされる)対象を知覚する際にも機能している。これに対して、本書が論じている自由が問題となる場面では、それは現実の対象に直接関わるわけではない。「如何ともし難い」ものの「そうでしかなかった」こと、そのことに関わるのだ。この違いを明確にするため、「意識」とは区別して「思い」という言葉を採用する。明らかなように、この「思い」は形而上の次元の中を動く。この「思い」は、自らが想像力の助けを借りて切り拓いた「純粋な（単なる）可能性」の内にのみ存立しうるものだ。そして、この「純粋な可能性」の次元で〈いま・ここで＝現に〉の到来に価値を認めること（それがそのようであることを「よし」とすること）がすなわち、それを欲し・選ぶことだった。この選択によって私は、自らを〈いま・ここで＝現に〉の到来という全ての起源の位置に置くことで（自由の）主体と成ったのだ（ここで「自由の」を括弧に入れたのは、「自由な主体」とは冗長表現だからだ。自由な者だけが、主体の名に値する）。

この一連の過程を起動しているのは、私が何かに価値を認めることである。私が何かに（この原初的な場面では、全てに先行する〈いま・ここで＝現に〉の到来に）価値を認めたから私はそれを選び、そのことを以って主体と成ったのだ。ここで姿を現わした「〜から」は、言うまでもなく「理由」である。つまり、自由の空間は理由の論理によって組み上げ（立て）られ、それに従って全てが進行するよう構成されているのだ。その下で世界が特定の相貌を纏って現象するに至る観点は、それに固有の論理をもっている。先に見た広い意味でのフィジカルな観点（物理的・身体的・自然的観点）に固有の論理が因果律だったとすれば、それに対して世界を自由の観点から捉える次元に固有の論理は理由律である。[23] この理由律の上に組み上げられた自由の世界は、「純粋な可能性」というもはや自然的とは言い難い次元を、自然を超えて切り拓くことで姿を現わした。「基付け」関係で言えば、自然の秩序を、おのれを〈基付ける〉次元として踏まえつつ、それに支えられて（〈基付けられ〉て）今や自然の秩序をおのれの下《した》に「包む」ような仕方で成立したのが、自由の秩序である。

自由の世界が基盤となって、その上に自然の世界が重ね描きされる

これは重ね描きで言えば、理由の論理の下《もと》で姿を現わした自由の世界が基盤となって、その上に因果

の論理の下で姿を現わす自然の世界が重ね描きされるという事態である。具体的には、今や（自由の）主体として振る舞う（行為する）者を自然的・身体的・物理的な観点から因果の論理に従うものとして捉え直し、それをこの主体の上に重ねていくのだ。しかしこの重ね合わせによって、そもそもこの重ね合わせの基盤を成していた次元が抹消されることはないのだった（それが失われてしまったら、そもそも何の上に重ね合わせたらよいのかが分からなくなってしまう）。この重ね合わせがその上に重ねられてゆくところの基盤として、自由の次元は自然の次元の下《した》に存立しつづけているのだ。ひとたび開かれた自由の次元は、その下で自余の全ての観点から見られた世界がその上に重ね合わされていく包括的な基盤なのである。

したがって、（自由の）主体がフィジカルな観点の下で、それに固有の論理である因果律によって捉え直されることと、当の主体が自由の観点の下でそれに固有な理由の論理に従って振る舞うこととは、あくまで並立しつづける。例えば、「そうでしかなかった」〈いま・ここで＝現に〉の到来を自らのものとして担うという、純粋な可能性の次元における主体の「思い」（それは、世界を像——形あるもの——として捉える能力である想像力の昂進が切り拓いた次元に存立するものだった）は、それに対応する脳内の特定の物理・化学的状態をもつことができる。そしてそのかぎりでその特定の物理・化学的状態は、それを結果として惹き起こした原因をもつ。この因果の系列は、過去から未来に至るあらゆる時間位置を貫通している。本章第二節で考察したあの時間連続体の上に、因果的規定の連鎖をびっしりと書き込むことができるのである。

だが、その時間連続体の中のどこにも、自由に関わる〈いま・ここで＝現に〉の到来は姿を現わさないのだった。そうであるにも拘わらず、この〈いま・ここで＝現に〉の側からのみ、私が現に生きているのが「いつ」なのかが定まるのである。この〈いま・ここで＝現に〉の到来を因果律が捉えられないのは、それが因果律の支配する次元とは別の次元に由来しているからなのだ。この別の次元は因果律とは独立なのであり、単に独立であるばかりでなく、それに（そして全てに）先行するものであることを本章第三節は明らかにしたはずである。

自由は「思い」の内で、〈いま・ここで＝現に〉と内的な関係を取り結ぶ

そして、自然がこの〈いま・ここで＝現に〉の到来に一方的に服しているのに対して、自由はそれに服しつつもそれを自らの「思い」において、すなわち「純粋な可能性」の内で欲し・選ぶという仕方で「担う」別の次元を切り拓いた。言ってみれば、自然にとって〈いま・ここで＝現に〉は（それを被るしかないという意味で）外在的にとどまるのに対して、自由はそれと内的な関係を（「それを自ら担う」という仕方で）この「思い」の内で取り結ぶのだ。自由がそれと内的な関係を取り結んだ〈いま・ここで＝現に〉が自然と独立だったのだから、それと内的な関係に立つ自由もまた、そのかぎりで自然と独立である。それぞれの次元が並立する所以である。自らの前に想像力を介して像（「状態」）として立ち現われた「そうでしかなかった」〈いま・ここで＝現に〉を（その到来も含めて丸ごと）「よし」としてそれを欲し・選ぶ私は（「状態」に関しては私が介入しうる部分があるが、その介入も一旦はその「状態」を受け容れた後で初めて可能になる）、そのことを以って自由であるままに、その「思い」に対応する脳内の物理・化学的状態は因果的に規定される。すなわち、因果必然性に従う。ここに何の不思議も、矛盾もないのである。

この対応関係が「思い」の側から自然の側に向けて見出されること（「思い」の上に自然が重ね描き

されていること）、そして一つの「思い」には自然の側の複数の異なる状態が対応する可能性がつねに開かれていること、同時に自然の側の対応物には複数の異なる「思い」があらためて対応する可能性がつねに開かれていること、これらを忘れたときにのみ、自由の次元と自然の次元の並立が、すなわち自由と因果必然性の並立が、不可思議なものに見えるのだ。別の言い方をしよう。世界を因果的観点から捉えることは、「思い」の観点の上に（ひとたびその観点が抜かれたなら）重ね描きされた限定された把握であること――もちろんこの限定の中では因果性は確固たるものである――を忘れたとき、自由と因果性の並立が矛盾したものに見えるのである。

4　現代の自由論に寄せて

前節の検討から明らかなように、自由と因果必然性は両立する。もちろん、前節で考察したような仕方で、そしてそのような仕方においてのみ、両立する。ところで、現代の分析哲学系の自由論においては、自由と因果必然性の関係をめぐって両立論と非両立論が拮抗し、しのぎを削っている。この論争状況に対して本書の立場から一瞥を加えることを以って、本章を締め括ることにしたい。本書でこれまで考察してきた自由の理解から見たとき、現代の分析哲学における自由をめぐる論争状況がどのように見えるかを示すことで、本書の自由の捉え方をより明瞭にするためである。

まず、両立論の代表的な論客と目されるハリー・フランクファートを取り上げよう。[24] 彼の戦略は、たとえ決定論が正しいとしても、すなわち他の（別の）行為をする可能性がない場合でも私たちは自由に何かを選びうることを示すことで、決定論と自由を両立可能とするものである。他（別）行為可能性のないところでも何かを選んだと言えるケースとして彼が例示するのは些か込み入った（相当に人為的な）ものだが、本書からすればその例示に拘泥する必要はない。先に本章が第三節で検討したジョン・ロックの例がすでに、他行為可能性のない（部屋に鍵が掛けられていて外に出られない）場合でも、特定の行為（部屋の中に居る）を自らの意志で選んだと言ってよいことを示していたからだ。すなわち、他行為可能性がない場合でも自由が成立する余地を認める点で、本書とフランクファートは軌を一にする。

だが、自由の内実がいかなるものであるかについては、本書はフランクファートに賛成しない。彼によれば、自由とは「一階の欲求（a first-order desire）」（ロックの例に翻訳すれば「部屋の中に居たい」）に対して本人が反省的に関わり、その欲求に従って行為したいという「二階の意欲（a second-order volition）」が発動したとき、初めて成立する。このように欲求ないし意欲（すなわち選択）が働く場面を二段階に分けることの眼目は、単に欲求に従っただけではその欲求が（例えば本能などによって）予め決定されていて「選んだ」と言える余地がない――すなわち、自由とは言えない――ケースを排除するためと解釈することができる。「二階の意欲」のレヴェルで、そうした欲求に従うか否かを選ぶことができて初めて自由と言える、というわけである。

しかし、この発想にはすでに異論が提出されている。[25] 当の「二階の意欲」もまた、何らかの仕方で予め決定されている可能性が排除できないからだ。言うまでもなく、この「二階の意欲」が予め決定されていたのであれば、それを自由と看做すことは困難になる。ここでこの「二階の意欲」に更に反省的吟味を加える「三階の意欲」を持ち出してみても、無駄である。新たに登場した「三階の意欲」もまた予め決定されている可能性が排除できず、以下同様にして無限後退に陥らざるをえないからだ。すなわち、欲求を階層化して高階の欲求（意欲）に自由の在りかを求めるフランクファートの方策は、上手くいかない。

他行為可能性のない場面における選択の余地

これに対して本書は、選択の働く場面を高階化して高階の意欲にのみ自由を付与する必要を認めない。他行為可能性のない（部屋の外に出られない）ところでも、残された唯一の行為（部屋に居る）を選択する余地はあくまで存立しつづける。そして、このときの選択が一階の欲求（単に「この部屋に居たい」と思うこと）であっても、その段階ですでにそれが自由である可能性は排除されないからだ。ただし、この選択が「あたかも選択が可能であるかのような」「純粋な可能性」の中でのみ可能であることに注意しなければならない。つまり、現実には他行為可能性はないのだが（部屋の外には出られないのだが）、仮にそれが可能であったとしても、つまりあたかもそれが可能であるかのように看做しても、現実に残された唯一の行為（部屋に居る）の方を「よし」とする（肯定する）ことができ、そのことを以って私は自由に成るのである。つまり、選択が行なわれたことになるのだ。

しかし、この選択が「純粋な可能性」の中でのみ成立するということは、それが実は選択でなかった可能性を排除しない。残された唯一の行為を「よし」とした私の「思い」自体が、そう「思う」よう予め決定されていたかもしれないのだ（このとき、私は他行為可能性を奪われているばかりか、残された唯一の意志ですら決定されていたことになる。すなわち、私は他意志可能性も奪われたのである）。言うまでもなくこの場合には、私のその（自ら「よし」としたという）「思い」は錯覚だったことになる。だが、本書の眼目は、こうした錯覚の可能性を自由は払拭できないにも拘わらず、そのことは自由の可能性を決して排除しないという点にこそある。

可能性であるかぎりにおいて存立しつづける自由

本章第三節は、全てに先行する〈いま・ここで＝現に〉の到来という「如何ともし難い」「そうでしかなかった」ものに対して、私たちはそうであるにも拘わらずそれをあたかも自ら欲し・選んだかのように肯定しうることを示した。このことは、この肯定それ自体にも妥当する。この肯定もまた「そうでしかなかった」のだとしても、私はそれを「あたかも自ら選んだかのように」肯定することができるのだ。ここには、先のフランクファートの「二階の意欲」説が陥ったのと同じ無限後退が口を開けているように見えるかもしれない。しかしここでは、この無限後退に見えるものが自由の不可能性を意味するものではなく、逆に、あくまで自由が可能性であるかぎりで存立しつづけることを示すものに変貌していることを見逃してはならない。それは今や無限後退ではなく、自由がいつでも可能であることを示しているのである（いわゆる「予言破りの自由」が成り立つのも、この構造に立脚してのことである）。

つまり、何かを「よし」として肯定すること（それを選ぶこと）は初めから（すでに一階の段階で）、それが「そうでしかなかった」つまり決定されていたとしても（他行為可能性も他意志可能性も奪われていたとしても）自由でありうるのだ[26]。これは、そもそも自由なるものが、「如何ともし難い」「そうでしかなかった」「無自由」（「不自由」ではない）にどう応ずるかという場面に故郷を有していたことに由来するのである。すなわち、私がおのれを〈何かを「担い」うる者〉と看做すことができ、かつそのことを以って〈私が何かを自らの名の下に欲し・選ぶ〉ことで初めて、自由なるものが成立するのだ。何かを「担う」ことで、「担う」当の者が初めて「主体」と成る、と言ってもよい。「主体」とは、「自ら」と名乗る者のことなのである[27]。

リバタリアニズムにおける行為者因果説

次いで、非両立論の検討に移ろう。これは、決定論を正しいと認めてそれと両立しない自由を斥けるものと、少なくとも行為の次元に限っては決定論を誤りとして斥けて自由を擁護するもの（「リバタリアニズム」――政治哲学上のそれとは異なる――）とに分かれる。[28] 前者については、決定論が正しいとしても、つまり他行為可能性や他意志可能性がないとしても自由はあくまで可能であることをすでに論じたので、ここでは後者を取り上げる。但し、決定論といっても、それが因果必然性に依拠する決定論である場合と――この場合の決定性は（どの観点から事態を捉えるかに依存するので）限定的である（本章第三節参照）――、全てに先行する〈いま・ここで＝現に〉の「如何ともし難い」仕方での「そうでしかなかった」決定性――これは自由の故郷である――とは異なる点を看過してはならない。いずれの決定論であるかに応じて、それに対して自由が占める位置が異なるからだ。

さてリバタリアニズムは、私の行為がいかなる先行する要因によっても規定されたものであってはならないと考える。[29] 何らかの条件によって拘束されているなら、それは自由とは言えないからだ。だがそうだとすると、一切の条件の不在は、それが偶然によってそうなったことと区別がつかなくなるのではないか。偶々そうなったこと――例えば宝くじに当たったこと――を、自由とは看做せないのではないか。この異論に対処すべく登場するのが、「行為者因果」という考え方である。つまり、何らかの条件によって私の行為が決定されるのではなく、また「偶々」そうなったのでもなく、行為者自身が当の行為の原因となる（この故に、私は自由であると言える）と考えるのだ。だが、このように言っただけでは、そもそもどのようにしてそんなことが可能なのか皆目見当が付かない。因果律によって支配されているように見える自然の次元を、また単なる偶然を、いったいどのようにして超え出て、私自身が〈ここから全てが始まる原点〉たりうるのかが示されないかぎり、それは独断的な主張でしかない。

本書の見解から、この行為者因果説に対して次の二点を指摘することができる。

理由に基づいて行為することで、私は自由に成る

第一は、自由において問題になるのは因果関係ではない、という点である。本章第三節で論じたように、自然界は（少なくともその或る部分は——すなわち、特定の観点の下で——）原因によって結果が必然的に規定されているとする因果律に従って理解することが可能である。可能であるばかりか、それは有益でもありえ、現に私たちはこの因果律を用いてより好ましい現実を実現している（ように見える）。だが、このときの原因や結果がどのようなものであるかは、それを捉える観点に依存する相対的なものだった。つまり、因果の系列はどこまでも果てしなく連なっているのであって、そもそも原点といったものは存在しない。だが、行為が自由であるためには、当の行為者はその原点に位置し、そこから初めて当の行為が起動するのでなければならない。

すでに述べたように、それは因果律とは異なる「理由の論理」の次元に立つことによって可能になる。「〜だから」こうする、ということが言えて初めて、その理由のみに依拠することでそれは自由たりうるのだった。そして、何かが理由たりうるのは、それに価値を認めること（何かを「よし」として肯定すること、ないし負の価値を認めて——「あし」として——斥けること）にほかならなかった。したがって、行為者は原因として振る舞うことで自由なのではなく、理由に基づいて行為することで自由に成るのである。

形而上の次元を切り拓く想像力

第二は、行為者が自らの行為の原点（起源）に立つ、その仕方の問題である。リバタリアニズムはこの問題を充分に説明していないため、それが何か謎めいた神秘的事態に見えてしまう。本書によれば、それは行為者があたかもおのれの起源に居合わせていたかのように振る舞うこと以外ではない。それが、世界の全てに先行する原点を成す〈いま・ここで＝現に〉の到来という追い付きえないものを、あたかも自ら選び取ったものであるかのように肯定することで私が自由な者と成る、ということなのだ（このときの「あたかも〜かのように」は擬制ではなく、私が何かを私の名の下に「よし」として肯定し「担う」次元に移行したことを示していた）。このことが「純粋な可能性」の空間という、自然の次元とは異なる次元においてのみ成り立つが故に、それは超・自然的、メタ・ピュシス的、形而上的な（かつ、何ら「謎めいた」ところのない――「驚く」べきではあっても――）事態なのである。[30]

この形而上的次元を自らの「思い」の内で切り拓く想像力の昂進、ここに本書は自然の次元から超自然の、形而上の次元が創発した可能性を看て取ったのだ。本書から見るとき、リバタリアニズムは自らが擁護しようとしている自由なるものがそもそもいかなるものなのかについて、何ら明確な理解を有していないと言わざるをえない。その結果、彼らによる自由の擁護は、確たる根拠も提示されないまま、まるで自由は何でもできるかのような、オールマイティ（全能）であるかのような印象をすら与える。そうなってしまったら、それは自由にとってむしろ有害な、極めて危険な所説でしかないことになろう。

纏めよう。本章の結論を簡潔に述べれば、次のようになる。すなわち、「ひょっとしたら、私は自由なのかもしれない」。このことに尽きるのだ。「如何ともし難い」「そうでしかなかった」ことに対して、あたかもそれを選ぶことができたかのように「よし（Ja）」と応ずる（それを欲し・選ぶ）ことを以ってその応答の担い手と成ること、すなわち主体と成ること、それが自由なのだ。これは、その「よし」という「思い」の内でのみ成り立つ事態であって、この「思い」が錯覚ないし自己欺瞞である可能性を排除しない。つまり、それは自由ではないのかもしれない。だが、ひとたびこの「思い」の次元に立ったなら、それが自由でない可能性と全く同等の資格を以って、それが自由である可能性が初めから開かれているのであり、かつその可能性がどこまでも存立しつづけるのである。[31]

II

生命と行為

第三章　生命は存在の目的か――ヨナス

本書はこれまで序章、ならびに第Ⅰ部を構成する二つの章を通して私たちの世界の存在構制をスケッチし、その中で自由の占める位置について考察してきた。これらの議論を踏まえてここ第Ⅱ部では、現代においてあらためて自由と責任について考えるにあたって欠かすことのできない業績を遺したハンス・ヨナスとハンナ・アレント[1]の所説を検討しよう。本書の見るところ両哲学の鍵語は、前者が生命と責任、後者が倫理と行為であり、いずれもが自由と密接に関わっている。だが、これらの問題は最終的に、そもそも私たちが何もの／ごとかを「担う」といったことがどのようにしたら可能となるのかを解明するよう要求している。以下の二つの章はこの次第を両哲学の批判的検討を通じて明らかにすることで、この点の解明に集中的に取り組む本書第Ⅲ部への導入と準備とする。とはいえ、本書が今後の議論の展開のために両哲学から学ぶべき点は決して少なくない。両哲学を検討する二つの章を併せて一つの部としたのは、このためである。

ハンス・ヨナス（一九〇三―九三）の『責任という原理』（*Das Prinzip Verantwortung*）

ヨナスの名に世間が注目するようになったのは、責任という些か古色蒼然とした概念を現代哲学において正面から取り上げることとの必要性と切迫性を全面的に展開した『責任という原理』によってだった。一九〇三年にユダヤ系ドイツ人として生を享けた彼は、本書がすでに取り上げた現象学の祖フッサール、その高弟で独自の存在論を展開して現代哲学に大きな影響を与えたハイデガーに加えて、新約聖書研究に新たな一時代を拓いたプロテスタント神学者ルドルフ・ブルトマン（一八八四―一九七六）に学び、古代ギリシア末期の神秘主義的宗教運動であり初期キリスト教とも密接に関わる「グノーシス（派）」の研究で博士号を取得した。ナチスが政権に就いた一九三三年にドイツを去り、イギリス、パレスティナ、カナダを経て最終的にアメリカ・ニューヨークのニュー・スクール・フォー・ソーシャル・リサーチの教授職に就き、同地で一九九三年に没した。本書が次章で取り上げるアレントとは、マールブルクに居たハイデガーとブルトマンの下で共に学んで以来の友人だったが、同校で同僚ともなった。

その彼が七〇代も後半になってから言わば哲学的遺書として敢えてドイツ語で書いたのが、『責任という原理』だった。同書で彼は生命という存在秩序の観点から、現在世代の未来世代に対する責任を形而上学的問題として論じた。本書がここで同書を取り上げるのは、自由と責任に関わる問題を形而上の次元に関わるものとして前面に押し出す点で立場を同じくすることに加えて、本書がすでに論じた〈「創発」に基く「基付け」関係〉に関わる議論をその理論展開の中核部分に含んでいるからでもある。また、生命という存在秩序の特性と、それが存在全般の内に占める位置について同書と対話を積み重ねることは、これらの問題に対する本書の考えを明確にする上でも得るところが大きい。

同書でのヨナスの試みを、もう少し彼自身の表現に即して言い直そう。それは、責任という原理の「存在論的」根拠付けを通して、世代間倫理を樹立することにある。「人間が自分自身に対して、ずっと遠くの後世の人間に対して、そして人間の支配下にある地球上の多様な生命に対してもっているさまざまな義務に、思弁的・形而上学的〔＝存在論的〕な土台を与える試み」が、彼の目指すところなのだ。[2]このとき、責任という倫理上の概念ないし事態を存在の次元へと遡らせるための要の位置を占めるのが心身関係論、すなわち、〈心ないし意識〉と〈身体ないし物質〉との関係をめぐる議論である。この遡行を通じてヨナスは、存在には客観的に目的ならびに価値が具わっていることを示そうとする。そこで本章はまず、ヨナスによる心身関係論の成否を検討する（第一節　心身関係論）。次いで、この検討を基に、彼の責任論の及ぶ射程と（第二節　存在論的根拠付け）、その責任概念の内実（第三節　責任という原理）を吟味する。

1　心身（心脳）関係論

ヨナスによってその責任倫理の体系にとって欠くことのできない位置を与えられた心身関係論の検討から始めよう。ここで関係を問われているものの一方を占める身体は物質性を本質特徴とする存在者だが、その機能中枢が脳という身体器官に特定されるかぎりで、心身関係を心脳関係と読み換えることができる。脳をその機能中枢にもつ身体という物質的存在者と、心ないし意識との関係が問われているのである。後者の心とは、何かが何らかの仕方でそれに対して姿を現わす＝現象することを本質特徴とするものであり、そのようにして現象するものがそれに対して何かとしての明確な輪郭を具えている場合を意識と呼ぶ。すなわち、それははっきり意識されているのであり、対して前者の心には明確に意識されないままに何かが姿を現わしている余地がある。この余地を私たちは、無意識や下意識と呼んでいる。無意識の内に姿を現わしているものに、知らず知らずの内に反応するといったことがありうるのだ。

この心身――心脳（以下、煩瑣になるので原則として省略する）――関係の検討をヨナスは、『責任という原理』に付属する別著『主観性の力、あるいはその無力[3]』において行なっている。そこで本章も、この別著の検討から始めよう。

a　随伴現象説批判

別著で彼は、主観性（心）がこの世界に現に存在することを単に一種の「随伴音楽」に過ぎないと看做し、それは身体や脳といった物質過程に何の影響も及ぼさないとする「随伴現象説（epiphenomenalism 副次現象説とも訳される）」を、次のように批判する。

〔随伴現象説に従うと、以下のような不都合が生ずる。〕一つは、〔物質からの意識の〕生成にあたって、エネルギーの消費がないということだ。もう一つは、現に存在するもの〔すなわち主観性、ないし心や意識〕が後続する帰結をもたないということだ。（MO, 57/38）

随伴現象説に対するヨナスのこの批判は、正当である。第一に、脳（物質）から心（意識）への移行にあたってエネルギー消費がないということは、両者の間に因果関係がないこと、すなわち脳が心を惹き起こす原因ではないことを意味する。そうだとすると、心はいったいどこからやって来たのか。第二に、現に心（意識）が存在することがこの世界に何の帰結も効力ももたらさないとすれば（「随伴」――ただ伴なっているに過ぎない――とはこのこと以外ではない）、なぜ進化の過程でそのような不要のものが長きに亘って存在しつづけているのか説明がつかない。

例えば、自然科学上のさまざまな発見（それらには自然科学者の意識が関与している）は私たちの技術力と結び付いて確かに世界を（それらなしではありえなかったものへと）改変してきたし、本書が論じてきたように形而上的思考（それらには思考する者の意識――「われ思う」――が関与している）は「可能性」の世界を切り拓くことで確かに私たちの現実を（それらなしではありえなかったほど）「豊か」に（この内には負の「豊かさ」としての「貧しさ」も含まれる）してもきた。世界のこのような「改変」や「豊饒化」に、その恩恵に与るはずの心や意識が全く関与していないというのは、本当だろうか。

不確定性は自由を保証するか

このように、ヨナスの議論は（意識は物質以外の何ものでもないとする）還元主義や（単に物質に付随するに過ぎないとする）随伴現象説に対する批判としてはそれなりの説得力をもつと言ってよい。だが一歩進んで、では脳（物質）と心（意識）の間にどのような関係があるのか（心身関係論と言うからには、その関係の内実に踏み込まなければならないはずだ）、更には心ないし主観性がどのような点で擁護されるのかという点になると、残念ながら消極的かつ否定的な議論しか為しえていないと言わざるをえない（以下で示すように、このことは彼自身も認めている）。

彼の議論がかろうじて示しえているのは、物質の世界の一員であるかぎりで脳が（あるいは「脳も、また」）ミクロのレヴェルで量子力学的な不確定性を有していることを以って、心（意識）が脳（物質）によって一義的に決定されているとは言えない（なぜなら、当の脳自体の振る舞いが不確定性によって一義的には決定されないから）ということに尽きる。このことが示しているのは、脳（物質）ならびに心（意識）がミクロのレヴェルにおいて偶然性（ランダムネス）に委ねられているということ以外ではなく、そこに脳や、あるいは「脳を介して意識（心）」が（主語の資格で、すなわち曲がりなりにも主体として）何らかの役割を演ずることがいかにして可能か（ましてや、そこに「自由」の余地があるのかどうか）は、全く示されていない。彼の言うところを引用しよう。

〔心身（心脳）問題への量子力学的アプローチに従って〕仮に人間の脳がそうした〔不確定性を伴なった〕有機組織であるとしてみよう。そうだとしたら、物理学的に見て許されるかという意味で言えば、脳にはおそらく身体をマクロなレヴェルで決定するために、つまり私たちの外的な振る舞いを可能にするために（同様に、単なる思考における脳の内部過程を決定するためにも）活動する余地がありうるだろう。そして、脳の基礎レヴェルに量子力学的不確定性があるおかげで、その活動の余地を脳は決断に際して自由に使うことができるのである。ということは、脳を介して意識がこの活動の余地を活用できるかもしれないということである。（MO, 113/81）

すでに述べたように、単に何かの振る舞いが予測できないに過ぎないこの段階で、いかなる意味においてであれ「自由」に言及するのは早計に過ぎる。実際、ヨナスはここでいったん踏みとどまる。

もちろん（フリードリクス教授[4]が強調するように）この場合の「〔脳にはおそらく身体をマクロのレヴェルで決定するために……活動する余地が〕ありうるだろう」という言葉は、意識がこの活動の余地をどうやって活用するかを、すなわち精神〔＝意識〕から物質への作用の経過や、両者の間の相互交渉の経過を説明するものでは決してない（「この点についての理論はどこにも含まれていない[5]」）。

(MO, 113f./81f.)

この見立ては、正当である。先にも述べたように、不確定というだけでは、脳や意識が（主体としての資格で）その不確定性にどのように介入するのか（「精神から物質への作用の経過」）が全く不明なままだからだ。自由を云々するためには、そこに自由な誰か（主体）が居なければならない。ところが、そのあとで彼は次のように述べるのだ。

「ありうるだろう」という言葉は、心身問題における「両立不可能論〔脳という物質と心という意識の両立は不可能だとして、後者を前者へと還元する立場〕」と、唯物論がもっている〔精神＝意識に対する〕拒否権とを骨抜きにするものである。収穫がたとえ否定的・消極的なものでしかないとしても、哲学的には意味があ〔る〕。(MO, 114/82)

だがここで彼は、（ミクロ・レヴェルの不確定性を以ってする以上の議論は）単に「否定的・消極的なものでしかない」と言うべきだろう。なぜなら、その「骨抜きにする」仕方は、心身の関係——意識が物質にどのように関わるか——の解明に何も寄与しうるものをもっていないからだ。このアプローチは全く以って「否定的」なものにとどまっているばかりか、心身の関係の内実を解明するにあたって直接には何も寄与できないのだから、この先へ進みようがないのである。「不確定」とは、「意識が〔不確定性という〕この活動の余地をどうやって活用するかを、……説明するものでは……ない」(MO, 113/81f.) 以上、それをコントロールする——自らが「よし」とする状態にする——術がないということにしかならない（つまりそれは、彼が精神＝意識に不可欠だと考える「自由」(6)と両立しないばかりか、その反対物ですらある）。したがって、不確定性に訴えても埒が明かない。そこで、その先へ進もうとして彼が訴えるのは、脳（物質）でも心（意識）でもない「第三のもの」である。

> 「何か第三のもの」が必要である。それは〔心的術語か物理的術語かという〕選択肢の向こう側にあって、どちらの側面に対しても中立的な第三のものであり、しかもどちら側も反対側に同化することで自己疎外を起こすようなことなく、それでいて両者〔心と物＝身体〕の間の変換や転換やその他の移行といったことがしっかり理解される第三のものである。今のところ、そんなモデルは見付かっていない。（MO, 115/83）

その通りなのだ。スピノザの神（心的側面と物理的側面の並行性の基盤にあるのは「神」という唯一の実体だ、とスピノザは論じた）でももち出さないかぎり、心にも物にも働きかけることのできる（そんな便利な）ものの候補は存在しない。理由は単純で、心と脳の間の関係はそのような「第三のもの」の媒介を必要とするような関係ではないからだ。本書は、すでにその関係を「基付け」関係として論じた。かといってこの「基付け」関係は、心脳同一説ではない。心と脳は互いに一方を他方に還元できず（二元論ないし同一説は斥けられねばならない）、かつ両者の間には一方が他方を「支え」、他方が一方を「包む」という固有の関係が結ばれている（スピノザ的並行論も斥けられねばならない）からだ。この関係の「固有」性の理解こそが、心身（心脳）問題を解く鍵なのである。こうした固有の関係性である「基付け」関係は、「創発」を経て成立する。

ところがヨナスは、自らの試みにとっても「魅力」(PV, 134/119) 的なものを有しているこの創発という考え方を『責任という原理』で取り上げ・検討を加えながらも、これを斥ける。その議論は本書から見ると、創発についての彼の理解の誤りによって導かれている。次にこの次第を検討しよう。

b　創発説批判

彼は創発をイギリスの動物行動学者ロイド・モーガン(一八五二―一九三六)の名を引きつつ、次のように捉える。すなわち、「心と精神は、それに適した物質的条件が〔それとは〕独立に(偶然に、というわけではないだろうが)(7) 整うと〔つまり、あくまで物質の側の何らかの事情で特定の状態が成立すると〕、この条件にそれに固有な付加的な存在様相として、自然そのものに起因して発生する」(PV, 133/119. 強調ヨナス)。そして、創発進化説と呼ばれるこの考え方とヨナス自身の見解(すなわち、自然の内に「目的」がすでに具わっている)との違いを、次のように定式化する。

この創発進化説の提案は、私たちにとっては次のことを意味する。すなわち、主観性の出現はこうした進化上の「跳躍」である。したがって、主観性の出現に先立つ段階、主観性の下敷きとなる段階を理解するのに、「目的」をもち込む必要がない。「目的」は、新たな段階に属するものでしかないからだ。(PV, ibid.)

つまり、この考え方に従えば、主観性すなわち意識は物質の側の何らかの事情で或る特定の状態が成立したとき、そしてそのときに限って突如出現したことになる。すなわち、「跳躍」である。そうであれば、意識のこの出現に先立って意識に向けて――意識を「目的」として――一連の物質過程が進行していたとは言えなくなる。ヨナスが創発説を斥ける第一の理由は、この「跳躍」(同所で「質的跳躍」――つまり、全く異質なものの出現――とも表現している)が「進化の進み行きがもつ漸次性という性格」と相容れないというものである(cf. PV, 134/119f.)。

しかし、ヨナスがしばしば言及するこの「進化の漸次性」にさしたる根拠があるとは思えない。むしろ進化は、発展目覚ましい現代の生命科学の知見によれば、そのつど大きな質的転換(すなわち「跳躍」ないし「飛躍」)を伴なって進行してきた。[8] 原子からの分子の成立、あるいは無機物(物質)からの生命の誕生など、いずれも大きな質的転換(「相転移」、あるいは数学における「位相転換」にも準えられる)でなくて何であろうか。実はヨナス自身、進化における「跳躍」を認める発言をして(も)いる。彼は次のように述べているからだ。「……進化の主要な秩序は、回顧的にさえ、つまりすでに出ている結果についての知識を以ってしてさえ、前以って「予見する」ことなど、言い換えると演繹することなど、できるものではない……」(PV, 396f./137)。「予見〔予測〕」も「演繹」もできないものが姿を現わすとは、「跳躍」以外ではないであろう。[9]

彼が創発説を斥ける第二の理由は、創発の後の段階がそれ以前の段階に及ぼす「因果性」が「自己矛盾」的だという点に求められる(cf. PV, 134/120)。ヨナスの考えでは「意識とは新しい因果性〔強調ヨナス〕でもあり、以前の質に遡及的に働き掛け、これに変化を惹き起こすもの」(PV, ibid.)なのだが、このことが創発説では説明できないというのである。なぜなら、「創発という考え方では、新たなもの〔創発の後に出現した段階〕は〔創発〕以前の段階に付け加わる〔強調ヨナス〕が、以前の段階を変化させはしない」(PV, ibid.)からだと言う。「新たなものは、以前のものが到達していた組織の段階の付加的表現」(PV, ibid.）だからだ。単に後から付加されたに過ぎないものが以前のものに因果的影響を及ぼすというのは「自己矛盾」的だ、というわけである。

ヨナスのこうした創発理解は、少なくとも本書のそれとは全く異なる。つまり、創発の前の段階と後の段階の間には「基付け」という固有の関係性が形成される点が看過されているのである。すなわち、創発後の新たな段階は、以前の段階の単なる「付加」ではない。そこには大きな質的変容（あの「位相転換」である）が伴うのであり、したがって創発「以前の段階」も創発後にはもはや以前と同じままであることができない。以前の段階は、以後に姿を現わした（すなわち創発した）秩序に「包み」込まれた上で、この新たな秩序に固有の行動（振る舞い）原理の下に置き直されるのだ。だからこそ、例えば「意識」という、進化の或る段階で姿を現わした（創発した）ものは、ヨナスも述べる通り「新しい因果性でもあり、以前の質〔段階〕に遡及的に働き掛け、これに変化を惹き起こす」（PV, ibid.）ことができるのである。

ヨナスによる創発説批判が含む回顧的錯覚

尤も、すでに本書第二章第三節で論じた通り、「意識＝心」は「理由の論理」に従って動くのであって、「以前の質〔例えば物質〕」に「因果性」を以って働き掛けるのではない。ここでヨナスは、「意識＝心」と「物質」の間に因果関係を想定するというカテゴリー・ミステイクを犯している。このとき、「意識」によって働き掛けられる「以前の質〔段階〕」は今や新たな秩序の下で姿を現わした固有の相貌をもっていることを、忘れてはならないのだ。意識が働き掛けるもの（例えば、物質）は、あくまで意識に対して姿を現わしたかぎりでのそれなのである（そうでなければ、いったいどのようにして意識はそれに働き掛けることができるだろうか）。そこの椅子（それは確かに物質である）が通行の邪魔になっているから（理由の論理である）、私たちはそれを脇に寄せるのだ。[10] 創発以後に姿を現わしたものが、それ以前にも全く同じ仕方で存在していたと考えるのは、一種の「回顧的錯覚」以外の何ものでもない。ヨナスの創発理解もまた、この回顧的錯覚の犠牲になっているのである。

彼が言うところに従えば、創発説が上に述べたような「自己矛盾」を回避するためには、創発以後の新たな段階がすでに「目的」として、それ以前の段階に「積極的な素質」という資格で「潜在」していたと考えるほかない（cf. PV, 135/121）。「概してアリストテレス的と言える存在論〔すなわち、事態を〈潜在態《デュナミス》—顕在態《エネルゲイア》（あるいは目的実現態《エンテレケイア》）〉という枠組みで捉える存在論〕と結び付くことによってのみ、創発説は論理的に無矛盾なものとなる」（PV, ibid.）というのだ。だが、こうしたアリストテレス流の存在論は、創発説の中核を成す「全く新たなものの出現（emergence すなわち創発）」という事態の把握を根本的に損なってしまう。創発後の段階がそれ以前の段階に潜在的にではあれすでに存在していたのなら、以後の段階を「全く新たなもの」とは言えなくなってしまうからだ。

そもそも本書の提案する「創発・基付け」理論によれば、それがアリストテレス流の潜在態説を採る必然性は全くない。以前の段階からは以後に何が出現するかを予見することも演繹することもできないのだから、「目的」なるものの痕跡すら看て取れない段階（例えば「単なる物質」）から「目的」という全く新たなもの（のちに詳しく論ずるように、それは「生命」という存在秩序に固有なものとして姿を現わす）、予想だにしなかったものが出現する可能性は、つねに開かれた（オープンな）ままなのである（もちろん、そのようなものが出現しないことも、あくまで可能だったことを忘れてはならない）。つまり、「創発・基付け」理論は、ここでヨナスが述べている「「目的」なるものがいつか出現することが許されているという開放性」（PV, ibid.）の内に、あくまでとどまっているのだ。

彼が言うのとは異なり、この理論の前には「絶対的な跳躍と精神の無力という袋小路」（PV, ibid.）が待ち構えているのではなく、絶対的な跳躍と（跳躍後に創発した）精神＝意識（がそれ以前の段階を包み込むことでそれに及ぼす、その）の実効性（Wirksamkeit すなわち効力）という途が開けているのである。それは（ヨナスが求める）「最上位の最も豊かなものから、下部の全てについて説明することのできる」（PV, 135f./122）ものなのだ。[11] この議論の少し先でも彼は「精神、すなわち主観性と関心一般〔つまり、意識〕を、自然の中の〔強調ヨナス〕作用原理として承認」（PV, 138/124）するよう求めているが、私たちの下で「精神、すなわち主観性と関心」がすでに創発しているからこそ、自然が「精神」に「包まれ」ることで当の自然「の中」で「精神」が作用することができるのである。

「主観性」創発以前の自然と、以後の自然

だがこのことは、あくまで主観性が（心ないし意識が）創発した後で言えることであって、創発以前の自然の中にすでに精神や心が「目的」として存在していたのではないことに注意しなければならない。ところが、ヨナスは（主観性の）創発以前の自然と以後の自然を全く同じものと看做してしまうために（先に触れた「回顧的錯覚」である）、以前には予見不可能だったもの（ここでは「目的」なるものの存在）を以前から存在していたと論じてしまう（この点については次節であらためて論ずる）。したがって、彼が次のように述べるとき、そう言えるのは（「自然の内に……目的に固有の力学の空間が開かれる」と言えるのは）あくまで主観性なるものが創発した後であることを忘れないようにしよう（ここで「因果性」をもち出すことがカテゴリー・ミステイクであることについては、再論しない。また、主観

を「内部」とし客観を「外部」とする図式が事態を誤認させるものであることについては、以下で直ちに論ずる)。

主観性は物体と同様、世界に「客観的に」存在する。主観性の現実性(Wirklichkeit)とは実効性(Wirksamkeit)のこと、すなわち〔当の主観の〕内部に対しても〔その〕外部に対しても因果性をもつということである。つまり、思考に際して思考が自己決定する能力〔内部に対する因果性〕と、行為に際して思考が身体を決定する能力〔外部に対する因果性〕のことだ。身体を決定することは、世界へと接続される。身体の決定によって、主観的な目的の果たす客観的な役割も、生起すること全体の連関の中に置かれることになる。これによって自然の内に、主観的な目的に固有の力学の空間が開かれる。(PV, 127/114)

ここでのヨナスの議論は、主観性の存在を「客観的」とする(引用冒頭の一文)一種のトリッキーな論法によってかろうじて支えられている。主観性(ならびに「思考」)は「内部」とされ、身体や自然は「外部」とされる。だがそうなると、いったい「内部」にあるものがどのようにして「外部」に働き掛ける(作用する)ことができるのかが、謎となる。これが心身問題のそもそもの発端なのだ。ところがヨナスはその問題を(主観性――「内部」――は客観的――「外部」――であると述べて)解決済みとすることで、「自然の内に〔こちらはあくまで「外部」である〕、主観的な目的〔こちらはあくまで「内部」である〕に固有の力学の空間が開かれる」と論ずるのである。

ここで解明されなければならないのは主観性が自然に働き掛けることができる(主観性が「客観的」

である）のはいったいいかにしてかであるのに、その解明自体は棚上げされたまま、いつの間にか解決済みとされてしまうのであれば、論点先取の誇りを免れることはできない。主観性（意識）が創発することによってそれ以前の自然がそれを「支える」ものとしてその内に「包まれる」（このとき自然は、もはや以前と同じものではない）ことで初めて、主観性は自然に働き掛けることができるようになるのである。このことを本書は、世界が「披かれた（披けた）」と表現した。世界が世界として姿を現わした――「現象した」――のだ。斯くして、主観性が「内部」で自然は「外部」という想定は、「包む」ことを「内部」と、「支える」ことを「外部」と取り違えた誤りであることが明らかになる。

c　自由と「非知」

ヨナスは心身問題の解明に集中的に取り組んだ『主観性の力、あるいはその無力』での自らの議論を、「部分的に成功し、部分的に失敗した形のこのような覚書」（MO, 115/83）と評価することで締め括っている。彼のこの自己評価に対して、本書はもう少し厳しい態度を以って臨まざるをえない。心脳の関係を積極的に説明する別のアプローチが（彼の創発説理解の誤りと、「基付け」関係の固有性に対する無理解を正す形で）見出された今、量子力学における不確定性をもち出すことで主観性とその自由の余地をかろうじて（「否定的・消極的」（MO, 114/82）な仕方で）開けておこうとするヨナスの同書での試みはもはや不用とならざるをえないからだ。

彼は自らの心身関係論を展開するに際して、ドイツの生理学者デュ・ボア＝レイモンの「私たちは知らない、そして〔将来にわたって決して〕知ることがないだろう（ignoramus et ignorabimus）」を幾度となく引き合いに出している（MO, 15/5, 115f./83, 116/84, 118/94...）。心脳関係の内実に全く踏み入ることができなかった同書での議論を踏まえて、そう述べるのである。そして、「私たちは〈一時的に知らない〉ということを問題にしているわけではない。そうではなく〈根本的に知らない、あるいは知ることの不可能性〉を問題にしている」(MO, 118/94) とまで言う。その上で、「自然科学の基準からすれば〈〔将来にわたって決して〕知ることがないだろう〉ということになったとしても、この問題に関する思弁哲学の概念的努力を停止させる必要はない」(MO, 116/84) と述べる。

しかし本書からすれば、デュ・ボア゠レイモンのこの言葉は心身(心脳)問題に関してではなく、「自由」をめぐる問題にこそ取って置かれるべきものである。私たちは自らが自由であるか否かを決して「知る」ことはできないが、にも拘わらず自由である「可能性」はつねに開かれたままだからだ(この点については、本書第I部第二章で詳しく論じた)。このことは自由の本質に関わっており、かつ自由を(ヨナスが主観性を擁護する仕方とは全く別の仕方で)擁護するものなのだ。そのときこの言葉は、「自然科学の基準から」だけでなく、私たちの「知の基準から」しても、そのように述べられねばならないものとなる。すなわち「自由」の問題を前にして、私たちは「知」とは異なる次元――単なる「無知」ではなく(このときには、なお「知」が尺度として機能している)、「非知」の次元(ここでは、もはや「知」は尺度として機能しない)――へと移行する。しかしこのことは、決して「思考」の放棄を意味しない。ヨナスの言う「思弁哲学」が「思考」を意味するのなら、「自由」こそ優れて「思弁哲学」の問題なのであり、本書はそれを「形而上学(正確には、形而上的思考)」と呼ぶのである。

2　存在論的根拠付け

a　存在と生命

私たちのように主観性（意識）を具えた存在者——すなわち「人間（人類）」[12]——が存在することを、存在に内在する「目的」として根拠付けること、これが『責任という原理』でヨナスが試みる「存在論的根拠付け」である。もしこの根拠付けが成功すれば、それは「人間は存在しなければならない」ことを意味するのだから、そこから存在のそのような「目的」である「人間」が「将来にわたって存在しつづけなければならない」こともまた導き出される。このことを以って、彼が同書で提示しようとする世代間倫理が「存在論的」に「根拠付け」られたことになる。すなわち、「〔私たち〕人間の実在〔存在〕」は「未来にも〔に亘って〕保証すべき」ものなのである。

> 〔本書で提示される世代間〕倫理学の根拠付けは、形而上学〔＝存在論〕にまで達しなければならない。「どうして人間は世界に存在しなければならないのか」という問いが立てられるのは、形而上学という領域からだけである。つまり、〈「人間の実在を未来にも保証すべし」という無条件の命令が妥当するのはなぜか〉という問いが立てられる。……こうした途方もない省察……〔を〕敢えて試みる〔のは、この命法が〕……人間に対して新たに出現した義務〔だからである〕……（PV, 8 /iv）

今述べたように、ヨナスの「存在論的＝形而上学的根拠付け」の根幹を成すのは、〈（最終的には「主観性を具えた人間」という）「目的」が存在に内在する〉という命題を説得力を以って提示する作業である。この作業を彼は、次のような仕方で実行しようとする。すなわち、目的なるものは単に主観性の内にだけあるものではなく（主観性を具えたものだけが目的をもつことができるのではなく）、主観性がそれを意識していないところでも（ということは主観性の外部でも）すでに機能している。そして、もし目的が主観性の外部でもすでに機能しているのであれば、それは客観的に存在していると言ってよい。

目的が主観性の外部ですでに機能していることを示す一つの証拠として彼がもち出すのは、私たちの消化器官に代表されるような、いわゆる「不随意な」身体運動である。私たちは、自身の体内でさまざまな栄養分が分解されて摂取されていく過程の一つひとつを全く意識していない。にも拘わらずそれら消化器官が行なう活動は、全て自身の「生命の維持」という目的に向けて為されている。これはすなわち、生命の維持という目的が主観性の外部に客観的に存在していることにほかならない。斯くして、「目的は存在に内在する」という命題は証明された、というわけである（cf. 130–150/116–131）。

本書の見るところ、ヨナスのこうした議論の運びには幾つかの重大な混同が含まれている（「混同」と言って悪ければ、含意の異なる概念を意図的に重ね合わせることで、本来一方にのみ存在するものを他方にも存在するとしてしまうのである）。第一に、生命という存在秩序における「意識」と「無意識」の区別を、そのまま「主観性」と「その外部（すなわち客観性）」の区別に重ねる混同がある。すでに見たように、現代の生命科学は生命の徴表《メルクマール》として「認知」と「自己維持（自己再生産）」の二つを挙げるが、[13] この場合の「認知」とは、第I部で見たように自己を維持するために必要な物質を何らかの仕方で見分けることである。そしてこの「何らかの仕方での見分け」は、大多数の生命体において（いや、殆んどの場合私たち人間においても）無意識裡に（つまり、何かを対象としてはっきり意識することなしに）行なわれている。にも拘わらずそれはすでに「認知」なのであって、当の生命体に対して世界が何らかの仕方で姿を現わしているのだ。

つまり、主観性を無意識に対置されたかぎりでの意識にのみ限定するヨナスの主観性概念は、狭過ぎるのである（このことの結果として、彼の無意識概念は逆に広過ぎるものとなる）。そして、そのように狭められた主観性に収まらないものを直ちに、主観性の外部だから客観的な存在だとしてしまうのだ。それは無意識ではあっても、なお「認知」である（したがって、なお主観性の領域に属している）にも拘わらず、である[14]。

他方で私たちは、このような「認知」を物質に認めることはないだろう。生命をもたない単なる物質は「認知」という仕方で他の物質と関わることなく、ただ「ある」。すなわち、端的に存在する。この点は、ヨナスの議論における第二の混同に繋がる。

彼はしばしば生命と存在を同一視して、生命において存在しているものを存在の次元にまで拡張する。彼の「存在論的根拠付け」の中核を成す「目的」なるものが、まさしくそれである。生命体において無意識裡に存在している（すでに機能している）と言ってよい目的（生命の維持）を、生命をもたない存在一般にまで拡大して承認しようとするのだ。はたして「存在の自己維持」は（「生命の自己維持」ではない）、「目的」だろうか。「あるはある」はパルメニデスの昔より、目的ではなく同一律という論理上の真理ではないか。

以下、主としてこれら二点をめぐって、ヨナスの言うところに多少とも立ち入って検討を加えよう。

生命の次元を主導する「目的」

ヨナスはまず、「随意的な」身体運動のレヴェルに（ここでは主観性が中心的な役割を演じている）目的が存在していることを確認する。

「歩行」に代表されるような人間と動物の随意的な身体運動の領域は、目的や目標を通した決定が実際に行なわれる場である。こうした目的や目標を主体は主観的にもち、そして同じこの主体が〔それら目的や目標を〕客体的＝客観的に遂行する。（PV, 128/115）

主体が主観的にもつ目的や目標がどのように
して客体的（客観的）なものと成るのかを説明するためには心身関係を解明しなければならないが、その内実を明らかにすることにヨナスが成功していない点については前節で論じたので、今は措く（こうした事情が背景にあるせいだろうか、当該箇所の彼の議論は恐ろしく分かりづらい）。随意的な身体運動のレヴェルで目的の存在を確認した彼は、次いで「意識のない〔＝彼の用語法ではこのことはそのまま「主観性の外部に位置する」ことを意味する〕不随意的な生命現象」の内にも「目的」がすでに機能していることを示すべく（cf. PV, ibid.）、有機体内の身体器官に注目する。

有機体の内部のどの器官も一定の目的に適っており、機能することでこの目的を果たしている。いずれの器官の機能も、一つの全体的な目的を果たすためにある。この全体的な目的とは、有機体全体の生命〔の維持〕である。（PV, 130/116）

有機体を構成する諸器官が全て、最終的には生命の維持という目的のために機能していることについては、本書も全く異存がない。[15] ところが、この地点から一歩足を踏み出し、彼が次のように述べ始めるとき、本書としては立ち止まらざるをえない。

主観性は果実であり、それが生育してきた元の根と幹について何ごとかを漏らしていると言ってよい。主観性は〈作用力のある目的〉を示している。それどころか、主観性は徹頭徹尾そうした目的に基づいて生きている。だから沈黙する内部、すなわち物質は主観性を通して初めて言葉に至るのだが、主観的でない形ですでに目的を、または目的に似たもの（Analogon）を内に隠しているはずである。（PV, 139/125）

問題なのは、ここで彼がその用語法で言う「主観性の外部」に（「主観的でない形で」）「物質」を含ませている点である。「主観性の外部」が「沈黙する内部」と言われているかぎりではそれを無意識理に機能する有機体と解することができるが、それを「物質」と言い換えたとき、議論は明らかにこれまでの範囲を逸脱する。物質にいきなり目的を認める唐突さを緩和するためでもあろうか、ここでヨナスは「目的」を直ちに「目的に似たもの」と言い換え、それを「内に隠しているはずである」と慎重な言い回しを用いる。しかし、その狙いはもはや明らかだ。同様の論法は、次の引用の内にも看て取ることができる。

〔下等動物から〕高等動物へと昇る方向で〔事態を〕眺めてみれば、主観性のもつ欲動（努力）が個別化されてくる際に、〔それ以前には〕全く欲動（努力）のなかったところから〔突如〕水面下からそれが出現したとはとても考えられない。すでに欲動（努力）に類した何かが、主観のもつ欲動（努力）を暗闇から明るみに引っ張り出したはずである。（PV, 141/128）

ここでも、議論があくまで下等動物から高等動物に至る生命の範囲内に収まっているなら、本書も異存はない。「欲動（努力）に類した何か」も、それがいまだ主観によって明白に意識される以前のもの（動物機械論者でもないかぎり、多くの動物たちの内にこうしたものを看て取ることに、さほど抵抗はないだろう）を指していると解しうる。ところがこの文章につづいて直ちに、ヨナスは「生命のない物質」の中に「主体なき主観性」を看て取ろうとするのである。

万物に生命のない物質が拡がる様子を見て、私はどちらかと言うと主体なき主観性の存在を信ずる。すなわち、萌芽的で欲動的な内部性が無数の個別的元素に散りばめられていることを信ずる。（PV, 142/128）

「生命のない物質」の中にまで、「無数の個別的元素」の中にまで、いかに「萌芽的」とは言え「欲動的な」ものを認めることは、残念ながら本書にはできない（しかも彼はここで、先に一旦狭めたはずの主観性概念を、そこから主体を抜き取る（「主体なき」）ことで、極度に拡大している）。ヨナスの思考のこの歩みを（かろうじて）支えているのは、ここでもまた（前節で彼の創発説批判を検討したときに出会ったのと同様）自然の中に或る種の「連続性」を想定する発想であるように思われる。

存在と生命の非連続性

だが、すでに見たように、この連続性仮説にさしたる根拠があるとは言えない。何よりも、自然界の事実としての創発は一種の非連続性、すなわち「跳躍」を自然の中に幾つも見出してきた。創発以前の段階からは決して予測も演繹もできない、あの「位相転換」である。したがって、私たちが生命の出現と共に見出す「欲動」ないし「欲動に類した何か」の手前に見出すことができるのは、もはやヨナスの言うような「欲動に類した何か」ではなく、創発によって以前とは全く異なる次元を開示する或る種の「突破する力」、すなわち本書がすでに言及した「存在の過剰[16]」という形而上的観念だろう（それに物質的次元において対応するのは、現代科学も用いる「エネルギー」だ）。しかしこの「力」は、決してそれがどこに向かっているかを言うことのできないものであること、すなわちいかなる意味でもその目的について語ることを許さないものなのだ。創発における「跳躍」は、ほかならぬこのことを語っていたからである。ところがヨナスは、ついに（生命なき）自然に目的がもともと内在していたと述べるに至る。以下に見るように、その主張をかろうじて支えているのは、今本書が批判した連続性仮説だけである。

明白に主観的なものも自然に根差しており、その本質は自然と連続している。つまり、主観性も自然も「目的」に参与している。……生命という証拠によって、目的はもともと自然に内在していたのだと私たちは言おう。……生命を発生させることによって、自然は少なくとも一つの〔強調ヨナス〕一定の目的を告知している。それは生命そのものである。(PV, 142f./129)

これはもはや、彼の個人的な信念の告白以外ではない。この文につづけて、生命という自然のこの目的は自然の目的「そのもの」でも「主目的」でもなく、あくまで「一つの目的」だと譲歩して見せても無駄である（cf. PV, 143/129）。いかなる意味においてであれ「目的」ということになれば、それが向かっている方向が予め見通されていることになるからだ。先の形而上的な「力」は、決してそれがどこに向かっているかを言うことのできないものなのである。この箇所につづいて彼が述べる「目的」は、むしろ本書の言う「力」に近い性格を見せてはいないだろうか。「ここで自然に帰せられる意欲は、……おのれを超え出てゆこうとする意欲ではある」（PV, ibid.）。「おのれを超え出て」ゆくということは、そこにおのれを破棄し・突破していく動向が、つまりもはや連続性を想定しえない事情が垣間見られてはいないか。

進化の過程における無数の「危機」

だがヨナスが、この「意欲」は「知」ではない、すなわち「予知や目標を思い描くこと」ではないと言いつつも、それが「身体的に好都合な配列に出会うと、そうした誘発に因果性は無関心ではいられず、積極的にその誘発を迎え入れて、現われた隙間に手際よく手を突っ込む」といった「識別能力」と結び付くと述べるとき（PV, ibid.）、それはすでに生命の出現以後の話であって、生命以前の単なる物質においてのことではないのである。この箇所に付された註でも彼は、進化を連続性と捉える見方に固執している。

進化もまた、その中で均衡喪失の危機的な限界点が何千回となく訪れて来る一つの連続として理

解可能となるだろう。(PV, 397/137)

だが、この意味での「連続」は、その内にすでに無数の「危機」を、すなわち「跳躍」の可能性を孕んだそれであって、現にそうした「均衡喪失の危機」が実現してしまったことの中で進化が遂げられてきたはずである。この種の「連続」(それをなお「連続」と呼ぶのなら)を以って、創発を斥けることはできないのだ。にも拘わらずここでヨナスがその「〔危機的〕限界点にあって、さまざまな選択肢の間には因果的に同等の価値しかないにも拘わらず、或る隠された傾向〔!〕が自分の「好み」〔!〕を押し通すことができ、瞬間的には中立状態にあるものを、そのつど、差し出された差異の一つにとって有利になるように決定した」(PV, ibid.) と述べるに至っては、もはやおのれの信念への牽強付会と言わざるをえない。敢えてそこに「目的」性を読み込む必要のない(ないし、読み込むことのできない)側面に言及したものとして、ほかに次のようなものを挙げることができる。

逆に、新たな機会が新たな目標、予見できなかった目標を呼び起こすことも、計算に入れておかなければならない。つまり、目標指向(Zielorientierung)と言うより目標傾向性(Zieldisposition)と言った方が、おそらくよい。(PV, 143/130)

ここでもヨナスはなお「目標」という言葉に固執しているが、その方向指示性をできるかぎり弱めようとしており、それを放棄する寸前のところまで来ていると見ることもできる。そして、次のような発言がこれにつづく。

新しい機会《チャンス》が現われて〔新しい目標なるものを〕インプットする場合でも、以前から働いている目標指向が――新しい機会が〔新しい目標を〕インプットする結果出てくるさまざまな可能性に突然襲われる形になるだろうが――共に作用したかもしれない。（PV, 144/130）

直前で言い換えを提案したはずの「目標傾向性」から再び「目標指向」に戻ってしまっているが、「突然襲われる」という創発に特有の「新奇性（nouveauté）」と予見不可能性に言及した上で、「以前から働いている目標指向」は「共に作用したかもしれない」とその可能性に触れるにとどめている。更には、

〔生命の〕最初の始まりである有機的な分子の集合は全くの偶然で、それ以前に何らかの傾向があってそれがこの集合へと結実したのではないということでも、別に構わない。（PV, ibid.）

先には「全くの偶然ということではなかろう」と否定したはずの偶然性を、ここでは「別に構わない」と認めている（とはいえ、ここでも相変わらず「これは私には辻褄が合わないように見える」（PV, ibid.）と留保を付けるのを忘れないのだが）。これに、「生命体全体の内部での消化や消化器官には、たとえ意識をもたない仕方で、しかも不随意にであろうと、目的が〔強調ヨナス〕内在している。そして生命とは、まさにこの生命体の自己目的である」（PV, 144/130f.）という先にも引用した文がつづく。その通りである。だがそれは、生命において初めて、なのだ。そして、この（生命ならびに目的の）出現自体

に目的はない。つまり、その出現は予め目指されたものではない。すなわち、偶然である。このことを、彼自身認めているのだ。「……これ〔目的の自然への内在〕が生命という「偶然」と共に始まったというだけで、すでに充分である」(PV, 144/131)。ところが、そう言った舌の根も乾かないうちに(実際、この文に直ちにつづけて)、次のように述べるのだ。

「目的」はあらゆる意識を超えて、つまり人間をも動物をも超えて、物理的世界の中へ〔!〕、物理的世界に固有の本来的な原理として〔!〕、拡張された。(PV, 144f./131)

この立言をあくまで「想定」と断った上であれ「明らかに理性的」(同箇所に付された註12。PV, 397/138)と称して憚らないヨナスに対しては、本書はもはや言うべき言葉をもたない。(17)

生命と自由

以上の議論の延長上で、本書にとっても重要な主題である「自由」に関しての言及がある。見てみよう。

私たちは自然の意志表示に、すなわち自然のさまざまな目的の偏向性に、異議申し立てをすることができる。そのために、私たちは自然のもつ目的の一つである自由を行使すればよい。(PV, 148/133)

自由が「自然のもつ目的の一つである」と、どうして言えるのか。仮にヨナスの言に従って主観性が自然の目的であることを認めたとしても、主観性が自らの内に意識する「欲動」ないし「意欲」(「～したい」という思い)が実は本能による命令(例えば「水が飲みたい」――この思いは生命の維持という目的に従属している――)であれば、それを自由とは呼べない。彼は主観性が自由をもつことを、あまりに楽観的に自明視してはいないか。私たちが自然に対して場合によっては異議申し立てできるのは(本書に従えば、正確には「できるように思われるのは」)自由が自然とは別の次元に由来するからではないのか。「……自然は量、持続、力、それどころか自然の創造物の輝かしさという点で、優位にある。だが、このことがそれだけですでに自然の権威を根拠付けるものではない……」(PV, ibid.)。その通りである。だが問題は、自然に対する私たちのこのスタンスはいったいどこに、あるいは何に由来するかという点なのだ。

「私たち自身もこの自然の一部である。〔その私たちが〕〔圧倒的な優位にある〕自然のこうした意志表示に楯突くことと、人間の移ろい易く「表面的な」思い込みに楯突くこととは、単に量的に異なるだけでは決してなく、質的にも大変異なることである」(PV, 148/134)。これも、その通りだ。そしてこの「質的」差異は、自由を自然(のみ)から根拠付けることの不可能性を示している。彼もはっきり認めているように、「……私が自然に対して正当な〔強調ヨナス〕仕方で反対意見をもつことができるのは、私が自然以外の審判を、つまり〔自然を〕超えた者を呼び出せる場合にかぎる」(PV, ibid.)のだ。すなわち、自由は(もしそれが可能であるなら)すでに「超自然的＝形而上的」次元を含んでしまっている。

「目的をもつ」ことはよいことか

自由と価値は密接な関係にあるが、目的の有する価値についてのヨナスの主張にも疑問がある。

そもそも目的をもつことができるという能力の中に私たちは、それ自体としてのよさを認めることができる。こうしたそれ自体としてのよさが、〈存在はしているが何の目的も具えていない〉ということに対して無限に優越している。このことは直観的に明らかだろう。(PV, 154/143)

「何かのためにある」、すなわち「目的をもつ」ということがそれ自体よいことだという命題は、それほど「直観的に明らか」だろうか。何かが「単にある」だけでは、どうして「いけない」のか。あるいは、そもそも「何もない」ということでは、どうして「いけない」のか。そうしたことで(が)あっても、一向におかしくないのではないか(ライプニッツやハイデガーを引き合いに出すまでもなく、これは形而上学の根本的な問いである)[18]。せいぜい言いうるのは、ひとたび存在したものにとっては、存在しないより存在する方がよいということに過ぎない。もちろん、私たちは存在している。しかも、私たちは生命をもつ存在者だ。したがって、そのような私たちにとって存在することが相対的に(あくまで「私たちにとって」)優位をもつことは認めてよい[19]。そしてヨナスの目指す「世代間倫理の根拠付け」にとっては、それで充分なのではないか。

彼は言う。「存在が非存在に対して絶対に〔強調ヨナス〕よい」(PV, 155/144)。だが、この「絶対に」には何の根拠もない、と言わざるをえない。彼の言に反して、先の〈目的をもつということがそれ自体よいことだ〉という命題を「存在論上の公理〔強調ヨナス〕として仮定しなければならない」(PV, 155/143)とは言えない。それは公理たりえない。「目的それ自体が無目的性よりも優越しているという公理」(PV, 155/144)は、決して「直観的に明らか」ではない。

彼はこの公理に関して、「それ以上証明不可能な究極の形而上学的選択であるのかもしれない」(PV, ibid.) と述べるが、にも拘わらず「この優越性は独特の明証的な直観をもっている」(PV, ibid.) として譲らない。だが、それが「それ以上証明不可能な究極の形而上学的選択」なら、その選択に疑問の余地が提示された以上（本書はその直観を残念ながら共有できない）、この選択には何の根拠もないことになる。[20] 形而上学的にも、この公理の根拠付けは失敗なのである。

b　生命の論理

だが本書は、ヨナスによる世代間倫理の「存在論的＝形而上学的根拠付け」の失敗にも拘わらず、当の根拠付けの過程で彼によって提示された分析の中に「生命（であるかぎりでの自然）の論理」とでも言うべきものについての洞察を認める。しかもその洞察は、彼とは異なる仕方ででではあるが、確かに或る「形而上学的」な次元を私たちに開示するものでもある。こうした観点から、彼の分析を見ていこう。

定常性の破綻としての緊張と、その除去

以下に取り上げる分析は、彼の論敵であるいわゆる「物理（学）主義者」に仮託して述べられたものだが、その中に生命の論理として注目に値するものが含まれている。

〔サイバネティクス的には、一連の〕過程全体は次のように記述できるだろう。〔最初にあるのは〕生理学的緊張（ホメオスタシス〔定常性＝系が一定の状態で安定していること〕の「破綻」）〔である。次いで〕内分泌と神経刺激〔が生ずる――以下同様につづくので、補足は省略する〕。行動パタンが選択的に引き出し

可能となる状態。《適切な行動パタンの誘発者としての外的な（感覚的な）神経刺激。行動経過を導くものとしての感覚と運動神経系とのフィードバック。》緊張の除去としての行動の結果（ホメオスタシスの均衡）。（PV, 123/110）

〔以上を、ネズミを襲うネコの実例で示せば〕ネズミが識別される――様子を窺う、ネズミが適切な位置に来る――飛び掛かる、ネズミがネコの爪に掛かる――引き裂く、ネズミが引き裂かれる――食べる。（PV, 123f./110）

右の実例は、先行する引用文中の《 》で括った部分に相当する。そして、実際にはその前後がある。その部分を補えば、前には「生理学的緊張」状態の覚知としての「空腹を覚える」――「（ネズミなど食物になるものを探して）うろうろする」といった段階がある。後には「緊張の除去」の覚知としての「満腹感」が来る。

この〔物理主義的〕説明に従えば、動物の努力は全て唯一つの目標、しかも消極的な目標をもつことになる。すなわち、緊張の除去という目標である。ここでは「目標」という言葉は不適切だから、むしろ全ての動物の行為の経過は平衡の法則、すなわちエントロピーの力学的法則に従うと言った方がよい。すなわち、求められるよさ（bonum desideratum）は、最後に待ち受けている無関心、または無の主観的表現なのである。[21] 何かを惹き起こす努力のようなものが存在するとしたら、それは緊張緩和が一方向にだけ向かうという傾向だろう。この努力が成就する際の快感は、緊張の消失、すなわち瞬間的に緊張が解け、安らかな状態が出現することの積極的な煌めきである。（PV, 124/110f.）

ここで述べられているのは、平衡の破れによって惹き起こされた緊張状態が平衡の回復によって解消され、無関心に至る一連の過程であり、生命体はこの過程を絶えず繰り返すことでおのれの生を維持する。このとき注目すべきは、定常性の破綻が「緊張」として姿を現わすという点である。これはすなわち、平衡の破れが何か回復さるべき「欠乏状態」(すぐ後で触れるように、ヨナス自身が事態をそのように捉えている)という「意味」ないし「価値」を獲得したことに等しい。単なる物質(〈ただ「ある」〉)においては、系の解体は必然であり、そこには「回復さるべき」何ものもない(これが、物質界を遍く支配するエントロピー増大の法則だった)。言ってみれば、単なる物質は「安んじて」解体してゆくのであり、そこに「緊張」の生ずる余地は全くないのだ。したがって、ここで、「いったい何がこの緊張を惹き起こしたのか」と問うてみることができる(ここで問われているのは、個々の・特定の緊張を惹き起こす要因ではなく──それは個々の・特定のエネルギー消費ということになろう──、単なる物質から成る世界には存在しない「緊張」という新たな存在構造の成立であることに注意してほしい)。

均衡を破る「力」が「現象」の時空間を披く

そのとき、可能な回答の一つは、解体する系を(ただ解体の動向に委ねるのではなく)「回復さるべき」ものにまで押し上げる或る種の「力」、あるいは(同じことを別様に言えば)そもそも系を「回復さるべき」ものとして新たに形作る「力」の存在を、そこに仮定することだろう。この「力」は、敢えて系の中に不安定な状態を惹き起こし(平衡の「破綻」である)、そのことを通じて再び平衡を「回復」するという動向(いわゆる「動的平衡」)を存在の中に導入する。ネズミを襲うネコの実例に即して言えば、定常状態にあったネコがエネルギーを消費すること（活動すること）で欠乏状態に移行する。すなわち「空腹を覚える」。ネコにエネルギーを消費させる動向と物質交替（代謝）の動向は同じものだから、この動向自体（物質交替という仕方で存在する秩序自体の存在）を惹き起こす物理的＝自然的実体があるわけではない（そのようなものは発見されていない）。生命という存在秩序を成立させた何らかの物理的実体が存在しないのと、事情は同様である。[22] したがって、この動向を存在の中に引き入れた先の「力」は、仮定されるしかないものである。すなわちそれは、形而上的（非物理的、非自然的）次元に属している可能性がある。[23] この「力」の過剰が（力とはおのれを溢れ出るものの謂いだから、この表現はすでに重複だが）、回復さるべき平衡の「破れ」を緊張という相の下に現出せしめたのである。

　こうして世界に導き入れられた「破れ」（それはもはや単なる「解体」ではない）が、世界に「差異」を、「際立ち」をもち込む。のっぺりとして安定した状態が崩され、そこに何かが突出したのだ。この突出を、すなわち差異を、際立ちを、そのようなものとして受け止める能力が「生命」ではないだろうか。この突出を（定常性の破れを）何ものかの際立ちとして受け止めたとき、そこに「何」かが何かとして姿を現わす。例えば、「空腹を覚える」。それは、均衡の破れが何か「不快な」緊張状態として覚知されたことにほかならない。かくして、何ものかが現象する。そのようにして、そこに何ものかが現象する空間が披かれること（それは新たな次元の開示にほかならない）、それが生命という存在秩序の成立なのである。

　全体の目的、ここでは空腹の充足、これは知や意欲によってでなければいったい何によって「定立」されたのか。この問いに対する自然な答えは、ほかでもない「空腹によって」というものである。空腹が——ここでは感情[24]と解しておこう——系列全体を動かし、支配している。空腹は感情である〔すなわち、「空腹を感ずる＝覚える」〕。この感情は「受動」であり、内的には衝動を、つまり空腹を解消しようとする衝動をもつ。だからこの感情〔強調ヨナス〕こそが、系列全体を統一する主観的な目的動機である。……欲求に付属する感情が、理性をもたない生命〔例えばネコ〕の随意的な行動では、目的を代替する心的要素である。(PV, 121/107f.)

「空腹」という感情が向こうから生じ（こちらはそれを受け止め）、その感じられた状態を解消しようとして（そのための——「目的」である——）行動が惹き起こされる。したがって、「目的」の次元の開示は（それは「現象」の空間——何かが何かとして際立つ場所——の開披《かいひ》にほかならなかったのだが）、同時に「未来」という時間の開披でもある。空腹という感情の解消のために、これから行動が起こされねばならないからだ。こうした事態の根底に位置する「感情」、つまり「受け止めること」は、単なる受動（「向こうからこちらへ」の動向）ではなく、「こちらから向こうへ」向かう逆向きの動向——これは能動である——もなくては成り立たないことに鑑みれば（この「逆向きの動向」がなければいわゆる「暖簾《のれん》に腕押し」であり、そもそも「受け止める」ということが成り立たない）、平衡が破れ、それが緊張として感じ取られて姿を現わすとき、すでにそこには或る種の「励起《れいき》」（すなわち「力」の昂進[25]）が生じているのである。ここでヨナスが述べている「衝動」——「空腹〔という緊張状態＝感情〕を解消しようとする衝動」——は、この「励起」と同根なのだ。

「感情」の創発と、「自己」という「目的」の成立

生命は、こうして世界に走った亀裂（「破れ」である）を解消する一連の経過＝過程としておのれを組織化《オーガナイズ》する。すなわち有機化《オーガニゼイション》であり、そのようにして有機化されて成立した有機体《オーガニズム》が生命体、すなわち生物なのだ。〈緊張の勃発、すなわち「不快」〉から〈その緊張の解消としての「快」〉へ、この過程が生命体を構成する。そして、今や問われねばならないのは、この「不快」と「快」という「感情《パトス》」（受動＝何かを受け止めること）が生命体において姿を現わす（それは殆んど意識すらされずに——無意識理に——受け止められる段階から、「不快」や「快」がまさにそのようなものとして意識される段階にまで昂まることになる）のはいかにしてか、という問題である。この問題に、本書は「創発」（その根底には、創発以前の系の不安定化がある）と「基付け」関係（創発を介して、それ以前の系とそれ以後の系は全く新たな関係に入る）を以って答えたことになる。だが、ここで注目すべきは、私たちをも貫き、そして私たちをその最下部で「支え」ている「存在」の中に、（「目的」ではなく）「突破」「破れ」への動向としての「力」（存在の過剰）を仮定する余地があるということだ。「目的」の形而上学ではなく、「力」の形而上学、「突破」の形而上学である。

こうして本書は、「存在」の中におのれを突破していく動向を認める。しかしこの動向は、おのれがどこに向かっていくのかを知らない。先に論じたように、「存在」の内に「目的」の占める位置はない。したがって、次のように言うことはできない。「存在は自らに対して中立無関心ではない。……存在にとっては何ものかが、つまり少なくとも自分自身が問題（関心の対象）となっている」（PV, 155f./144）。このように言いうるためには、その場合の「存在」が曲がりなりにも「自ら」の、「自分自身」のものとなっていなければならない。存在が「自ら」「自分自身」のものとして、当の存在に対して何らかの

仕方で姿を現わしていなければならないのである。そして言うまでもなく、そのような仕方で何ものかが存在することは「生命」という存在秩序の成立を俟って初めて可能となる。存在を曲がりなりにも「自ら」のものとして受け取るもの、それは生物個体を措いてほかにない。

ここで「曲がりなりにも」という留保を付けるのは、生物個体においては生命が最終的な主体――「自ら」と言いうるもの――であって、個体自体はその主体の命令に全面的に服しているからだ。生物個体は、生命の命令に従って「自ら」の個体を維持すべく全力を挙げる。だが、その「自ら」はあくまで生命の担い手としての暫定的なものに過ぎないことは、生殖によって代わりの担い手を産出することで（あるいはその「代わりの担い手」が「自ら」生きていけるようになるまで養育することで）個体がその役割を終えることからも、明らかである。生命は個体において（個体という仕方で）目覚める（成立する）、と言ってもよい。

生に孕まれた死という「無」

だが、たとえそうであっても、生物個体において初めて「自ら」の存在を維持することがその「目的」として確立したことは決定的である。この間の事情をヨナスは、説得力を以って描き出している。

> 感覚をもち〔この「感覚」は、必ずしも明確に意識されている必要はない〕欲動する存在は、……目的それ自体である。すなわち、自己自身の目的で……ある〔明確な意識を具えた生命体に対しては、なお更そう言ってよい〕。まさにこの点で、つまり生（命）の死に対する対立を通して、存在の自己肯定が特別に強調される。（PV, 157/145）

但し「存在の自己肯定」はここで「特別に」ではなく、生命において「初めて」なのだ。したがって、ここで「自己肯定」される「存在」は、(存在一般ではなく)「生命の存在」である。そして、存在が生命という形を取ったとき、そこに同時に「非存在」(すなわち「無」)が、(これもまた「初めて」)一箇の問題として姿を現わす。

生(命)とは、存在が非存在と繰り広げるはっきり目に見える全面対決である。というのも、生命は物質交替の必要性のために、成り立ちからして欠乏状態にある……からだ。(PV, 157/145f.)

この「成り立ち」に「破綻」と「突破」という事態——「存在の過剰」あるいは「力の昂進」——が関与している次第を、本書は今見たばかりである。

生命は、自らに絶えず現前するアンチテーゼとして、脅威として、非存在の可能性を自らの内に抱え込んでいる。生命が存在するその仕方〔生命の存在様相〕は、行為による〔おのれの〕保持である。……生命は、非存在の危機に曝されていることを自己の本質に属するものとする。……つまり、存在の自己肯定にお墨付きを与えるのは——それが逆説的に見えるとしても、見掛け上のことでしかない——、死、すなわち死ぬ可能性があること、それもいつでも死ぬ可能性があるということであり、自己保存の作用=働きによって絶えず死を先送りしてゆくということである。(PV, 157/146. 強調ヨナス)

ここで本書が注目したいのは、生命という存在秩序の成立は同時に、「非存在」（すなわち「無」）の可能性がおのれの「死」という形で「存在」の秩序の中に入り込んだことを示している点である。彼の述べる通り、「生命とは、存在が非存在と繰り広げるはっきり目に見える全面対決」なのだ。この「非存在」が、「無」が、「死」が、「はっきり目に見える」形で意識の対象と成ったとき、（勝義の）形而上的思考が立ち上がる。[26] この思考は、「なぜ全ては存在しているのであって、むしろ無ではないのか」と問うからである。「存在の過剰」は、存在から生命への（正確には、「単なる存在」から「生命という存在秩序」への）「突破」の内に、すでに生命の「突破」の動向をすら準備していたと言うべきだろうか。

そのときその「突破」は、文字通り「存在」の全面的突破となる可能性がある。なぜなら、生命は「存在者が存在すること」として――「現象（する）」とはこのことだった――なお「存在」の秩序に属していたのに対して、その生命という存在秩序が突破された先に開かれたのかもしれない次元には、もはや存在の影すらないからだ。すなわち、「無」。だが、先を急ぎ過ぎないようにしよう。この「突破」は、おのれがどこに向かっているのか知らないことを忘れてはならない。「力」は、ひたすらにおのれを乗り越えて熄まない動向以外ではないのだ。

c　本能と道徳、あるいは倫理

〈主観性をもった存在（すなわち、私たち「人間」）は、（将来に亘って）存在すべきである〉という、ヨナスが確立しようとする世代間倫理の根幹を成す命法ないし当為は「存在」に根拠をもつものではなく、あくまで「生命」に根差すものであること、そして生命は存在の「目的」ではないことを、本章は

すでに第二節のaで確認した。次いで本章は、その生命に固有の論理をヨナスの示唆に従って浮き彫り

にする作業に取り組んだ（第二節のb）。それは、「力」の形而上学とでも言うべきものを自然ならびに生

命の背後に垣間見させるものとなった。以上を承けてここで検討したいのは、世代間倫理の根幹を成す

先の命題、すなわち〈主観性をもった存在は、（将来に亘って）存在すべきである〉という命題は、は

たして倫理的命法なのかという問題である。

親が子に対してもつ関係

ヨナスはその世代間倫理において、現在世代が未来世代に対して負う責任（未来世代の存続を保証せねばならないという義務を負う責任）の原型を、親が子に対してもつ関係の中に見ている。したがってここで検討すべきは、親が子に対してもつ関係がはたして「責任」という倫理的関係なのか否かである。世代間倫理を支える根本原理として位置付けられる「責任」は、未来世代がいまだ存在していない以上、現在世代が未来世代に対して一方的に負う責任、すなわち「相互的でない」責任だ。そのような「相互的でない」責任が現実に担われているケースが少なくとも一つ存在するとしてヨナスが導入するのが、親が子に対してもつ関係である。

相互的でない原理的な責任と義務が自発的に承認され、かつ実践されている……事例が、従来の道徳にも一つ存在する。それは、自らが生んだ子に対する責任と義務である。……こうした〔子に対する親の〕責任は無条件のものだ。親が子に対して責任を負うとは完全に無私な行動であり、こうした行動としては自然によって与えられた唯一のケースである。実際、生殖という生物学的事実

によって与えられた自立していない後継者とのこうした関係が、そもそも責任という観念の起源なのだ。（PV, 85/69f. 強調ヨナス）

親が子に対してもつ関係は、はたして「責任という観念の起源」だろうか。本書は、ヨナスのこの見解に疑問をもつ。まず、この責任は「無条件のもの」ではない。すでに見たように、それは（決して「存在」一般に対して妥当するものではなく）あくまで「生命」という条件の下でのみ成り立つ。それから、この責任が「完全に無私な」ものであるかどうかに関しては、疑念がある。のちに詳しく見るように、そこには自己（の種）の保存（あるいは、自分自身がそれであるところの生命の維持）という、或る種の自己中心的（エゴイスティック）な動向が垣間見えるからだ。そしてこの動向は、ここでヨナスも述べている通り、「自然によって与えられた」もの、それも明らかにこの場合、自然の一部を成す「生命」という存在秩序によって与えられたものなのだ。つまり、結局のところ親はこの動向の主体ではない。最後に、生殖を媒介とした親と子の関係は「責任という観念の起源」ではない。それはせいぜい、「責任」ということが可能であることを私たちに気付かせるかもしれない一つの心理的きっかけを提供するものに過ぎない。今ヨナスも認めたように、その実態は自然＝生命に根差した生物学的なものだからだ（この点についても、のちに詳しく論ずる）。

生命の維持のための自己再生産（すなわち生殖）に由来する「子の養育」は生命が生物に下す至上命令であって（私たち人間を始めとして、子がそのままでは生きていけない「生理的早産」である場合だ）、そうした生物は全てこの命令によってそうさせられていると言うべきである。そうしなければ、その種は滅んでしまうからだ。したがってそれは、自ら負うもの、すなわち「責任」ではない。人間以外にも多くの生物たちが子育てをするが、そのことを以ってそれら生物たち、動物たちを「責任を有する主体」と捉えるだろうか。ヨナスの議論展開を詳しく見ていくと、今本書が述べた幾つもの疑念に対して、当の彼自身が極めて本書の考えに接近した見解を述べていることが明らかになるが、それらの検討に先立ってこの問題（すなわち、親子関係は責任の原型かという問題）に対する本書の基本的な考え方を提示しておこう。

道徳と倫理

子の養育は、多くの生物（主として動物）にとってと同様、人間にとっても本能が命ずる行為である。したがって、子の養育の最終的な主体は（親ではなく）「自然」、より具体的には生命それ自身である。その上で、何らかの事情で充分には機能しなくなった（あるいは機能しなくなる恐れのある）本能を補い、あるいは本能に代わって、倫理ないし道徳が要請として立ち上がるということはありうる。だが、そのときの倫理ないし道徳は、あくまで本能を補完するもの、あるいはその代役にとどまる。生物（生命体）としての人間にこの意味での倫理ないし道徳が課せられるという議論は充分理解できるが、それは生物として（「生命の維持」という先の至上命令の遂行という観点から見て）当然であるという意味では、特段驚くべきことではない。このような仕方で機能する倫理ないし道徳を「道徳」と呼ぼう。「道徳」は、社会的生物としての人間にとって本能を補完する役割を演じている（完全に本能に取って代わったとまで言う必要はないだろう。いかに「社会的」である——社会を形成しないでは生きていけない——としても、生物としての機能を完全に失ったわけではない——例えば生殖活動を行なう——からだ）。だがそこには、固有の意味での「自己」すなわち（例えば「責任」を担う）「主体」はいない。

敢えて「道徳」の主体を言うとすれば、それは生命であり自然だろう。社会的生物としての人間の存続を本能に代わって命ずるもの、それが「道徳」である。そしてこの次元で、現在を生きる私たちの世代が未来の世代と自然に対して保護責任を負う――本書の用語法では、「道徳」に従うよう命じられる――というヨナスの主張に、自らも生命を担うものであるかぎりで異存はない。しかしそれは、先にも述べた通り生命体としてはむしろ当然のことであって、特段驚くべきことではない。

これに対して、本書が真に驚くべきことだと考えるのは、〈何もの／ごとかを「自己」の名の下に担いうる（かもしれない）〉という可能性が私には開けていることである（この点に関しては本書第I部第二章がすでに論じたが、本章でもあらためて――ヨナスと本書の違いを明らかにするという仕方で――論ずる）。このとき担われたもの／ことに対して、それ（担っているということ）を証しできるものは私（「自己」）しかいない。これこそが「責任」ということではないか。先の「道徳」の担い手は、つまるところ生命であり自然だった。生命が、自然が、それを命じていたからだ。この命令に従って行為するのが、「道徳」である。対して、ここで何もの／ごとかを担っているのは私（「自己」）だ。私のみが、それを自ら欲したが故に担っているのであり、他人もまたそれを担っているか否かはあくまでその当人の問題であって、私はそのことに関して指一本触れることができない。このようにして私のみが担う（正確には「担いうる」）ものに基づいて行為することを、本書は「倫理」と呼ぶ。

本能は当為を補完するものなのか

では、ヨナスの議論の検討に入ろう。まず、本能をめぐる彼の議論を取り上げる。子に対する親の関係を検討する中で、本能に彼は次のような位置を与えている。

赤子が息をしているだけで、否応なく「世話せよ」という一つの「べし（当為）」が周囲に向けられる。……この〔「世話せよ」という〕当為に対して、自然は力強い本能や感情を通して助け舟を出している。それどころか、通常は当為の職務を肩代わりしている。しかし、自然の助け舟や肩代わりがなかったとしても、乳飲み子の存在が当為を含みもつという事情に変わりはないだろう。（PV, 235/223）

「（子の養育の）世話をせよ」という当為が根本にあって、それを補完したり肩代わりするために本能がある、というのである。当為から本能が派生する、というわけだ。本当だろうか。もしそうなら、子育てをする動物たちも自分の生んだ子から当為を受け取っていることになる。眼の前の赤子を世話す「べき」だから、世話していることになる。動物たちには「べき」を意識する（理解する）能力がないから、自分たちがこの「当為」に従っていることに気付かないだけだ、ということになるのだろうか。気付くことのできない当為に（気付かないままで）従う能力として自然が動物たちに（当為の代替物として）与えたのが、本能なのだろうか。存在（自然）には生命という「目的」が内在しているというヨナスの議論に従えば、おそらくそういうことになるのだろう。しかし、本章はすでにその議論が彼の信念の産物でしかないことを示した。したがって、本章から見れば事態は逆である。

生命は存在の目的ではない。したがって、生命が存在す「べし」という当為は成り立たない。そうではなく、存在から予見できない仕方で生命が創発したとき、そのとき初めて生命は、自らを存在す「べき」もの、維持す「べき」ものとして樹立したのだ。生命は、自らを「目的」として立てることで存立する存在秩序なのである。すなわち、生命は自己維持をその本質（根本原理）とする。そして本能とは、生命の維持というこの至上命令（根本原理）に従う能力として、それ自体生命と一体なのだ。この原理に従うことなしには、生命体はそもそも存在できないからである。あらゆる生命体を本能が支えている、すなわち本能が中核にある。したがって、あらゆる生命体は、それが生命体であるかぎりで、放っておいても本能に従っている。つまり、殊更にそれが「べし」として——従わなければならない「道徳」として——意識される必要はない。

その上で、何らかの事情で本能がその機能を充分に発揮できないときには、それを補完したり代替する能力が生命の維持という先の至上命令の遂行のために要請される。何しろそれは至上命令なのだから、何としても遂行されなければならない。赤子の世話をす「べし」という当為を「道徳」として赤子の存在から受け取る能力は、そのようにして本能から派生した（「生命の維持」という根本原理が要請した）のだ。もしこの（「道徳」としての当為の）能力がほかの動物たちにはなくて、私たち人間にのみ固有のものだとすれば（そう考えるのが自然だと思われる）、それは本能の人間に固有の形態（本能が人間において現われる仕方）であるか、あるいは人間においては何らかの事情で本能が弱体化したために生命が（その至上命令の履行のために）用意したその補完物ないし代替物であるかのいずれかであることになろう。そのいずれであるかを、ここで決める必要はない。いずれであるにせよ、本能が（より正確に言えば「生命の維持」という生命体にとって至上の「目的」が）根本にあることに変わりはないからだ。

「当為」という仮面

そうであれば、ここで当為の主体（「べし」と命ずるもの）はあくまで生命であり自然である。子の世話をする親も含めて全ては、生命の論理に服しているのだ。「べし（当為）」が「（自然の）意欲」（すなわち、「生命の維持」という根本目的に従う自己中心的な——自己目的的な——動向）の偽装された形態、「偽装」と言って悪ければ「（自然の）意欲」の「人間的」形態（人間に固有の形態）である可能性が、赤子の例を引くときのヨナスの視野に全く入っていないかのようなのだ。[27] ところが実際には、彼はこの「偽装」の可能性をめぐって——そこでは彼は「虚構」という表現を用いている——かなり立ち入った議論をしているのである。

これまでのところ、よいものまたは悪いもの〔つまり「価値」〕というのは、予め〔強調ヨナス〕目的が調整された上で、その相関者として〔その目的に相対的なものとして、つまりその目的に従属するものとして〕明らかになっただけである。この予め調整された目的は、私たちの意志に対して力を行使することができる。私たちの意志が「決定」を下すように見えても、この決定が予め調整された目的のもつ力の結果に過ぎないことが、後で明らかになる。自然〔生命〕の中に植え込まれた目的は、自分を押し通す。その際、どんな当為も必要としないし、自分では当為を根拠付けることもできない。目的は、せいぜい自分の力を行使する手段として「当為（べし）」という虚構を用いるに過ぎない。(PV, 154/142)

私たちが自ら意志して「当為」に従うように見えても、実は生命によって予め立てられた目的によってそのようにさせられている、というのだ。その通りではないか。存在に目的はなく、偶々（創発を通して）出現した生命という存在秩序に対して（初めて）、当の生命の維持という至上命令が課されるのであれば、「これまでのところ」という暫定的な話ではなく、事態はまさにここで彼が述べた通り、生命が生命であるかぎりつねにそうさせられている可能性が高いのだ。「当為」は、「生命の維持」という生命のもつ自己中心的な動向が着ける仮面（「虚構」）に過ぎない。同趣旨の発言はほかにもある。

> 〈生物〔生命体〕は自分自身〔すなわち生命であるかぎりでの自己〕が目的である〉ということは、それが自ら目的を定立〔強調ヨナス〕しうるということまでを意味するわけではない。生物は目的を、〈自らによって〉選び取られたわけではない自己目的のために、生まれつき「もっている」〔ここで「もつ」が括弧に入れられていることからも明らかなように、それは正確には「もたされている」と言うべき事態なのだ〕。他の存在〔他者〕の目的に共に仕えるなどということは、たとえ自分自身の子の場合であっても、間接的に、しかも遺伝的に、自己目的の追求の中に含み込まれているに過ぎない。生き生きとした目的というものは、主体の観点から利己的に〔自己中心的に〕働くものなのである（この〈自己に固有の目的というものが、生物学的秩序という、より包括的な目的に客観的に従属せしめられる〉という事態は、それ自体独立した別個の問題である）。（PV, 397f./231）

ヨナスのこの指摘に対して、生命の自己維持が生命にとっての至上命令であるという意味で、本書は全く異存がない。そして、この事情が「自分自身の子の場合であっても」何ら変わらないことを、彼はここではっきり認めている。だがそうだとすると、「自分自身の子」の養育は基本的には「当為」の問題ではないことになる。生命にとっての自己維持は当為以前の問題であることを、すでに先の引用においても彼は認めていた（「自然〔生命〕の中に植え込まれた目的は、自分を押し通す。その際、どんな当為も必要としないし、自分では当為を根拠付けることもできない」PV, 154/142）。だが言うまでもなく、このことは『責任という原理』でヨナスが展開する〈「自分自身の子の養育」の中に倫理の原型を見出そうとする試み〉と矛盾を来たす。

「自由」は生命の論理とは別次元に位置する

すでに明らかなように、「自分自身の子の養育」は倫理の原型ないし「起源」（PV, 85/70）ではなく、その中から倫理が姿を現わすかもしれないさまざまな可能性の内の一つに過ぎない。それはあくまで可能性の一つなのであって、原型でも起源でもないことに注意してほしい。また、先の〔前頁〕引用の末尾の括弧内で「〈自己に固有の目的というものが、生物学的秩序という、より包括的な目的に客観的に従属せしめられる〉という事態は、それ自体独立した別個の問題である」と述べられているが、この点も疑問である。「自己に固有」と主体（主観）に意識されているように見える事態も、よくよく見てみれば「生物学的秩序という、より包括的な目的に客観的に従属せしめられる」のは、生命の維持という究極的にして根本的な「目的」からしてむしろ当然なのであり、もしそれが「それ自体独立した別個の問題」と成るとすれば、それは生命の目的とは異なる次元（すなわち形而上的次元）に主体が立ち出でたとき初めて、なのだ。この意味で、先の引用につづいてヨナスが次のように述べるとき、本書は彼に賛同することができる。

人間的自由こそが漸く初めて、目的を立てたり選んだりすることを可能にし、またそれと共に、他者の目的を意志の力で、完璧で最も献身的な獲得となるほどに直接的に、自分自身の目的の中に取り込むことを可能にする。（PV, 398/231）

だが、〈他者が望んでいることを、ただその他者が望んでいるが故にのみおのれも望む〉などといったことは、ヨナスが考えるのとは違って、生命（であるかぎりでの自然）の論理（そこにおいては、「生命であるかぎりでのおのれの存在の維持」という目的に全てが従属する）の延長上にはもはやない、全くそれとは別の次元が開かれることなしにはありえないのである。[28] これに対し生命の論理は、当為以前の次元で強力に自らを貫徹する。その徹底ぶりを描き出すヨナスの洞察の鋭さに、むしろ本書は注目する。

自己保存〔生命の自己維持〕は、わざわざ命じられる必要がない。自己保存は、自己保存と共に与えられている快の感情を必要とする以外には、わざわざ説得されたりする必要などない。自己保存の意欲は、その「然り」「否」の声共々、原初的な意欲としていつもすでにそこにある。……仮に「欲すべし」ということが意味ある言葉だとしても、ここでは余分であろう。同様に、（実際、有意味な）「為すべし（当為）」の言葉も余計だろう。というのも、すでに現に存在している意欲は、意欲された中身を実行することをおのずと伴なうものだからだ。（PV, 158/147）

生きていることはそれだけでつねにすでに「生きよう」と欲することであるほどまでに生命は、それを維持すべしという命令に全面的に服してしまっている。生きていることが、その結果「快い」ということで充分なのだ。ここでは「欲すべし」も「為すべし」も、余計なのである。[29]〈当為が本能の「偽装」ではないか〉という疑念についての指摘もある。

道徳の素晴らしい自己幻想〔!〕ですら、しかも最も禁欲的な道徳のそれですら、どれほど多くの「課題」と「禁欲」を自己に課すものであれ、〈結局は、根源的衝動（例えば「力への意志」や「快感原則」がそれだ）の自己充足の偽装形態に過ぎないのではないか〉という疑念がある。つまり、自分で自分に課した当為だと思われているものは全て〈所詮、意欲（「〜したい」）が変装しているだけのものに過ぎず、ありふれた快楽という餌よりももっと効率的な餌を用いて意欲が〔私たちに対して〕行なう誘惑でしかないのではないか〉という嫌疑である。（PV, 159/148）

もちろん、論敵であるニーチェ（「力への意志」）やフロイト（「快感原則」）に仮託して、ありうべき異論として提示しているのだろうが、これに対してヨナスが説得的な反論に成功しているとは思えない。それらが「幻想」でも「偽装」でも「変装」でも…ないことを保証するものは、先に本書が批判した〈存在そのものに具わる「目的」〉という一種の信念以外に見当たらないからだ。そうであれば、私たちは結局のところ意欲「させられている」のであり（私は「生命の維持」という命令に服しているのであり）、私が私であるが故に欲している（自ら欲している）のではない。すなわち、私は自由ではない。

「自由」はつねに欺かれうる

この「疑念」・「嫌疑」は、決して晴れることがない。いくら私が自らそれを欲したと思っていても、やはりそれは意欲に巧妙に「誘惑」(PV, ibid.) されたに過ぎなかったということがいつでも可能だからだ。私たちは自らおのれを欺きすらする（自己欺瞞）ことを、忘れてはならない。このことを認めた上で、「にも拘わらず」私は自ら欲したところのもので「ありうる」という次元に開かれたとき、初めて「倫理」ということ、すなわち、〈自ら（「私」＝「自己」）の名の下に何ものかを担って行為すること〉が可能となる。そして、この倫理の次元で生きようとすること（これも意欲の一つであるが）は、（もしそれが可能なら）誰に命じられたものでもない。自ら欲するのであればそうすればよい（のであり、欲しないならそうしなければよい）という、単にそれだけのことが可能なのだ。「させられる」意欲から、自ら欲する「意欲」へと、次元が転換（「位相転換」）するのである。[30]

議論のこの箇所に付された註の中でヨナスはこの「倫理」の次元に関わる発言をしているが、そのような発言をしうるためには自然と自由との関係が徹底して思考されねばならない。彼は次のように述べる。「……目下の議論は、選び取られた自由という人間的な領域にこそ関わるものである。つまり、そこでは意欲（「〜したい」）が〈与えられた目的の所産〉ではなく、目的が私の目的として、或る意味で〈意欲の所産〉である」(PV, 398/231)。そのような「意欲」が可能であって初めて、彼が言うところの「人間的な領域」が開かれるのだが、はたしてそのような「意欲」は可能なのか、可能だとしたらそれはどのようにしてか、が問われねばならない。本書が見るところ、ヨナスはこの問いを徹底して問うてはいない。そのことは例えば、今引用した文につづけて彼が次のように述べるとき、顕わになるように思われる。

そこ「人間的領域」においてすら、目的のこの「価値あるという在り方」は、願望の相関物として前もって多様に規定されているのである。すなわち、本能に基づく欲動生活によって、環境によって、お手本によって、習慣によって、意見によって、そして瞬間によって規定されている。(PV, ibid.)

ここで「～によって」という仕方で列挙されているものは全て、「私の目的として」何もの／ごとかが「私の意欲の所産」と成ることを妨げる「前もって多様に規定され」たものである。そのようなものの只中にあって、いったいどのようにして「私の自由」が当の私の「意欲の所産」(であって、それ以外の何ものでもないもの)たりうるのかが問われねばならないのだが、本書はヨナスの中にそうした問題が正面から検討された箇所を見出すことができなかった。これが本書の見落としでないとしたら、ヨナスは「倫理」(「人間的な領域」)の成立の基盤を「願望の相関物として前もって多様に規定され」たものの中に放置したままなのである。この放置は、彼の「責任」の理論が、結局のところ〈私が何もの／ごとかを担う〉ということの根本性と可能性にまで届いていない証しとなってしまう。だが、はたして彼の「責任」の理論は、「担う」ことの根本性に全く肉迫することがなかったのか。

生命において、全ては初めから価値である

この点の検討はつづく本章最終節に譲ることにして、本節を閉じるにあたってここで「倫理」についての本書とヨナスのスタンスの違いについて纏めておくと共に、(これまで取り上げる機会がなかったが)最終節でより深めることになる一つの論点に触れておきたい。

ヨナスは『責任という原理』の冒頭近くでソポクレスの『アンチゴネー』からよく知られた「長老たちの合唱」を引きつつ、同書での自らの立場を明らかにしている。その中に「(人間は)予想以上の賢明

さと工夫を凝らす術に長け／あるときは悪へ、あるときは善へと導く」という一節がある。ここで言う「悪」や「善」が価値一般のことだとすれば、そのような「価値」は人間においてばかりでなく、生命（生物）においてすでに姿を現わしている。すなわち、生命の維持に必要なもの（言わば、正の価値）が「善」であり、その逆のもの（負の価値）が「悪」なのである。本書の考えでは、生命以前の存在は一切の価値と無関係に〈ただ「ある」〉（「単なる存在」である）のに対して、生命という新たな存在秩序の成立（創発）と共に、全ては「価値」の相の下に（初めて）姿を現わす。それが、「善」であり「悪」なのだ。

これは、「単なる存在」に価値が付与されたということではない。そうではなく、何ものかが何ものかに対して姿を現わす（現象する）ということが生命という秩序の成立にほかならず、そのとき全ては初めから価値なのである。「単なる存在」はこの秩序から遡って、そこから価値と現象を剥ぎ取ったとき（それが生命以前の次元だからである）かろうじて姿を現わしたものに過ぎない。そもそもそれは現象以前に位置するのだから、「姿を現わす」ということがすでにその本性を裏切ってしまう。創発した以後の段階にとって、それ以前の段階はそのままで存在することはありえないのだった。私たちはすでに生命の次元に身を置いている以上、それ以前の段階とは言わば「初めから失われている故郷」なのであり、「単なる存在」とはその「故郷」の位置する次元を指し示す意味不明の符牒のようなもの以外ではないのだ。

そのような生命の次元にあって、先のソポクレスの詩句と共にヨナスは「人間」に注目する。「驚くべきものは数多《あまた》あるが／人間にまさって驚くべきものはない」。人間の内に「驚くべきもの」を認める点では本書もヨナスも変わりはないが（尤も本書の場合、正確には「私の内に」なのだが――この点は後論を参照)、問題は人間(私)の何に驚くのかである。先に引いたように、ソポクレスは「悪」と「善」へと「導く」ことを以って驚いているのだが、その「悪」と「善」が価値一般を指しているのであれば殊更驚くにはあたらない。それは人間にかぎらず、生命と共に初めからあるからだ。もし人間(私)において真に驚くべきものがあるとすれば、それは「悪」と「善」がそこにおいては生命(と自然)と全く異なる次元の光を浴びてしまっている可能性があるからではないか。

全く異なるその次元はもはや生命と自然を超えているが故に本書はその次元を「超自然的=形而上的」と呼び、その次元において姿を現わす新たな関係に「倫理」の名を与えた。ところがヨナスの提唱する世代間倫理は、その内実を詳しく検討してみると、徹頭徹尾生命(であるかぎりでの自然)の論理の中を動いていた(あるいは、その論理の中でのみ有効に機能すると言ってもよい[31])。本書の言う「道徳」は、なおこの論理の内にある。似て非なるものである「倫理」と「道徳」の区別が、しかしまた決定的に異なるにも拘わらず両者の区別の付き難さがヨナスには見えていないが故に、彼は人間の内の何に驚くべきなのかを見失ってしまったのだ。

親は子の創始者か

本節で最後に取り上げる論点は、親が子に対してもつ「相互的でない」責任を根拠付けるべくヨナスがもち出す〈親は子に対して「創始者」であるから、自らの作り出したものに責任がある〉という議論に関わる。「親は子に対して、一方的で絶対的な創始者〔強調ヨナス〕という関係をもっている」(PV, 195/185)と彼は述べるのだが、すでに明らかなように、もちろんそうは言えない。せいぜい、「そう見える」だけである。生殖が本能に導かれている以上、それは結局のところ自然=生命にそう「させられている」のであり、「絶対的」である（絶対者である）と言えるのは自然＝生命の方であって、親は子に対して「絶対的な創始者」たりえない。

　したがってヨナスが、親に対しては当て嵌まらず政治家に対してのみ当て嵌まるとする次の命題は、実は親に対しても当て嵌まる。「政治家が義務を負うのは、自らが生み出したものに対してではなく、自らを生み出したもの〔政治家の場合は、例えば「共同体」〕に対してである」（PV, ibid.）。同様に、親が義務を負うのは（最終的には）自らが生み出したもの（すなわち子）に対してではなく、自らを生み出したもの（親の場合は、例えば「生命」あるいは「種」）に対してなのである。

　本節を纏めよう。「極度に単純化した示唆を与えれば、世界が存在しなければならないということの証明は、世界が現に存在しているという事実によって裏書きされていない」（PV, 402/236）。その通りである。そして、私たち人間が現に存在しているという事実も、人間が存在し（つづけ）なければならないということを裏書きしない。ヨナスの言う先の「存在論的な」「第一の命法[32]」――「人間がこの先も存続すべし」――が妥当するのは、（なぜだかは知らないが）ひとたび存在するに至った当の人間が事実としてすでに服してしまっているものとしてのみ、なのだ。したがってそれは、基本的には本能としてすでに機能しており、せいぜいその本能の補完物としての「道徳」的命法であるに過ぎない。存在論的・形而上学的には妥当しないこの命法は、単に自然的・事実的なものである。世代間倫理は存在論的・形而上学的に根拠付けられておらず、自然的・事実的次元で妥当するに過ぎない。だが、それが自然の事実として（生命体である私たち人間にとって）重要であることもまた、確かである。

3　責任という原理

以上より、「生命は（そして人間は）存続すべし」という命法を引き受ける責任を「存在論的に根拠付ける」ヨナスの試みは、存在の次元においても生命の次元においても失敗していると言わざるをえない。存在の次元において、生命はその「目的」ではないからであり、生命の次元において、道徳は本能の補完物ないし代理物に過ぎない可能性を払拭できないからである。

より重大な問題として、ヨナスは「責任」という原理がそもそもいかにして成立しうるのかを、結局のところ示していない。存在あるいは生命の秩序の中で「責任」という存在体制（存在構制）がいかにして成り立つのかを、それこそ存在論的に論ずる必要がある。そしてこの問題は、ヨナスもしばしば言及する「自由」の存在論的成立根拠とも密接に関連している。彼の自由論もまた、不充分なのである。生命という存在秩序における自由（と見えるもの）は本能の統制下にあり、いまだ厳密な意味で自由とは言えないにも拘わらず、彼の言う自由はその生命の次元にとどまっているからだ。

〈創発した新たな次元がそれ以前の次元と「基付け」関係を通して結び付けられて存在する〉ことを以って私たちの世界の基本的存在構制と捉える本書の観点からは、自由を次のように位置付けることができる。物質からの生命の創発が私たちの世界の存在論上の第一の大きな次元転換だとすれば、生命からの自由の創発は第二の大きな次元転換かもしれないのだ。この第二の次元転換を経て、自然（その内に存在も生命も包み込まれている）を超える次元――すなわち、形而上的次元――が私たちの前に開かれたのかもしれないからだ。

a　感情の基底性

本節では以上のような観点から、『責任という原理』におけるヨナスの責任論を検討する。彼の議論は、〈義務（すなわち「〜すべし」という当為）を（それが「それ自体でよい」が故に）命ずる道徳法則の「呼び掛け」が私の意志を「動かす」ためにはどのような条件が充たされねばならないか〉を論ずるという仕方で進む。このとき、道徳法則の「呼び掛け」に私が自らの意志を以って「応ずる」主体であることは、すでに前提となっている。そのような「私＝自己」が「当為」に服すための条件として彼が挙げるのが、次の二つである。

> どんな倫理学の理論もそうであるように、責任の理論も次の二点を視野に収めていなければならない。一つは、義務付けるための合理的な根拠、すなわち「べし」という要求が拘束力をもつように背後で支える正当化の原理である。もう一つは、この「べし」が実際に主体の意志を動かす能力をもつための心理的な根拠である。言い換えれば、そうした心理的な根拠のおかげで「べし」は主体にとって、その人の行為を当の「べし」に規定させる原因となることができる。（PV, 163/152. 強調ヨナス）

しかし、責任の理論が責任の理論たりうるためには、そもそもそのような〈合理的な根拠と心理的な根拠という〉条件の下で〈何もの／ごとかを自らの（自己の＝私の）ものとして担うもの（者）〉がいかにして成立するかを問わねばならないのではないか。なぜなら、少なくとも自然の中には、そのようなもの（者）の姿を認めることはできないからだ。自然の中に存在するのは、生命という存在秩序の下で当の生命の維持という「目的」に服して意欲する個体だけであり（この場合、意欲の主体は結局のところ生命それ自身である）、「目的」を自らの「意欲の所産」とする〈主体としての自己〉は存在していない。いったいそのような「自己」すなわち「意欲の主体」は、どのようにして成立したのか。この点を明らかにしないまま、そのようなもの（者）の存在を安易に前提としてよいのか。

「感情」は責任を可能にする

これはつまり、「責任」といったことがはたして可能なのか、もし可能なのだとしたらそれはどのようにしてかを問うことに等しい。ヨナスの問題設定の前提となっているこの次元にまで遡る途を彼の議論の中に探すとしたら、それは先に彼が提示した二つの条件（根拠）の内の後者、すなわち「心理的な根拠」の中に見出すことができるかもしれない。彼はこの根拠を「感情」という事態として捉えているのだが、感情とは〈何もの／ごとかをそのようなものとして受け止め、その受け止めることを通して受け止められたものに――更には、受け止められたものを受け止めたことに――応答する能力〉のことだからだ。

例えば、久しぶりにあなたに会えて嬉しかったとしよう。そのとき私は、顔をパッと明るくして、あるいは「やあ！」と喜びの声を上げて、あなたに向かい合う。そのようにして私は、喜びの対象としてのあなたに応答しているのだ。同時にこの応答は、どのような事情の下であれあなたにそのようにして会えたことそのことにも応じている。私は、あなたとの再会という出来事を喜ぶところの者であるのだ。この応答の下で、私がいかなる者であるかが、顕わとなる。尤もこの能力をヨナスは結局「素質」（つまり、人間に生まれながらに具わっている能力）の問題に帰着させてしまっており（cf. PV, 163/153）、そのような能力の成立ないし生成はやはり問われていない。しかし本書は、彼のこの「感情」論を「責任」という事態を可能にするものの生成に関わる議論として読み込んで（読み換えて）みたい。

彼は、先に挙げた二つの条件（根拠）の内、前者の合理的な根拠に関わる能力を「理性」と捉え、後者の心理的な根拠に関わる能力を「感情」と捉える。そして感情を、「義務の呼び掛けに対して感情を通して応答する受容的能力〔強調ヨナス〕」（PV, ibid.）、「この種の命令〔道徳法則の発する命令〕に敏感に反応する能力」（PV, 164/153）と規定する。その上で、「この能力こそ、道徳というものの〔すなわち「責任」ということの〕最も基本的にして枢軸を成す所与であり、そのようなものとして「べし」の内にもすでに含まれている」（PV, 164/154）と述べる。つまり感情が、責任という事態を初めて可能にする（「最も基本的にして枢軸を成す所与」）と言うのだ。「感情だけが、意志（Wille）を動かすことができる」（PV, ibid.）。

責任の主体の誕生

残念ながらここでも彼は、この能力を文字通り「所与」のものとして前提してしまっている。次の引用は、そのことを明らかにしている。「呼び掛けに触発される可能性を具えているので、人間は潜在的にはすでに「道徳的な存在者」である」（PV, ibid. 強調ヨナス）。これでは彼の責任論は、初めから責任ということが可能であることを前提とした一種の論点先取に陥ってしまっていることになる。あるいは、責任ということがいかにして可能かを結局のところ問うていない責任論、とでも言うべきだろうか。私たちが責任を負いうる存在であることは、彼にとってそれほどまでに自明なのだろう。本書は、このようななお膳立ての上に乗ることはできない。繰り返せば、自然の中にそのような存在は見当たらないからだ。

問われなければならないのは、そのような存在がいったいいかにして可能となるのか、なのだ。ひょっとして、ここでヨナスの言う「感情」という事態の中に、責任の主体——何ごとかを自らの名の下に担うもの（者）（これなくしては、そもそも責任ということが成り立たない）——の誕生を看て取る余地があるのではないか。

人間の意志は、自分の命に関わるような目的を超え出る目的にも応答可能である。この事実——それは理性という自然の奇蹟と結び付いてはいるが、しかし、それから区別もされる奇蹟である——は、人間を道徳的な存在者にする。（PV, 398/231）

ここでヨナスが言う「自分の命に関わるような目的を超え出る目的」が何を指すかは、両義的である。生命の維持という自然が与えた至上の目的のためなら、動物でも自分（という個体）の命を投げ出すことがある。子を敵から護るために戦い、力及ばず命を失う。しかし、その戦いの間に子は敵から逃げおおせる、といったケースを考えればよい（もちろん、単に結果としてそうなっただけかもしれないが、そうではない——親はどこかで、自分が命を落とすかもしれないことを知っていたが、それでも戦った——かもしれない。この点に決着を付けることはできないだろう）。この意味であれば、それは必ずしも「人間（の意志）」にのみ固有ではない。

だが、そうした自然が与えた至上命令とは全く別の次元で、人間が自らの命を投げ出す可能性もある。例えばあなたが、ただ他人を救うだけのために自らの命を投げ出すといったケースを考えてみよう。その場合には、そしてその場合にのみ、それは「自然の奇蹟から……区別……される奇蹟」でありうる。

けれどもこの場合ですら、その行為が自分の名誉のため、あるいは自己満足のためだったとしたらどうだろうか。それを殊更「道徳的」と言うだろうか。そして、自らが行なうそうした自己犠牲がいったいそうした自己満足に類するものなのか、それとも真に他人のために（そのためにのみ）為されたものなのかを、本人ですら見極めることなどできるだろうか。先にも触れた通り、私たちは容易に自己をも欺くのであり、自己犠牲ですら意欲(33)の偽装されたものである嫌疑がつねに付いて回るのだ。人間であるというだけで道徳的な行為能力を前提してしまう点でヨナスは、道徳ないし倫理に関してあまりに楽観主義的《オプティミスティック》なのである(34)。

生命維持の「意欲」と、私に固有な「意志」

しかし、今検討すべきはこの点ではない。彼の言う「感情」の中に、責任という事態の成立ないし生成を看て取ることができるか否かを見届けねばならない。その鍵を握っていると思われるのは、彼が（人間の）意志に生命（であるかぎりでの自然）を超えた目的への応答可能性を認めている点である。まず、意志の根本性から見ていこう。生命において意志は根本的なもの（第一のもの）ではなく、生命の維持という至上の目的から発せられる（派生する）ものであり、この目的に従属していた。したがってこの場合、意志（Wille）とは意欲（Wollen）――単に「～したい」と思うことであって、そう思わ「されている」可能性を排除しない――以外の何ものでもない。

これに対して、私たちの下で意志は「〔自然＝生命にではなく〕自己＝私に固有の目的への意志」（PV, 398/232）、「〔生命の維持という目的に従属するのではなく〕「全てに先立つもの」としての意志」（PV, ibid.）でありうる（ここでも残念ながら彼は、それがあくまで可能性においてのことである点を見ておらず、それを事実として何の議論もなく認定してしまっているが、今はこの点も措く）。その上でヨナスは、「何ごとか〔強調ヨナス〕を〔全てに先立つもの、すなわち根本的なものとして〕意志しうるためには、意志はほかならぬこの感情なるものを必要とし、この感情がその何ごとかを選択に値するものの光の内へと浮かび上がらせる」（PV, ibid.）と論ずる。つまり感情は、もはや自然（生命）の秩序に従属するのではない「何もの／ごとか」から発せられる「呼び掛け」の声を聴き取り（受け止め）、その呼び掛けに応ずることができるのだ。すなわち「応答可能性」である。

だが、この「応ずる」ことは、どのようにしてなされるのだろうか。この点をヨナスは論じておらず、（道徳法則の）「呼び掛け」を聴くことから当然のようにそれに応じようとする意志が引き出されている。だが、それが「意志」であるなら、いくら「呼び掛け」の声が聴こえたからといって、それを意志しないこともできるのでなければならないのではないか（のちに触れるように、彼がそれを「抵抗」として論じた箇所がある）[35]。それを意志するよう説得するのが、責任の第一の条件（根拠）として挙げられた「合理的な根拠」を提示する「理性」の役割であり、斯くして理性と感性（感情）の相補性が要請されるということとなのだろうか。だが、そうだとすると、感情の基底性（「最も基本的にして枢軸を成す所与」PV, 164/154）という先の主張が宙に浮いてしまう。もしヨナスが本当に感情の基底性を考えているのだとすれば、「呼び掛け」に意志が応ずるのはどのようにしてかが論じられねばならないはずである（だが、この議論が彼には欠けているのだ）。この論点に本書は最終章であらためて立ち入るが、ここでその議論を先取りする形で、おおよその方向性を提示しておきたい。

「感情」はいかにして責任を可能にするか

この感情は、自らの受け止めた〈もはや自然＝生命の秩序に属してはいない「何もの／ごとか」から発せられた「呼び掛け」〉に「応じないことができない」ことを以って、それに「応ずる」、すなわちそれを「意志する」のではないか。「応じないことができない」とは、それに応じうるのがその「呼び掛け」を聴いた当の者、すなわちこの「私」＝「自己」以外にないことを以って「私」＝「自己」なるものが初めて姿を現わすことに等しい。この「呼び掛け」に対しては、どんな対応も（何も対応しないこと、すなわち対応を拒否すること、ないし無視することですら）それに応ずる一つの仕方となってしまうのであり、その不可避の対応（すなわち「応答」）を通じて私＝自己が何者であるかが顕わとなってしまうからだ。

　このとき、この不可避の対応は私が意志したものとならざるをえない。この「呼び掛け」はどのように応ずるかを指定するものではなく（それは私が選ぶ、つまり意志するしかない）、ただただ応答しないことの不可能性だけを告げるものだからだ。このようにして不可避的に為された応答において、何もの／ごとかが私の名の下に自ら（すなわち意志することによって）担われたのである。「責任」ということが可能となったのだ。ここで私の意志は「呼び掛け」を「受け止める」こととそれに「応ずる」ことが、すなわち〈向こうからこちらへ〉向けての動向と（それに従えば「他律」となる）〈こちらから向こうへ〉向かう動向（これに基けば「自律」となる）が交錯し、二者択一（どちらかを取ること）が不可能になっていることを思い出そう。受動とはそれだけで成り立つものではなく、能動と組《ペア》みになって初めて可能となるのであり、この両者を一気に可能とするあの「励起」（ないし「突破」）がここに生じているのだ(36)。

　ところがヨナスは、この「感情」を自然＝生命に従属させてしまうのだった。その次第を見届けておこう。「〈子のことをあれこれ気に掛ける気持ち〉は自発的なもので、道徳法則の呼び声など必要としない」（PV, 171/161）。その通りである。だがそうだとすると、そこにこの「気持ち」を自ら担う「自己」は存在しておらず（「呼び声」に応ずる「必要」が「ない」からだ）、この「気持ち」は生命が無条件に命じたものであることになる。この「自発」性は、意欲「させられた」ものなのだ（自発性は必ずしも自由を意味しないことを、忘れないようにしよう）[37]。ここに「責任」なるものの成立する余地はない。

> この〈あれこれと気に掛ける気持ち〉こそ、客観的責任と主観的責任感情との合致の基礎的な原型となるものである。この原型によって、自然は本能に任せておいたのでは確かとは言えない類の責任全てをいつかもつことができるように私たちを予め教育しており、こうした全ての責任に対する私たちの感情を準備してくれている。（PV, 171/161f.）

これはすなわち、自然＝生命が命ずるその維持という至上命令の履行を確かなものにするために、当の自然＝生命が私たち（お望みなら「人間」と言おう）に植え付けたのが「責任」（という名の「道徳」）だということにほかならない。この「あれこれ気に掛ける気持ち」（その内実は「子の生命の維持のためにできるかぎりのことをせよ」である）は私が自ら担ったものではなく自然＝生命に「もたされた」ものなのだから、ここに責任の主体はおらず、強いて主体と言うのであれば（自然＝生命の維持を命ずる）命令の主体（発令者）としての自然＝生命が存在するのみなのである。

b　「担う」ことの唯一性

しかし私たちの下では、事態は単にそれで尽きてしまうわけではない。以下はその前半をすでに引用したが、今注目したいのはその後半である。

どんな生物も自己目的である。自己目的であるという点は何の正当化も要さない。この点については、人間も他の生物に勝っているわけではない。尤も、人間だけが他の生物に対してさえも、つまり彼らの自己目的の追求に手を貸すことに対しても、責任をもつことができる。(PV, 184/173. 強調ヨナス)

なぜ、そんなことができるのだろうか。何かを自ら担う(「させられる」のではなく)ことができるかもしれないからだ。他の生物たちには、どうやらそれがない。だが、根本的な意味では、(他の生物たちばかりでなく)他の人間たちにそれができるか否かも定かでなく(それはあくまでその人の問題だからだ[38])、私のみが、それを当の私の名の下に為すことができる。それが、「自ら」ということなのだ。したがって、次のように言うことは(議論のこのレヴェルでは——すなわち、「責任」の最も基底的レヴェルでは——)できない。

あらゆる責任の原型は、人間の人間に対する責任である。(PV, 184/174)

私だけが、応答しないことのできない何もの/ごとかに直面すること(「感情＝パトス」、つまりそれに襲われること、なぜならそれの到来に関して私は一方的に受け身だ——何が到来するかを私は選べない――からだ）[39]を通して、それに私の名の下で応ずること、それを担うこと（受け止めたことの証しとして「こちらからそちらへ」向かうこと）ができる。この事態の成立は、それを担う私が人間（ホモ・サピエンス）であるか否かとも、それへと向けて私が応ずるところのそれが人間であるか否かとも独立であり、それらに先行している。ここで責任の主体として姿を現わしている私が人間と同一視できないのは、無数に存在している人間たちの中でどれが私であるかを決定できるのは私しかいない（人間の側からではなく、私の側からしか決定できない）という事情を考えてみれば、明らかだろう。

世代間倫理は、私が自ら担う「責任」ではない

こうした基底的次元での責任から、ヨナスが論じているような人間という一般化された次元で問題となる責任に至るまでには幾つかの階梯があるはずだが、そうした点は彼の責任論の視野に全く入っていない。もちろんそのことは、彼が『責任という原理』で追究しているのが世代間倫理の基礎付けである以上、ヨナスの落ち度ではない。だが本書の見るところ、こうした責任の基底的次元への目配りが彼に欠けていることが、「世代間倫理」のように自然＝生命の次元で立てられるべき問題の本質を見誤らせているのである。「世代間倫理」は本書が言う基底的意味においては「責任」の問題ではない。つまり、応答という何らかの「自己正当化＝自己弁明」――私が私の名の下に自らを他者に提示する[40]（証しすること――が不可避となる事態ではない。そうではなく、「世代間倫理」は、生命であるかぎりで予め私たち「人間」（ここではこのように一般化してよいし、またそうでなければ意味がない）に課されたた――つまり、自ら担うわけではない――問題なのだ。したがって、本書が考えようとしている「責任」の観点からは、次のように言うことも当然ながらできない。

人間だけに、責任をもつこと〔「担うこと」と言い換えてもよい〕ができるという優れた特性がある。……人間は誰かに対して、いつかあるときに、何らかの責任を事実上（de facto）もっている。……このことは、人間に先天的に責任能力があることと同様、人間存在に分かち難く結び付いている。……責任の事実は、人間の定義の一部に採用されなくてはならない。（PV, 185/174f. 強調ヨナス）

集団的（にしか生きられない）動物（「社会的動物」と言ってもよい）という、自然＝生命の次元で人間に予め課せられている（この意味で「事実上」の）要求――言うまでもなく、生命の維持――と、自らの意志で（のみ）担うことのできる「責任」――それは、先にも見たように私が私自身の起源に身を置くことである以上、自然＝生命の次元ではありえない形而上的事態である――は、全く次元を異にする。したがって、もし私が将来の世代に対してこの基底的意味での「責任」を感じた（「感情＝パトス」である）のだとすると、その場合にはそれは、私をも将来の世代をも貫く生命の故にではなく、将来の世代に対して私が自らの名の下に向かわざるをえない（「応答しないことができない」）が故に、ということなのだ。この意味での「責任」が、ヨナスが責任の原型と看做す親子関係の中でも（そしてまた、それ以外の関係においても）担われる可能性を本書は全く否定しない。だが、自然＝生命によって課されたそれ（ヨナスの言う責任）と、本書が問題にしている「責任」が似て非なるものである点は、動かない。この決定的差異が、ヨナスの責任論では見えなくなってしまうのである。

親子関係の両義性

本書は、親子関係の中に「倫理」的関係――自らを担って他者への不可避の応答に立ち出でること――が成立する可能性を、先の（当為は本能が「偽装」したものではないかという）疑念にも拘わらず、否定しない。すなわち、親が子のあれやこれやに対して（およそ、その「全て」に対してと言ってもよい）気を配って止むことない関係の中に、自分の複製にして後継者に対する気配りではなく、端的にその他人の存在が無視できないが故にそちらへ向かう動向（すなわち「他者へ＝他者のために」）が孕まれている可能性があるのだ。つまり事態は両義的であり、つねに両義的でありつづけるのである。これは、「倫理」（的関係）――すなわち「他者へ＝他者のために」――が可能性においてのみ存立するということにほかならない。

こうした本書の観点からこの箇所でのヨナスの議論を見直してみると、一つ興味深い論点がある。先に引いた「赤子が息をしているだけで、否応なく「世話せよ」という一つの「べし（当為）」が周囲に向けられる」（PV, 235/223）につづけて、「私は「否応なく（unwidersprechlich＝異論なく）」とは言うが、「抵抗なく（unwiderstehlich）」とは言わない。なぜなら、どんな「べし」でもそうだが、この「べし（当為）」も当然抵抗を受けるからである」（PV, ibid.）と彼は述べ、そこに次のような註を付している。「端的に全く抵抗のない「べし」とは、もともと「べし」ではなく、すでに「せざるをえない（ein Muß）」であろう」（PV, 404/239）。

本書がヨナスにおける「感情」（パトス＝*Gefühl* すなわちそれは「何ものかに触れられる（gefühlt）こと」でもある）に注目した際に論じたように、「責任」の根底にある〈（何ものかに触れられて、それに対して）応じないことができない〉という関係は、ここで彼の言う「せざるをえない」にむしろ近いのではないか。[41] 気付いたときにはすでに私はそちらへ向かってしまっている（すなわち「他者へ＝他者のために」）のであって、そのとき「倫理」的な「否応なく」は「せざるをえない」ではないだろうか。もしそう言ってよいのだとすると、「倫理」の、すなわち「責任」の根底にあるのは（彼の言う意味での「抵抗」を孕んだ）「べし（当為）」ではないのだ（尤も、それは「受け止められた」当のものに「襲われる」ことではあるのだが）。「抵抗」の余地がない、と言ってもよい。「責任」のこの次元においては、次のように言うことはもはやできないことにも注意しよう。

> いつか、彼〔乳飲み子〕に内在する目的論的に約束された能力が開花し、〔乳飲み子にとっての〕他者〔すなわち、私〕は〔「その子の世話をすべし」という〕義務から免除されることになる。（PV, 240/229）

なぜ、このように言えないのか。他者に出会うそのたびごとに私はその他者に対して（それが「他者」であるかぎりで）「応答しないことができない」から、つまり「責任」を負う（担う）からである。これはすなわち、他者への「責任」を「免除される」ことはありえないということにほかならない。この意味での「責任」は、言わば「無限」なのである（無限責任）。逆に言えば、もし乳飲み子が成人して私がその子に対する責任を免除される――有限責任である――のであれば、（「責任」の、「倫理」のこの次元においては）その子はもはや私にとって他者でなくなったと言わねばならない。

〈私があなたに対して〉の唯一性

前節の最後で触れた「存在の創始者」に関わる論点を、ここで取り上げるべきだろう。ヨナスは「最も根源的で最も重い意味での責任は、存在の創始者であることから派生する」(PV, 241/229) と述べる。その通りだが、そうであれば親は子に対してこの意味で責任を負うものでないことはすでに見た。子に存在を付与したのは(子の「存在の創始者」は)、自然＝生命だからだ。これに対して、「応じないことができない」責任を担うことができるのは私しかいないという事態の成立の下で初めて、当の責任を担う私(主体)が姿を現わす。すなわち、その存在が創始される。このとき、私の存在がその下で(それに対して)創始されたところのものが「他者」である。私は自らの存在をこの他者に対して担うことを「よし」とした(肯定した＝意志した)ことを以って、自らの存在の起源(すなわち「存在の創始」)に立つのだ。したがって、もし「存在の創始者」ということを言うのであれば、そこにはつねに「二人」の創始者がいることになる。二人と言っても、この二人は相互に独立ではない。〈私があなた(他者)に対して〉という事態が唯一なのである。(42)

ヨナスは、子一般ではなく「ほかでもないこの子」(PV, ibid. 強調ヨナス) に対してこそ責任は成立すると論じている。「絶対に偶然的な唯一性であるこの〔強調ヨナス〕〔「ほかでもないこの子」〕という点においてこそ、責任は成立する」(PV, 241/230)。だが、唯一なのは「この子」だけではないのだ。あるいは、「この子」だけでは唯一性は成立しない、と言ってもよい。〈私がこの子に対して〉という関係が成立したとき初めて「唯一」ということが可能となったのであり、「私」と(当の私がそれに対して責任を担う＝「応じないことができない」)「この子＝他者」はこの「唯一」性を構成する不可欠のメンバーなのである。

したがって、「私」が「この子」の「存在の創始者」ではないことに注意しなければならない。同様に、「この子」が「私」の「存在の創始者」でもない。「私がこの子に対して」ということが全ての起源

（すなわち「存在の創始」される地点）に位置しているのであり、この起源自体は、ここでヨナスも述べている通り、「絶対に偶然的」なのだ。「私」はこのようにして「この子＝他者」に対して自らを担うことを以って、そのことを肯定し・「よし」とすることを以って、すなわち「意志する」ことを以って――そうすることしかできないのだが、にも拘わらずそうすることが確かにできるのだ（この点については本書第Ⅰ部第二章で〈他意志不可能性における自由〉をめぐって詳しく論じた）――、この「絶対に偶然的」な「起源」に立つ（居合わせる）のである。この次元における「この子」の（「この子」もまた参与している）唯一性に対して、親はその原因（すなわち「創始者」）たりえないことをヨナス自身が認めている。

> 「なぜ私をこの世に生んだの？」と、非難を込めてであろうとそうでなかろうと、子が親に尋ねることは本来できない。なぜなら、この「私」のもつ個別性（ほかならぬこの私という性格〔すなわち「唯一性」〕）に対して、親は何の影響力ももたなかったからである。（PV, 405/239. 強調ヨナス）

そうであれば、その子の「存在の創始者」であることを以ってその子に対する責任の成立を認めるヨナスの責任論は、この点を以って崩壊する。すなわち、乳飲み子のケースは責任の原型ではない。彼が「乳飲み子の例は、明白さと内実の点であらゆる責任の原型であるばかりでなく、同時に責任の萌芽である」（PV, 242/230）と述べるとき、その主張の前半において彼は誤っている。しかし本書は、すでに述べたようにその主張の後半は否定しない。否定しないどころか、むしろ積極的にそのように考える。すなわち、乳飲み子の例は（本書が言う意味での）「責任」の萌芽でありうる。ただし、乳飲み子だけがそうなのではない。妻に対しても夫に対しても、ホームレスに対しても亡命を求める難民に対しても、更には上司や暴漢や果てはSS（ナチスの親衛隊員である）に対してすら[43]、すなわち誰（あるいは何）に対しても、そうでありうる。何が私に応答を余儀なくさせるかを、私は予め選ぶことができないからだ。それは到来するのである。

「他者へ」という動向としての「倫理」

世代間倫理の話に戻ろう。

> 自然は人間を生み出したことで、自らを破壊してしまった〔少なくとも、全てを本能という自然の命令に委ねていればよいということではなくなってしまった〕。人間の道徳的能力（これも自然の所産だと言ってよい）のみが、安全性が脅かされた自然の自己制御に対する、もっと不確かな唯一の埋め合わせとして残った。（PV, 248/245）

これはすなわち、すでに論じた通り、「道徳」とは本能の機能不全を補い、場合によってはそれに代わるものであることにほかならない。こうした自然＝生命の延長上に位置付けられる「道徳」は、基本的に「自己」（生物個体）のために」という論理の中で動く。そして、（生物個体という意味での）その「自己」を根底で支えているのは、言うまでもなく自然＝生命である。対して、何ものかに触れられてそれに「応答しないことができない」が故に自らを担ってそれへと向かう動向は、その「何ものか」がもはや自然や生命でない可能性に向けて開かれたままなのだ。

この「何ものか」を本書は、自然や生命の外部という意味で「他者」と呼ぶ。これに対して、生物

（生命）個体であるかぎりの私は、自然と生命の内部にある。存在する全ては自然と生命の内に収まっているのだから、その外部はないと言ってよい。そのような「存在しない外部」（すなわち「他者」）に開かれてしまったとき、初めて「私」ということが意味をもつ。「私」は「他者」の反対概念だからだ。そのようにして「（少なくとも自然としては）存在しない外部」（すなわち形而上の次元）へと向けて自らを担う者の存在構制（存在の仕方）が「他者へ（に対して、に向かって）」であり、このような「自然の外部との関係」を本書は「倫理」と呼んできたのである。

こうした本書の観点からすると、ヨナスは「道徳」と「倫理」の区別を、そして両者が似て非なるものであるにも拘わらず両義的でありつづける点を見ていないと言わざるをえないのだった。そして両者の区別と両義性に対する彼の無理解は、その結果として、彼の言う世代間倫理が「道徳」の次元においてではなく、本書が言う意味での「倫理」の次元でも成り立つ可能性を閉ざしてしまう。だが、この点をこれ以上言う必要はないだろう。ヨナスが『責任という原理』で根拠付けたいと望んだ世代間倫理は本書の言う「道徳」の次元で充分にその任を全うできることをすでに本書は示したのだから、彼としてもその望みを達したことになるからだ。その上で本書に敢えて一言述べることが許されるなら、次の点だけは述べておきたい。

「倫理」を根拠付けることはできない

本書が言う意味での「倫理」は自然と生命の内に存在しないもの（すなわち「外部」ないし「他者」）に関わる文字通り「形而上的」次元に位置するが故に、その存立（すなわちその「存在」）を誰の目にも明らかな仕方で「立証する」ことができない。つまり、（ヨナスが言う意味で）「根拠付ける」ことができないのである。「私が他者に対して何もの／ごとかを担う」という「唯一」の事態に、その「担う」ことによって参与する私は、事柄の性格上「唯一」の者たるこの私でしかありえない以上、それを誰の目にも明らかな仕方で、つまり私という一般者（誰もが私であるという意味での私）の次元で——いわんや「人間」という一般者の次元で——語ることができないからだ。語ることができないのなら、それは無意味だと言われるかもしれない。その通りなのだ。だが、無意味なことを語ってはならないだろうか。無意味なことでも語りうる（「語ってよい」という意味で）ということ、そこに私たちの言葉の秘密——驚くべき可能性と言ってもよい——がある。

ヨナスが事態のこの側面（すなわち「倫理」的次元）に、全く盲目というわけではない。例えば、彼は次のように述べる。「当座は、「本来的」人間が何かという考察は背後に引く。「本来的」人間の前提である、充分な自然の中での人間の実在（生存）を救う方が先である。人間が何であるべきかという問いに、確定的な答えはない」（PV, 249/247. 強調ヨナス）。ここで彼の言う「本来的（eigentlich）」が「（唯一の者に）固有な（eigentlich）」という意味であれば、それは生命と自然が要請する「道徳」とは別の次元にあることになるし、それが自然的存在としての人間の未来を護る義務を根拠付けようとするヨナスの「当座」の視野の中にないのは当然だろう。だが、この「固有性」に関わる「倫理」（それはもはや一般性・普遍性を事とする「学」ではない）が問うているのは、「人間が何であるべきか」という問いではない。ひょっとしたら唯一の者かもしれないこの私（正確には、〈つねにこの他者の下にあるこの私〉）が何者でありうるのかを、決して晴れることのない疑念を携えたまま、問いつづけているのである。だからこそ、この問いに「確定的な答えはない」のだ。

また、「本来性」ないし「固有性」の問いに先行してヨナスが取り組む世代間倫理に関して「私たちの命法は計算可能な現実の未来へと推測する。この未来は、私たちの責任の決して完結しない次元である」（PV, 37f./24. 強調ヨナス）と述べられるが、はたしてそうだろうか。「計算可能な」ものに関わるかぎりでは、その計算さえ過《あやま》たなければ私たちはその責任を果たすことができるはずだし、またそうせねばならないのではないか。つまり、その責任は事実上はともかく、少なくとも権利上は「果たす」（「完結」する）ことができる。世代間倫理は、この意味での責任を「果たす」ことを私たちに要求していたのではなかったか。これに対して、ここで彼の言う「私たちの責任の決して完結しない次元」は、それが決して「現実」となることのないもの——私が現実として経験することのできないもの——に関わっているが故に「完結しない」のであり、それを彼の師ハイデガーは（いつか「現実」となる「未来」ではなく、いつまでも来たるべき——zu——ものにとどまりつづける「将来 Zukunft」に位置する）「固有の（ほかならぬ私の）死」として論じ（したがって、そこでは当然いかなる「計算」も不可能となる）、そこに「責任」の成立する最終的な場所を見出したのだった（この「責任」をハイデガーは「良心」と呼んだのだが[44]）。

「倫理」は、「現実」ではなく「実在」に関わる「私」の営み

このことと関連して、ここでヨナスによるカント批判にも触れておかねばならない。彼は言う。「現実に何が帰結するかということは、カントの念頭にはない。カントの原理は客観的な責任という原理ではなく、私の自己決定に具わる主観的な性質に関する原理である」（PV, 37/23. 強調ヨナス）。お望みなら、それを「主観的」と呼んでもよい。だが、そもそも形而上学は「現実」（この場合の「現実」は、「感官の対象となるもの」というほどの意味で使われている）が尺度として機能しない次元で思考が働くこと

を以って成立するのではないか。それは、原理的に経験の対象（すなわち「現実」）たりえないものになお思考が関わろうとする営みではなかったか。そして「倫理」（「道徳」ではない）の成立する次元をそうした形而上学に認めたという意味で、カントは正しい。「現実」が「念頭にない」のではなく、この（「倫理」の）問題に「現実」という尺度で判定を下すことができないことを、彼は知っているのだ。

　この点を認めた上で、何もの／ごとかを担うことを自ら欲した（「よし」とした——「倫理」的価値である——）者のみが、私＝主体（もちろん、「倫理」的意味での）たりうる。自らの名の下に何もの／ごとかを「よし」として肯定する者がすなわち、「主体」である。この主体の視野がその可能性において及ぶ範囲が（時間的にも空間的にも）拡がれば、それが考量（＝プロネーシス）の内に引き入れられるのは当然のことだ。「プロネーシス」とはアリストテレスがその倫理学において、どのように行為するのが「よい」かを考量する能力（「賢慮」と訳されたりもする）として展開したものだが、いまだ存在しない未来の世代に対して私がどう応じたらよいかもまた、この意味での考量の対象となる。但しこの考量の尺度は、ヨナスの命法のように自然であるかぎりでの生命——「現実」——ではなく、それを超えた別の次元に由来するのである。上で触れたハイデガーの言う「固有の（私自身の）死」そのものは計算不可能だが、それへの「応答」自体は（おのれの死にどのように応ずるかは）さまざまな考量が可能であるという意味で、なお「計算可能」だと言うこともできる。但し、この場合の「計算」は生命の論理に命じられたものではなく、あくまで〈当の「他者」（それは「私の死」でも「いまだ存在しない未来世代」でもありうる）」へ〉と向かう不可避の動向に発するものだから、（「道徳的計算」（PV, 37/24）ではなく）「倫理的計算」ということになろう。

　また本書は、先にヨナスがカント批判の文脈で述べた意味での「現実」（すなわち、感官の対象）と

「実在」を区別する。[45] 後者は、「如何ともし難い」という性格によって規定される。したがって、私自身の（固有の）死は（それが私の感官＝経験の対象たりえないという意味で）「現実」ではないが、（それが「如何ともし難い」という意味で）紛れもなく「実在」する。このようにして「形而上的」思考は〈「現実」を超えたもの〉に関わると同時に、「実在」に関わる。「如何ともし難い」もの（であっても、あるいはそう「せざるをえない」ことであっても、それ）を「自ら欲する」（「よし」として自ら担う）ことは「自由」にほかならないが（むしろ、それこそがその原型だが）、そのようにして「実在」に関わることが可能なのは形而上的思考にとってのみなのである。

c　マルクスの誤りと世代間倫理

『責任という原理』は以上のような議論を経て、マルクス主義ならびにその倫理（ヨナスが言う意味での）に基盤を与えているとヨナスが看做すエルンスト・ブロッホ（一八八五―一九七七）の「希望という原理」の批判へと移って終わる。同書が書かれた七十年代末はなお東西冷戦の真っ只中だったし（ソ連崩壊は九一年末）、哲学としてのマルクスやブロッホが西側知識人の間でまだリアリティをもっていたこともある。その後の大きく変わった世界状勢と哲学界の趨勢を前にして些か色褪せてしまったかにも見えるこの終結部は、それにも拘わらず自由と責任について考える上でも私たちの世界の今後を考える上でも、幾つかの検討すべき論点と批判を提示している。本書の議論に密接に関わるかぎりでそれらの批判を一瞥することを以って、本章を閉じよう。

「進歩」という基準は、もはや有効に機能しない

その批判の柱となっているのは、次の二点である。第一に、労苦に満ちた、非人間的な労働から人間を解放し、ユートピアに導いてくれるとされる科学技術の本性が大きく変貌したことが、マルクスやブロッホらの視野に全く入っていない。今や私たちが手にした科学技術の力は、人間に豊かで薔薇色の未来を約束してくれるどころか、将来の人間たちを、あるいは地球を、決定的に破壊してしまうかもしれないものとなった。このような状況の下では、(マルクス主義の歴史観を支える)「進歩」の理念自体が大きく変わらねばならない。ヨナスは、このように彼らを批判する。

いつの日か、進歩の理念そのものが、拡張主義的なものから人間とその環境の間の「定常的(ホメオスタシス的)」な関係を目指すものへと、移行するだろう。その目標の下では科学技術自体もまた、間断のない進歩とは違った課題を課せられることになる。(PV, 323/314)

現在私たちが手にしている科学技術の在りようを的確に捉えた見解として、本書もこれに賛同することができる。確かに、科学技術の止むことのない進展が環境破壊という側面を併せもつことが誰の眼にも明らかとなった今日、もともと環境をその存在秩序の不可欠の契機としてもつ生命の観点から、すなわち何よりもその自己維持という至上命令の観点から、科学技術の在りように反省の眼が向けられねばならないのは、むしろ当然と言ってよい。

しかし、この世界の根底に絶えずおのれを乗り越えて止まない「力」とでも呼ぶべき形而上的動向と、更にその彼方ないし手前に口を開けているのかもしれない「無」の次元を垣間見た本書としては、ヨナ

スのように定常状態（ホメオスタシス）の破れとその回復という生命の基本的論理に則った批判にとどまっていることはできない。本章のこれまでの議論によれば、ヨナスの主張に反して「生命は存在の目的ではない」のだから、それはいつ失われてもおかしくないのだ（これほど科学技術が発展して宇宙探索の範囲が飛躍的に拡大した今日でも、私たちの下以外に一つも生命の存在が確認されていない事実をあらためて思い起こそう）。

加えて、先の「力」に由来すると思われる新たな存在秩序の出現（すなわち創発）は、その方向性を演繹も予測もできないままに、生命という存在秩序を突破してしまうかもしれないのだった。そのときには、マルクスの「進歩」史観は言うに及ばず、自然淘汰に基づくダーウィン流の「進化」概念も、もはやそのままでは通用しない。そもそも、〈生存＝生命に有利〉という基準自体が外《はず》れてしまうからだ。そんな中で、ひょっとしたら「自由」こそ生命という存在秩序から創発した新たな次元かもしれない可能性を認める本書は、その自由の光の下で（この光は「無」の方から射して来るのかもしれなかった）生命と、更には総じて「存在」と、あらためてどのような関係を取り結ぶかを問うているのである。

自由は、必然の終わるところで始まるのではない

ヨナスに戻ろう。ことは、本書が今触れた「自由」に関わっている。彼がマルクスらを批判する第二点は、次のようなものだ。すなわち、必然性と自由との関係をどう捉えるかに関して、彼らには根本的な誤りがある、というのである。「ユートピア構想の全体に関わる決定的な誤り……とは、すなわち必然性が止むときに自由が始まる（マルクスと共に言えば、「労働は必要と外的合目的性とによって規定されているが、その労働がなくなるとき、自由の王国は……現存する」）という誤謬である」（PV,

364/357. 強調ヨナス)。生きるためにせねばならない(「必要と外的合目的性によって規定されている」)労働から解放されたとき、人は初めて自由に生きることができるというマルクスの見立ては、根本的に誤っていると言うのだ。「自由の本質を徹底的に誤解している人だけが、そのようなことを考えることができる。自由は、全く反対に、必然性との競い合いで成立し、また生き生きとする」(PV, ibid.)。必然性と自由を両立不可能なものと捉え、前者が終わるとき漸く後者の次元が開かれるとするマルクスの見解を批判するヨナスに、本書もそのかぎりで賛同できる。だが、その批判の根拠がヨナスと本書とでは異なる点を見逃すわけにはいかない。

確かに彼は必然性と自由を両立不能な二者択一の関係にあるとする捉え方を斥けてはいるが、あくまで両者を同一の次元で拮抗するものと考えている。そのことは、先の引用の「競い合い」という表現に端的に現われている。必然性が課してくる拘束に抗い、この抵抗を通して必然性の少なくとも一部を私たちの自由になるものとして奪取すること、そのことの中でのみ自由は「生き生きとする」というのだ。だが、この発想で行くと、仮に全てが自由の下に奪取されたとすれば、そのときには自由はもはやその「生き生き」した性格を失って弛緩した惰性態になってしまう。[46] 現実には必然性が消滅することなどないから大丈夫、とでも言うのだろうか。これは、自由が必然性に従属するものに過ぎないことを意味する。

本書はそのようには考えない。すでに論じたように、自由が必然性と両立するのは両者が存立の次元を異にするからなのであり、同一次元で拮抗するものではないからなのだ。したがって、必然性が除去されてようやく自由に成るのでもなければ、必然性があって初めて(それに抗うという仕方で)自由であるのでもない。自由は必然性の如何《いかん》とは独立なのであり、このことは当の必然性が(自然科学が依拠する因果必然性ではなくて）形而上的な意味で「如何ともし難いもの」——例えば、二一世紀の日本に生きる特定の人物が私であること——であっても変わらない。なぜか私がその人物であることはもはや「如何ともし難い」のだが、そのことを私は「よし」として肯定し、自ら欲することができるのだ。

根源的「肯定」と、その反復

これらの点について、すでに本書は詳しく論じた[47]。ここでは本章第三節b末尾で述べたこととの関連で、必然性と自由の両立可能性について付言しておこう。今、「如何ともし難いもの」（この意味での「必然」——それは「偶然」と重なり合っており、この次元では様相の区別が「潰れて」しまうのだった——）をも私は自ら欲することができる（自由）、と述べた。これは、おのれが（いかなる選択にも先立って）すでに受け容れてしまっている現実をあらためて自ら欲すること——すなわちその現実を「肯定」すること——にほかならなかった。肯定することを通じてその現実に新たに関わり直す、と言ってもよい。この「新たな関わり直し」が「自由」の次元を拓くのだが、それは全て「純粋な可能性」という形而上の空間の中で遂行される。そして本書は、ここに「倫理」の成立する次元を見出した。この意味で「倫理」は、存在の肯定（もちろんその極限には「否定」も含まれるのだが）を通じての存在への新たな関わりの可能性の追求にほかならない。

したがって、本章第三節b末尾でも述べたように、「倫理」は最終的には「私が何者でありうるか」に関わるのであって、「私は何をなすべきか」（「人間は何であるべきか」）——すなわち「当為」——に関わるのではない。ヨナスが『責任という原理』の英語版への序文で「自然について哲学することによって、〈科学的に確証可能だとされる「存在」〉と〈道徳的拘束力をもつ「当為」〉との橋渡しをしなければならない」」(Jonas[1984], x/xi)と述べていたことに鑑みれば、本書が目指しているのは〈存在と当為の橋渡し〉ではなく、〈存在への新たな関わりの可能性の追求〉であると言ってよい。「道徳」が当為に関わるのだとすれば、「倫理」は当為ではなく肯定——すでに与えられてしまっている何もの／ごとかをあらためて受け容れ、それを自らの名の下に担うこと(この「担う」ことの一つの仕方に否定があり、それは全ての否定にまで及びうる)——に関わるのである。

念のため言えば、否定も、それが自らの名の下に行なわれたとき自由と成るのであり、自らの生存のために他の存在を否定すること(例えば、他の生物を食料として摂取すること)は生命の論理の命令に従ったものである以上、自由でないことは言うまでもない。対して、与えられた自らの現実を自らの意志で拒否し、別のものに変えようとすることは、現実を現実として受け容れ・肯定し・担ったからこそそれを、否定を通して変えようとする営みであるかぎりで、自由たりうるのだ。自由の根底にはこのような仕方での肯定があるのであり、驚くべきことにそれはいかにしても変えようのないもの——すなわち、本書の言う「如何ともし難いもの」——にまで及びうるのである。(48)

「恐れ」という原理

再び、ヨナスに戻ろう。『責任という原理』は最後に、ブロッホの「希望」という原理に対して、「恐れ」を中核とする「責任」の原理をあらためて提示することで締め括られる。もはや「進歩」史観を安易に前提とすることはできない以上、未来は「希望」を託しうる時とはかぎらないからだ。ここで「恐れ」とは、配慮(本書であれば「応答しないことができない」と言い換えてもよい)の対象である他人に生ずるかもしれない害悪に対する恐れを指す。

世代間倫理に具体化して言えば、例えば次のようなケースを想定してよいだろう。現在の私たちが手にした技術の力を行使して私たちの利益になることを行なった結果、それが未来世代の人々に取り返しのつかないダメージを与えることを「恐れ」る。もっと具体的に例示すれば、私たちがより豊かで快適な生活を送るための大量の電力を低コストで生産すべく原子力発電に勤《いそ》しんだ結果として排出された（現在の技術では処理できない）核のゴミが累積し、未来世代の人々の安全な生活を脅かすことを「恐れ」る。そして、そうした「恐れ」を前にして「戦慄」を覚え、「どんな事情があっても決して傷付けてはならないもの」（今の例で言えば、未来世代の人々）に対する「畏敬」の念を取り戻さねばならないと訴える（cf. PV, 390ff./385ff.）。

この訴えに対して、本書に異存はない。だが問題は、そのような「畏敬」の念を根拠付けるためには自然と生命の論理（すなわち、生命の自己維持という最広義でのエゴイズム——自己中心主義——の論理）で充分なのであって、つまり本書の言葉で言い直せば「道徳」で充分なのであって（この場合、「畏敬」はエゴイズムに基づく「意欲」の偽装された姿となる）、その根拠付けのために（これまた本書が言う意味での）「倫理」をもち出すことはできない、ということなのだ。ヨナスの議論では「道徳」と「倫理」の決定的な差異が見誤られているが故に、あたかも後者によって彼の言う「責任という原理」が根拠付けられたかのように見える（そしておそらく、ヨナス本人もそう信じている）ことが問題なのである。

そのとき、本来なら私が指一本触れることのできないもの（他であるかぎりでの他者）に対してのみ抱くことのできる「畏敬」の念は（この意味での「畏敬」の念は、本書が第I部第一章で考察した「尊厳」概念の範疇に属する）、私たちをも未来世代をも貫く生命の維持へと私たちを誘導し・強制する

「当為」と化す。すなわち、それは道徳的説教の対象となってしまうのだ。斯くして彼の言う「責任」は、私が私の名の下に担っていないものをその名で呼ぶことで、責任を雲散霧消させてしまう。雲散霧消というのが言い過ぎなら、責任の所在が曖昧なままであることによって、責任ということが有効に機能しなくなってしまう、と言い直してもよい。そのようなヨナスの責任論を批判的に検討することを通して本章が目指したのは、もし責任ということが可能ならそれはどのようなものであるかを、その根本にまで遡って少しでも明確にすることだった。

「応じて」「担い」「証しする」こと

「責任」概念をめぐって、しばしば次のような指摘が為される。「責任」には英語で言うresponsibility, liability, accountabilityのそれぞれに対応した異なるニュアンスが含まれており、論者がその内のどれを中心に置いているかによって議論がくい違い、ときに錯綜する、というのである[49]。事態のこの錯綜に対して本書の「責任」概念がどのように応ずることができるかを、本章の最後に提示しておこう。本書の見るところ、これらの異なるニュアンスは「責任」という一つの事態の下で分かち難く結び付いているからだ。

本書は、「責任」を〈他者（他人を含む「他なるもの」）に応じて（対して）何もの／ごとかを自らの名の下に担うこと〉と捉えた。まず、それに対して「応じないことができない」ものに遭遇する（出会う、襲われる――受動と能動が交錯する「感情」の次元である――）、ということがある。これが、「応答しないことができない」という（二重否定の）仕方で生起する「応答（responsibility）」という事態にほかならない。ヨナスが述べた「せざるをえない」を、本書はこのように解釈し直した。すなわち、無視すること（応答を拒否すること）も、応答し兼ねてぐずぐずしていることも、およそ何であれ応答と成ってしまうほどまでに、それはつねに切迫して熄まないのである。

この「応答」の内実は、遭遇してしまった「他者」に対して「私」が「自らの名の下に」「何もの／ごとかを」（最終的には、「私が何者であるか」という仕方で私自身を）提示する（他者に向けて差し出す）ことである。これが「担う」ということなのだ。このとき、担われたものがそれへと向けて避け難く「結び付けられている」――liability の語源はラテン語の ligare, ligo（いずれも「結び付ける」の意）とされる――ところ、それが「他者」なのである。すなわち、liability はこの担われたものの向かう先を示唆していると言ってよい。

この主体がおのれ自身を（担われたものを）他者に「差し向ける」（おのれを携えてそちらに向かう、おのれを提示する）ことは、自らが何者であるかを「証しする」（証言する――account する――）という仕方で遂行される。責任のこの遂行様態がすなわち、accountability である。このような仕方で、確かに responsibility, liability, accountability の三語は「責任」のいずれも欠くことのできない契機を表現していると言える。

もう一度、簡潔に纏めよう。責任とは、到来する他者（ここには他人を含めておよそ他なるものの全てが含まれる）に応じて――respond――何ものかを（最終的にはおのれ自身を）担い、その担ったものを私が避け難くそれへと結び付け――ligare, ligo――られている他者に向けて差し出すこと、すなわち（最終的にはおのれを）証しする――account――ことなのである。この一連の過程が全うされたとき、「責任」は「倫理」という行為に結実する。すなわち「倫理」とは、私の名の下に担われたもの（「責任」）を携えて、当の私が他者へと赴くことなのだ。本書はつづく第四章で、この「倫理」の在りようをめぐってアレントと対話を重ねることになる。

第四章　倫理は行為たりうるか――アレント

本章は、何かを「新たに始めること」としての「自由」が実現する場を公共の政治空間における「行為」の内に追究したアレント（一九〇六―七五）を、集中的な検討の対象とする。本書の主題である「自由」がその思考の中核を成しているからであると共に、本書が言う意味での「倫理」という〈私に固有の存在の仕方〉に対する洞察を彼女の内に認めるからだ。だが、その「倫理」への対応に関して、また「倫理」と「行為」の関係をどのように捉えるかに関して、本書は彼女と見解を異にする。このことは、見解のこの相違が何に由来するかの解明を通して、本書が「倫理」をその可能性においてどのように護ろうとしているかを明示する上で資するところが大きい。この明示は同時に、「倫理」という〈私に固有の存在の仕方〉の内にのみ含まれている「自由」が、彼女の言う「新たに始めること」をいかにして可能とするかの解明ともなる。

前章で論じたヨナスと本章が取り上げるアレントの間には、個人的にも密接な関係があったばかりでなく、それぞれの思考の内実の上でも興味深い関連がある。思考の内実上の関連から先に述べれば、ヨナスの言う「責任」が「生命」に具わる客観的＝存在論的価値に根拠付けられるべきものだったのに対して（本書の見るところ、この根拠付け自体は成功していないのだが）、アレントが目指した公共的空間における「行為」の価値は「生命」を超えた次元にその源泉を汲んでいる。つまり、「生命」を挟んで両者は対蹠的な布置を形作っているのだが、その「生命」とアレントがどのように関わるかに関して、ヨナスが（先の根拠付けの失敗とは独立に）明らかにした生命の論理の観点から、なお議論の余地があるのだ。すなわち、生命の維持という至上命令に従う営みとして彼女が「労働」と名付けたものに、「自由」が実現されるべき公共空間における「行為」がどのように関わるかという問題である。

密接な個人的関係についても、簡単に触れておこう。すでに前章で触れた通り、彼女がヨナスと出会ったのはマールブルクのマルティン・ハイデガーの下であり、一九二四年秋のことだった。同じくマールブルクに居たブルトマンの新約聖書研究の授業にも、二人は共に出ている。ハイデガーの取り巻きたちには好感をもたなかったがヨナスとは気が合ったようで、疎遠になった時期もあったにせよ親交は終生つづいたし、ヒトラーの政権掌握後のドイツ亡命を経て最終的にアメリカを活動の拠点とし、そこで没した点も両者に共通する。最後の職場となったニューヨークのニュー・スクール・フォー・ソーシャル・リサーチで二人が同僚だったことにも、すでに触れた。彼女の方はマールブルクの後フライブルクでフッサールに、ハイデルベルクでカール・ヤスパース（一八八三―一九六九）に学び、後者の下で博士論文『アウグスティヌスの愛の概念』を仕上げている。

アメリカに渡った後、一九五一年に出版した『全体主義の起源』でナチズムとスターリニズムを全体主義という観点から二〇世紀の最大の問題として剔抉して一躍脚光を浴び、一九六三年の『イェルサレムのアイヒマン』で〈思考停止した凡庸な小役人〉が強制収容所での大量殺戮という巨悪を惹き起こしたと論じて物議を醸して以来、二〇世紀を代表する政治哲学者の一人として高く評価されるに至ったことはよく知られているだろう。そうした彼女の活動を根幹で支える哲学が、「自由」に深く根差したものであった点に本章は注目する。その「自由」概念を検討するために本章は、一九五八年に刊行された『人間の条件（*The Human Condition*）』（最初に英語版が出版され、次いで一九六〇年にドイツ語版が『活動的生（*Vita activa oder Vom tätigen Leben*）』と題して刊行された）を取り上げる。その理由は、以下の通りである。

まず、同書はしばしば彼女の哲学的主著と称されるように、[1]「自由」を取り巻く彼女固有の哲学的諸概念の理論的骨格が明示されている。次いで、その「自由」を根底に見据えた上で為される、私たちの行なうさまざまな「活動」とそれら相互の関係に関する独自にして精緻な分析は、〈責任という自由〉を私（たち）の新たな可能性と捉える本書にとって、当の〈責任という自由〉が私たちの現実の内で占める位置を測る上で、重要な対話相手となる。他方、同書で意図的に考察の対象から外された「観想的生（vita contemplativa）」を主題とする晩年の遺著『精神の生活』は、「自由」の存立の原初的な場に関わる論考として無視することができない。しかし、生命と自由を〈創発による基付け〉の関係に立つ不可分の統合体と捉える本書の観点からは、そもそも私たちの生を「活動的生」と「観想的生」に二分した上で両者の間の往還の必要性を説くという枠組みをなお維持しているように見える『精神の生活』は、その理論的枠組みに関してあらためて集中的な検討を要する。

加えて、同書の第一部「思考」と第二部「意志」につづいてその論考の結論部分を成すはずの第三部「判断」が、彼女の急逝によって全く書かれないままに終わっているという事情がある。ところが、彼女の構想に従えば、この「判断」においてこそ「自由」は「新たに始める能力」として漸くその存在を確立する途に就くことができるのである。[2] したがって、彼女の自由論の行方を見定めるためには、断片的に遺された「判断」についての論考や講義録——『責任と判断』、『カント政治哲学講義』などが編集されて出版されている——、そして『人間の条件』（『活動的生』）の続編的性格をもつとされる『革命について』[3]の立ち入った検討が欠かせない。しかし、いずれにしてもそれらの検討は、遺された断片的な資料から、その「判断」論に基づく「自由」概念の全貌を推察するものとならざるをえない。この検討に他日を期すと共に、本章でそれらを除外して『人間の条件』の分析に集中する所以である。

なお、本章では、アレントがドイツ語を母語とする哲学者であった点、ならびに英語版に大幅な書き足しが行なわれ「増補改訂第二版」とも呼ぶべき内容となっている点、彼女の師ハイデガーの『存在と時間』——本書も最終章であらためて集中的に考察する——との対応が明確になる点などから、[4]（英語で書かれた『人間の条件』ではなく、その）ドイツ語版『活動的生』（以下、引用にあたってはVAと略記）に依拠して分析を進める。

1　労働の基底性と倫理の不可視性

アレントは同書において、私たちの生の「活動」[5]を大きく三つの類型に区分した。すなわち、「労働（Arbeit, labor）」「制作（Herstellen, work）」「行為（Handeln, action）」である。

「活動しているとき、私たちは何をしているのか」——これが本書の主題である。……本書の中心を成すのは、労働、制作、行為という〔人間の三つの根本〕活動の在り方の分析をそれぞれ含む三つの章である。（VA, 14/9）

アレントを論ずるにあたって最初に注目したいのは、私たちの生を維持するための活動である「労働」が生命の論理として的確に把握されている点と、生命とは別の次元にある「倫理」（もしそれが可能であるなら）の不可視性についての彼女の鋭敏な感性《センス》である。

a 「労働」

労働の目的は生命の維持にある

まず「労働」について、見ていこう。労働とは、生きるためにあくせくすることである。つまり、「生きること（生命の維持）」がその目的であり、その目的の実現に〈おのれの活動の全てを振り向ける〉（「あくせくする」）ことにほかならない。それは、私たち人間に限らず、およそ全ての生命体（生物）にとって最も基本的な活動だ。本書はこの労働を、私たちの生の基盤となってそれを支える活動と捉える。すなわち、私たちの行なうさまざまな活動の間にもあの「基付け」関係が看て取れるのであり、労働はそれ以外の全ての活動を「支える」ものとして、それ以外の活動に「包まれる」。労働をこのように位置付ける本書の観点は、アレントによる以下のような労働の把握と合致する。

> 労働という活動は、人間の肉体の生物学的なプロセスに対応している。人間の肉体はおのずから成長し、新陳代謝を行ない、衰えていくそのプロセスにおいて、自然物によって養われている。その自然物を生産し加工しては生活に必要な物資として生命体に供給するのが、労働である。労働という活動にとっての根本条件は、生命それ自体である。（VA, 16/11）

労働が全ての生命体（生物）にとっての基本的活動であること、それは「生命それ自体〔の維持〕」という根本的な制約（「根本条件」）の下に、生命体を養う自然物を「生産し加工しては……供給する」活動に専念する（「あくせくする」）という点が、的確に捉えられている。そして、この次元での活動を根本的に制約している「生命それ自体」とは、「個人の生命と類としての生命」（VA, 40/39）、すなわち「個体」の維持と（私たちの下で具体的には「ヒト」という）「種」の維持なのである。したがって、労働において私たちは「そもそも人間としてでなく、同類中の一個体として」（VA, 58/56）生きている。生命の維持という目的は生命体にとって有無を言わせぬ至上命令として課されており、それは「身体そのものの自然に由来する強制的必然」（VA, 89/89）なのだ。

労働において私たちは、本能（という仕方で発せられる至上命令）に全面的に服しており、生きているかぎりこの活動から解放されることはない。生命プロセスは物質交替（代謝）によって支えられており、摂取されたものは消化して排出され、再び摂取する必要が生じて、これがいつまでも繰り返されるからだ。[6] 同じことの繰り返しの中で「生産され加工された」ものは絶えず摂取へと供され、持続的なものは何一つない。「持続的なものを何一つ生み出さないそうした骨折り〔「あくせく」〕は、空しいながらも無比の緊急性をもっており、その任務は他の一切の任務に先立つ」（VA, 104/104）のである。

生命の存在論的構造としての「反復」

生命という自然の営みが〈同じことの絶えざる繰り返し〉という存在論的な構造の上に成り立っていることについては、次のように指摘されている。

〔生産・加工されては摂取される〕消費財の生成消滅は、自然的なものの絶えず回帰する円環運動と一致する。自然のように円環運動している点では、生きた有機体や人間の肉体の過程も同じである。

……個々の小さな円環運動をなす生命プロセスの老廃物は、一切を包括して巨大な循環運動をなす自然それ自体の内へと帰ってゆく。[7] この大いなる自然は、始まりも終わりも知らない。自然においては一切の自然的事物が、変わることなき無死の永劫回帰の内を揺れ動いているのである。／自然は、生きた事物をことごとく循環運動の内へ否応なしに押し入れる。（VA, 115/115）

〔この次元で営まれる私たちの労働は〕無限に反復され、繰り返し同じ円を描いて回転運動する。労働にこの円運動を予め指定しているのは生物学的な生命プロセスであり、この円運動に伴なう「労苦と骨折り」は、それぞれの生命体の死で以って漸く終わりを迎える。[8]（VA, 117/117）

ここで言及されている「労苦と骨折り」（これを本書は先に「あくせく」と表現した）については、次のようにも言われる。「この労苦をはなはだ面倒なものにしているのは、それが危険だからではなく、それを果てしなく反復せねばならないからである」（VA, 119/119）[9]。

マルクスの洞察と「力」の形而上学

本書はこれまで、「生命の維持」という至上命令は生命体の個体レヴェルでの自己維持（すなわち「物質交替＝代謝」）と、当該の個体を超えて他の個体（すなわち「子」）を再生産する「生殖」という二つのレヴェルで履行されること、しかしいずれもが「生命の維持」という同一の論理の上を動いていることを論じてきたが、アレントがこの点を以ってマルクスの根本洞察としていることは興味深い。

マルクスが自らの出発点とし、つねに凝視しつづけた前提とは、「自分自身の生命を〔代謝とそのための労働を通じて〕毎日新たに作る人間は、別の人間を〔生殖を通じて〕新たに作り始める」ということ、それ故、人間は「労働においては自分自身の、生殖においては他の人間の、生命の生産にそれぞれ励む」ということだった。……労働と生殖を同一視したこと……によってマルクスは、彼の先行者の誰も、また彼の後継者の誰も、これまで達成したことのなかった洞察の深みに到達したのである。（VA, 125/125）

ここでマルクスが、労働と生殖の同一視を通して私たち人間の中に「自分自身の生活手段の再生産、ならびに自分自身の生命力と労働力の再生産が達成されてなお残る力の余剰」（VA, ibid.）を見出し、これを「剰余価値」に基づく人間社会の進歩というアイディアへと結実させていくことを考え合わせると、これまたすでに本書が論じた「力の過剰」を私たちの現実の根底に想定する「力の形而上学」と、マルクスを哲学的に再解釈するアレントとの符合には驚かざるをえない。「〔マルクスに拠れば〕人間の生産的な力は社会的余剰へと発展するとされるが、この有名な発展が服している法則とは、実は、かの太古の命令と別のものではないし、その発展を拘束している必然性にしても、その命令以外の何ものでもない。すなわち、「産めよ殖えよ」。この命令から私たちに語り掛けてくるのは、言わば自然それ自身の声なのである」（VA, 125f./126）[10]。本書が私たちの現実の根底に想定するのは、ここでアレントが述べている「自然それ自身の声」――それは「産めよ殖えよ」と命ずるのだから、ここで「自然」とは「生命」を指していると考えてよい――にとどまらず、生命なき「（単なる）存在」から当の生命という新たな存在秩序を生み出し、そればかりかひょっとすると自然を超えた次元をも開示しつつあるのかもしれない「力という過剰」の声なのである。

労働において「感情」の果たす役割

労働に生命の論理が貫徹しているさまを看て取るアレントの眼差しは、「労働の祝福」と快・不快という生命の最も基底的な感情を結び付ける。「労働の祝福とは、例えば、働くことと食べること、食べ物を調理することと平らげること、といったふうに骨折りと見返りが同じ規則的なリズムで相次いで生じ、したがってその過程の間じゅう快感が伴なうということであって、健康な身体の機能するリズムと別のものではない。地上の生命は、つねにこの快楽で以って祝福されてきた……」(VA, 126f./127)。「予め指定された自然の循環運動の内で肉体は疲労しては回復し、労働の骨折りは飲み食いする快楽に、疲れは心地よい休息に、取って代わられる。この循環運動の外部に、永続的な幸福など存在しない。この円環運動の均衡を逸するものは何であれ、……生き生きとして働くことの祝福であるはずの基本的な幸福感を破壊してしまう」(VA, 127/127–128)。ここで私たちは、〈平衡の破れによって世界に差異がもたらされ、何ものかがそのようなものとして際立つ＝姿を現わすと共に、破れた平衡を回復すべく一連の過程が起動すること〉を以って生命という存在秩序を記述し、それを〈不快(緊張)から快(緊張緩和)へ〉という一連の「感情」の動向と結び付けたヨナスの洞察[11]に、アレントを重ね合わせることができる。

苦痛の欠如はふつう意識されることがなく、積極的感覚としては、苦痛が沈静化するときごく短い時間感じられるだけである。しかも、それは苦痛の欠如ではなく、苦痛の鎮静化の経験であって、感覚主義の理論の幸福概念の根底に潜んでいるのもこれである。実際、苦痛の鎮静化の感覚の強度は疑いの余地のないものであって、その強烈さたるや、ほかに比肩しうるものと言えば、これはも

う、苦痛そのものの感覚の強度だけであろう。（VA, 133/134）

ここでアレントの言う「苦痛」が（均衡の破れによって惹き起こされた）「不快」であり、「快」とは、この「破れ」が修復されて感覚が消失していく一連の過程のことにほかならず、この過程は均衡が回復されたときの無感覚（ヨナスは「無関心」ないし「無」と表現していた）を以って終わる。これは、私たちの現実の全てが服しているエントロピー増大則の、生命における表現なのである。[12] そして生命に特徴的なのは、この一連の過程が絶えず繰り返されること、すなわち、一旦「無」に帰したものが再び・三たび・何度でも「破れ」ることにある。ここに本書は、「力」という「過剰」を看て取ったのである。

「くだらないこと」から「もっとましなこと」へ

このように、労働の中に生命の論理が貫徹するさまを看て取るアレントと本書は基本的な見解を同じくしていると言ってよいが、その労働に対するスタンスは必ずしも同じではない。彼女は古代ギリシア以来の伝統に忠実に、こうした労働を「くだらないこと」と看做して「もっとましなこと」へと向けての歩みの中に、活動的生の労働とは別の形態、すなわち「制作」と「行為」を位置付けていくことになる。「もっとましなこと」へ向けてのこの歩みにおいて労働につづく段階として位置付けられるのが制作だが、それは、労働の産物が遅かれ早かれ消費されて跡形もなく失われていくのに対して、相対的に長期間に亘って存続する道具を制作することで「世界」という住みか──「家」はその典型だが、それは紛れもなく、住むための（最終的には「生きる」ための）道具である[13]──を打ち立てる活動である。この制作という活動（とりわけその可能性が及ぶ射程）についてはのちに検討するが、ここでは労働からそれ以外の活動への移行を彼女がどのように捉えているのかに注目しておきたい。

人間以外の全ての種類の動物にとって、生命とはその存在一般と同義であるのに、人間という生き物には「虚しさへの反感」や無常さが本来具わっているが故に、人間にとって生命は自己の実存（存在）と必ずしも一致せず、それどころか、人間がまさに人間であることを妨げる重荷のように見えることさえある。しかもこの重荷の耐え難さは、いわゆる「もっとましなこと」を成すものがどれも直接的緊急性の点で、基本的な生命の必要に全く及ばないだけ、それだけますます募る。「もっとましなこと」がとにかく現われうるためには、それ以前の「くだらないこと」が全て満たされていなければならない。基本的な生命の必要は、斯くも強制力を振るうのである。人類の内で労働に従事する階層の社会的状態が、かつて隷属と奴隷の状態であったのも、奴隷状態が生命それ自体の自然な制約された状態であるからにほかならない。Omnis vita servitium est——「生きとし生けるものは、奴隷も同然である」〔セネカ〕。（VA, 139f./140f.）

「人間という生き物には「虚しさへの反感」や無常さ[14]が本来具わっている」ことが、労働を「くだらないこと」と看做す理由だ、というのである。本書はこの見解に対して、二つ疑問をもつ。第一に、労働の産物が遅かれ早かれ消費されて跡形もなく失われることは、直ちに「虚しさ」や「無常さ」に、ましてやそれらに対する「反感」に結び付くだろうか。先にアレント自身も指摘していたように、健康な生は「消耗と休息、疲労と回復を繰り返す」「自然なリズム」の中で「幸福」を享受することができるのではないか（cf., VA, 158/159）。また、仮にその「幸福」に満足できなかったとしても、それは当の幸福の

「虚しさ」に対する「反感」となるしかないものだろうか。第二に、生命がもたらす幸福に対する或る種の距離が必ずしもそれに対する「反感」や「無常さ」に結び付くとはかぎらないとすれば、「人間……に本来具わっている」と言いうるものはいったい何なのか。この問いの方こそ、考え抜かれねばならないのではないか。

〈生命か、それ以外か〉の二者択一

ところがアレントはこれらを問うことなく、生命の論理の「虚しさ」に対する「反感」から直接に〈生命か、それ以外か〉という二者択一へと進む。生命の論理が課す「必然からの絶対的自由を手に入れるために支払わねばならない現実の代償とは、或る意味で生命それ自体である。もしくは、生き生きした生命である。生きる重荷を免除されるために支払わねばならない代償とは、言わば代理的生命とでも言うべき人工的生命しか後に残らず、生き生きした自然的生命力は失われてしまう、ということである」(VA, 140f./141f.)。あるいは、次のようにも述べられる。

人間の生の直線的で不可逆的な時間の流れは生物学的循環運動のリズムによって制約されているが、この循環運動の内部に潜んでいるのは快と不快であり、働いて生計を立てることの労苦と生きる糧を摂取吸収する際の満足感である。快苦のこの両面は密接に隣り合っているので、労苦をそっくり除去しようとすれば、生からその最も自然な満足感を剝奪してしまうことになるのは避け難い。こうした生物学的生命こそ人間本来の生の原動力である以上、人間の生が「労苦と労働」を完全に免れることができるのは、人間の生に固有な生き生きした生命力を放棄する用意があるときのみで

ある。（VA, 141/142）

こうした〈生命か、それともそれ以外か〉という二者択一図式の中で、生命に代わる選択肢として提示されるのが、相対的に長もちのする道具たちから成る「世界」を樹立する活動としての制作なのである。斯くして、日々延々と繰り返される労働から、「死すべき生を無限に凌駕する永続性と持続性」（VA, ibid.）をもった「世界」の樹立へと向かう、というわけだ。世界を樹立する制作の延長上には「芸術」が位置するが故に、次のようにも言うことができる。「富んだ者の生活は生命力を、つまり大地の「よき事物」への近さを失ってしまうが、その代わりに洗練された趣味を、つまり「世界」に具わる美《うるわ》しき事物に対する感覚能力を手に入れる。このことは、しばしば気付かれてきた」（VA, 142/143）。「（健康だが粗野な）幸福」（快）か、それとも「洗練された趣味」か、というわけである。ここでの二者対立図式は徹底している。この文にすぐつづけて、あらためて次のように宣言される。「世界の内で生きる力が現実化するのは、生命プロセスを超越し・このプロセスから離反するつもりが人間にあるかぎりにおいてでしかない。他方、これと反対に、人間の生に生き生きした生命力が保証されるのは、生の重荷つまり労苦と労働をわが身に引き受ける用意が人間にあるかぎりにおいてでしかない」（VA, ibid.）。

こうした二者択一図式に拘泥するかぎり、制作には些か両義的で皮肉なニュアンスが付き纏う。「仮に〈神々の安楽な生活〉を人間が手に入れたとしても、それは死すべき者たちにとって生気の抜けた生活でしかないだろう」（VA, 141/142）とも述べられるからだ。ここには、古代ギリシア以来の哲学が近代に至るまで（あるいは、近代に至ればより一層）制作モデルに従って思考してきたことに対するアレントの批判的なスタンスがはっきり姿を現わしている。彼女は制作に一定の役割を認めつつも、最終的にはそれを離れて「行為」というもう一つの、そしておそらく彼女が最高にして最も「人間的」だと考える活動形態へと向かうからである。

だが本書は、ここでアレントが依拠する〈生命か、それ以外か〉という二者択一にも疑問をもつ。労働の労苦がもたらす「幸福」に甘んじないとしても、そのことは必ずしも労働を放棄することに繋がるとは考えないからだ。労苦を伴なう労働を生活の基盤に据えつつ、なお制作にいそしむ「力の余剰」が、幸いにも私たちにはある（もちろん、つねにあるとは限らないが）。マルクスも注目した、あの「力の余剰」（VA, 125/125）である。つまり本書は、労働と制作の間にも「基付け」関係が成立する余地を看て取るのだ。制作は決して労働を廃棄することでもそれを「乗り越える」ことでもなく、労働を自らの「支え」としつつ、それを自らの内に「包み」直すことができるのである。[15] 少なくともそのように試みる余地が制作にはあるのであり、この「余地」は単に労働と制作との関係においてのみならず、制作と「行為」との間にも（アレントがそこに看て取るのとは違う仕方で）看て取りうることを本書はのちに示す。

b 「倫理」

「同じ」だが「同じでない」「複数性」

本節が次に注目したいのは、本書が「倫理」という言葉で指し示す事態に対する彼女の鋭敏な感性である。同書は第一章の冒頭で、これから提示する労働、制作、行為という人間の活動の三つの類型についてごく大まかなスケッチを与えながら、最終的に目指されている行為という活動を制約する条件として（人間の）「複数性」に言及する。「行為」は、「人間同士の間で直に演じられる唯一の活動」（VA,

17/12）だからだ。そのとき彼女は、一見するとこの複数性とは矛盾するように見える、或る「奇妙な」「在り方」に「注目」する。

行為には何らかの複数性が必要であり、しかもその複数性においては、なるほど誰もが同じ人間なのだが、それでいて誰一人として、かつて存在した、今存在する、そしてこれから存在するだろう他のどの人間とも同じでないという、奇妙だが注目すべき在り方においてそうなのである。（VA, 17/13）

「同じ」だが「同じでない」とは明らかな矛盾だが、行為においてなぜそのような「奇妙」な事態が生ずるのか。それは、行為において姿を現わす者が「一般者」ではないからだ。この箇所でアレントは、『旧約聖書』における二つの異なる「人間」把握に言及している。『創世記』第一章は、神が初めから「複数形」で人間を創造したと述べる。曰く、「そして彼らを男と女に創った」。これに対して同じ『創世記』の第二章は、最初の人類アダムを「地の土くれから」創り、その後このアダムの「あばら骨から」、「骨から取られた骨、肉から取られた肉」であるエヴァをアダムに娶《めあ》わせるべく創ったと述べる。こちらのケースを彼女は、まず「人間なるもの」、すなわち「人間一般」が創られ、この原型の複製として人間の「複数性」が捉えられていると解釈する。そうなると複数性は人間の人間たる所以を形作るものではなくなり、当の複数性を条件とする「行為」はこのレヴェルでは不可能になる。「およそ〈人間一般の理念〉なるものは、それがいかなるものであれ、人間の複数性を単一の原型の無限に変更可能な再生産の結果として捉えており、したがって、行為の可能性を初めから暗々裡に否定している」（VA, ibid.)[16]。

つまり彼女はここで、行為において姿を現わす者が、ほかに比較の対象となる者が誰もいない（あるいは、当の行為を担いうる者がほかにいない）「唯一者」ないし「単独者」であること（「誰一人として……他のどの人間とも同じでない」）——すでに本書は、「倫理」を「私」という唯一者のみが担いうるものとして提示した[17]——を（図らずも）示唆しているのである。したがって、彼女が行為の条件として挙げる「複数性」は、同じ者が複数いるという意味ではない。[18]このことは、彼女がこの箇所に付した註で、「人間が unum ac singulum つまり唯一無比〔唯一にして単独〕に創られたのに対し、動物は多数（plura）の形で創られた」とするアウグスティヌスを引き合いに出し、この見解を「とりわけ注目に値する」ものと位置付けるとき（VA, 417/427）、ますますはっきりしてくる。

本書はすでに、「私が（から）あなた（他者）に（へ）」という（応答の）動向が「唯一」であること、この動向の不可欠の項である「私」が「単独者」であること、にも拘わらずこの「単独者」は一人ぼっちではないこと（それが「応答」であるかぎり、そこには必ず二人がいるのだった）を論じた[19]。アレントが複数性と唯一性に言及するとき考えようとしていたのは、実はこうした事態だったと本書は考える。彼女が『活動的生』の掉尾《ちょうび》を飾るべく古代ローマの政治家（執政官や監察官を務めた）カトー〔紀元前二三四—一四九〕の文言を引用し、それに次のような解釈（「翻訳」）を与えるときその念頭にあったのも、同じ事態だった。「「何もしていないときほど多くのことをしているときはなく、一人でいるときほど孤独でないときはない」〔この文章はカトーが記したものとしてキケロが『国家について』の中で言及した箇所から採れている。岡道雄ほか編『キケロー選集』第八巻、「国家について」、岡道雄訳、岩波書店、一九九九年、二八頁参照〕。翻訳すればこんな感じだろうか。「外見上は何もしていないときほど、活動的であることはない。独居において自分とだけ一緒にいるときほど〔「単独者」である〕、一人ぼっちでないことはない」」(VA, 415/425)。この文言を引くとき、彼女は応答としての「思考」のことを、そして行為が深くそれに根差していることを示唆しているのである。[20] ところが、本文のこの少し後であらためてアウグスティヌスを取り上げるときには、この唯一性と行為の繫がりは見えにくくなる。いや、むしろ遮断されると言ってもよい。[21]

人間の「本質」を問うことはできない

そこでは、人間を制約する諸条件を探究すること(同書英語版のタイトルはまさしく『人間の条件』だった)の可能性と対比して、人間の「本質」を問うことの不可能性という仕方で、論が展開される。

> 人間が諸々の条件に制約されていることに関してなら、なお不充分であるにせよ、論定を下すことができなくもない。それに引き換え、人間の本質をめぐる問題、つまりアウグスティヌス言うところの quaestio mihi factus sum ――「私が私自身にとって問題となった」――は、解決不可能に思われる。……なぜなら、「何であるか」についてと同じ意味で、「誰であるか」について論定を下すことは、……おそらくできないからだ。(VA, 21/16)

だが、「論定を下す」ことは「できない」にしても、私が「誰であるか」は行為においてこそ(あるいは、行為においてのみ)顕わとなるのではないか。顕わとなるにも拘わらず、それに「論定を下す」ことが「できない」のは、行為が本質という一般者――例えば、人間であれば誰もがもっているもの

――の次元にないからではないか。このことを『創世記』第一章と第二章の叙述の食い違いを通して解明したのは、ほかならぬアレント自身である。そうだとすると、私の「誰であるか」が本質を問う問いを以ってして「解決不可能」なのは、行為において姿を現わす者が唯一者だからではないか。つまり、行為において人間は、その本質が決して明らかにならない者として姿を現わすのだ。なぜなら、本質とは（少なくとも私たちの下では）何らかの「一般者」として概念把握されるもの以外ではないからである。したがって、もし人間の本質が明らかになるのなら、その時点で人間はすでに一般者となってしまっており、もはや「唯一者」はそこにいないと言わねばならない。

「人間が有機的生命の最高度に発展した種の実例であるかぎりにおいて」問われているのであれば、つまり「種」という「一般者」のレヴェルにおいて人間の「何であるか」が問われているのであれば、それを「認識し、〔規定し、〕定義することができる」（VA, ibid.）。この箇所に付された註でアレントがアウグスティヌスを引きながら述べているように、この問い（「私たちとは何か」）に対しては「人間だ、それが何であるにせよ」と答えることができる（VA, 417f./428）[22]。しかし、「これと同じ認識形態で以って、「私たちとは何か」ではなく「私たちとは誰か」と問おうとしても、途端に上手くいかなくなる」（VA, 21f./16）。この問いに対しては、「人間を〔唯一無比の者として〕造った神にしかそもそも答えられない」（VA, 417f./428）のである[23]。

ということはすなわち、この問いに（神ならぬ）私たちは答えることができない、ということにほかならない。アウグスティヌス自身、そのように述べている。すなわち、それは「人間精神には何一つ知ることのできない、人間の何か（aliquid hominis）」（『告白』第一〇巻五章）なのだ。何だか分からない（論定を下しようのない）「何か（aliquid）」としか言いようがないのであり、この問いが問うている次元における「私」（すなわち唯一者としての私）は、おのれを顕わにしているにも拘わらず、「大いなる深み（grande profundum）」（『告白』第四巻一四章）の内にとどまっているのである。そこに誰かが姿を現わしていることはもはや疑いえないのだが、それが「何」者であるかは決して定まることがないのだ。本書の言う「倫理」の担い手たりうる唯一者としての私が「大いなる深み」の内にとどまらざるをえないということ、すなわち（その「何」者であるかに関して）原理的に隠されたものであることについてもアレントが鋭敏な感受性を有していることは、公的領域と私的領域の区分について論ずる同書第二章で彼女が、今度はイエスを引き合いに出しつつ「善行」ないし「善意」について論じている箇所にはっきり示されている。

「善行」はこの世のものではない

アレントによれば、私的領域に属するのは「隠されるに相応しい事物」であり、公的領域に属するのは「公的に見られるときにこそ栄えうるもの」である（VA, 90f./89）。私的領域は、端的に「隠された場所（Ort der Verborgenheit）」（VA, 77/77）なのである。そして、この隠された場所で為される活動の「極端」なケースが「善行」、すなわち「善意の活動」であり、それを教えた者としてイエスが引き合いに出される。ここで「善＝よさ」とは、「〈卓越し傑出している〉という意味でもなければ、単に〈有用な〉という意味でもない」、「絶対的な意味での」それだという（VA, 90/89）。

前者の「〈卓越し傑出している〉という意味」でのそれは、ギリシア的な「よさ」、すなわち「徳《アレテー》」だろう。それは「公的に見られるときにこそ栄えうるもの」の内でも、その最たるものということになろう。後者の「単に〈有用な〉という意味」でのそれは、生きていく上でその役に立つ、ないし必須のもの、つまり生命の論理において積極的な価値とされるもののことだから、ギリシア的には「家政」に代表される私的領域に属する（アレントの言う「労働」も、本来こちらに属するはずのものである）(24)。これらに対して、イエスが教えたとされる「絶対的意味での」「よさ＝善」は、本書の言う「あなた（他者）のために」（すなわち「倫理」）に該当するだろう。この「善」は、私的な領域の中でも、その「極端」なものなのである。そして、それが「極端」なものであるのは、「事柄そのものの本性に」（VA, 96/96）従ってそうなのだとして、次のように論じられる。

イエスが言葉と行ないで然《しか》と教えた唯一の活動とは、善意の活動だった。この活動は、人々に見られ聞かれることから隠されたまま保たれようとする傾向を、明白に示す。……というのも、善行は公的に周知となるや否や、善意という特有の性格を当然失うからだ。……善意は見られ注目することに耐えられないのであり、それは、相手が見る場合でも、善行を為す人自身が見る場合でも、そうである。意識して善行を為す人は、もはや善人ではない。（VA, 91/90f.）

本書はこのことを、〈私ははたして本当に「あなたのために」行為しているのか、ひょっとしてそれは「私のために」の偽装された姿ではないのか〉という疑念が決して晴れることはない、と表現した。この疑念と共にのみ、善行といったものは――そのようなものがあるとして――可能なのである。

他者と共に生き、また他者のために捧げられるその生は、誰にも証しされることがあってはならず、なかんずく、自分自身と仲良く付き合って過ごすことがあってはならない。彼〔すなわち、イエス」は独り居て満ち足りることがなく、孤独なのだ。彼は他の人々と共に生活していながら、にも拘わらず彼らから身を隠さねばならない。彼は、〈あたかも全世界から見捨てられているかのように〉生きなければならないのだ。……善行は、それが為されるや、いち早く忘れられねばならない。……善行は……世界の構成部分を形作ることも決してありえない。善行は忘れられ、来ては去り、何の痕跡も後には残さない。[25] まことに、善行とはこの世のものではないのである。(VA, 93f./92f.)

彼女が「善行とはこの世のものではない」と述べたことを、本書は「それは、純粋な可能性においてのみ存立する」と述べたのである。「純粋な可能性の空間」、それは形而上的次元にほかならない。すでに明らかなように、アレントによるこれらの記述は全て、本書の言う「倫理」が、「純粋な可能性」の空間においてのみ存立するものであるが故に、決して事実として顕わになることがない(同じことだが、顕わになったときには、それはもはや「倫理」たりえない)という性格を有することに、正確に対応している。

この点に関して、アレントはイエスの「どうして私を善人と呼ぶのか。神お一人を除いて、誰も善人ではない」(ルカによる福音書」第一八章第一九節)という言葉を引用し、つづいてユダヤ教の『タルムード』から次のような興味深い逸話を紹介している。「三十六人の義人のために神は世界を救ったのだが、誰がその義人であるかは誰にも分からないし、当人にはいちばん分からない」(VA, 91/91)。ここで「義人」すなわち「正しき者」とは、「神」という絶対他者に「正しく」向き合う者のことだから、ひたすら「あなたへ」と向かう動向と化した「善き者」と同義に解してよいだろう。そして、言うまでもなくここで要諦をなすのは、「義人＝正しき者」であるか否かが、何にもまして当人に「一番分からない」点である。同じことを逆から言えば、自らが善行を為していると信じて疑わない者は、その一点を以ってすでに善人ではないのだ。

更に付け加える点があるとすれば、善行すなわち「倫理」が顕わとなったときにそれが自らを破壊してしまうのは、顕わとなることによって当の行為が向かう「あなた＝他者」に何か恩義のようなものを着せてしまうことが避け難いからだ、という点ぐらいだろう。そのとき行為は、もはや「あなたのために」ではなく、あなたに負担を生じさせるものと成ってしまうからだ。これを、〈純粋な贈与の不可能性〉と表現することもできる。贈り物（すなわち、あなたに何かを、最終的には私自身を差し出すこと）は、それと知れたときには避け難く何らかの返礼を要求してしまうのである。それは経済＝家政の相互的遣り取り（つまりは、ギヴ・アンド・テイクであり、生きるために必要な営み――労働――である）に巻き込まれざるをえないのだ。

「善行」は行為たりえない

だが、善行＝善き行為がまさにそうした性格を有しているが故に、アレントにとってそれは行為たりえない。

善意の活動は世界から逃れ、世界の内で世界の住人たちの目から身を隠すことにより、世界が人々に提供してくれる空間を否定する。とりわけ否定されるのは、どんな物もどんな人も他の人々によって見られ聞かれる場である〈世界の中での公共空間〉である。（VA, 95/94）

行為が行為たりうるためには、それは誰にとっても見られうる白日の光の下で、言葉と行動を以って提示されねばならないからだ。善き行ないに特徴的な「見捨てられた、孤独な状態」は、「一切の人間的な生を総じて制約する条件である複数性と、全く以って矛盾する」（VA, 94/93f.）というのである。したがって、善行は「神を相手とする付き合いに逃げ込むほかない」（VA, 94/94）とされる。「神とは、人間の実存が善行のために破壊されてはならないとすれば、善行を証言してくれる可能性のある唯一の存在だからだ」（VA, ibid.）。

はたしてそうだろうか。善行が関わっているのはあくまで私に応答を余儀なくさせる「あなた＝他者」なのだから、それはここで彼女が言う意味での「神」（という「逃げ場」）ではないはずである。逆に、私はこの他者から逃げることができないのだ。それが、「応答しないことができない」こととしての「責任」なのである。したがって、それが或る意味で「耐え難い」（VA, ibid.）というのは分かる。この点でも、「倫理」がいかなるものであるかについてのアレントの感受性は、鋭敏である。確かに「倫理」の次元に身を持すことは困難であり、どこかに「逃げ込」んで安心したくなるのが人情というものだろう。本書もこのことは否定しないが、むしろ本書が驚いているのは、そうであるにも拘わらず、私がそのような次元に身を置くことがあくまで可能でありつづけている点であることは、すでに論じた。

ところが、ここでのアレントのように、そうした「善き行ない」の行為との関連を断ち切り、それを「神」ないし宗教という「逃げ場」に追い込んでしまったとき、肝心の行為が、その存立の基盤を見失って宙に浮いてしまうのだ。もし行為が、おのれの名誉を求めて（つまり、人々の賞讃を求めて）公けの場に出て行くものなら（彼女は——古代ギリシア人と共に——そのように考えている）、それは「おのれ（自己）のために」という「生命の論理」と見分けがつかなくなってしまうからである。そのとき行為は、生命の論理に服する労働を「くだらないこと」として軽蔑した古代ギリシア人の（そしてアレント自身の）感性に悖《もと》るものに堕してしまうのだ。

「隠す」ことと「隠れざるをえない」ことは異なる

そうなってしまったことの少なくとも一つの原因は、ここで彼女が「善き行ない」の秘匿性（隠れざるをえないこと）を、家政や労働と同じ意味での私的領域に一緒くたに投げ込んでしまった点にあると、本書は考える。ことは、「隠す」ことと「隠れざるをえない」こととの違いにある。アレントはこの二つを区別していないが、実はここに決定的な違いがある。つまり、決して見えないわけではないものを（敢えて）「隠す」ことと、見ようとしても決して見ることができない（原理的に――事柄の性質上――隠れざるをえない）こととは、違うのである。

家政や労働は、それに勤《いそ》しまなければ生命の維持を全うできないものであることを誰もが知っている。知っているだけでなく、（奴隷でももつのでないかぎり）ふつうは誰もが多かれ少なかれそれを行なっている。生命の維持にとって欠かせないもう一つの一大事、すなわち生殖のことも考え合わせなければならない。これらは誰にとっても見えているものであるにも拘わらず、敢えて言挙げするまでもない（それほどまでに必要な、かつ、殊更それをしたからといって誉めるまでもない）ことであるが故に「隠す」、すなわち壁で囲って「見えなくする」のである。「見えないことにする」と言ってもよい。便所と寝室で何が行なわれているかは、誰もが知っているからだ。(26)

「善行」は私的領域に属するものではない

これに対して、「善き行ない」はどうか。それは、それとして顕わになったときにはおのれを破壊せざるをえず、そのときにはもはや「善き行ない」ではないのだから、決して顕わとなることがないものだった。すなわち、「善き行ない」が「善き行ない」として顕わになったことは（私たちの世界においては）これまで一度もないのであり、これからも一度もないはずのものなのだ。つまり、それは原理的に隠れざるをえないもの、誰も（はっきりそれとして）見たことのないものなのである。もし家政や労働が、それを壁で囲って「見えなくする」もの、「見えないことにする」ものであり、そのことを以って私的領域を形作るものであるなら、「善き行ない」はそうした私的領域には属していない。何しろそれは誰も見たことのないものなのだから、誰かに固有の領域、すなわち私的領域にすら入ってくることがないものなのだ。それは、私的領域の更に手前に位置するのである。したがって、それは決して主観的＝内面的なものでもなければ、当人にだけしか近づけない「私秘的な」ものでもない。繰り返せば、それは主観にとっても見えないものだからだ。

先に、アレントが善行を私的領域に属するものの中でも「遥かに極端」（VA, 92/92）なものと位置付けていたことに触れたが、実は、それは「極端」といった程度の違いではなく、全く異質のもの、似て非なるもの、別の次元に属するものなのだ。彼女がこのことにひょっとしたら気付いていたかもしれない、僅かな痕跡はある。彼女は次のようにも述べているからだ。「善行という活動は、明らかに、私的なものの領域においてさえ、安心して寛ぐということがない」（VA, 96/96）。見られる通り、善行は彼女にとってあくまで私的領域に属することが明示されてはいるが、善行はそこにおいて「寛ぐということがない」点が看て取られている。私的領域は壁で囲まれることによって、人がそこで他人の目を気にせず寛ぐことのできる空間であるはずなのに、善行はそうではないのである。つまり、それは私的空間において異質なのであり、このことは私的空間が善行の本来の居場所ではないことを、それが実は私的空間とは別の次元に属していることを示しているのだ。この点を押さえたとき、「善き行ない」という「倫理」の次元に属する行ないが行為と取り結ぶ関係は、アレントが考えるのとは異なるものとなることを、本書はのちに示すだろう。

「善への愛」と「知への愛」

本節を閉じるにあたって、最後に一点考えておきたいことが残っている。それは思考の問題、哲学の問題である。彼女の晩年の著作の名に因めば、「精神」の問題と言ってもよい。イエスを引き合いに出して善行を論じたこの箇所で、彼女は「善への愛」と「知への愛」の共通点と相違点について語っている。「知への愛(philo-sophia)」とは、言うまでもなくソクラテス以来の「思考」の別名、すなわち哲学にほかならないが、それはそもそも知者が存在しないかぎりでのみ可能となるという点で、善なる行ないが存在しないかぎりでのみ可能となる「善への愛」と共通するというのである。

「知への愛」と「善への愛」……〔という〕この二つの活動が際立っているのは、そもそも両者が、知者であることや善人であることが存在しない場合にのみ、存立しうるという点である。知者であれば、知を所有しているから哲学することはもはや必要でないだろうし、善人であれば、善意をいわば放出しているから善行を為すことはもはや必要ないだろう。(VA, 92/91)

だが、両者の共通性はここまでであって、次の点で両者は異なるとされる。すなわち、善行を為す者は「自分で自分を不可能にするつもりがなければ、完全に自分を隠さざるをえず、いかなる種類の現象や仮象も避けざるをえない」のに対して、思考する者は「少なくとも、自己自身の前で自己を隠す必要はさらさらない。それどころか、イデアの天空の下で哲学者が見出すことになるのは、一切の存在者の真なる本質ばかりではなく、とりわけ自己自身なのである」(VA, 92f./92) として、その理由を次のように述べる。

というのも、自己自身を見出す「私と私自身」との対話の内に、明らかにプラトンは思考の本質を看て取ったからである。人間たちの洞窟を立ち去る哲学者は一人で居ること(独居 Einsamkeit)へと赴くが、それは自分自身と一緒に居ることなのである。思考は一切の活動の中でおそらく最も独居的な〔一人で行なう〕活動だろうが、対話相手がいなければ決して生じないし、本当に絶対的一者であることは決してない。(VA, 93/92)

いささか微妙な表現が含まれているが、力点はその「対話相手」が自分自身である点に置かれている。このことは、「自分自身と仲良く付き合う」ことを「思考する能力」と言い換え、「哲学者は自分の思想が彼〔つまり、自分自身〕と仲良く付き合ってくれるだろうと、一人で居ながら(独居において)つねに信頼を置くことができる」(VA, 93/93) と述べられていることから、明らかになる。もしプラトンがそう考えたのなら(そして、彼に従ってアレントもそう考えているのなら)、それは、自分も含めて誰も知を所有していないが故に「知を愛し」た、すなわち「思考」したソクラテスを、裏切ることにならないだろうか。

思考は、「自分自身と一緒に居ること」ではない

思考は、「なぜ?」という問いが到来することによって初めて立ち上がる。この疑問（ないし疑念）の到来は、私自身の為し能うものではない。いくら疑問をもとうと思っても、いったい何を問うたらよいのかはさっぱり分からない。そうではなく、あるとき「ふと」気付いたら、「いったいなぜなんだ?」という疑問に私は取り憑かれていたのだ。疑問は降って湧くのであり、問いはあちらの方から（一方的に）やって来るのである。そして、ひとたび問いが立ってしまったら（疑問に取り憑かれてしまったら）、何とかしてそれに答えなければ（応じなければ）ならない。疑問があるのにそれに答えられない（応えられない）状況は、思考にとって「耐え難い」。宙ぶらりんで、何とも居心地が悪いのだ。先にアレントが善行に関して述べていた口吻《こうふん》を借りれば、「安心して寛ぐということがない」（VA, 96/96）のである。

そして、かのソクラテスは、これが正解だという答えを得て「安心」することができただろうか。名高いソクラテス対話篇は、ことごとく「知らない」、つまり正解が与えられないことを以って終わっていたはずである。だからこそ彼は、その与えられない答え（すなわち知）へ向かっておのれを駆り立てて熄むことがなかったのではなかったか。それが思考、すなわち哲学ではなかったか。そう言ってよいのだとすると、思考は決して「自分自身と仲良く付き合い」、自分自身の下に「これでよい」と安心して居る（「独居」）ことはできない。一旦は「こうでもあろうか」という暫定的な答えを出してはみるのだが、いずれ再び「違うのじゃないか」という疑念が頭をもたげる（同じことだが、もし自らの出した答えに「これでよし」と安住することができたなら、そのとき思考は止み、哲学者はアレントの言う

「善意を放出しているからもはや善を行なう必要のない善人」の如き存在となるだろう）。つまり、思考の「対話相手」とは、決して（プラトンの言うように）「自己自身」ではなく、あちらから一方的にやって来る「問い」「疑念」、すなわち「他者」なのである。この「他者」に「応じないことができない」ことを以って、思考は思考なのだ。

この意味でなら、「思考は……本当に絶対的一者であることは決してない」（VA, 93/92）と言ってよい（先に「いささか微妙な表現が含まれている」と述べたのは、このためである）。そして、そうであるが故に、「思考は一切の活動の中でおそらく最も独居的な〔一人で安心して居られる〕活動」（VA, ibid.）ではない。それは「善き行ない」と同様、独居が許されない活動なのだ。何度か触れたように、本書はこのことを〈「私からあなた＝他者へ」という動向が唯一なのであり、そこには必ず二人がいる〉、と述べたのである。[27]

2　倫理は行為たりうるか

アレントにとって、倫理は行為たりえない

本書の考える「倫理」は、アレントにおける善行、すなわち「善き行ない」に相当する。本書は「善さ」を、（自然と生命の内に存在するようには見えない）「私からあなた＝他者へ」とひたすらに向かう動性と捉えるからだ。この善行を私的領域という「隠された」次元に属するものの中でも「極端」なものと捉えた彼女にとって、生きるためにあくせくする（「家政＝労働」）のでもなければ、道具や物の「制作」を通して生命を超えて存続する「世界」を樹立するのでもなく、共同体という公けの空間で、その共同体のための優れた＝卓越した活動を追求し、実際に首尾よくそれを成し遂げた者に対して栄誉

が与えられる「行為」は、善行とは全く異質の次元に位置するものとなる。それは誰の目にも明らかなものの中でも、栄誉によって光り輝く「顕わなるものの」の最たるものなのである。したがって、彼女にとって「倫理」すなわち善行は、当然のことながら「行為」たりえない。

しかし、「倫理」を、公的領域に対立する私的領域に属するものではなく、言わばその私的領域の更に手前に位置する「原理的に隠されたもの」、「誰の目にも決してそれとして顕わとなることのないもの」、にも拘わらずその可能性が決して抹消できないものとして捉える本書にとって、倫理と行為との関係は必ずしもアレントが考えたようなものとはならない。では、両者の間にどのような関係が取り結ばれるのだろうか。考えてみよう。

倫理が顕わなものとなったとき

倫理は原理的に隠れざるをえないものなのだから、それが白日の下に曝されたときには、すなわち誰の目にも看て取ることのできる次元に歩み出たときには、変質を免れることはできない。だが、倫理も、それが（いかに可能性の次元におけるものだとは言え）私たちの活動の一つである以上、つまり「私からあなた＝他者へ」向かっての一つの運動である以上、私があなたに対して何かをすること以外ではありえないこともまた、確かである。つまり、倫理もまた、根本的に変質を被るにしても、顕わな次元に姿を現わさないわけにはいかない。そのときそこにどのような変質が生じ、その変質を通じて「原理的に隠れざるをえないもの」が「顕わなるもの」とどのような関係を取り結ぶのかが、考察されなければならないのである。

仮に倫理を、そのままの形で顕わにしたとしよう。その場合にはそれは、私が何らかの行ないをしたときに、その行ないは「(自分のためではなく、純粋に)あなたのために」したのだと公言する、といったことになるだろう。そのとき私に生ずる感情は、隠されていたものが顕わになったときに起こるそれ、すなわち「恥ずかしさ」ではないだろうか。ちょうど、壁で囲われた便所や寝室での行ないが図らずも他人に目撃されてしまったときと同様に、である。そこで私が開き直れば、それは他人から見れば「臆面もなく」であり、すなわち「破廉恥」となる。その破廉恥な行ないは、当のあなたに気に入られることで私が秘かに何らかの利益を得るために(つまり、実のところは「私のために」)為されたのかもしれない。そうであれば、その行ないは善行(「あなたのために」)を偽装しているわけだから、偽善となる。私自身がそのことに気付いていないのであれば、それは自己欺瞞である。そして、「あなたのために」と公言するにせよ、しないにせよ、あなた=他人の何らかの利益になることが私によって行なわれたと露顕した(顕わになった)のなら、そのことであなたは私に対して恩義(という負担)を負ってしまうのだった。善行は、跡形もなく消え去ったのである。

このケースは、善行の変質ではなく、善行の消失、つまり善行の不成立である。したがって、善行が善行である可能性を保持したままであるためには、それは善行とは別のものに姿を変えねばならないことになる。つまり、「あなた=他者のために」が、それ以外のものとして顕わになる必要があるのだ。或る行ないが「恥ずかしさ」を伴なうことなく、人々の前で堂々と行なわれ、にも拘わらず決して「破廉恥」でも「臆面もなく」でもなく、それどころか人々から賞讃という栄誉を以って報いられる空間、そのような空間として「行為」の行なわれる公的領域を捉えることができる。

行為は「共同体のために」為される

この公的領域で行なわれる行為は、「あなた＝他者のために」行なわれるのではない。では、いったいそれは誰のために行なわれるのか。言うまでもなく、それは「人々＝皆のために」、つまり「共同体のために」行なわれるのである。そして、それが共同体である以上、当の行為を行なう私も、その構成員としてその中に含まれる。つまり「行為」は、それが「私のために」行なわれるものでもありながら（それだけであれば、それは人々の賞讃の対象とはならない）、同時に「皆のために」行なわれるものでもあることによって（初めて）賞讃の対象となり、栄誉を以って報いられるものとなるのである。「皆のために」行なわれるものは「祭り」であり、「政《まつりごと》」である。すなわち、「政治」の空間が成立したのだ。この空間で主導的な役割を果たす者——すなわち、政治家——は、その栄誉を讃えられるに値するのである。

倫理はおのれを偽ることでのみ、おのれ自身でありうる

倫理は、それがおのれを破壊することなく可能性の内に身を持しつづけるためには、おのれ以外のものとなって姿を現わすしかなかった。だが、倫理もまた私の行ないの一つである以上、何らかの形で姿を現わすことは必然でもあった。したがって倫理は、おのれ自身として以外であれば、どんな形で姿を現わそうとも、おのれを可能性の内でもち堪えることができる。妙な言い方になるが、倫理はおのれを偽ることでのみ、おのれ自身でありうるのだ。つまり、善人にだけはなるな、ということである。『君主論』（一五三二）の著者として名高い近代政治学の祖マキアヴェッリも、同じことを述べている。そして、そのマキアヴェッリを、アレントは『活動的生』で引用している。両者が「倫理」に対して鋭敏な

感性をもっている証しである。

彼女は、次のように述べる。「善意の活動の破滅的性質を、マキアヴェッリほど明確に弁《わきま》えていた者はいない。マキアヴェッリは、有名であるに劣らず悪名高い文章の中で、善人であろうとするな、と自分は人々に教えたい、と言い切った」（VA, 95/94.『君主論』第一五章、参照）。おのれが善人として顕わになること（先に見たように、それは倫理を破壊してしまうのだった）さえ避けられれば何とかなるのであれば、倫理が政治として姿を現わすこともまた、可能である。倫理は、「あなたのために」を「皆のために」へと変質させることで、自らを政治の次元へ移行させることができる。

倫理の変質は不可避であると共に必然でもある

できるだけでなく、変質させてでも自らの行ないを顕わなものとする必要もある。なぜなら、どんな行ないであれそれが隠された次元にとどまっていては、そこに不正や暴力や他者の蹂躙が入り込んでも、気付くことができないからだ。闇に乗じて、最悪の暴力——例えば殺人（これが他者の蹂躙の最たるものであることは、誰の目にも明らかだ）——が行なわれてしまうかもしれないのである。これを防ぐためには、どんな行ないも顕わな空間の中に引き出されねばならない。このことは、四隅に壁を立てることで隠される私的領域に関しても当て嵌まる。その領域の中で何が行なわれているかが全く誰の目にも明らかにならないとしたら、やはりそこで暴力が（もちろん、最悪の暴力も）行使されてしまうかもしれないからだ。

先にも見たように、私的領域とは「原理的に隠されたもの」ではなく、そこで何が行なわれているかは明らかな上で「見えないことにする」領域だった。見えないことにしておいてよい行ないと、そうでない行ないがあるのであり、その区別は付くようになっていなければならないのである。近年、取り上げられることが多くなったＤＶ――家庭内暴力（今の文脈では、「家政」内暴力と訳す方が正確だが）――が看過できない深刻な事態であることを考えても、このことは明らかだろう。私的領域は、そこが曲がりなりにも隠される領域であるからこそ、うっかりすると暴力の温床となってしまいかねないのだ。

倫理にとって、もう一つ重要な点がある。今、「変質させてでも」自らの行ないを顕わなものとする必要もある、と述べた。これは、正確には「変質させてでも」ではなく、「変質させねばならない」なのだ。しかもそれは、倫理が自らを持するためばかりではなく（この点については、すでに触れた）、そうしないと倫理は悪影響を及ぼしさえするからだ。なぜなら、倫理がそのままで公けの領域に姿を現わせば、それは（公けの領域とは皆の領域である以上）皆に善行を説くことになるからだ。すなわち、説教である。善行せよと説教されてしまったら、もはや善行をしないわけにはいかなくなる。だが、強制された善行はもはや善行たりえないばかりか（善き行ないは「私が（自ら）あなた＝他者へ」向かうことでしか成り立たないのだから）、結局は強制されたことをしていればよいという「内面の腐敗」に行き着かざるをえない。

いや、それにすらとどまらない。アレントと共に、西洋の歴史において実際に起こったことの一例を挙げよう。一六世紀の初め、マルティン・ルターによる免罪符批判によって燃え上がった宗教改革運動は、人々にひたすら善行に専念することを説くあまり、他人の働く悪事を放置することで、「悪逆非道な支配者が遣りたい放題に災厄をさんざん遣り散らかす」ことを許してしまったのである。これは、他人の働く悪事を公の場に引き出して阻却する営みである政治が、大手を振って歩く倫理の下で機能しなくなったことの帰結なのだ。顕わとなった倫理が共同体に及ぼす「悪影響」であり、「腐敗」である。

アレントは、次のように述べる。

善意が、隠された状態に嫌気がさして公的役割を演ずるという思い上がった挙に出るなら、それはもはや本来の善ではないのみならず、著しく腐敗しているのであり、しかもそれは、善に固有の尺度の意味において全くそうなのである。それゆえ善意は、どこで自分を現わすにしろ、公的領域では腐敗させるという影響を及ぼすことしかできない。（VA, 95/95）

こう述べた後、彼女は先に引いた「災厄」云々の一文をマキアヴェッリの『「ローマ史」論』（一五三一）から引くのだが[28]、そのマキアヴェッリは失脚して隠棲を余儀なくされたフィレンツェ近郊の寒村からアルプスの向こうで燃え盛る宗教改革の炎を見詰めつつ、この一文を書き記したのである。

共同体は戦死者に栄誉を以って報いる

だが、政治についても、考えておかねばならないことがある。それが「皆＝共同体のために」であることは、政治がアレントの考えるような自由に基づく空間ではない可能性をも、同時に引き入れるからだ。共同体において賞讃されるのは、何も政治家ばかりではない。むしろ、そこで為される行為が「皆＝共同体のため」のものであることが如実に表われるのは、いわゆる「名誉の戦死」である。共同体のためにわが身を捧げることの極致が、祖国のために戦って倒れること、つまり戦死だからだ。このとき、そのようにして戦死した者には、皆＝共同体は栄誉を以って報いねばならない、という事情が透けて見えてくる。共同体の存続のためにその構成員が、場合によっては身を挺してでも参与してくれなければ、政治という公的領域の存在意味が失われてしまうからだ。共同体が戦死者に与える栄誉は、「皆のために」死んだことが当の者の「私（自分）のために」、つまり当の者の利益でもあったことを保証するために機能するのである。国家のための強制を栄誉という褒賞で埋め合わせる、と言ってもよい。国家が、国家のために戦って死んだ者に栄誉を以って報いねばならないのは、このためなのだ。

生きるためにあくせく働くこと（家政＝労働）に背を向けて、自ら公共の政治空間に乗り出し、そこで共同体のために活動することが賞讃の対象となったとき、同時にそこに、この空間に入るべきである、入らなければならないという当為ならびに義務の力学が忍び込む。言うまでもなく、「自ら」ということと当為や義務は相容れない。自由であれと強いられることは、自由を損なってしまうからだ。本来、相容れない両者の見分けを付かなくさせる装置として、名誉と賞讃は機能してしまうのだ。この当為や義務は、共同体から発せられる。このとき、自ら公共の空間に乗り出す私が政治の主体だったはずなのに、その主体が共同体の側に反転する。だが、ここで、そもそも自ら政治空間に乗り出す主体など存在していたのか、と反問することもできる。あるのは、初めから共同体（とその論理）だけではないのか、と。

共同体は何のためにあるのか

では、共同体は、何のためにあるのか。それは何の目的もなく、ただあるのだろうか。そうではない。共同体それ自体が、目的なのだ。では、共同体それ自体とは、何か。人々が共に生きること以外ではないだろう。すなわち、生の維持（その再生産を含む）が、最終にして至上の目的であり、命令なのだ。共同体は、政治は、生命と自然の論理に服しているのであり、それは自由の空間ではない。そうであれば、アレントの言う行為は、彼女の考えるような、自由に基づく「人間的な」ものではなく、生命の論理の延長上にある動物的なもの、すなわち労働と本質的に変わらないものでしかなくなる。行為が、労働の偽装された姿である可能性があるのだ。ヨナスが語っていた、あの「偽装」――彼においては、当為が本能（という動物的なもの）の偽装された姿である可能性が問題になっていた――である。

もちろん、このことは、行為＝政治が労働と全く異なる次元に根差している可能性を排除するものではない。アレントが「倫理」の次元にあれほど鋭敏な感性を見せていたのであれば、今本書が考えてみたような「倫理」から「政治」への移行の筋途が彼女の中にも秘かに隠れていたのかもしれない。あるいは古代のギリシア人たちが望んだように、生きるためにあくせくする（労働する）のではなく――単に生きるのではなく――、栄えある生を生きることが追求される場（次元）が「行為」――すなわち、政治、すなわちポリス（共同体）――だったかもしれない。そこにおいて追求されている栄誉という「よさ」は、ギリシア人たちの自己理解によれば、「生命の維持」という（軽蔑すべき）目的とは全く独立なのである。同書でアレントが説得的に示してくれたように、彼ら古代ギリシアの自由市民たちにとっては、（生命の維持という至上命令に服して）奴隷として生きるくらいなら、死んだほうがましなのだ。

だが、いずれにしても、行為が労働の偽装された形態でないためには、それが「生命の維持」という自然的な目的とは異なる（決して「生命の維持」に帰着することのない）――つまりは、反-（ないし非-）自然的な――原理に立脚していることが示されねばならない。本書は、アレントにおいてそれに該当する議論を（一見奇異に見えるかもしれないが）「誕生性（Gewürtlichkeit, 出生性 Natalität とも言われる）」――すなわち、新たに始めること――に看て取るが、そしてまたこの「誕生性」に関わる議論は彼女の

「自由」についての理解と密接に関わっているのだが、こうした点の検討は節をあらためて行なうことにしよう。少なくともこれまでの議論の中では、「反‐ないし非‐自然的」であることにおいて最たるものかもしれない「あなた＝他者のために」という善行は、それとは全く逆に「自然的」であることにおいて最たるものである労働（ひたすら生きるために力を注ぐ活動である）と共に、私的領域（「見えないことになっている」領域）に置き去りにされたままである。

共同体の孕む両義性

行為は、それが公的領域に属する以上「皆＝共同体のために」為されるもの以外ではないのだが、その共同体の内実が実は両義的であり、かつ両義的でありつづける点に、本書は注目した。すなわち、「共同体のために」は、広い意味で「私（を含めた皆）のために」でもあれば、（その正反対の）「倫理」という「あなた＝他者のために」がその存立の可能性をもち堪えるためにそれへと移行したところのものでもありうるのであり、そうであるにも拘わらず、そのいずれであるかが（一方が原理的に――当人にとっても、皆にとっても――隠れたものにとどまりつづけるが故に）決して明らかにならないのである。

この両義性こそが、自然と生命の論理から逸脱するものを孕んでいるという意味で、すなわち「反‐ないし非‐自然的」という意味で、「人間的」なのではないか。アレントも古代ギリシア人たちも、当然のように人間の内に「反‐ないし非‐自然的な」ものを見ているが、その内実を成すのは、実はこの両義性ではないか。もし、そう言ってよいなら、この「人間性」は、彼女が私的領域の中に置き去りにしたあの「善行」、すなわち「あなた＝他者のために」に由来している可能性があるのだ。

倫理は行為たりうる

纏めよう。行為は、それが公的な——顕わな——ものであるかぎりで、倫理たりえない。倫理は原理的に隠れたものであらざるをえないからだ。だが、倫理は、それが「純粋な可能性」の次元で存立するものであるかぎりで、行為に（あくまで可能性として）居合わせることができる。すなわち、倫理は行為たりうる。次のように言ってもよい。行為に倫理の「振り」はできないが（それは偽善になってしまう）、倫理は行為の「振り」ができる。（自分を含めた）共同体のために公務をこなしているとき、実はそれが共同体のためでも自分の（名誉の）ためでもなく、ひたすら「あなた＝他者（もちろん、複数であってよい）のため」である可能性があるからだ。繰り返せば、この可能性が（可能性であるかぎりで）決して抹消できないこと、このことに本書は驚いているのである。そしてもし、「人間」なるものがもはや単なる生命体に過ぎないのではないとしたら、それはこの可能性が自然と生命の論理を逸脱するものであるが故に、なのだ。すなわち、この可能性にこそ、「人間性」が賭けられているのである。このことは同時に、「人間性」があくまで一つの可能性に過ぎないことを意味する。

3　「新しく始める」自由

a　誕生性

行為は「誕生性」の内に根付く

アレントにとって、私たちの活動の中でも最も「人間的」なそれは、行為にほかならない。では、あらためて問うてみよう。行為とは何か。それは、彼女に言わせれば、何かを新たに始めること――率先して（自らが始原となって）何かを行なうこと（イニシアティヴ）――である。そして、この「新たに始めること」は、私たちがこの世に生まれたという事実、すなわち「誕生性」の内に根付いているという。

率先して何かを行なおうとする衝動は、始まりそれ自体の内に潜んでいるように見える。つまり、私たちがこの世に生まれたという誕生の事実と共にやって来た始まりの内に、である。私たちは、自ら率先して何か新しいことを始めることによって、この［誕生という］事実に応答する。この最も根源的で最も普遍的な意味において、〈行為すること〉と〈何か新たなことを始めること〉とは同じことなのだ。いかなる能動的活動（Aktion）も、まず以って何かを始動させるのであり、ラテン語の agere という意味において活動する（agieren）のであり、ギリシア語の archein という意味において何かを始め、導くのである。人間誰しも、生まれたということを根拠として、一個の initium つまり始まりであり、この世における一個の始まりにして新参者なのだ。だからこそ人間は、率先して何かを始める人となって新しいことを始動させる、ということができるのである。（VA, 215/219）

こう述べて、アウグスティヌスから次の一文を引用する。「始まりがあらんがために、人間は創られた。彼の前には誰も存在しなかったからである（［initium］ ergo ut esset, creates est homo, ante quem nullus fuit.）」（VA, ibid.）[29]。

「始まり」はいかにして可能か

だが、生命と自然の観点からすれば、はたしてそう言っていいだろうか。生命の論理は、当の生命の維持を至上命令とする。生命の維持が究極の目的であり、そのこと自体にはもはやいかなる目的もない。この目的の実現のために絶えず物質交替（代謝）が行なわれ、更には物質交替によって維持される個体の有限性を乗り越えるために生殖活動が行なわれ、子孫へと生命が受け継がれてゆく。この一連の過程の主役は言うまでもなく生命それ自体であり、個体の誕生と死はこの過程の中の一齣、一つのエピソードに過ぎない。つねに同じ生命が存続していくのであり、無数の個体たちはその同じ生命のそのつどの担い手として、全て同類なのである。つまり、ここには何ら新しいものはないのであり、あるのは同じこと、同じものの繰り返しのみなのだ。アウグスティヌスを引きつつアレントが述べるのとは違って、「彼〔人間〕の前にはつねに誰かが存在していた」のである。同じことを逆から言えば、もし彼らが言うようにそこに何か「新しいこと」・「新しいもの」つまり「始まり」が姿を現わしたのだとすれば、そんなことがいったいいかにして可能となったのかが明らかにされなければならないはずなのだ。そんなことは、生命と自然の論理からすれば「ありえないこと」だからだ。

彼女は次のようにも述べる。「なるほど、人間は死ななければならない。しかしだからといって人間は、何も死ぬために生まれて来たのではない。そうではなく、何か新しいことを始めるためにこそ、生まれて来たのだ。生まれて来た人間と共に世界にもたらされた真に人格的－人間的な基層が生の過程の中で摩滅してしまわないかぎりは、これが事実なのである」(VA, 316/325f.)。確かに人間は、「死ぬために生まれて来たのではない」。だがそれは、生命の担い手として、生命の存続に資するために生まれて来たのではないのか。少なくとも、生命と自然の論理に従うかぎり、そう言わねばならない。そうではなくて、「何か新しいことを始めるために」生まれて来たと言うのであれば、なぜそのように言えるのか、そしてどのようにしてそのことが可能なのかが示されなければならない。アウグスティヌスのように、

「始まりがあらんがために、人間は〔神によって〕創られた」(VA, 215/219) と言って済ますわけにはいかないのだ。[30] それとも、「生まれてきた」だけで、「世界に」「真に人格的－人間的な基層が」おのずと実現されるとでも言うのだろうか。彼女のここでの口吻は、そのようにすら響く。

本書の見るかぎり、同書にこのことの解明を見出すことはできない。見てきた通り、彼女は「誕生性」を重視するのだが、生むことも生まれることも、そのことを主導しているのは生命であり、生命それ自身はつねに同じものでありつづけている。「始まり」と言っても、「始まる」ことと「始める」ことは決定的に異なる。「始まる」ことは、言ってみればおのずと始まるのであり、気付いたときにはもう始まっているのであって、私たちはそのことの(当事者ではあっても)主導者(initium)ではない。問題は後者である。そもそも何かを新たに「始める」などということが、いったいいかにして可能なのか。もしそのようなことが可能なら、それは何ごと／何者かの起源に、誰かがその主導者として、すなわち主体として立つことを意味するが、はたしてそのようなことはこの自然の中で可能だろうか。

「誕生性＝出生性」は奇蹟である

なるほどアレントも、このことが「奇蹟」的であることに驚いてはいる。つまり彼女も、自然と生命の論理が〈同じことの繰り返し〉によって成り立っていることを、知ってはいるのだ。

自然的過程の観点からすれば、誕生から死までの人生の時間の直線運動が、円環を成す諸運動〔〈同じことの繰り返し〉〕の従う規則〔自然と生命の論理が命ずる規則〕の珍奇な例外の如き観を呈するのと同じく、世界の歩みを一義的に決定しているかに見える自動的プロセスの観点からすれば、いかなる行ないも珍事あるいは奇蹟の如き観を呈する。それは、自然科学的に言えば「無限に非蓋然的なこと」なのだが、そういう〈とてもありそうにない〉出来事が、ここでは或る種規則性を具えて、繰り返し繰り返し起こるのである。(VA, 316/326)

何ごとかを新しく始めることが、自然と生命の論理からすれば「珍奇な例外」「珍事」「奇蹟」だとされた上で、ナザレのイエスが引き合いに出される。「この世には「奇蹟」を成し遂げる徹底してこの世的な能力が存在するということ、そして奇蹟をもたらすこの能力こそ行為にほかならないということ、このことをナザレのイエスは知っていた(行為の本質についての彼の洞察は比較を絶するほど深く根源的であったので、そのほかでこれに比肩しうるのは僅かに、思考の可能性についてのソクラテスの洞察のみである)……」(VA, ibid.) というわけだ。[31] そして、この「奇蹟」があらためて「出生性(誕生性)」と結び付けられる。「結局のところ、出生性という事実、つまり生まれ出ずる存在こそ、この奇蹟にほかならない。生まれ出ずる存在とは、行為といったようなものがそもそも存在しうるための存在論的前提なのである」(VA, ibid.)。

ところが、この「存在論的前提」の解明こそが行為の成否の鍵を握っているというのに、その解明が同書でこれ以上為されることはないのだ。これでは行為は単に「とてもありそうもない出来事」に終わってしまい、その「ありそうもない」ものがなぜ「或る種規則性を具えて、繰り返し繰り返し起こる」のかは、さっぱり分からないままである。彼女の「誕生性」概念は、「始まる」ことと「始める」こととの決定的な区別を曖昧にしたままに放置しているのだ。もう少し厳しい言い方をすれば、この曖昧さが、「始まる」ことからいつの間にか話が「始める」ことにスライドすることを可能にしている、と言ってもよい。本人は新しく何ごとかを始めたつもりでも、実は、それは本能によって予めそうするよう指定されていたかもしれない可能性が――ヨナスが語る「本能の偽装された形態」である――視野に入っていないかぎりで、アレントの議論は行為についてあまりに楽観主義的なものになってしまう。

「始まり」は誕生によって保証されてはいない

彼女はこの箇所でイエスに言及した際、次のようにも述べていた。「……イエスは赦しと奇蹟を同等に扱い〔後論するように、赦しは彼女にとって行為の核心を成す行ないの一つである〕、それらをこの世的な存在であるかぎりでの人間に帰せられる可能性と解した」（VA, ibid.）。すでに何度も論じたように、本書は、ここで彼女が述べた「可能性」という言葉とそれが指し示している事態を厳密に捉えなければならないと考えている。確認しよう。

何ごとかを新しく始めるとは、行為する者が当の何ごとかの始原ないし起源に主体として立つことにほかならない。「誕生」が何ごとかを新しく始めることであるというのであれば、私は自らの起源に主体として立つのでなければならない。つまり、自らの生を自ら始めるのでなければならない。言うまでもなく、自然においてそのようなことは不可能である。自然においては誰もが、自ら望んだわけでもないのに、気付いたら生まれていたのだ（アレントの師ハイデガーは、このことを「被投性」と表現した）。だが私は、自然には（つまり、現実には）居合わせることのできないおのれの起源（すなわち、誕生）に、あたかも主体として居合わせたかの如くに、事態を捉え直すことができるのだった。「そうでしかありえなかった」ことに対して、自らそれを全面的に肯定し（「よし」とし）、すなわちそれを欲することができるからだ（ハイデガーの言う「被投的投企」を本書はこのように解する）。だがこれは、思考のみが為し能うことだったことを忘れてはならない。すなわち、(本書の言う)「純粋な可能性」の次元――それを本書は「形而上的」次元とも呼んできた――でのみ、このことは可能なのだ[32]。何ごとかを新しく始めることは、ひょっとしたらそれは予めそうするよう指定(規定)されていたことかもしれないにも拘わらず、そうではなくてこの私によって全く新たに始められたのかもしれない可能性があくまで開かれたままであることを以って、そしてこのことを以ってのみ、可能なのである。私が自由であるとは――つまり、一切の規定性から解放されて、自ら何ごとかを始めうるとは――、このことなのだ。

もう一箇所、アレントから引用しよう。「……始めることは人間がもつ最高の能力である。政治的に言えば、それは人間の自由と同一である。……「始まりが存在せんがために人間は創られた」とアウグスティヌスは言った。この始まりは、一人ひとりの新たな誕生によって保証されている。一人ひとりの人間がまさしく始まりなのである[33]」。引用の前半はよい。もし本当に「始める」ことができるなら、それは確かに「最高の能力」だろう。そして、それは確かに「自由と同一」である。だが、それは決して人間にとって自明のことではない。ひょっとしたら「始める」ことができるのかもしれない、と言うべきである。

したがって、この始まりは(引用の後半にあるように)「一人ひとりの新たな誕生によって保証されて」はいない。もしこの誕生が自然的・生物的な意味でのそれであれば、それは全ての動物たちにも該当するが、おそらく彼らは「始める」ことはないだろうし、「自由」でもないだろうからだ。アレントが論じなければならないのは、それが動物たちの誕生と異なるのであればどこがどのように異なるかなのだが、まるで彼女にとってその相違は自明であるかのように、何の議論もされた形跡がないのだ[34]。

b　主権と主体

主権なしの自由

アレントの議論に欠落しているのは、「新しく何ごとかを始めること」（すなわち、「誕生性」ないし「出生性」）はあくまでのこの「純粋な可能性」の次元においてのみ可能であり、かつ可能でありつづける（つまり、この可能性が抹消されることがない）という点の解明である。むしろ彼女は、この点を誤解している節さえある。というのも、この「純粋な可能性」が自然や現実の次元になく、あくまで思考にとってのみ開けていることを、「隠遁」と捉えて批判しているからだ。

人格が主権を確保するのを助けてくれる唯一の手立ては、「賢者」が間人間的な領域〔彼女に言わせれば、この「間人間的領域」こそが「現実」である〕と自分との間に置き・保つところの距離の内に潜んでいるように見える。そのような隠遁の勧め（これを首尾一貫した道徳にまで仕上げたのは、西洋ではストア派だけだった）がいかに重大な帰結をもたらすかは今措くとして、この勧めの原則的誤謬は、主権と自由を等置している点にあるように見える。……主権と自由が本当に同一であったとしたら、人間は事実上、決して自由ではありえないだろう。なぜなら、主権とは自己自身に対する無制約的で絶対的な自律と支配のことだが、それは、複数性によって制約されているという人間の条件そのものに背馳《はいち》するからだ。人間は誰も主権的とは言えない。なぜなら、この地上に住んでいるのは単数形の人ではなく、複数形の人間だからである。（VA, 298f./306f.）

このように述べて、そうした「隠遁」は「ストア派の賢者よろしく覚悟を決めて、現実の世界を排して虚構の世界にすげ替え、その虚構の世界の中であたかも他の人々が誰一人存在しないかのようにやってゆこうとする」(VA, 299/307) ことにほかならないと批判される。まず問題とすべきは、彼女の「主権(Souveränität)」概念だろう。見られるように、彼女は主権を「自己自身に対する無制約的で絶対的な自律と支配」と捉えた上で、これを「自由」と等置する従来の大多数の哲学を、「原則的誤謬」を犯すものとして斥けている。そうである以上、〈主権なしの自由〉がいかにして可能かを示す必要が彼女にはあるが、本書の見るかぎり、『活動的生』にそのような議論は見当たらない。

同書で彼女が述べているのは、「複数性」が人間の条件を成している以上私たちは主権者たりえないが、にも拘わらず私たちは現に自由である、と一方的に断言することのみである。「自由と非‐主権とは相容れないと私たちは漠然と思っているが、このイメージはひょっとして現実によって反駁されているのではないか」(VA, 300/308)。ここでの「ひょっとして」は、自分の議論が、この「現に」すなわち「現実」が思い込みに過ぎない可能性を払拭しえていないことを暗示しているのだろうか。より端的な表現としては、例えば次のようなものがある。「人間は、自由という持参金を携えてこの世にやって来た……」(VA, 306/315)。見られるように、彼女にとって「自由」は、人間なら誰しもが生まれながらに所持している所与のものなのである。本書はこの前提を疑う。

この点を措くとしても、「主権」に替わる「主体(Subjekt ないし Subjektivität)」がいかにして成立するか(あるいは、「主体」を彼女がどのようなものと捉えているか)を論じなければ、そもそも彼女の提唱する「行為」が不可能になってしまうだろう。行為に「主体」がいないとは、考えられないからだ。この点が明らかにされないと、「人間は誰も主権的とは言えない」という彼女の発言は「人間は誰も主体であることはできない」と言っているに等しいことになり、彼女自ら「行為」の可能性を破壊してしまうことになる。

私が主体として立つこと

本書は、ここで「主権」と呼ばれているものを「私が主体として立つこと」と捉え直すことで、ストア派の言う「隠遁」がこの点に関して事態の一側面を正確に捉えたものとして擁護できると考える（彼らを全面的に擁護するつもりはないが）。つまり、「私が主体として立つ」ことができるのは、すでに述べた「純粋な可能性」の次元においてのみであり、この「純粋な可能性」が自然と生命の論理が貫徹するいわゆる「現実」の次元にはないこと――すなわち、思考に対してのみ開かれた形而上的＝メタ・ピュシス（非‐自然）的なものであること――を、ストア派は「隠遁」と表現した可能性があるのだ。このように捉え直すと、本書の考える「自由」もまた「純粋な可能性」の次元においてのみ存立するのだから、「主権」と「自由」は存立の次元を共有しており、「主権と自由を等置」することは「誤謬」ではなくなる。むしろ批判されるべきは、「主権」すなわち「私が主体として立つこと」を「自己自身に対する無制約的で絶対的な自律と支配」と捉えるアレントの方なのである。

なぜなら、「私が主体として立つこと」は、当の私が（「無制約的」ではなく）制約されていること――自分が望んだわけでもないのに「そうでしかなかった」こと（その典型の一つとして私の「出生」を挙げることができる）――と共存可能だからだ。「そうでしかなかった」私の出生を「よし」として全面的に肯定することで[35]、私は私自身の起源に立ち、私の出生を（すなわち、私の存在を）私の名の下に担うことができるのである。確かに、このことはつねに「純粋な可能性」にとどまり、決して「現実」

となることはない——はたして本当に私が私の主体たりえているのか否かが確定することはない——のだが、にも拘わらずこの「純粋な可能性」は（アレントの言うような）「虚構」とは全く別物なのだ。それは「主権を確保するために」「現実を犠牲にする」（VA, 299/307）ことではない。逆に、「純粋な可能性」を介して「現実」に（その肯定ないし否定という仕方で）[36] あらためて向かい合うこと、それと新たな関係を結ぶことなのである（したがってそれは、実は「隠遁」でもない）。

「複数性」は主体の成立にとって根本的

主権をこのように捉え直す余地は、アレント自身の議論の中にもある。その鍵は、ここでも彼女が「人間の条件」として挙げている「複数性」である。ここで彼女は「複数性によって制約されているという人間の条件そのものに背馳する」（VA, 299/306）として「主権」を斥けているわけだが、今見たように「主権」すなわち「私が主体として立つこと」は当の主体が制約されていることと矛盾しない。それどころか、ここで彼女が言う「複数性」という制約は、私が主体として立つにあたって根本的な役割を演じている。先に本書は、彼女の言う「複数性」は、見かけに反して、実は人間が複数いるという意味ではない、と論じた（彼女自身がそう自己誤解している可能性は高いのだが）[37]。これもすでに論じたように、それに対して「応答しないことができない」何もの／ごとかに出会ってしまい、不可避的にそれに対して「私」の名の下に応答することで（その応答をする者は他に誰もいないからだ）、私という主体が初めて立ち上がるのだが、このとき私の応答を余儀なくさせると共に、その応答の向かう宛て先であるところのものこそ、彼女が「複数性」ということで考えている事態の根本にあるものなのだ。

　それを本書は「あなた＝他者」と呼んでいるわけだが、この「他者」は他の人間に予め限定されているわけではない。他の人間の内に「それに対して応答しないことができない」ものの姿を認めないこともあれば、逆に、他の人間とは全く異なるもの（例えば、ここでアレントが論じている「出生」――それも、ほかならぬ「私」の出生――という、全く私の意のままにならない事態でもよい）の内に「応答しないことができない」ものの姿を認めることもあるからだ[38]。肝要なのは、そこに「私からあなた＝他者へ」という仕方でつねに「複数」のものが居合わせていることであり（本書はこれを〈「私からあなた＝他者へ」ということの唯一性〉として論じた）、そこで複数のものが人間であるかそうでないかではないのである。この意味での「複数性」において「私」の名の下に立ち上がった者が初めて、自らの起源に立つことによって――「起源に立つ」とは、そこから何ごとかを「新しく始める」ことにほかならない――「自由」の次元に開かれるのだ。

したがって「主権」は、すなわち「私が主体として立つこと」は、彼女の言うような「自己自身に対する……絶対的な自律と支配のこと」(VA, ibid.) ではない。そこでは「複数性」が決定的な役割を演じている以上、他律と自律が区別できないのである。だが、このことは、私が私自身の起源に立って、そこから全てを私の名の下に「絶対的に」始めることと、矛盾しないのだ。そうでなければ、彼女の言う「新しく何かを始めること」も不可能になってしまうはずなのである。「主体である」ことと「自由である」ことが存立する次元がいかなる次元であるか――それは思考に対してのみ開かれる「純粋な可能性」の次元だった――が正確に見えていないことが、思考に対する彼女の誤った対応を惹き起こしているのだ。

「赦し」と「約束」

本書の言う「倫理」は、そしてアレントの言う「新しく始めること」としての「行為」も、「純粋な可能性」の次元においてのみ可能だということは、彼女の提唱する「行為」の中核を成す二つの決定的な行ないである「赦し」と「約束」に関しても当て嵌まる。見てみよう。

行為によって始められたプロセスの取り返しのつかなさと予測のつかなさに対する救済策は、行為それ自身の可能性から生ずる。取り返しのつかなさ――つまり、一旦為されたことは元通りにすることができず、たとえ自分が何を為したかを知らず、知る由もなかったとしても、そうだということ――に対する救済策は、〈赦す〉という人間の能力の内に潜んでいる。そして、予測のつかなさ――またそれと共に、どんな未来の事柄にも纏わるカオス的な不確実性――に対する救済策は、〈約束を交わし、守る〉という能力の内に潜んでいる。この二つの能力は、互いに属し合っている。一方で、〈赦し〉は過去に関係し、起こったことをなかったことにする。……他方で、〈約束〉は未来を指し示す道標のように、まさにやって来つつあるものを樹立する。……〈約束〉とは、不確実な未来という大海の脅威の内へ人間によって投げ入れられた確実性の島々の如きものなのだ。このようにして、〈赦し〉と〈約束〉は互いに属し合う。（VA, 301f./309f.）

まず、「赦し」があくまで「純粋な可能性」においてのみ可能であることは明らかだろう。ここで彼女も述べているように、それは「起こったことをなかったことにする」こと以上ではないからだ。現実には、「一旦為されたことは元通りにすることができ」ないのであり、「起こったこと」「為されたこと」はいつまでもそのままありつづける。それを「なかったことにする」ことができるのはひとり思考のみなのであり、思考を介して現実にあらためて向かい合う中で「なかったこととして」現実を取り扱うのである。言ってみれば、現実の上に思考のみが開くことのできた「純粋な可能性」のヴェールが掛けられ、それが「新しい」現実となるのだ。「何か新しいことを始めること」としての「行為」（VA. 215/219）は、このようにして可能となる。

　では、「約束」はどうか。約束は、守れることもあれば守れないこともあることを承知の上で、敢えて為される。実際、守られる場合もあれば、そうでない場合もある。いかなる事情の下であれ守られなかった場合には、約束は（ここでアレントが言うような）「未来を指し示す道標」として十全に機能しなかったことになるし、「確実性の島々」でもなかったのである。そして、守られた場合でも、その行為は決して約束した者の力だけでそうなったのではない。約束の遂行を妨げる不測の事態が偶々起こらなかったから、約束を守ることができたのである。「そうでしかありえない」側面が、現実には必ず付いて回る。にも拘わらず約束は、あたかも現実が、約束した当の者が「私がそうする」と約束したから「そうなった」かのように、現実を取り扱うのだ。

　明らかなように、事情は「赦し」の場合と同様である。現実は、決して私の約束のみによってそれが現にあるところのものとなったわけではないにも拘わらず、その現実の上に思考のみが開くことのできた「私の名の下に立つ主体」のヴェールが掛けられ、その主体の行為によるものとして、つまり主体のその行為なしにはありえなかったものとして当の現実が捉え直されるのだ。言わば、現実が現にそうであるところのものであることのせいぜい必要条件の一つに過ぎない私の約束が、あたかも現実が現にそうであるところのものであることの十分条件となるかの如くなのである。主体が「新しい」現実を切り拓いた、と言ってよいかもしれないのだ。だが、この「かもしれない」が取り除かれることは決してない。これはすなわち、約束もまた「純粋な可能性」においてしか可能でないということにほかならない。

行為の「際限のなさ」

こうして見てくると、「赦し」にせよ「約束」にせよ、そもそも「行為」なるものは、「自由」と同様、はたして本当にそれがそう思われている通りのものであるか否かがいつまでたっても定まらないもの、この意味で「原理的に隠れたもの」であることにあらためて気付かされる。自分では赦したつもりでも、あるいは赦すと公言したにも拘わらず、実は決して赦していないといったことは、いつあってもおかしくない。同様に、約束をしたり、それを守ったつもりでも、実は、そうさせられていた、そうせざるをえなかったといったことがいつあってもおかしくない。アレントも行為の「際限のなさ」と「結果の予測のつかなさ」を強調して止まないが、この「際限のなさ」は文字通りに取られなければならない。

彼女も述べているように、その人が死んで初めて定まるというものですらないのだ。行為をした人が死んで、当人についての「物語」が形作られても、その物語に「これで間違いない」――この人物はこういう者以外ではなかった――といった確定版は存在しないからだ。その物語は絶えず別様に語り直されうるし、現に語り直されてもきた。この意味で「行為」は、あるいは「行為」こそ優れて、「原理的に隠されたもの」なのだ。実はアレントも、このことを認めている。次のように述べられているからである。「言論と行為において図らずも自分自身を共に顕わにするとき、自分が顕わにしているのはそもそも誰であるのか、誰にも分からない」(VA, 220/225)。そうであるにも拘わらず、行為が「顕わな」次元にもたらされる必要があるのはなぜなのか。ましてや、彼女の言うような「栄光」で光り輝く次元が要請されるのはどうしてなのか。アレントはこの間の事情を、説得的に提示しえているだろうか。

c　根源的異他性

主体として立つ私は、誰とも似ていない

彼女は、「新たに始める者」、すなわち、「誕生によってこの世にやって来て何ごとかを新しく始める者」がもともと抱えている「根源的異他性」を正確に捉えている。例えば、次のように述べられる。

根源的異他性とは、誕生によってこの世にやって来たという事実がもともと孕んでいる〈よそよそしさ〉のことである。……〔すなわち、それは〕誕生によって新参者としてこの世にやって来た者がもともと有している〈よそ者性〉〔である〕。（VA, ibid.）

つまり、主体として立つ私は、この世の誰とも似ていないのである。ここでは、私と他の人々との間に対称性が成り立っていないのだ。この次元を本書は「倫理」と呼び、この次元において初めて、「それに対して応答しないことができない」という仕方で「それへと私の名の下に向かう者」が姿を現わす、と論じてきた。ここで「それ」と仮に名指されたものは、それがいったい何者であるか全く定かでないまま、とにもかくにもそれに応じないことができないものとして私に対して姿を現わす。すなわち、「それ」は私にとっての根源的異他性であり、そうであるが故に本書は「それ」を「他者＝あなた」と呼んできた。そして、「私からあなた＝他者へ」というこの唯一の動向の担い手として、私はこの動向の根底に言わば「遺棄」されているのだった。私以外に、この動向を担う者は誰もおらず、誰も助けてくれないからだ。この次元において私は「遺棄」された状態にあるほかないという事情も、彼女は正確

に捉えている。彼女はそれを「〈見捨てられた状態に置かれている〉（Verlassenheit）という現象こそ、問題の中心」（VA, ibid.）だと、表現する。

だが、ここで注意しなければならない。すでに明らかなように、本書とアレントでは異他性の位置が正反対なのだ。彼女は、「誕生において何ごとかを新しく始める者」（すなわち、本書の言う「主体として立つ私」）を「よそ者」と呼び、「根源的異他性」をこの「よそ者」に帰している。本書に言わせれば、私を否応なく応答へと引き出す「それ」こそが私にとっての「他者」、すなわち「根源的異他性」であるのだが――。この違いは、彼女が事態をあくまで共同体の側から見ていることによる。共同体、すなわち「自分と同等の人々の間で〔の〕相互共在」（VA, ibid.）である。そうした「相互共在」する人々から成る共同体に新参者として遅れてやって来た私は、それらの人々から見れば「よそ者」だ、というわけだ。

「新参者」はいかにして「自分と同等の人々」を見出すのか

だが、「誕生によって新参者としてこの世にやって来た者」は、誰も似た者のいない状態の内に（本書の言葉で言えば、「唯一性」の内に）「見捨てられて」いたのではなかったか。つまり、「自分と同等の人々」など、どこにもいなかったのではないか。その「新参者」が、いったいどのようにして「自分と同等の人々」を見出したのだろうか。本書の見るかぎり、この議論が同書のどこを探しても見当たらないのだ。これが本書の見落としでないとすれば、アレントは一方で「私」と「他の人々」との間の非対称性を看て取りながらも、他方でいつの間にかその次元を飛び越えて、「私」と「他の人々」が同等であることを当然のように前提していることになる。つまり、この二つの次元の間に亀裂が入ったままであるにも拘わらず（両次元の間にどのような関係が成り立っているのかを示すことなく）、両次元の間を自在に行き来しているのである。

その結果として、次のような混乱した記述が頻出することになる。「複数性の本質は、唯一無比の相違性をもった存在者が、誕生という始まりから死という終わりまで、つねに同等の者たちに囲まれて存在しているということ、この点に存する」（VA, 217/221f.）。「唯一無比」とは「並び立つ者がいない」ということであり、だからこそそのような者は「根源的異他性」の内に「見捨てられて」いたというのに、それら「同等の者たち」が「複数」いるというのである。そうであればそれは、初めから「同等の者たち」（という一般者）がいて、それらの者たちの間に（部分的な）違いがある、ということに過ぎない。

加えてこの文は、曖昧でもある。「唯一無比の……存在者が、……同等の者たちに囲まれて存在している」とは、「唯一無比の存在者」自身はその無比性を維持したまま、単にその周りを「同等の者たち」が取り囲んでいるかのようにも取れるからだ。ところがそうでないことは、直後に次のような文がつづくことから明らかとなる。「唯一無比の存在者が数多くいる中で自分と同等の者たちの間を動くのが、人間ならではの状況というものだ」（VA, 217/222）。本書は、このような表現を直ちに誤りとして斥けるつもりはない。必要なのは、そのままでは矛盾表現になってしまうものが、どのように解すれば矛盾でなくなるかを明示することなのである。

「顕わ」とはどのような事態か

この明示が為されないままであることに起因する曖昧さは、行為の行なわれる公的領域の「顕わさ」がどのようなものなのかに関して、議論の混乱を生んでいるように思われる。それは、「原理的に隠されたもの」の次元から「自分と同等の人々」から成る「顕わな」次元への移行がいかに為されるかについての議論が欠落しているからなのだ。「顕わ」ということが「自分と同等の人々」とどういう関係にあるのかが不明なため、そもそも当の「顕わ」とはどういうことなのかが判然としないのである。このことは、例えば先に引いたように、一方で行為の本質を「原理的に隠されたもの」に見る発言——「言論と行為において……自分が顕わにしているのはそもそも誰であるのか、誰にも分からない」——があるかと思うと、他方でそれと矛盾する次のような発言が見られることに端的に表われている。

　或る人が真に人格としてそのつど誰であるかは、……私たちの言葉と行ない全ての内に図らずも、共におのずから顕わとなる……。……この誰かは、世間からすると誤解の余地なく一義的に現われる……。（VA, 219/224）

先に、「誰であるのか、誰にも分からない」と言われていたにも拘わらず、「誤解の余地なく一義的に現われる」というのである。加えて、「同等の人々」の間にはあってならないはずの非対称性が公然と認められる。右の引用の最後の文を後略した部分に繫げると、次のようになっているのである。「この誰かは、世間からすると誤解の余地なく一義的に現われるにも拘わらず、現われている本人にはつねに隠されたままである」（VA, ibid.）。斯くして、古代ギリシアの「ダイモーン」が引き合いに出される。

　あたかもそれは、古代ギリシア人のかのダイモーンの如くである。ダイモーンとは、なるほど人間に一生付いて回るが、いつも当人の肩越しに背後から姿を覗かせるだけで、それ故、当人が出会う周りの人々には判然と見えるのに、その人自身にだけは決して見えない、そういった各人の守護神のことを意味していた。(VA, 219f./224)

このように、「原理的に隠された」次元と「顕わな」次元の間を、両次元を架橋する議論を欠落させたまま、行ったり来たりするのである。そのために、「顕わ」になっているのに「隠れている」――「自分が顕わにしているのはそもそも誰であるのか、誰にも分からない」(VA, 220/225)――ということがどういうことなのか、それこそ「誰にも分からない」ままなのだ。

なぜ「名声」と「栄光」が必要なのか

加えて、単に「顕わ」になるだけではなく、なぜ「名声」が、「栄光」がなければならないのかも、判然としない。

行為と言論が十全に展開されるべきだとすれば、すなわち、為されたことや語られたことばかりでなく、行為者にして発話者である当人を共に現わさせるべきだとすれば、栄光はどうしても欠くことができない。……〔栄光、すなわち〕名声を築く、眩く明るい輝き〔である。〕……そういった栄光を有するに相応しいのは、人々の相互共在において構成される公的なもののみである。(VA, 220f./225)

そもそも、ここで言われる「行為者にして発話者である当人を共に現わさせるべき」という命法が、いったいどこから発せられているのかが判然としない。しかも先には、「或る人が真に人格としてそのつど誰であるかは、……私たちの言葉と行ない全ての内に図らずも、共におのずから顕わとなる」（VA, 219/224）と言われていたにも拘わらず、である。念のため言い添えれば、そのような命法を発してはならないと言いたいのではない。「原理的に隠された」次元にとどまらざるをえないものが「顕わに」ならねばならない事情を明示する必要がある、ということなのだ。そして、その「顕わに」なることに、（単に「顕わに」なるだけでなく）どうして「名声」と「栄光」が「欠くことができない」のかを明らかにしてほしいのである。ところが、この点に関して彼女が述べるのは、そうしなければ「人々はこの世にいるわが身をよそよそしく感じるだけでなく、お互い同士よそよそしく感じ合うようになる」（VA, 221/225–226）ということだけなのだ。それではまるで、他人から褒められなければやっていられない、と言うようなものではないか。それは単なる自己満足の追求と、どこが違うのか。

そもそも、何かが何かとして「顕わに」なるという事態であれば、すでに生命の次元において（そして、生命の次元において初めて）成立している。本書はそれを、何かが何かとして「現象する」と呼んできた。この「現象する」ことの原初的形態は、生命体（生物個体）がおのれを維持するために必要なものとそうでないもの（むしろ害を為すもの）を見分ける「認知」だった。つまり、何かが「有益なもの」として、何かが「有害なもの」として「現象する」のである。この次元で何かが何かとして現象するにあたっての尺度となっているのは、生命の維持という生命体にとっての至上命令だった。この尺度に則って全てが象《かたど》られ、姿を現わす。私たち人間にとっても、それが生命体であるかぎりで、事情は同様である。食べ物も住まいも道具も、そして他人たちも、およそ世界に姿を現わすものの全ては、この意味で「何」かとして「顕わに」なっている。

私は誰なのか

これに対して、自らの名の下に他者へと向かう動向としての「倫理」は、はたして本当に私が自ら何ごとかを担っているのか否かが決して明らかにならない事態、単にそう思っているだけで実際はほかの何ものかによってそうさせられているだけである可能性を決して払拭できない事態、そうであるにも拘わらず私が主体として立つ可能性をこれまた決して抹消できない事態の謂いだった。これが、ここで問題になっている「原理的に隠れたままにとどまる」ということだ。それは、誰かが主体として姿を現わしたかにも見えるのだが、本当にそれは主体であるのかも、ましてや誰であるのかも、最後まで明らかにならない(つまり、誰にも――本人にも、他人たちにも――分からない)という事態である。

この事態をアレントは、アウグスティヌスを引き合いに出しながら、私が「何」であるかは分かるが――例えば、性格や能力や役割や…を以ってして理解できるが――、「誰」であるかは分からない、と論じていた。誰かが誰かとして姿を現わしているかにも見えるのだが、それが誰であるかはついぞ知れることがない、というこの事態ないし次元を、「顕わ」とは言えないだろう。「原理的に隠れたままにとどまる」と言われる所以である。だが、それが、決して全てが闇の中に沈んでいる状態ではなく、生命の次元で何かが何かとして現象するのとはおよそ異なった現象の仕方を以って姿を現わす、或る別の――「新たな」と言ってもよい――次元であることを見逃してはならない。本書はこの次元を、思考に対してのみ姿を現わす形而上的次元と呼び、そこに「倫理」の存立の余地を認めたのだった。

共同体という尺度

では、アレントの言う公的領域の「顕わさ」とは、いかなるものか。すでに見たように、彼女の議論が「同等の者たち」から成る空間を前提にしている以上、それは人々が相互共在する「共同体」における「顕わさ」だろう。そして、共同体において何かが何かとして「顕わに」なる尺度とは、当の共同体以外ではあるまい。つまり、誰かが〈共同体にとって何者であるか〉という尺度で象られて、「顕わに」なるのだ。そして、ここで尺度として立つ「共同体にとって」ということの内実を成すのは、「共同体の存続」以外ではないだろう。尺度として立つもの自身の存続が至上命令となるという点で、それは生命の論理の延長上にある。生命もまた、おのれの存続が至上命令だったからだ。

そうだとすれば、「名声」と「栄光」は、誰かが共同体のために為したことに対する賞讃であることになる。その行為を賞賛することは、共同体にとって必要なのだ。なぜなら、人々が共同体のために尽くすことが、すなわち共同体の存続（と、場合によってはその発展）に大いに資することになるからだ。「大いに資する」どころか、そのことなしに共同体の存立は叶わない、と言ってよい。前節で論じた、「名誉」の戦死のことをここで思い出してもよい。だがそれは、アレントの考える「人格」の「栄光」とは別物なのだ。行為する人格が誰であるかが、その「栄光」と共に光り輝くことは、共同体の存続にとってはどうでもいいことでしかないからだ。

「あなたのために」と「皆のために」

では、「倫理」と、すなわち「私から他者＝あなたへ」と向かう動向（「他者＝あなたのために」）と、「（私を含めた）皆（という「同等の者たち」）のために」という共同体の論理は、全く無関係だろうか。アレントにおいてはこれら二つの次元の関係ないし接続の議論が欠落していたために、結局のところ無関係なのか否かが定かでないままだった。「善行」と「行為」の分断と、にも拘わらず両者の間に秘かな関わりが見出されたことは、この間の事情を端的に示していると言ってよい。これに対して本書は、次のような仕方でこれら二つの次元の架橋は可能だし、またそのようにして架橋されねばならないと考える。

すなわち、共同の生、つまり共同体の存続は、「倫理」にとっても（そしてアレントの考える「人格」や「自由」にとっても、――ということは、彼女の言う「行為」にとっても）その基盤を成す（その次元を「支える」）不可欠のものなのである。行為する人格が誰かとして姿を現わすためにもその者は（少なくとも行為のその瞬間には）生きていなければならないという当然過ぎるくらい当然のことが、あれほど「労働」の基底性を看て取っていたにも拘わらず、アレントには見えていないかのようなのだ。たとえ、奴隷となって生きるくらいなら「死んだほうがまし」だと古代ギリシアの自由市民たちが思っていたとしても（確かにこのことを彼女は『活動的生』で雄弁に語ってくれたのだが）、実際に奴隷とならざるをえなかった多くのギリシア人たち（例えば、戦さに負けて捕えられればそうならざるをえなかった）や、奴隷と同様に「家政」という私的領域に閉じ込められたままだった女性たちが、ことごとく（あるいはその大多数が）自殺したという話は聞かないのである。

全てが隠れたままであっては、共同の生というこの基盤が脅かされるからこそ、公的な「顕わさ」が要請される。これもアレントが正確に指摘している通り、この隠れた次元にあっては、善人（善行の人）と悪人（犯罪者）の見分けがつかないままに、後者の跋扈を許してしまうからである。「よそよそしく見捨てられているという気分が基調となる時代には、人間の間での異分子、つまり聖人と犯罪者が好機を摑む」（VA, 221/226）というわけだ。だが、この「異分子」は、彼女の言う「新たに誕生した者」、すなわち「私」なのだ。そしてこの「私」は、自分がはたして「聖人」なのか「犯罪者」なのか、つまり「他者のために」尽くす者なのか「私のために」他者を裏切る者なのか、最後まで定かでないのである。「原理的に隠されている」所以である。

ところが彼女が語るのは、専ら、こうした「行為がおのずと生み出しうるもの——物件としては確定不可能で摑みどころがなく、いつも極めて脆い人間関係——」、こうした「人間的事象に内在する脆さを取り除く」べく、「誰もが自らを目立たせ、自分が比類ない相違性において誰であるかを言葉や行ないで如実に示すことのできるチャンスを組織」し、そのようにして「「不死の名声」を勝ち取ることができる機会を定期的に提供する」ものとしての「ポリス」すなわち「共同体」の創設についてばかりなのである（以上の引用はすべてVA, 246f./253）。「死すべき者たちのあらゆる活動の中で最も滅び易い行為と言論が、そしてその「産物」の中で最も短命な、行為と言論からおのずと生ずる行ないと物語が、直に不滅性を手に入れることができるという保証」（VA, 248/254f.）を与えるものとして、「ポリス」すなわち「共同体」は創設されるというのだ。これではまるで、「原理的に隠されたままにとどまる」次元にあって区別の付かないまま同居していた善人と悪人、聖人と犯罪者の中から、いつの間にか後者が姿を消し、前者だけがおのれを「顕わに」したかのようではないか。それとも、後者は「見せしめ」のため公開処刑されねばならないとでもいうのだろうか。そこで追い求められる「名声」と「栄光」が（そして「見せしめ」と「汚辱」が）、共同体の存続のために巧妙に用意された一種の「餌」である可能性——かつてヨナスが論じた、生本能の「偽装」された形態である可能性——が、まるで視野に入っていないかの如くなのである。

「くだらないこと」が「もっとましな」次元を支える

だが仮に、人格がおのれの「誰であるか」をその「名声」と「栄光」の下に「顕わに」することがこの共同体において可能だとしても、それが可能なのは、すでにその共同体が人々の生の存続の基盤として共同体それ自身の存続を全うしているときにかぎるはずだ。つまり、「労働」と「家政」という生の存続に専心する営みを「くだらないこと」がその任を全うして初めてのことだという事情が、古代ギリシアのポリスは、当の「くだらないこと」と看做して「もっとましなこと」に邁進することができるのを範に採ることで（もちろん、それは奴隷制に支えられていたのだが、そしてこのことを彼女も知悉しているのだが）、いつの間にかアレントの議論から抜け落ちてしまうのである。

そうなってしまうのは、自由を基盤とする「もっとましな」次元が生命と自然の論理が支配する次元からいかにして拓かれたのか、そして、そのようにして拓かれる次元が生命と自然に対してどのような関係を取り結ぶのかについての考察が欠落しているからにほかならないと、本書は論じてきた。この考察を踏まえたとき、「もっとましな」次元を「支え」るものとしての共同体の公共性（「顕わ」であること）には、アレントの言う「名声」と「栄光」で「光り輝く」のとは別の、重要な機能があることを見過ごすことはできない。すなわち、人々の間で共有できる共通の目的の設定と、その目的の達成を測ることのできる共通の尺度の設定である。もちろん、この共同体にあって最終的な尺度となっているのは、すでに述べたように、当の共同体の存続以外ではない。それなしでは、誰も生きていけないからだ。

だが、最終的にこの至上の目的（にして命令）に行き着くためにも、その手前で数々の特定の、具体的な目的が設定され、そのつどその達成の程度が測られていかねばならない。こうした機能を共同体が果たすにあたっては、「制作」というもう一つの活動の有効性があらためて吟味されねばならない。なぜなら、制作はまさしく特定の目的を設定して、その実現のために（その手段として）何ものかを作る活動にほかならないからである。制作活動によって産出されたもろもろの「物」たち（という、「脆く」「儚い」行為と言論に比して「堅固な」存在者）から成る「世界」において、それ自体「物」と同様の相対的に堅固な「制度」として設計される組織体に依拠する「政治」――それは当然ながら、「行為」に依拠するアレントの「政治」とは異なったものとなる――の可能性を検討する余地が、なお残されているのだ。

d　制度の制作

制作と行為

単なる同じことの繰り返しに明け暮れて何も永続的な形を残すことのない――そして、個々の生命の喪失（すなわち、死）と共に跡形もなく全てが失われる――「労働」と異なり、「制作」がそうした個々の生命の喪失を越えて存立する「物」を作り出すことで「世界」を樹立する活動である点を、彼女は高く評価する。だが、この活動がそれを目的として為されるところの「物」（制作物）自身が最終的にいったい何を目的としているのかを、当の「制作」活動は示すことができない。この点を以って、行なうことそれ自身が目的である「行為」が「制作」から区別される。制作は、おのれの活動が結局のところ（労働と同じく）「生きる」ための道具作りでしかない疑いを、根本的に晴らすことができないのである。そして、ではいったい「何のために」生きるのかと問うてみても、この問いに制作は答えることができない。これに対して「行為」は、自らの行ないを以って当の行為する者の「誰であるか」を「栄光」の内に「顕わに」することができる。単に「生きる」のではなく、行ないの内におのれの「誰であるか」

〈それを彼女は「人格」と呼ぶ〉を開示することが、自ら設定した目的なのだ。アリストテレスにこと寄せて、彼女は次のように述べる。

> 行為と言論は、それに特有の「目的」つまりtelosを自らの内に携えており、だからこそentelecheiaつまり「完全顕在態」〔おのれの「誰であるか」を完璧に「顕わに」すること〕と呼ばれうるのである。行為と言論の繰り広げる働きというのは、プロセス自体はその内で「消失」してしまう結果や最終成果などではなく〔これが「制作」の場合である〕、行なうことそれ自身の内に存する。行なうことそのことが働きによってもたらされるものであり、言い換えれば「作品」である。つまり、行なうことこそ「エネルゲイア」〔隠れていたものが顕わとなること〕なのだ。(VA, 262/269)

このように「制作」と「行為」を区別した上で彼女は、行為(すなわち、彼女の言う意味での「政治」=公けの事柄《レス・プブリカ》)がしばしば(とりわけ「近代」に至るとますます)制作へと切り下げられてしまう点を批判する(この動向は、すでにプラトンの内にはっきり看て取れると、彼女は指摘する。cf. VA, 281ff./288ff.)。人格の開示であるべき活動が、単なる道具作りに堕してしまう、というわけである。これを彼女は、「政治の格下げ」と呼ぶ。

> 行為の代わりに制作を置き据えることができるとする希望の内には、政治を、政治的なものの彼方に存する一層高次の目的を達成するための手段に格下げすることが潜んでいる。そうした一層高次の目的とは、古代では、一般的には、劣悪な人たちの支配から優良な人たちを守ること、特殊的

には、愚民《モッブ》の支配から哲学者を護ることであり〔プラトンの場合である〕、中世では魂の救済であり〔キリスト教の場合である〕、近代では生産性〔資本主義の場合である〕ならびに社会の進歩である〔マルクス主義の場合である〕。こうした希望ならびに政治の格下げは、政治思想の伝統と同じだけ古い。（VA, 291f./299）

そして、政治を制作へと「格下げ」しようとするこの「希望」が何に由来するかと言えば、それは、人が「行為〔すなわち、彼女の言う「政治」〕」に潜む数々の問題点がいかに由々しく、見たところ解決不可能であるか」を前にして、「行為に特有のリスクと危険を除去したいという誘惑」に駆られるからだ、という（VA, 292/299f.）。「人格」の開示などという大それた試みははなはだ困難だから、もっと目に見える成果の上がることで満足しよう、ということだろう。「その除去のための方策とは、人間事象が相互に縺れ合っているあまりに脆く壊れ易い関係の網の目〔「人格」が開示される「政治」の空間である〕を、私たちが自然に立ち向かって物の世界を打ち立てるという遥かに堅実で信頼のおける活動〔「制作」である〕によって、保護し強化することなのである」（VA, 292f./300）。それが、彼女の目には政治の堕落と映るのである。「その〔この「格下げ」の〕結果、人間関係の網の目は引きちぎられてしまう」（VA, 293/300）からだ。

制作は行為を護る実効性をもつ

しかし、すでに前節で論じたように、「倫理」という「原理的に隠れざるをえないもの」が白日の下に曝されたとき、根本的にそれは変質を余儀なくされるにも拘わらず、「倫理」の「顕わ」なものへの移行には充分な必然性（ないし、必要）があったと考える本書から見れば、事態は必ずしもアレントが見るようにはならない。まず、「倫理」の「顕わ」なものへの移行は、ここで彼女が言うような「一層高次の目的を達成するための手段」への「格下げ」ではない。そうではなく、当の「倫理」をあくまでその可能性の内で保持するためなのだった。つまり、この移行は「倫理」なり「政治」なりの外部に何らかの別の目的を設定することではないのである。したがって、それは「格下げ」ということにはならない。

第二に、「倫理」がそれへと移行した新たな次元は、誰の目にも「顕わ」な次元だったことにあらためて注目する必要がある。このときの「顕わ」さとは、どのようなものだろうか。それは、原理的には誰でも（つまり、全ての人が）見ることができ、多くの人々がそれを承認して共有できる、というほどの意味である。全てが隠れたままでは、善行も犯罪も区別ができない。闇に乗じて最悪の暴力が行使されることは、何としても防がねばならない。このとき、何が「よく」て何が「悪い」かの尺度が誰の目にも見える形で打ち立てられ、共有されなければならない。その尺度は、「皆のため」以外ではなかった。すなわち、「共同体のため」である。全てをこの「共同体のため」という明々白々たる尺度で測るにあたって、最終目的ではなくとも特定の限定された——すなわち、誰の目にもはっきり見て取れる——目的の実現に向けての活動である「制作」は、「顕わ」となって明るみにもたらされた次元での活動として、「行為」（アレントの言う「政治」）以上に注目すべきものがある。制作は、なるほど彼女の言うように「〔制作するという〕プロセス自体は……「消失してしまう」」が、その代わりに誰の目にも見える、そして「物」としての堅固さをもった「結果や最終成果」（VA, 262/269）を共同体にもたらすことができるからである。共同体にとっての「よさ」を推進し「悪」を防ぐことは、最終的に当の共同体の存続に資する実効的なものでなければならないのだ。こうした実効性をもつ制作は行為＝政治を「支える」ものとして、後者を護る基盤たりうる。

「社会」という非ギリシア的活動

この点に関してアレントが、「社会（societas）」という言葉が「ラテン語にしか存在せず、それに相当するものはギリシア人の言語にも思想にもない」（VA, 34/32）と指摘していることは興味深い。今本書が注目しているのは、「制作」という活動を評価する「非ギリシア的な」発想に関わると言ってもよいからだ。この言葉について、彼女は次のように述べる。「societas という言葉はもともとラテン語において、限定的とはいえ、或る明確な政治的意味をもっていた……。この語は、一定の目的のために人々がお互い取り結ぶ同盟を意味している。例えば、他の人々を自分たちに都合のいいよう管理するとか、犯罪を企てるとか、そういった目的のためにである」（VA, 34/32f.）。あるいは、次のような発言もある。「社会とは、生命プロセスそれ自体が、公的に確立され組織されている形態である」（VA, 58/57）。「社会とは、とにかく生きるというただ一つの究極目的のために人間が自らに等しい者たちと互いに依存し合うこと、ただそのことのみが公的意義を獲得するような共存の形態である」（VA, 59/57）。「皆のために」という尺度を掲げた「共同体」とは、まさにそのようなものにほかならない。ここで敢えて挑発的な二者択一を提示するなら、今本書は、「顕わ」な次元において主役を演ずるべきなのは（あくまで次元を限定しての話であることを忘れないでほしい）政治か社会か、行為か制作か、と問うているのである。

この二者択一を、本書が前章でヨナスを論じたときの言葉遣いであらためて提示するなら、「倫理」か「道徳」か、ということになる。「倫理」は、それが「顕わ」になるとき、おのれを裏切らざるをえない。私の行ないを「あなた＝他者のため」のものだと公言することは、それが本当にその名に値するものなのか否かを、そう公言する本人も含めて誰も保証しえない以上、おのれを偽ること、すなわち偽善となってしまうからだ。したがって、「倫理」がおのれをその可能性において保持しつづけるためには、「倫理」以外のものに姿を変えて「顕わ」とならねばならないのだった。その変貌した姿が「皆のため」、すなわち「共同体のため」なのである。そして「道徳」は、その「共同体」の秩序を維持する装置として機能する。

「道徳」は説教する

私たちは「〜しなさい」「〜してはいけない」と幼少時から教え込まれる。家庭でも、学校でも、つまり親からも、教師からも、総じて大人たちから、どのように振る舞うべきかを明示的に――つまり「顕わ」な形で――叩き込まれるのだ。これがすなわち、道徳的説教である。つまり「道徳」は説教という仕方で、「顕わ」なるものなのである。説教しない道徳はない、あるいは説教しなければそれは道徳でない、と言ってもよい。そして、「どうしてそうしなければいけないの?」あるいは「どうしてそれはしていけないの?」と尋ねれば、「そうすることは皆のためになるから、そして結局は(君も皆の一員である以上)君のためになるから」あるいは「それをすると皆のためにならないから、そして結局は君のためにもならないから」という答えが返ってくるはずである。そう言われれば、納得しないわけにはいかない。そして、道徳の教える通りに振る舞えば、確かに共同体の秩序は維持され、そのことを通じて共同体の存続は確かなものとなる。私を含めて皆が安心して生きていくことは、あるいは少なくともそのことだけは、確保されたのである。

ここで、前節で引き合いに出したマキアヴェッリを再び呼び出そう。彼の名高い言葉「善人であろうとするな」は、「倫理的であろうとするな」ということであると同時に、そのこととペアになるようにして「道徳的であれ」と述べていることになる。もちろん、彼は「道徳」を本書のような意味に解していないから、もっと端的に——彼の言う意味で——「政治的であれ」と述べるわけだが、その「政治」の内実が、君主たちがイタリアを統一するための種々の政治技術——しばしば、目指す結果＝成果を獲得するためには手段を選ばない権謀術数とされる——であったことはよく知られている通りである。つまり、彼もまた「制作」的であることを政治に要求しているのだ。その核心を成すのは、特定の目的の設定と、その目的の共有である。それが、例えばマキアヴェッリの場合はイタリア統一だったのであり、ヨナスの場合であれば、(「世代間倫理」に基づく) 未来世代の存続なのだ。

ヨナスは「倫理」と「道徳」の区別に無頓着だったため、多分に「倫理」的色彩の濃いものをその「世代間倫理」(それは本来、特定の目的——未来世代の存続——の実現に仕える「道徳」と位置付けられるべきものだった) にもち込もうとして失敗したと本書は論じた。だが、未来世代の存続は、現在の私たちの共同体の存続の延長上で同じ生命の維持を目的として掲げることで、充分私たちが共有できるものなのである。大事なのは目的を誰の目にも明らかな仕方ではっきり提示することであり、その目的を共同体の成員のできるだけ多くの者に承認してもらう——つまり、その目的を共有する——ことなのだ。現にそうした仕方で、例えば地球温暖化対策は、今や世界中の多くの国が賛同するものとなりつつある。[39] そしてそれは、ほかの何にもまして「制作」的な活動なのである。

行為は制作の「振り」ができる

最後に強調しておかねばならないことがある。制作は、そこに「倫理」が居合わせる可能性を決して排除しない、という点である。先に見たようにアレントは、制作が行為を引き裂いてしまうと論難していたが（cf. VA, 293/300）、それはむしろ、彼女の言う「行為」が――彼女の言に反して――（行為する者の「誰であるか」、すなわち「人格」を顕わにするとか、行為の空間は人と人との間の「あまりに脆く壊れ易い関係の網の目」で織り上げられている、といった仕方で）多分に「倫理」的な色彩を帯びたままであることの証しである。「原理的に隠されたもの」にとどまらざるをえない「倫理」がおのれを「顕わ」にしようとすれば、それは「著しく破壊的」とならざるをえない点をあれほど的確に指摘していた（VA, 95/94）にも拘わらず、である。

彼女に対しては、こう言わねばならない。なるほど「行為」は「顕わ」なものとならなければならないが、そのときそれは「制作」へとおのれを変貌させねばならないのだ。そうすることによってのみ、「行為」はおのれを「破壊」せずに――「引きちぎられ」（VA, 293/300）ずに――いることができるのである。彼女は、「政治の存在理由は自由である」と述べる。[40] 本書はこの見解に全面的に賛同するが、それは「新たに始めること」として行為の内に孕まれた自由を、その可能性において制度的に確保せんとする「制作」的営みとして政治を捉え直した上でのことである。

「倫理」と「行為」の関係を論じた前節の表現をここで「行為」と「制作」に転用するなら、次のように言ってもよい。制作に行為の「振り」はできないが、行為は制作の「振り」ができる。共同体という「顕わ」な空間の中で特定の目的の実現に向けて邁進しているとき（制作である）、そこに図らずも私が「誰であるか」が「顕わ」になっている（行為である）かもしれないのである。だが、この「顕わ」さは、誰の目にも明らかな、誰もがそれと看て取ることのできる共同体の白日の光の下でのそれではない。アレントが「行為」に与えたような、「栄光」に包まれて眩く輝くそれではないのだ。確かにそこに

「誰か」が姿を現わしているのだが、最後までそれが誰「である」のかが定まらないような類いのそれなのである。実は、彼女自身もそれを、「本質」――「である」――を以ってしては問うことができない、と論じていたのだ。[41] 誰かが、薄明の光の下に佇んでいるのであり、そのことに気付いた者が「誰だろう?」と訝って目を凝らしている内に、いなくなったのである。あれはいったい、誰だったのだろうか。[42]

4　デカルト批判をめぐって

a　デカルトの誤り

『活動的生』は、主としてガリレオとデカルトを批判的に考察することを通して近代という時代の言わば「診断」をする第六章を以って締め括られる。そこでのアレントの時代診断（それはそのまま、近代という時代に対する彼女の批判にもなっている）の筋書きは些か込み入ったものだが、その大略は次のように纏められるだろう。

ガリレオの発明とデカルトの発見

彼女によれば、近代を方向付けた決定的な出来事は、ガリレオによる望遠鏡の発明である。「原理的に人間の感覚能力の彼方にあるものを感覚的に知覚できるよう組み立てられた新しい器械のレンズを通して最初に見えた光景の数々は、絶対的に新しいことの始まりを意味するものだった」(VA, 329/340)。感覚は私たちにこの現実の正しい姿を伝えてくれるものなのか、それとも、それは私たちを欺くものであって、知性こそがこの現実の正しい姿を教えてくれるものなのか、という古代以来私たちを悩ませてきた二者択一に、ガリレオのこの発明は第三の、全く前代未聞の途を拓くものとなった。私たち人間は自分たちが作り出した器械を以って自然に介入し（「制作」的活動である）、そうすることで自然を自分たちの尺度に合ったものに作り変えることができるし、そうするほかにこの現実と上手に付き合っていく途はないことを、この発明は示したのだ。感覚でも知性でもなく、制作による自然への介入こそが、私たちの現実を成すのである。

このとき、「そうするほかにこの現実と上手に付き合っていく途はない」として近代をこの新しい途へと邁進させることに大きな貢献をしたのが、デカルトである。彼は、この現実の全てを測り、それを動かすことのできる「アルキメデスの点」を人間の「主観」なるものの内に発見することで、この貢献を為したのだ（cf. VA, 361/372）。斯くして、人間による自然への介入とその作り変えは加速度的に進行して止むことがなくなるが、他方で現代物理学は、例えば量子力学に見られるように、自分たちの（次々と発明される器械を媒介とした）観測によって捉えられる以前のこの現実の状態の原理的不確定性を前にして、近代がその始まりから抱えていた不安──すなわち、自分たちの制作的活動の力が及ばないものがこの現実には隠れているのではないかという不安（この不安は、「そうするよりほかにこの現実と上手に付き合っていく途はない」という態度の内に、その影を落としていた）──を増幅させる。

デカルトのかつての普遍的懐疑は、精密自然科学そのものの核心部分に巣食うようになった。……というのも、今や問題となっているのは、現代物理学の自然像が、表象不可能であるばかりか……、思考不可能であり、人間知性の概念やカテゴリーによっては捉えられない〔のではないか〕、ということ〔すなわち、懐疑〕だからである。（VA, 366/377）

この「懐疑」が惹き起こす「不安」が現代科学の止めどを知らない発展を密かに駆り立てている、というわけである。そして、あたかもこの不安を押し隠すかのように、ついに私たちは地（球）上を離れて、天空（宇宙空間）にまで制作の手を伸ばして止むことがない（この問題意識を『活動的生』は、すでにその序論の冒頭で提示していた。cf. VA, 7/1）。――おおよそこのように、アレントは近代から現代に至る動向を描き出す。

デカルトとアレントの誤解

ところが彼女は、近代を経て現代が陥っているこうした状況がガリレオやデカルトのどのような誤りに由来するものなのかを一向に明示しないために、否定的に描き出されたそうした現状からどのようにしたら抜け出せるのかを示すことができない。為されていることと言えば、そのような状況に陥ってしまっている私たち現代の世界（それは、昂進して止むことのない「制作」的活動の行き着く先として描かれている）を「陰画《ネガ》」として、すでに失われてしまって久しい古代ギリシア的「行為」の世界が言わばその「陽画《ポジ》」として対比されるばかりなのである。もちろん、アレントの方向性はそうした「行為」の次元を取り戻すことにあるのだが、ここでもまた、それをどのようにしたら取り戻すことができるのかが全く定かでないままなのだ。これでは、失われてしまってもうないものを嘆息しつつ思慕するノスタルジーと、何ら変わるところがなくなってしまう。本書の見るところ、デカルトの内には、彼が近代と共有することになる或る誤り（それは彼の自己誤解なのだが）と共に、それとは全く別の次元が一旦は開けていたのであり、この次元を通り抜けることによってしかその誤解を正す途はない。にも拘わらず、デカルトを批判するアレント自身が、彼と同じ誤解から一歩も抜け出ていないことが問題なのである。では、それはどんな誤解なのか。ことの次第を見ていこう。まず、アレントは、デカルトが為したことを次のように纏める。

デカルトは、アルキメデスの点を人間の認識能力それ自身の内へ置き移すという方策を編み出した。この方策により、なるほど、或る意味で困難〔新しい第三の途を歩むにあたって付き纏っていた、あの不安である〕は解消された。というのも、そのおかげで人間は、新しい「転倒した世界」〔新しい第三の途が発見される以前の「健全な人間知性、つまり常識」からすれば、この途は「転倒」しているようにしか見えない（VA, 359/369f.）〕の出発点を絶えず携行することができるようになり、その結果、その世界の「転倒性」をもはや気にする必要がなくなり、言わば、人間は大地に属しておらず、それ故、感覚的に生身の在りさまで直に与えられた地上的な事態関係には制約されていないかのように、地球上を移動できるようになったからである。（VA, 361f./372）

このようにして「アルキメデスの点」は「人間の内面に移された」、というわけだ（cf. VA, 364/375）。先のデカルトの「発見」を、アレントは「置き移し」という「方策」と捉えている点に注意してほしい。それは彼女にとって、近代がその当初より抱えていた「不安」に対処すべく編み出された「方策」にしか見えなかったのである。この意味でそれは、ガリレオの「発明」とその本性を同じくしているのだ。すなわち、それも一種の制作物なのである。

「われ、思う」は人間の内面か

ここに描き出されているのは、デカルトが近代と共に犯した誤りである。すなわち、アルキメデスの点がそこに「置き移」された場所が、「人間の内面」だというのだ。だが、はたして彼が方法的懐疑の果てに見出した唯一の絶対に疑いえないものである「われ、思う（cogito）」は、「人間の内面」なのだろうか。それは、「何かがそのようなものとして思われているということ、そのこと」（例えば、「2足す3は5と思われる」ということ、そのこと）以外ではないのであって、「そのこと」が「人間の（意識、ないし主観という）内面」であるか否かは疑おうと思えば幾らでも疑えることなのではないか。現にデカルトは、「2足す3は5だと思われること、そのこと」は「2足す3が（本当に）5である」ことを保証しないと、「欺く神」を引き合いに出して論じていた。つまり、方法的懐疑という徹底した思考の下では「思われる」ことが「である」ことに優越する点に、この議論の要諦があるのだ。

ところが、この「思われること、そのこと」をひとたび「思惟実体」すなわち「主観」の「内」なる働きとし、その「外」に「物＝物体」という「延長実体」すなわち「客観」が存在するとしてしまうと、もはやその「内」がその「外」を正しく（あるがままに）捉えているか否かは怪しくなってしまう。先の「不安」が影のように忍び込むのは、まさしくこの地点においてなのだ（彼の「発見」した「思うこと、そのこと」の中には、いまだそのようなものの姿は見えないことに注意してほしい）。斯くして今やデカルトは、「外」界（客観）の存在を証明するために神の誠実さに訴えるしかなくなるし、心身問題においては、すなわち、「主観という内なる意識」と「身体という外なる物体」の関係が問題になると、松果腺なる脳内の一小器官を主観（内）と客観（外）を媒介する言わば「機械仕掛けの神」に仕立て上げるしかなくなるのである。

世界が端的に披かれる、或る原初的な次元

ところが、アレントはこのことを指摘することなく、逆に、ますますデカルトをこの「内面」へと閉じ込めてゆくのだ。彼女はニーチェを引き合いに出しながら、次のように論ずるのである。

ニーチェは、cogito, ergo sum（「われ思う。故に、われ在り」）には論理的誤りが潜んでいると喝破した。論理的には、cogito, ergo cogitationes sunt つまり「われ思う。故に、思い在り」でなければならなかったのだ、と。デカルトによって唱えられた存在証明は、せいぜい、意識の存在を証明するに至るのが関の山であって、人間の現実存在を証明するには充分でない。(VA, 476/498)

ニーチェの指摘自体は、全く正しい。デカルトが懐疑の果てに辿り着いた地点に残されていたのは、「と思われる」という「思い（cogitationes）」以外ではなかった。だが、そこで見出された「思い」を、アレントは直ちに「人間のもつ意識なるもの」に読み換えてしまうのだ。そしてそれは、「主観」という「内面」を構成するものとされるのである。これは、デカルトが結局のところ陥った誤り以外ではない。だが、彼が懐疑の極点で出会っていた「思い」は、人間という「主観」の存在を証明するものでもなければ、その主観がもつとされる「意識」なるものの存在を指し示すものでもなかった。デカルト自身、自らが懐疑の果てに出会ったこの「思い」を前にして、注意深く、はたしてこの「思い」とはいったい何か、とあらためて問うているのである。

その上で、この問いに彼が与えた回答は、「何かがそのようなものとして見えている（videre videor）」

（ここで言う「見えている」は視覚を指しているわけではないので、「姿を現わしている」と言った方がより正確だ）という、ただそれだけのことだ、というものだったのだ。つまりそれは、「意識という閉じた内面」などではなく、およそあらゆるものがそこにおいて初めて何かとして、ということは世界が世界として姿を現わす次元、すなわち世界そのものが端的に（直に）披けてくる、或る原初的な次元を指し示していたのである。何かが何かとしておのれを顕わにし、そのようにして姿を現わした「何」かと、それに対して披かれたものが一体となった次元である。

　厳密に言えば、ここで「何かに対して披かれたもの」は、いまだそれ自体が「何」かとして姿を現わしているわけではないから、何かがそこにおいて姿を現わす「場所」ないし「次元そのもの」とでも言うべきものである。デカルトが懐疑の極点で出会った「思う」は、こうした「次元そのもの」だったのであり——それは方法的懐疑（ふつう、誰もそんなことはしない）がその最高の強度にまで昂まったときに初めて姿を現わしたのだから、「前代未聞」と言ってよい——、それを彼はあらためて（その端的性・直接性をほかにどう表現したらよいか分からないので）「われ（私）」と呼んだのだ。したがって、それは（デカルトも私たちもよく知っている）人間のことでもなければ、人間がもつとされている「心」（つまり「意識」、ないし「主観」）のことでもないのである。だが、ひとたびそれを「われ（私）」と呼んでしまうと、先の誤解は避け難くなる。ふつう、「私」とは各人のことを、「各人」とは人間一人ひとりを、指すからだ。かくして、デカルト自身もこの誤解に落ち込んでいったのだ。先に「自己誤解」と述べた所以である。[43]

　ここで、どうしても付け加えておかねばならないことがある。本書の見るところ、デカルトが懐疑の極点で出会ったこの「次元そのもの」（であるかぎりでの「私」）は、のちにアレントの師の一人フッサールが再発見し、「純粋現象」ないし「超越論的主観性」と呼んだところのものにほかならない（彼もまたそれを「主観性」と呼んでしまったとき、デカルトと同じ誤解すれすれの地点に立つことになったのだが）。そればかりではない。彼女のもう一人の師ハイデガーもこの「次元そのもの」に注目し、それを今度は「非‐伏蔵性」――何かが、おのれを覆っていたヴェールを脱いで、おのれを顕わにすること――としての「真理（aletheia 隠れなさ）」の名の下に追究していくことになるのである。[44] デカルトに端を発して（おそらくはカントを経由して）フッサールからハイデガーへと繫がる、いわゆる「近代」（アレントの批判するそれでもある）とは全く別の筋途――「近代」を突き抜けてしまう筋途と言ってもよい――が間近で通じていたにも拘わらず、彼女がそれに全く気付かずにいたように見えることは、（本章で見て来たような彼女の鋭敏な哲学センスに照らし合わせたとき）残念でならない。また、本書の全考察が、彼らによって拓かれたこの次元に立脚しつつ、それを更に先へと推し進めようとする試みであることは、すでに明らかな通りである。

b　力と生命

「思い」の根底に見出された「力」

しかし、同書第六章における彼女のデカルト批判の中には、本書にとって興味深い論点もまた、見出すことができる。それは、これまで本書が「力の形而上学」と呼んできたものに対応する。彼女はデカルトの中に、この「力」の姿を認めているのである。

決定的に重要なのは、〔デカルト的懐疑においては〕存在するものと現象するものとの関係が、静的

> であることを止めたことである。静的とはこの場合、現実の存在者が現象によって隠蔽され隠匿されてしまい、人知から原理的に身を隠す、といったような存在と現象との関係のことを指す。例えば、根っから懐疑主義的な不可知論では、そう考えられた。デカルト的懐疑において問題となるのは、そのように現象系列の背後に隠れた、未知だが静止した存在ではない。むしろ、この未知の存在はエネルギーを帯びており、並外れた能動性を具えている。この存在は、文字通りおのれの現象を造り出すのであり、この現象は結局、まさに虚偽へ行き着くほかない。人間の感覚が何を知覚するにせよ、それは、目に見えない隠れた力〔強調アレント〕の帰結なのである。（VA, 351/362）

デカルトの懐疑の中では全てが、何かとしておのれを顕わにしては姿を消し、代わってほかの何かが新たに姿を現わし、…といった絶えざる現出が流動してゆく現場に送り返されるのであり、その現場の背後に静止した存在が隠れているわけではない。絶えざる現出の流動を通して私たちの現実の根底に垣間見られ・感じ取られるのは――デカルトは、先の「思う」を「感じること」とも表現していた――、「エネルギー」であり「並外れた能動性」であり、すなわち「力」なのである。「次元そのもの」の根底に、彼は「力」を発見したと言ってもよいのだ。

見られるようにアレントは、この「力」によって絶えず生み出されては消えてゆく現象を、「虚偽」と捉えている。これは、例えば「2足す3は5に思える」にも拘わらず、それは欺く神がそう思わせているのであって「2足す3は（本当は）5ではない」かもしれないと疑っている段階での話である。そう疑えるかぎりで、それを虚偽と看做して斥けることを要求するのが、方法的懐疑だった。だが、デカルトが最終的に到達した地点は、そこではない。「本当は」という仕方で、「思う（思える）」の背後に静止した存在が隠れているという想定自体も疑うことができるのであり、そのかぎりでこの想定もまた斥けられる。こうして、およそ姿を現わすものの全てが「虚偽」の嫌疑の下で斥けられるかに見えたそのとき、デカルトはそう「思う（思われる）こと、そのこと」は（「思われ」た内容、ないし対象が、ではない）もはやいかにしても斥けることができないことを発見したのである。先にも述べたように、のちにフッサールが「純粋現象」と呼び、ハイデガーが「隠れなさとしての真理」と呼ぶことになるあの次元に、デカルトが初めて到達したのだ。

「生命それ自体」

したがって、そこで姿を現わしているものは、もはや「虚偽」ではない。そして、この「次元そのもの」の絶えざる流動を通して感じ取られる「力」も、それ自体は姿を現わすものではないが、もはや「虚偽」の圏域の内にはない。今やデカルトが立っている地点は、言葉のふつうの意味での「真」と「偽」がそれを前提としなければ成り立たないような、その一歩手前の次元なのである。したがって、アレントがここでデカルトの前に姿を現わしたものを「虚偽」と捉えた時点で、誤解が始まる。それは「意識」という「内面」にのみ姿を現わす、「幽霊の如きもの」（VA, 352/362）となってしまうのである。そして、次のように言われることになる。

意識はそもそもプロセスとしてしか、つまり意識流〔強調アレント〕としてしか存在せず、それゆえ、意識の内では、実体的なものは皆、自動挽き器にかけられたかの如く粉々にすり潰されてしまう……。現代科学の考え方が、質量をエネルギーに、対象的なものを原子過程の渦動に解消するための準備になったものとして、このように、客観的所与としての現実を主観的な意識与件に、もしくは永遠に動かされつつ自ら動きつづける粒子と化した意識流に解消すること以上に好適なものがありえたであろうか。（VA, 358/368f.）

こうしてアレントは、デカルトが私たちの現実の根底に垣間見た「力」を、客観性と実体性を喪失した「主観的な」ものと看做し、現代科学が素粒子の運動の根底に看て取る「エネルギー」——それは、「場」の振動としても捉えられる——をも、そうしたものの延長上に置くに至るのである。客観は外部にあって実体的であり、主観は内部にあって絶えざる流動であるという「近代」的な図式に、彼女自身が捕えられたままなのだ。その上で彼女は、こうして「内面」に閉塞した「意識」が、あたかもおのれを「外界」に結び付け直してくれるかの如きものとして言わば「でっち上げた」のが、「一九世紀に特徴的な自然主義」だとして、その系譜の内に「身体を具えた生命体の生物学的プロセス」を位置付ける。「あたかも自己反省〔すなわち、意識〕は、人間の内に、つまり、なるほど自己意識の内にではないが、自己の身体プロセスの内に、おのれを外界に再び結び付けてくれる外的な素材を充分見つけ出せたかの如く」（以上 VA, 398f./408）だ、というのである。「自然主義は、意識〔内面〕と外界に代えて、生命それ自体を置き据えた」（VA, 399/408）というわけだ。

だが、もしデカルトが懐疑の極点で出会っていたものが決して「意識」という「内面」などではなく、この現実の根底を成す次元だったとするなら、ここで彼女の言う「生命それ自体」も、先の「力」と同じ次元にあって、物質とは異なる存在秩序である生物（有機体）を構成する原理だった可能性がある。彼女は、マルクス、ニーチェ、ベルクソンを「現代の生命の哲学を代表する三傑」として挙げた上で、次のように述べる。

現代の生命の哲学は、根本的には依然として意識の哲学ではあるものの、それ以前の近代の意識論や認識論とは、やはり異なったものである。というのも、生命の概念が当の意識を言わば力動化し活発化させることにより、伝統的な真理の理想ならびに伝統的に哲学者が取ってきた観照本位の態度から、一層決定的におのれを切り離しているという違いがみられるからである。……現代思想の核心にして、彼らの哲学体系がそれを中心にして回っている参照点とは、……生命とその多産性なのである。(VA, 479f./504)

このように述べる彼女は、彼らに対する身の処し方を決めかねて、躊躇しているようにすら見える。そこに何か真に考えてみるに値するものが潜んでいることを予感しつつも、それが「内面への退却」でしかないと彼女には見えるので嫌悪感を払拭できない、といったふうなのだ。その結果、彼女はこの動向を、キルケゴールに始まりフランス実存主義に終わるものの中に押し込めてしまうのである(cf. VA, ibid.)。「せいぜい、近代はこの世の刹那的な生へと投げ返されたに過ぎない」(VA, 408/418)、というのだ。

いかにして「動物的生」から、「世界」と「政治」的公共空間が生まれたのか

こうして彼女は、結局は現代の生命の哲学に、そして生命そのものに嫌悪感を顕わにして終ることになる。

生命の力は、他の全ての自然の力と同様、プロセスという形で、人間ならびに人間の為そうとすることと全てを否応なしに攫ってゆく。挙句は、「思考のプロセスもまた自然のプロセス」(マルクス、「クーゲルマン宛書簡」一八六八年七月一一日付)だということになる。人類という動物種全体のこの生命プロセスがそもそも目標や意味をもつはずだとすれば、それはこのプロセス自体に存するほかない。つまり、地球上の人類の生命の自己維持以外ありえない。(VA, 409/419)

……あたかも、もはや個人の生命は、類を支配する生命プロセスの奔流の中に完全に没し去るかの如くである。(VA, 410/420)

……ダーウィン以来、人類は動物から進化してきたと考えられてきた。人類は今日、まさにその動物に退化しようとしている……。(VA, 411/421)

だが、むしろ私たち人類の生は、アレントが敬意を以って思慕する古典古代が成立するまでの長い間、ここで彼女が描き出すような——生命の自己維持に専心し、個人は類の一員であるかぎりでのみ存在する——ものだったのではないか。したがって、問われねばならないのは、そうした「動物的生」から、いかにしてそれとは一線を画する生——「制作」を以って「世界」を樹立し、「行為」を以って輝かしい「政治」の公共空間を開く生——が成立したか、なのだ。古典古代が生命の自己維持に明け暮れる「家政＝労働」を蔑み、「世界」と「政治」を賛美することができたのはどのようにしてなのかを、考えてみなければならない。それが為されないなら、古典古代を思慕することは単なるノスタルジー、つまり失われたものを惜しむだけのことになってしまう。同書におけるアレントは、古代ギリシアがどのようなものだったかは雄弁に語ってくれるが、どのようにしてそれが(現代においてなお追求するに足る仕方で）可能だったのかを語ることあまりに少ないまま、「近代」に次のような診断を下して同書を終える。

ともあれ確かなことは、「観想（Theorie）」と「活動（Praxis）」の転倒が、「生命」と「世界」の関係のより古くて根本的な転倒の枠内で行なわれ、それを引き摺ったまま、近代の発展全体にとっての出発点となった、という事実である。活動的生は、観想的生への方向付けを喪失して初めて、活動的な生として全面的に展開されうるようになった。そして、活動的な生き方が生命それ自体に専ら方向付けられていたからこそ、生物学的な生命プロセス自体が、つまり「労働」において実現されるような人間と自然との活発な物質交替が、ものすごい勢いで強められるというようなこともありえたのである。その結果、生命プロセスの多産性が増大することにより、ついには「世界」それ自体が、「世界」を存立させている生産能力共々、自立性を脅かされるに至っている。（VA, 407/417）

近代とは観想的生が失われて活動的生へと転倒され、制作によって樹立された「世界」が自己増殖する「生命」に呑み込まれてしまった時代だ、というのである。

「生命か世界か」、「活動か観想か」の二者択一

ここでのアレントは「生命」と「世界」、「活動」（ここでは、「労働」と化したそれである）と「観想」を切り離したまま、「世界」と「観想」の喪失を嘆くばかりに見える。最後にいささか皮肉っぽく、「思考」を（「活動」の反対物としての）「観想」から解放した上で、それを「最も活動的」と称揚して

いるが（「多分、純粋思考こそ、純然と活動しているという点において、一切の活動の内で最も活動的だ、ということになりそうである」VA, 414/424）、そうした「活動としての思考」を「労働」や「生命」、「制作」や「世界」とどう関係付け直すかは（少なくとも同書においては）不明のままなのだ。

本書が疑問に思うのは、「生命」と「世界」、「（労働と化した）活動」と「観想」が上の引用でアレントが言うような二者択一の関係にあるのかどうか、という点である。すでに何度も述べたように、本書はこれら両者を、「基付け」という相互に切り離すことのできない関係に立つものと捉えている。すなわち、「生命」は「世界」を「支え」つつ、「世界」に「包」まれて初めて「生命」なのであり、「労働」は「観想」を「支え」つつ、「観想」に「包」まれて初めて「労働」なのである。より正確に言えば、「支え」るものである「生命」も「労働」も、「包む」ものである「世界」と「観想」に包まれたとき、新たに発見し直され、新しい意味を獲得するのだ。

5　「行為」の中核へ向けて

本書の主題である「自由」の観点からここでアレント哲学を振り返り、本書の進むべき方向を確認しよう。

自由と公共空間

すでに何度も論じたように、自由は「純粋な可能性」の内にのみ姿を現わすものであるかぎりで、全てが白日の光の下で何か「である」ところのものとして明確な輪郭を具えて存立する公共空間において「顕わ」となることがない。事情は、自らの自由に基づいてあなた＝他者へと向かう「倫理」と同様である。「ひょっとして私は自由なのかもしれない」という仕方で、誰かが——その誰「である」かが定まらないまま——薄明の光の中に佇んでいるのだった。したがって、「栄光」の眩い光に照らし出される公共空間における自由の実現を目指すアレント「行為」論は、自由の在りようからしてその方向を誤っていると言わざるをえない。

しかし、全てをその何「である」かにおいて顕わにする公共空間は、自由にとって決定的に重要な役割を担っている。そこで行なわれていることの何「である」かが定まらない薄明の光の下では、あるいは壁を立てることで人々の眼から隠される私的空間の中では、自由の可能性を根本から奪う暴力の行使を防ぐことができないからだ。すなわち、自由をその「可能性」において保持するための空間を設立する「制度」が必要なのだ。こうした空間の確保という目的をもった「制作」物としての制度に、公共空間の存在意義がある。

労働と自由

他方で、「労働」という活動が生きることとの基盤を構成するもの（「支える」もの）として不可欠であることは、言うまでもない。本書も、このことをアレント共に確認した。問題は、この労働が生の増殖と結び付いて際限のない拡大の運動に取り込まれてしまったことにある。彼女が「近代」という時代の根本動向として批判するのはこの点であり、ここに自由の存立する余地はない。全ては生命の維持と拡大という自然の至上命令に服しているからだ。この生命の論理に存在論的考察を以って肉薄したのが、ヨナスだった。自由は（もしそれが可能なら）生命の論理に服する労働を自らの下に統合すべく、それとの関係を構築しなければならない。すなわち、自らの存立を「支える」ものとして、労働をその下に

「包む」のでなければならない。これが、本書の言う「基付け」関係である。このとき、制作活動としての「政治」は、労働を生の基盤として整備する役割を果たしうる。

例えば、放っておけば生の自己増殖の欲望に委ねられたまま自己展開する経済活動（マルクスは、それを「資本」として問題化した）にさまざまな手段を以って介入することで（課税システムの整備による富の再分配を一例として挙げることもできるだろう）、拡大する社会格差が生み出す貧困（それは、生の基盤を破壊する）の除去に貢献することができる。こうして社会・経済システムに制作的に関与する政治的活動は、生の論理に服する労働を自らが「よし」と肯定しうるものへと規整しながら「包もう」とする活動であるかぎりで、自由の可能性に参与していると言ってよい。

制作としての政治と、自由

同時に制作は、誰の眼にも明らかな公共空間を設立することで、先に述べた自由の余地の確保という役割も果たしうる。すなわちそれは、労働という自然と生命の論理に服した活動の内に「自発性」という仕方で（生命の維持にとってどうでもよい「遊び」として）兆した自由の可能性を、（本能によってそうさせられるのでなく）私の名の下に・私を起点として（私がそれを「よし」とするが故にのみ）為される活動の可能性として樹立し、この可能性を護る活動でもありうる。自由にとってこの活動が不可欠なのは、自由がその本来の在り方からして「原理的に隠れざるをえない＝顕わとなることがない」ものであるが故に、そのままではその可能性を根本から奪う暴力と区別がつかず、いつでもその暴力に曝され、かついつでも自らがその暴力に加担してしまうからだった。

これを防ぐためには、私たちの活動の全てが誰の眼にも「顕わ」な次元――すなわち公共空間――に一旦は引き出され、「皆のために」という観点からそれを阻害することがないかどうかが吟味されねばならない。ここで、（「私」でもなければ「あなた＝他者」でもなく）「皆」という観点――すなわち公共性――が要請されるのは、誰が私なのかが（そして、誰がそれに向かい合うあなた＝他者なのかが）予め定まることが決してないからだった。例えば、なぜかこの私は斎藤慶典という名前と特定の能力・非能力や性格をもった一人物だが、私がそのような人物の下に居合わせ・そこから世界が拔けていることに何の必然性も見出すことができないのである。私があなたであってもよかったはずだし、二一世紀の日本とは全く別の時と所に生まれていても、あるいはそもそも生まれなくてもよかったはずなのだ。同様にして、別の私が斎藤慶典であってもよかったはずだ。

これはすなわち、誰が私（という自由の主体たりうるもの）であってもよい（おかしくない）ということにほかならない。そうであれば、自由の可能性は（私がそれを護るに値すると看做すなら）誰にでも、つまり「皆」に保証されるのでなければならない。そのためには、「皆のために」という公共空間が（自然の中にそのようなものは存在しない以上）制作されるほかない。自然であるかぎりでの私たちの現実は生命の自己維持――「生命のために」――という至上命令に服している以上、私たち一人ひとりは――つまり「皆」は――生命の担い手であるかぎりで存在しているに過ぎず、その担い手がこの私である必要はないし、ましてやその私が自由でありうる必要など、どこにもないからだ。すなわち、制作活動としての政治は、自由なのかもしれない私がその自由を護る活動でもありうる。

自由が労働と行為を、政治を介して結び付ける

このようにして、「制作」としての政治は一方で生の基盤を成す「労働」という活動に、他方で私が

自由に活動する可能性に――それが自由を中核とする活動であるかぎりで、アレントが「行為」の名の下に追求していたのはこちらだった可能性がある（少なくとも、それを含んでいる）と本書は考える――関わりつつ、それら二つの活動を媒介する機能を担うものとして、私たちの現実にとって決定的な重要性を有する。私たちが行なうさまざまな活動（それを彼女は「人間の条件」――人間が人間たりうるために充たさねばならないもの――と呼んだのだった）の間に取り結ばれる関係をアレントの思索の助けを借りておおよそこのように捉えるに至った本書にあらためて、かつより徹底した仕方で要求されるのは、以下の作業である。

すなわち、これらの活動の中で「基付け」関係上、下位の次元の活動に「支え」られてその一番上に位置してそれら下位の次元を「包む」ことになる「自由」の次元が、「可能性」としておのれを確立するに至るのはいかにしてなのかがあらためて明らかにされねばならない。すでに確認したように、本章が検討した『活動的生』においては、私が自由であることは前提とされるにとどまっていたからである。そしてまた、私が自由でありうることが確立されて初めて、〈制度としての政治〉が〈生の基盤を成す労働〉と〈自由の可能性を秘めた行為〉を媒介しうるものと成るからでもある。この「私が自由でありうる」ことの徹底した解明を、本書は彼女の師ハイデガーの「死」と「良心」をめぐる分析の内に認める。そしてまた、「私が自由でありうる」ことがおのれを全うするために〈制度としての政治〉を要請して熄まない事情を、ヨナスやアレントと並んでハイデガーに師事したもう一人のユダヤ人哲学者エマニュエル・レヴィナスの思考の内に認める。章をあらためて、取り組もう。

III

責任

第五章　責任という自由——ハイデガーとレヴィナス

本書の最終章となる本章は、これまで論じてきた責任と自由の内実と両者の繫がりに今一度立ち戻り、ハイデガーとエマニュエル・レヴィナス（一九〇六—九五）を対話相手とすることで「自由」という事態のより徹底的な解明を目指す[1]。

〈責任という自由〉は形而上の次元に創発する

私の名の下に何もの／ごとかを担うことができ、そのように何かを担う者として私が私として立つとき（すなわち、私が「主体」となるとき）、「責任」という（これまで自然の内には存在しなかった、新たな）構造（ハイデガーならそれを「存在構制＝存在の仕方（Seinsverfassung）」と呼ぶだろう）が確立する。そしてこのとき、何かを（他の何によってそうさせられたのでもなく）自ら担い、最終的には自己自身を担う（すなわち、おのれの存在を自ら選び取ることで自己の起源に立つ）「自由」が初めて成就する。すなわち、自由は責任という仕方で初めて成立する。本書が、〈責任という自由〉と述べる所以である。

但し、このような仕方で成り立つ〈責任という自由〉は、あくまで私がそのような仕方で〈存在しうる、る〉という可能性の次元に位置しており、しかもこの可能性が実現＝現実化したか否かを判定する基準が欠けているが故に、つねにその可能性においてのみある（同じことを逆から言えば、つねにその可能性は存立しつづける）のだった。すなわち、〈責任という自由〉は、「純粋な可能性」の次元にその存立の場を有しているのである。自然の中に事実ないし現実として存在することなく、ただ可能性としてのみ私たちの思考の前に開かれる次元、それを本書は「形而上的」と形容する。〈責任という自由〉は、この形而上の次元において、そしてその次元においてのみ姿を現わす。本書の副題「〈責任という自由〉の形而上学」が示すのは、このことにほかならない。

そのような「純粋な可能性」の次元が開かれることは、何かが存在するその仕方に決定的に新たな段階が画されたことを意味しており、これを本書は現代の生命科学の知見を借りて、新たな存在秩序の「創発」と捉えた。私たちは今や、単なる物体として存在しているのでもなければ、単に生命体として存在しているのでもなく、自由な者として存在している（のかもしれない——「純粋な可能性」である——）のだ。仮に「人間」という呼称をこの「自由な者」に与えるとすれば（前章で検討したアレントは、そう考えていたと思われる）、次のように言うことができる。「一人の人間が、天に向かって毅然と立った」（フランツ・J・ハイドン作曲のオラトリオ『天地創造』第二部末尾、神が最初の「人間」アダムを創造した件りである）[2]。それ以前に存在した全てが（大空を飛翔する鳥たちも含めて）なお「自然」の秩序の中にすっぽりと包まれたままだったのに対して、「人間」は「自然」を超えた「天」という別の秩序に向けてすっくと立ちあがったのだ。おのれの足で大地を踏みしめ、それに支えられて、別の秩序に向けて顔を上げたのである。このとき、「自然」においてはありえなかった〈おのれを担う〉可能性が、その者の前に開けたのだ。この意味で、「人間」とは或る可能性に与えられた名前なのである。

責任と自由をこのように捉える本書にとって、主著『存在と時間』におけるハイデガーは多くの点で示唆に富んでいる。同書でこの論点に密接に関わるのは、とりわけ同書第I部第二篇第一章と第二章における「死」と「良心」の分析である。そこでは、何かを担う者がいかなる存在者なのか、そのときいったい何が担われるのか、そしてそもそも何かを担うことはいかにして可能なのかが、精密に分析されている。[3] この点でそれらの分析は、本書の考える〈責任という自由〉に、より具体的な肉付けを与えてくれると言ってよい。とはいえ、そこでのハイデガーの分析に本書が全面的に賛同するということでは、必ずしもない。幾つかの点で異論を提示しなければならないし、或る決定的な一点においては、完全に袂を分かつ可能性がある。この最後の論点においては、レヴィナスが対話相手に呼び出されることになるだろう。

1　死——固有にして唯一の者へ

「実存」はおのれの外へ向かう

ハイデガーの洞察を根底で支えているものの一つは、「実存（Existenz）」である。すなわち、そこにおいて世界が現に私たちによく知られているような仕方で姿を現わす——世界が「開示」される——場として『存在と時間』における全ての分析の出発点とされる「現存在」の「存在＝存在すること」、つまり現存在の存在する仕方の根本を成しているのが、この「実存」である。この「現存在」はさしあたり私たち人間と等置されるが、それがそうした奇妙な名で呼ばれるのは、そこにおいて世界がすでに「存在」するものとして理解され、全てが「存在」の相の下に「現に」姿を現わしているが故にほかならない。分析の出発点に据えられているのは現存在であるかぎりでの私たち人間であって、人間であるかぎりでの現存在ではないことを見逃してはならない。

では、そのような現存在の存在する仕方の根本とされた実存とは、どのような存在の仕方なのか。それは、絶えず「おのれの外へ」と立ち出《い》で＝超出していく動向において存在するような存在の仕方、すなわち「脱自（Ekstase）」という在り方である。「存在する」という意味をもつドイツ語の動詞 existieren が、もともと ex-（外へ）という動向を中核にして成り立っていることから、この言葉が『存在と時間』における分析の根本語に選ばれたのだ。

世界の空間的な披け

「おのれの外へ」というこの動向は、私たちの現実において空間的・時間的な仕方で世界を開示する。すなわち、世界を現象させる。まず以って世界は、「ここ」から「そこ」へ、「そこ」から「あそこ」へと、空間的な仕方でどこまでも延び拡がっている。そして私たちは、そのような「ここ」や「そこ」や「あそこ」でさまざまな事物（出来事や物）に出会う。現代に生きる私たちが見知っているかぎりで言えば、「ここ」は極微の素粒子が飛び交いつつ一瞬の内に生成消滅を繰り返す次元から「あそこ」は太陽系の遥か彼方に位置する別の銀河の一つにおける超新星の爆発に至るまで、延び拡がっている。現存在が存在する、すなわち「実存する＝脱自する」とは、まず以ってそのような仕方で世界が空間的に延び拡がって開示されること、披かれることなのだ。「現存在は、実存する＝脱自することでおのれの世界である」（SZ, 364/4-181. 強調ハイデガー）(4)。

したがって、現存在は空間内の特定の地点としての「ここ」に存在するのではない。「ここ」から「そこ」へ、「そこ」から「あそこ」へと、どこまでも延び拡がってゆく動向が現存在なのであり、それはこの延び拡がりの動向の中で出会われる全てと共にある。すなわち現存在は、その動向においてそのまま「世界である」。現存在が「実存する＝脱自する」ことがそのまま「世界がある」ことなのであり、現存在はそのようにして世界を存在するのだ。「この〔ようにして〕脱自的に占められた空間に鑑みれば、そのつどの事実的な状態、より正確には〈状況〉[5]に属する〈ここ〉〔すなわち、現存在が〈現に〉「存在」する〈ところ〉〕とは、空間的位置〔空間内の特定の地点〕を意味するものでは全くない。そうではなく、そのような〈ここ〉は、最も身近に配慮的に気遣われた道具全体の領分〔最も広い意味で、およそ「〜のためのものとして理解されて——つまり「有意味（義）性（Bedeutsamkeit）」において——出会われるものの総体〕という〈方向を合わせられ、隔たりを取り去られることで披かれた活動空間〉のことなのである」（SZ, 369/4-198）。ここで「披かれた活動空間」が〈現に〉ということなので「あり」（すなわち「現-存在」）、それは空間的意味での世界以外の何ものでもない。

世界の時間的披け

だが、この世界は単に空間的に延び拡がっているばかりではない。それは時間的な仕方でも、太古の昔から遥かな未来に至るまで延び拡がっている。これもまた、現代に生きる私たちが曲がりなりにも見知っているかぎりで言えば、この宇宙の誕生とされる「ビッグ・バン」から、限りなく膨張をつづけて最終的に宇宙の全てが解体する（エントロピー極大の状態）のか、あるいはいつかこの膨張が停止して逆に収縮が始まるのか定かでない遥かな未来にまで、延び拡がっている。この意味で、現存在が存在することと＝実存することと＝脱自することは、世界がそのつど「生起すること（Geschehen）」なのである。すなわち、世界は現存在が存在することにおいて、「歴史（Geschichte）」的に存在する。[6]「歴史の生起は、世界内存在〔現存在が存在する仕方は、その脱自の動向において出会う全て、すなわち世界と共にあるという意味で、こう呼ばれる〕[7]の生起である。……現存在との、その本質からして〈実存すること＝脱自すること〉にほかならない統一において、世界が生起する」(SZ, 388f./4–274f.)。

現存在が「〈いま・ここで＝現に〉存在すること」＝「実存すること」＝「脱自すること」において、世界が時間的・空間的に開示され、披かれる。それが、世界の「生起」ということなのだ。世界生起というこの事態の根底にあるのは、何ものかがおのれの外へとそのつど絶えず超出して止まない「脱自」という動向ないし動性である。この動性が私たちの現実におけるおよそ全てを根底において支えているのだが、私たちを含めた全てはこの動性に貫かれることによって初めて存在するに至るのだから、当の動性がいったい「どこ」から来たのか、「何」に由来するのかを知ることができない。その由来は、存在以前に遡ってしまうからだ。このことを、ハイデガーは次のように表現している。すなわち、「生起一般の動性という存在論的な謎」(SZ, 389/4–276)。何もの／ごとかが生起するというこの動性は、存在論的に見て「謎」にとどまるというのだ。およそこの現実の全てがそれを前提としなければ成り立たないこの動性、これを本書は「存在の過剰」ないし「力の充溢」と呼び、それを一種の形而上的仮説と位置付けて来た。

「脱自」という「存在論的謎」

この動性をハイデガー自身は今見たように「生起」ならびに「歴史」と捉えることで、「時間性(Zeitlichkeit)」として解明しようとした。世界の空間的延び拡がりは、すでに時間を孕んでいるからである。「現存在に特有の空間性もまた、時間性に基づく……。……現存在の空間性は、実存論的には時間性を通してのみ可能である。……現存在が空間を許容する働きは、〈方向を合わせること〉と〈隔たりを取り去ること〉によって構成される」(SZ, 367/4–191)。「おのれに空間を許容することは、〈方位に関する方向を合わせられた予期〉であって、それは等根源的に〈「手許にあるもの」と「目の前にあるもの」を〔私に〕近付ける（隔たりを取り去る）こと〉なのだ」(SZ, 368f./4–198)。

例えば私が、空間内の一地点である「ここ」（仮に、自宅のある場所だとしよう）から「あそこ」（職場のある場所だとしよう）を捉えるとき、それは「通勤」という仕方で方位を合わせることで「ここ」から「あそこ」への移動が予期され、かつこの予期によって「あそこ」にある職場は私のいる「ここ」（自宅）から接近可能なものとして予め（実際に移動するに先立って、あるいは移動する／しないに拘わらず）到達されている（すでに「近付け」られ、「隔たりを取り去」られている）、というわけである。

ここで逆に、一切の空間性とは無縁な、純粋に時間的な予期や想起や現在といったものは存在するだろうか、と問うてみよう。少なくとも、日頃私たちが馴れ親しんでいるそれらは、多かれ少なかれすでに空間的なものを孕んでいるだろう。例えば、私が明後日に編集者と打ち合わせの約束をしたとしよう。この約束は、未来の出来事に対する一種の予期である。そのとき私は、明後日に打ち合わせをするからには少なくとも今日・明日中に今度の仕事の大枠を編集者に提示できるよう考えを詰めておく作業をしておかなければならない、と考える。このときの今日・明日・明後日という時間的な順序は、全く空間的な表象なしに把握可能だろうか。

このとき私は、これらの日々を暗黙の裡に一つの数直線上に並べて、順番を付けているのではないか。～の前にまずこれを、次いで（その後に）あれを、そうした上で当の～を、といった時間的な前後関係は、すでに何ほどか空間的な把握を含んで初めて可能となるだろう（ハイデガーは、これを時間の「時刻化可能性（Datierbarkeit）」として——あくまで時間性の派生形態として——論じている）。現在という時間様相にしても、ふつう私たちはそれを「眼の前で」起こっていることとして、すでに空間的な把握をそこに交えているだろう。現在とは、現前するもののことなのだ。したがって、ハイデガーが「脱自」を時間的なものとして解明しようとするとき、そこで「時間化（Zeitigung）」として捉えられた事態は、ふつうの意味での時間ではないことに注意すべきだろう。つまり、彼は時間性によって「脱自」を理解しようとしているのではなく、「脱自」によって時間を（そして空間をも）理解し直そうとしているのだ。現存在の存在する仕方が〈そのつど絶えずおのれを脱け出ていく動向〉であるからこそ、時間的「推移」や空間的「拡がり」が可能となるのである。

ついでに言えば、すでにカントが指摘したように、私たちの世界の開示性が時間と空間という枠組みによって制約されているため、ここでその開示性を根本において支えている動性として問題化された「脱自」ですら、「動性」——運動——という時間的表象と共に、おのれを「脱け出て」、おのれの「外へ」という空間的表象を纏うことを免れない。それらを纏ったそれは、すでに言葉の厳密な意味では、名指されようとしている当のものではないのだ。それが「存在論的な謎」である所以である。思考は、この「謎」の中に入ってゆくことができない。しかし、その周りを巡ることはできる。さまざまな角度からそれへの接近を試みることはできるのであり、この試みを通じて当の謎が謎である所以を確《しか》と見届けることはできる。本書はこのことを、思考の最終的な到達地点だと考えている。

「自己」は「自己同一」的にあるのではなく、実存に基づく

本題に戻ろう。現存在は徹頭徹尾この「脱自」の動向に貫かれており、この動向以外の何ものでもな

いのだから、それは通常「自己」（私）ということで考えられているだろう〈一定期間「同じもの」でありつづけているもの〉のことではない。「自己は、実体（Substanz）としても主体（Subjekt）としても把握されえない。それは、実存に基づいている」(SZ, 332/3–483)。「実体」や「主体」は、何らかの「物」や「こと＝出来事」の基底にあって自己同一的でありつづけるものと考えられてきたからである。現存在はそのような仕方では存在しないのであり、繰り返せば、それは〈そのつど絶えず「おのれの外へ」〉という仕方でのみ存在する、すなわち「実存する」。ところが、しばしば私たちは自分を（自己を）、絶えざる時間的流動の中にあってつねに自己自身に等しい者、自己同一的に一定期間存続する者と捉える。私たちが世界の中で出会う事物（さまざまな出来事やもろもろの物）がそのような自己同一者として捉えられて姿を現わすことに倣って、自己自身をもそのようなものとして捉えてしまう。だがそれは、現存在という〈世界がそこにおいて（のみ）披かれる場〉の存在の仕方を捉え損なっているのだ。

> 現存在は、存在的にはおのれを指しながら、現存在が自身それである存在者が存在する仕方に関して、おのれを見誤っている。(SZ, 321/3–437. 強調ハイデガー)

のちに詳しく見るように、現存在は世界が姿を現わす（すなわち「脱自する」）そのつどごとに〈ほかならぬ私である〉という仕方で自己に出会っているのだが（これをハイデガーは「不断に自己であること（Selbstständigkeit）」と表現する）、そのようにして出会われる自己を時間の中で同一でありつづける（自己同一的に持続する）ものと取り違えてしまうのである。「〈不断に自己であること〉が思い誤られて、根底に置かれた基体〔＝実体〕の持続性と看做される」(SZ, 322/3–440) のだ。

「気遣い」の下で不断に、〈いま・ここで＝現に〉自己である

私たちは通常、他人をも自分をもそのような自己同一的持続体として捉え、それを特定の「人物」と呼んでいるだろう。世界の中で出会うあれこれの事物に対して、そのような「人物」がいろいろと気を遣いながら存在している、というわけである。だが、そうではないのだ。気遣いとは、世界の中で出会われるあれこれの許へ自らが赴くこと、すなわち「脱自」の動向にほかならないのであり、より正確に言い直せば、世界の中で出会われるあれこれへと向かう動向（すなわち「気遣い」）の中で初めて「自己である」という事態が成立するのだ。自己は、気遣いと独立に予め自己同一的持続体（すなわち「人物」）として存在する（そして、然るのちに気遣いを所持する、ないし行使する）のではない。「気遣い〔それは「脱自」の動向によって可能となる〕は、何らかの自己の内に基底付けられる必要がない〔すなわち、まず以って自己なるものが存在して、その自己によって初めて所持されるようなものではない〕。むしろ、気遣いを形作るものとしての脱自的＝実存的在り方が、現存在が〈不断に〔そのつど〕自己である〉存在論的体制を与えている」（SZ, 323/3-443）のである。(8)

この点に関してハイデガーは、次のようにも反問している。「〔従来の哲学的分析にあっては〕現存在の存在が無害な、何らかの仕方で現前する主体として、人称的な意識を具えた形で、着手点とされてこなかっただろうか」（SZ, 278/3-253）。このように反問するということは、彼が捉えた現存在の存在は「無害」ではなく、すなわち誰にでも等しく頒かち与えられているようなニュートラルなものではなく、或る強力な磁場を有した、つまり他の何とも一切の代替がきかない「固有」なものであり――これが「自己である」ということなのだが――、世界の中で出会われる事物のようにして（つまり、自己同一的持続体

として）「現前」することもなく、各々の「人物《パーソン》」がもつとされる「人称的《パーソナル》な意識」も具えていないことになる。それが、世界が世界として披かれる現場の在りよう、すなわち〈いま・ここで＝現に〉ということなのである。(9)

自己が自己を担って自己として立つ

だがこのことは、そのような「自己」が何かを自ら担って立つこと、すなわち責任を負うことを排除しない。排除しないどころか、これから見ていくように、現存在はそのような自己を〈何者かでありうる者〉として可能性へと向けて投げかけることで（「投企」と呼ばれる。これもまた、自らが〈現にあるところのもの〉から〈それ以外のもの〉へと向かう動向、すなわち「脱自」によって可能となる）、その可能性を担う者として自ら立つに至る。現存在がそのつど何らかの可能性を自ら担って立つこと、それは先に触れた「不断に自己であること（Selbstständigkeit）」の内に織り込まれている。すなわち、「不断に（ständig）自己である（Selbst）こと」は、「（自己が自己を担って）自己として（Selbst）立つ（ständig）こと」でもあるのだ。それは、どのようにしてだろうか。詳しく見ていこう。

現存在の存在を成す脱自の動向は、最終的にどこに行き着くだろうか。そのつど絶えずおのれを超出して止まないこの動向に行き着く先がもしあるとすれば、それはこの動向自体がもはや不可能となる地点以外ではないだろう。〈現にあるところのもの〉から〈それとは別のもの（それ以外のもの）〉へ向けての動向がおのれを可能性へと向けて絶えず投企することだとすれば、最終的な可能性とは、もはやその先にはいかなる可能性も存立する余地のない地点へ向けての投企となるほかない。すなわち、「不可能性という可能性」である。それは私たちの下では、「死」という事態として姿を現わす。死はおそらく、私がその存在を根底から失って無と化す事態だろうからである。ここで「おそらく〜だろう」と書いたのは、現に生きているかぎりの誰もそれをいまだ経験したことがなく、すでに死を被った者はもはや誰もこの世に存在していない以上、死は私たちが経験しうるものの範囲を超えてしまっており、それについて何かを確言することができないからだ。だがその死は、〈いずれやって来るにしても当分はまだ来ることのない〉先の出来事ではない。現存在の存在がそのつど絶えずおのれを超出して可能な存在へと向かって止まない動向だとすれば、死はその動向が最終的に行き着くほかない先としてすでにその可能性の中で出会われ、そのことによって「隔たりを取り去」られて「現に」そこにあるのだ。

自己は「不安」の中で、死という無にすでに達している

そのような仕方で自己自身の死に私が出会いうるのは、あるいは出会ってしまうのは、言うまでもなく私の存在が、すなわち私の存在する仕方が、現にあるおのれを絶えず超え出て止まない脱自の動向であるからにほかならない。私は、絶えず世界へ向かって超出することで世界と出会い、世界と共にあると同時に、その世界もろとも、少なくとも自己自身にとっては全てが存在不可能となるに違いない地点にまで、その可能性において到達してしまっているのだ。その地点において私はその存在を根底から失って無に帰すのだから、そのことの可能性に現にすでに到達してしまっている私は、おのれの存在が無に帰す可能性に曝されていることになる。ところが、その無ないし死は、私を含めて誰もそれを経験したことがないものなのだから、端的に「得体の知れないもの」、「不気味なもの」としてかろうじて姿を現わすほかない。斯くして、それが「何であるか」が知られえないもの、それどころか存在ですらないものに私自身の存在が曝され、脅かされていることに気付いた私を襲うのは、「不安」という気分（「情

態性〔10〕）なのである。

不安とは、おのれの存在が脅かされているにも拘わらず、その脅かすものがどこにも存在しない（したがって、それにどう対処したらよいかが分からない）ことで掻き立てられる気分にほかならない。「不安にあっては、脅かすものがそれによって然るべき場所（適所性）を獲得しうるかもしれないようなあれこれのものが出会われることがない。……脅かしつつあるものがどこにもないことが、不安の〈何を前にして〉〔の不安なのか〕〉を特徴付けている。……不安の〈何を前にして〉において、「それは無であり、どこにもない（Nichts und Nirgends）」ことが顕わとなる」（SZ, 186/2–363ff.）。

死において、私は「単独者」である

このような不安の中で、私はあらためて自己自身（の存在）に出会う。私が日々出会っている世界もろとも、その存在が根底から脅かされて不安になっているのは、当の自己自身以外ではないからである。もし、この存在――〈いま・ここで＝現に〉あるところのそれ――が失われるのだとすると、その存在を失うのは私自身であって、他の誰でもないのだ。「不安がそれを前にして不安になるものは、世界内存在〔＝現存在〕自身である」（SZ, 187/2–367）。ハイデガーはこの文中の「自身（selbst）」の部分に、後年次のような書き込みを加えている。「……端的に思いがけないもの、決着の付かないもの――奇異なもの――」（SZ, 443/2–368）。不安の中でおのれの存在が根底から脅威に曝されていることを目の当たりにした私は、これまで当たり前のように存在していた自己自身が、今まで見たこともないような「奇異な」相貌の下に佇んでいるのを発見するのだ。今や脅威に曝されていることが顕わとなったこの存在の喪失を、誰かに替わってもらうことはできない。私の死を死ぬことができるのは、私だけなのだ。斯くして、死において私は、他に誰も替わりが存在しない唯一人の者、「単独者」であることが顕わとなる。

> 死ぬことは、各々の現存在がそのつど自ら自分で引き受けざるをえないものである。死は、それが「存在する」かぎり、その本質から言って〈そのつどごとに私のもの〉なのだ。……「終わること」と、それによって構成される全体的存在においては、その本質からしてどのような代理も与えられていない。[11]（SZ, 240/3–92ff.）

> こうして不安は、現存在を solus ipse〔唯だそれだけしかないもの〕として単独化し、開示する。（SZ, 188/2–372）

このようにして単独化された私にとって、その死は、私だけがその可能性を全うできる〈私に固有なもの〉として、あらためて姿を現わす。私には、ほかの誰にもない「固有なもの」、「唯だそれだけしかないもの」があるのだ。そして、死がそのように私に固有のものであるなら、その死によって脅威に曝されている私自身の存在もまた、固有なものではないのか。そのように固有なものとしての私自身の存在に、徹頭徹尾「脱自」の動向にほかならなかった現存在は、その脱自の運動の中でつねにすでに関わっていたのではないか。「死は一つの固有な存在可能性を意味しているのであって、その存在可能性においては〈そのつどごとに固有の現存在の存在〉が端的に問題なのだ」（SZ, 240/3–92f.）。その「存在が端的に問題」でなければ、その存在が無の脅威に曝されて不安に襲われる道理もないのである。

死ぬことにおいて示されているのは、死は存在論的に〈そのつどごとに私のものであること〉と

〈実存〉〔すなわち、「おのれの外へ」と向かう動向の中でその最終的な地点にまで到達していること〕とによって構成されているということである。(SZ, 240/3-93)

最も固有な存在可能(〜で在りうる)が固有なものとなり、かつ全く見通しのよいものとなるのは、〈最も固有な可能性〉として死を理解しながら、死へと関わる存在においてなのである。(SZ, 307/3-378)

こうして私は、今や私に固有のものであることが明らかとなった自己自身の存在に、あらためて向かい合うことになる。その「存在が端的に問題」であることに、変わりはないからだ。いやむしろ、それがほかに代理のきかない固有のものであるなら、それに対してどのように応ずるかを決定できるのも最終的には自己自身以外ではないのだから(仮にその対応を他人に委ねることにしたとしても、そのことを決めたのは私以外ではありえない)、その「問題」性はますます「切迫」し、「のっぴきならない」ものとなる。

死と共に、〈おのれの最も固有な存在可能〉が問題として差し迫る

今や「問題」なのは世界内で出会われるさまざまな事物ではなく、そのような事物と出会っている現存在自身、世界内存在自身なのだ。「世界内部的な存在者がそれ自体としては完全にその重要性を欠落させ、世界内部的なもののこうした無意味性に基づいて世界がその世界性において〔すなわち、世界内存在としてつねに世界と共にある現存在の存在が〕ひたすらなおも迫ってくる」(SZ, 187/2-365)のだ。「死と共に、現存在そのものが〈おのれの最も固有な存在可能〉においておのれに差し迫っている」(SZ, 250/3-135)。

そして言うまでもなく、「このように〈差し迫っていること〉が実存論的に可能なのは、現存在がおのれ自身に対して……〈おのれに先立って〉という仕方で〔すなわち「脱自」という仕方で〕開示されていることに基づいているのである」(SZ, 251/3-136)。

では現存在は、今や「のっぴきならない」仕方で「差し迫って」来る自己に固有の存在に、どう向かい合うのだろうか。それに対して、どのように応ずるのだろうか。この点を考える上で鍵となるのは、例えば次の文章で提示されているような事態把握である。「不安は現存在において、最も固有な存在可能と関わる存在を、すなわち〈自己自身を選択し摑み取る自由に対して開かれていること〉を、顕わにする」(SZ, 188/2-371)。ハイデガーの議論はこの地点で、「自己を選ぶ自由」の問題に正面から取り組むことになる。そして、彼のその議論は、そのまま〈何かを担うこと〉としての「責任」の問題に直結している。本書がこれまで論じてきた問題次元とハイデガーの議論が、ここで交差することになるのである。その議論を、節をあらためて検討しよう。

2　良心――あるいは「負い目」

a　「担う」ということ

唯一無二のものを前にしての困惑

まず、確認しておかねばならないことがある。現存在として存在する私が、自らの死にその可能性において出会うことでその存在の固有性(代替不可能性)に気付くこと(「覚醒すること」)は、そのまま直ちに当の私がその存在を「固有な仕方で(eigentlich)」(しばしば「本来的に」とも訳される)生きることを意味しない、という点である。仮におのれの存在が代替不能な唯一無二のものなのだとしても、その唯一無二のものといったいどう関わったらよいのかは必ずしも明らかではない。いやむしろ、そうした事態に直面したときの私の自然な反応は、「だからどうしろというのか」といったものだろう。その固有なものは（そのようなものがあるとして）言葉の厳密な意味で私にしかないはずのものなのだから、そんなものとの付き合い方を教えてくれる人など誰もいないのだ。いや、事柄の性質からして、それを教えることのできる人は（原理上）存在しえないと言わねばならない。そうであれば、そのように固有なものに出会ってしまった私は、どうしたらよいか分からず困惑して、挙句の果てにそれを「打っちゃっておく」「放置する」ことになるのが関の山だろう。

突然、不治の病（例えば、悪性の癌）に罹っていることを宣告され、余命が後《あと》数か月であることを知らされたときのことを考えてみてもよい。この場合は、固有の死が文字通り目前に迫っているわけだ（事態は原理的には——事柄の構造上は——、固有の死がまだ遠い先にあるように思われるときと——それはいつ訪れてもおかしくないのだから——何ら変わらないのだが）。そのとき私は、どうしたらよいか分からず、周章狼狽するばかりだろう。何とかしなければならないと思いつつも、どうしようもないのだ。先と違うのは、対応の後半だ。先の場合、どうしようもないままに「打っちゃり」「放置」しておくことが大抵の場合可能だが（もちろん、そうでない場合もある）、今の場合、もはや「打っちゃり」「放置」しておく時間の余裕さえも失われていることになる。つまり、先の場合は、（幸い時間に恵まれれば）「打っちゃって」おくことでその「どうしたらよいか分からない」状態から（一時的に）逃げ出すことが可能だが、今の場合は、そうした逃げ場すら奪われているのだ。いずれにしても、先と今の違いは、事態を「放置」して逃げている余裕が事実上（ということは「偶々」）与えられている（ように思われる）か否かという点だけであり、固有で代替不能なものを前にしたときの困惑に関しては本質的に何ら変わりがない[12]。

固有性・非固有性・両者の無差別に対して開かれたまま

まずは、この困惑させる状況がいかなるものかを、正確に見極める必要がある。ハイデガーに従えば、おのれの死の可能性に直面して不安に襲われた私にとって、事態は次のようなものだ。「不安において根源的、基本的に具体化されているのは、〔当の私が〕最も固有な存在可能に対して開かれていること、斯くしてまた更には固有性（本来性）と非固有性（非本来性）という〔二つの〕可能性に対して開かれていることである」(SZ, 191/2–385)。「この存在可能は、そのつどごとに私のものとして、固有性に対しても非固有性に対しても、更には両者の様相上の無差別に対しても、開かれたままである」(SZ, 232/3–63. 強調ハイデガー)。

つまり、私を困惑させるこの固有なものに敢えて向かい合うか（どのように向かい合うか・向かい合うことができるかは、差し当たり不明なままである）、それとも向かい合うことを避けるか（それから逃避するか）、あるいは、どうしたらよいか分からないまま、そいつを前にして呆然とするか（癌の宣告を受けた場合などは、少なくとも当初はこうした対応――というよりは「反応」――だろう）、これらのいずれかだというのである。確かにその通りであり、事態の正確な分析だと言ってよい。このとき、注意しておきたい点がある。ここで「開かれている」「開かれたままである」と訳した箇所（他に類似の箇所はたくさんある）は、基本的に「自由である（frei）」と訳せるという点である。「自由」の問題を考える上で決定的に重要なのは、まず以ってこうした可能性の次元が開かれることである点がハイデガーによって正確に押さえられていることを、ここで確認しておこう（但し、可能性の次元が開かれただけではいまだ自由とは言えないことも、忘れてはならない[13]）。

私はどのようにして固有性へと向かうのか

ハイデガーにとって、非固有性へと向かうことと、固有性と非固有性との「無差別」のままに事態を放置することが、大抵の場合に（「平均的日常性」において）私たちが取っている対応（ないし反応）だが（本書もそう考える）、問題は固有性へと向かうとはいかなる対応なのか、である。まず、次の文を手掛かりにしよう。

> 根源的で固有な将来は〈自己へと向かって〉であり、〈自己へ〉というのは無‐性（Nichtigkeit）という追い越すことのできない可能性として実存することで自己へと向かっていることなのだ。根源的な将来の脱自的な性格は、将来が存在可能を閉ざし、すなわち存在可能が自《おのずか》ら閉ざされ、そのような将来として〔そのような仕方で〕無‐性が開き示され＝決意されて〔entschlossene〕実存的に理解されることを可能とする。根源的かつ固有に自己へと到来することが、最も固有な無‐性の内で実存することの意味である。（SZ, 330/3-475. 強調ハイデガー）

ここで「根源的で固有な将来」とは私の死のことであり、当の死におのれの究極の＝最終的な可能性として私が直面するとき、私は「無‐性という追い越すことのできない可能性として実存する」。すなわち、私の存在が無に帰し、もはやその先がなく（＝追い越すことができず）、為す術のない（私の無力が露呈する）究極の可能性へと脱自することによって先駆け、そのようにして私の死を（可能性において）存在する（「実存する」）。このことが、私をして「自己」という固有のものに向かわしめる、というのである。

引用中の第二、第三の文も、同じことを言っている。私の死は、私の「存在可能が閉ざされて無に帰する」ことにほかならず、そのような無を〈おのれに先駆けて存在する〉＝「実存する」ことで私は、「根源的かつ固有に自己へと到来する＝向かう」のである。ここでハイデガーは、〈私がおのれを固有の自己として存在するに至る〉ことを「無‐性の内で実存すること」と捉えている。どういうことだろうか。どうして「無‐性の内で実存すること」が、私を固有性へと向かわせることになるのか。

〈現にあること〉には根拠が欠けている

実は、ハイデガーが「無（ない）」ということで考えている事態は、相当に多様である[14]。それら多様な「無‐性」（ないし「非‐性」）の根底にあるのが、これまで見てきた〈現存在の存在の不可能性という可能性としての無、すなわち私の死〉であるにしても、である。そうした多様な無‐性の中で、今検討している固有性との関係において重要なのは、〈現にあること＝現存在〉に根拠が欠落しているという意味での無‐性、すなわち「根拠の無」である。この無は、現存在の存在する仕方を根本で規定している「被投性」という事態において姿を現わす。「被投的なものである現存在は、実存の中へと投げ込まれてしまっている。……このことは、それがなぜなのかに関しては隠されているとはいえ、それでも「このこと」そのものは現存在に開示されている」(SZ, 276/3-245f. 強調ハイデガー)。見られるように、被投性とは〈私は気付いたときにはすでに（脱自という仕方で）存在しており、この意味で「存在＝実存」

の中につねにすでに投げ込まれている〉という、私たちの存在の仕方の根本的な性格を術語化したものである。

ここで重要なのは、そのようにして現存在が存在する（すなわち、世界が存在する――現存在はつねに世界と共にあるからだ――）ことの「なぜなのか」、すなわちその「根拠」が定かでない、明らかでないということだ。現存在は、世界は、なぜだかは明らかでないまま、とにもかくにも「ある」、すなわち、ただ「ある」。この引用では、根拠に関して「隠されている」という表現が用いられているが、単に「隠されている」だけでどこかに存在しているのか、それとも「どこにもない」のかすら定かでない、と言う方が正確だろう。少なくともはっきりしているのは、「現存在自身がおのれの存在の根拠をみずから置いたのではない」（SZ, 284/3-281）ということである。「……現存在は被投的なものであり、おのれ自身によっておのれの〈いま・ここで＝現に〉の中にもたらされたのではない」（SZ, 284/3-280）のであり、「現存在は決して、おのれの根拠に先んじて実存して存在していることがない」（SZ, 284/3-283）のだ。

このように現存在の存在の根拠が定かでないこと、つまり、なぜ存在しているのかが明らかでないまま存在していることは、直ちに、それがいつ失われても（無に帰しても）おかしくないことを意味する。もし現存在が、何の根拠もなく偶々存在しているに過ぎないのだとしたら、同じく何の根拠もなく突然それが失われることを妨げるものは何もないからだ。この論点に関してハイデガーは、「世界の無」ないし「世界という無」という表現（das Nichts der Welt）を用いる。現存在がおのれの究極の可能性としての死に脱自的に関わることの中から立ち昇る気分（情態性）である「不安」ないし「不気味さ」は、当の現存在を「世界の無」に直面させるというのである。

「〔不安ないし不気味さは〕被投的現存在の最も基本的な開示性として、現存在を〈世界の無〉の前に引き据える」（SZ, 276/3-246f.）。「被投的世界内存在……〔は〕、〈世界という無〉における裸形の「こと」である」（SZ, 276f./3-248）。この「世界の無」ないし「世界という無」という表現は、少なくとも次の二つの事態を指し示しているように思われる。

「世界という無」と「世界の無」

第一は、私たちの日常にあって有意味（義）性のネットワークとして機能している「世界」が〈世界の中の全ては、何らかの有意味性の下で――すなわち、それが「何のための」ものかが明らかな形で――出会われる〉、世界内存在としての（つまり、つねに世界と共にある）現存在の存在が不可能となるその「終わり」に直面することで、一挙に無意味（義）性の内に崩れ落ちる事態である（これは、有意味性の最終的な源泉が現存在自身であったことに――そして、その現存在に根拠が欠けていることに――由来する）。これは、世界が全体として無意味性の内に沈み込む事態の謂いだから、「世界という無（＝無意味性）」と捉えることができる。世界が一挙に無意味性の内に沈み込んだとき、被投的現存在は、一切の意味（義）と根拠が脱落した中で、ただ「ある」のだ。「裸形の「〔あるという〕こと」」とは、このことにほかならない。

第二は、現存在の存在が不可能となるその「終わり」にあって、〈世界もまた現存在もろとも無に帰する〉という事態である。この場合には、世界自体がもはやないのだから、端的に「世界の無（＝非存在）」と言った方が正確だろう。現存在は、おのれの死に先駆けることで、「世界（そのもの）の無」にもまた直面するのだ。なぜか知らぬまま（根拠が欠落したまま）存在の内へと投げ込まれている現存在は、根拠の欠落の故にその存在がいつ失われてもおかしくないこと（これをハイデガーは死の分析にあたって、死の「確実性」——死はいつでも可能であること——として捉えていた）に気付かされるのである。

「世界という無」ならびに「世界の無」という以上二つの無は、いずれも現存在がその被投性において、根拠の無に直面することに由来している。「不安は〔現存在を〕無〔すなわち、現存在の存在の不可能性としての死〕に直面させる。その無にあって露呈されるのが、現存在をその根拠において規定している無‐性にほかならない。この根拠そのものが、死への被投性として存在するのである」（SZ, 308/3–385. 強調ハイデガー）。

現存在はいかにして根拠と関わるのか

では、〈いま・ここで＝現に〉あること、すなわち現存在は、根拠に対して何の関わりももちえないまま、その存在の来たるべき喪失にただ身を委ねるしかないのか。ハイデガーの答えは、否である。彼は最終的に、「現存在は、……おのれの根拠である」（SZ, 285/3–285）と言い切るからだ。では、いったいいかなる仕方で現存在は、根拠と関わりをもつことができるのか。この点に関するハイデガーの議論は、決して見通しのよいものではない。最終的に今の断言に至るまでには、本書の見るところ幾つかの段階を経なければならないのだが、その点が明示されていない。加えて、幾つかの必ずしも（その目指すところが）明瞭でない論点を議論全体の進行の中の然るべき位置に置き直し、そのことを通じてその目指すところを明瞭化しなければならない。すなわち、この根拠の問題に関わる彼の議論を、幾つかの補足を加えながら再構成する必要がある。

根拠の第零段階《ゼロ》——「被投性」・「事実性」

まず、議論の最初の段階を確認しよう。それは、これまで検討してきた「被投性」の次元である。その次元は、現存在が「なぜということなく」、つまり根拠が欠落したまま、存在の内へと投げ込まれていることを示していた。これを、根拠の欠落という点に着目して、根拠の問題の「第零段階《ゼロ》」としよう。この段階において現存在の存在することは、単に「ある」こと、偶々「ある」こと、ただ「ある」ことにほかならない。「裸形の「（あるという）こと」」というハイデガーの表現が、この段階、この次元の在りようを端的に示していた。

ここでは、「ある」ことに関していかなる理由も原因も欠けているのだから、それを「偶然性」と捉えることもできる。存在することが偶然でしかないからこそ、その存在が失われて無に帰することもまた、いつ起こってもおかしくないのだった。ハイデガー自身はこの次元を、先の「被投性」という表現と並んで、しばしば「事実性（Faktizität）」とも表現している（例えば、SZ, 250/3–131）。現存在はこの次元において、被投的・事実的存在であるかぎりで、おのれの根拠たりえない。「……自己は、自己自身の根拠を決して手にするには至らない」（SZ, 284/3–281. 強調ハイデガー）。私は、根拠でありえないのだ。気付いたときにはすでに私は存在してしまっており、〈いま・ここで＝現に〉世界は披かれてしまっており、そのことに対して私は、現存在は、何のイニシアティヴももちえない。この段階は根拠以前なのであり、そのことを以って根拠問題における第零段階《ゼロ》と呼んだのである。

根拠の第一段階——自己放棄によって開かれる「可能性」

では、つづく第一の段階——そこで根拠との何らかの関係が初めて成立する——への移行は、どのようにして為されるのか。何が、この移行を可能ならしめるのか。この点に関して決定的に重要だと思われるのは、〈固有な自己の放棄〉という論点である。ハイデガーは次のように述べる。「〔おのれの死へと先駆けることで現存在は、〕追い越すことの不可能性に（へと向けて）おのれを明け〔＝開け〕渡す（sich frei geben）。〔現存在は〕おのれに固有な死に向かって先駆けながら、自由になる。……先駆けることが、最も極端な可能性として実存に開示するのは自己放棄（Selbstaufgabe）であり、斯くして先駆けることは、到達されたそのつどごとの実存に固執することの一切を打ち砕く」（SZ, 264/3-194）。現存在の究極の可能性がおのれの存在の不可能性、すなわち無の可能性なのであってみれば、そこでは自己の放棄が余儀ないものとなる。そのときには、自己を含めて全てが失われるからだ。この無へとおのれを明け渡す（おのれを開かれたままにする）ことで、現存在はおのれから解放され、自由になるというのだ。

だがこのことは、何の根拠もなしに〈ただ「ある」〉ことから現存在が解放されたに過ぎないことを意味しない。それだけのことであれば、それは〈私が死んだ＝無に帰した〉ということでしかない。そうではなく、〈偶々「ある」〉という事実性の次元から一旦離れた者だけが、あらためてその「ある」に向かい合うことができるのだ。自己を放棄した者のみが、それをあらためておのれのものとして引き受ける可能性に開かれる、と言ってもよい。事実性の次元からの離脱が、初めて可能性の空間を開くのだ。どういうことだろうか。すでに本書が第二章で検討したロックの事例を、ここでも引き合いに出すことができる。

脱自＝実存に基づく〈事実性からの離脱〉

外から鍵の掛かった部屋の中に居る男は、事実上その部屋から出ることができないにも拘わらず（部屋の中に居るほかないにも拘わらず）、その部屋の中に居ることを「よし」とし、そのことを欲し、選ぶことができるのだった。どうして、そのようなことが可能だったのか。そのことを欲し、選んだとき、その男は、「仮にこの部屋から出ることができたとしても」（事実上は出られないのだが、そのことを彼が知っていようがいまいが）自分はこの部屋に居ることの方を「よし」とするとして、そのことを欲し、選んだはずである。つまり、事実上そうすることしかできない事態（部屋の中に居ること）を、それにも拘わらず彼が自ら欲し、選ぶことができたのは、彼が「仮にこの部屋から出ることができたとしても」という仕方で事実性が廃棄された次元に立ち出《い》でたから、なのだ。そのとき、「部屋から外に出ること」と「部屋の中に居ること」がいずれも可能性の相の下に姿を現わし、そのことを以って彼がいずれかを選ぶことが可能となったのである。[15]

　ハイデガーの場合に戻れば、現存在が何の言われもなく〈ただ「ある」〉事実性の次元がその究極の可能性としての「無」へと先駆けることで廃棄されたとき、あらためて、いや初めて、〈ただ「ある」〉ことと〈ただ「ない」〉ことが選びうる可能性の下に姿を現わしたのだ。そして、そのいずれかを私が「よし」とし、欲し、選ぶことで、今や私はそのいずれかの事態を「引き受ける」ことができるのだ。そのとき世界は、その〈いま・ここで＝現に〉「ある」こと（＝「現存在」）は、あるいはその逆の「無」は、もはや〈単に「ある」〉のでも〈単に「ない」〉のでもなく、私が「よし」とし、欲し、選んだものとして「ある」、ないし「ない」ものとなる。すなわち世界（の存在）は、そして世界の無は（現存在はそのいずれにも関わるのだが）、何らかの仕方で根拠と関わりをもちうるものと成ったのである。

纏めよう。私は（現存在は）、すでに存在してしまっている私を（すでに脱自として実存してしまっている〈いま・ここで＝現に〉を）、「よし」として肯定し、欲し、選ぶことができる。そしてまた、いずれ来たる私の死を、世界の無を、「よし」として肯定し、欲し、選ぶことができる。それらはいずれも、当の私にとっては（現存在にとっては）、（事実として「部屋の中にとどまらざるをえない」という意味で）「そうでしかありえないもの」「ほかでありえないもの」「私の無力が露呈するもの」なのだが、それにも拘わらず私は（現存在は）、それを「よし」として欲することができるからだ。すなわち私は（現存在は）、自己の根拠でありうる。

このことを可能にしたのは、事実の次元からの離脱だった。この離脱は、現存在の存在が脱自＝実存であること、つまり現に「そうである」ものから絶えず「そうでない」ものへとおのれを超出して止まない動向であることに、基づく。現存在の存在が「存在可能」であることが、現存在を単なる事実性の次元に止め置かないのである。このようにして可能性の次元に開かれることが、「自由」の最初の段階を画する。それは、まず以って事実性からの解放、この意味での事実性からの自由なのだ。このようにして事実の次元から離脱し、それとは別の新たな次元を切り拓く能力を、本書はすでに「想像力」として論じた。前章で論じたアレントに倣って言うなら、「主体」たりうる者という意味での「人間」の「条件」を追究したと言ってよいカントの能力論（感性、悟性、理性、判断力…）の中核にこの「想像力」が潜んでいることを剔抉《てっけつ》したのは、本章が取り組んでいる『存在と時間』につづいて一九二九年に刊行された『カントと形而上学の問題』におけるハイデガーだったことを、ここで想い出しておいてもよいだろう。だが、議論の今の段階においては、「現存在はおのれの根拠でありうる」にとどまっている。このようにして現存在は、おのれを何らかの可能性へと向けて投げ掛けること、すなわち「投企」

が可能な次元に移行したのだ。

「可能性」のヴェールの下に「事実性」が透けて見える

だがこの移行は、以前の段階を消去するものではない。気付いたときにはすでに私は世界の中に〔存在の中に〕投げ入れられていたという「事実」は、些かも揺らぐことがない。それにも拘わらず私はそれを「選ぶ」ことができるのだから、言わば「事実性」の上に「可能性」のヴェールが掛けられるのであり、しかもこのヴェール越しにその下に依然として存立しつづける「事実性」の次元が透けて見えるのである。「被投的投企」とは、このことにほかならない。「根拠であること〔今や現存在には、この次元がおのれの可能性として視野に入っている〕は、最も固有な存在を根底からは決して手にしていないということなのである〔根拠の脱落した事実性の次元は、依然としてそこにあるのだ〕。この〈ない〉〔＝無〕が、被投性の実存論的意味に属している」（SZ, 284/3–283. 強調ハイデガー）。

たとえ現存在が、おのれの存在を自ら欲し、選ぶことで、その存在に根拠として関わることができたとしても、そのことは「現存在の存在を根源的に、徹底した仕方で支配している無‐性」（SZ, 306/3–376）を埋め合わせることには決してならないのだ。次のように言ってもよい。事実性の次元を超え出た私の眼には、今や存在の背後が透けて見える。そこにはもはや何もないのだが、その〈ない＝無〉ということが透けて見えるのである。〈ただ「ある」〉ことの背後に「ない」がぴったり張り付いていることが、見えるのだ。(16)

しかし、そのように根底において依然として無に曝されているとはいえ、今や現存在はおのれの存在に根拠として関わることができる。曲がりなりにも根拠ということが問題になりうる次元に、現存在は身を置いたのだ。だが、先に触れた「現存在は……おのれの根拠である」という仕方で、現存在が固有の自己を自ら担って立つなどということがいかにして可能であるのかは、いまだ示されていない。この第一の段階において示されたのは、「現存在はおのれの根拠でありうる」ということに過ぎない。そうであれば、現存在はおのれの根拠であることもできるし、そうでないこともできる。いったいどうしてハイデガーは、「現存在は……おのれの根拠である」と断言できたのか。そのように言いうるためには、根拠の問題はこの第一の段階から、更に次の段階へと移行しなければならない。

　したがって、ここで姿を現わした「根拠でありうる」は、本書がこれまで自由の存立の在りかとして論じてきた「純粋な可能性」の最初の段階を開くものではあるが、あくまでその一段階に過ぎない。自由が「純粋な可能性」の内でおのれを全うするためには（つまり、「純粋な可能性」の次元において「根拠である」という仕方でおのれを根拠として確立するためには）、なお辿らねばならない階梯が控えている（「辿る」と言っても時間的な意味でのそれではなく、構造契機としての「階梯」ではあるが）。この意味で、根拠の第一段階としてここで姿を現わした「現存在はおのれの根拠でありうる」は、正確には「純粋な可能性」と言ったときの「可能性（Möglichkeit）」と（その一部を成す不可欠の構造契機であるとはいえ）区別されねばならない。この限定された意味での「根拠でありうる」を、以下では（必要に応じて）「能力性（Vermögen ないし Vermöglichkeit）」と表現することにしよう。この「能力性」は、なお「根拠の第一段階」にとどまっている。では、次の第二の段階とはいかなる段階であり、そこへの移行はどのようにして為されるのか。

根拠の第二段階——私の死は私が死ぬほかないという「必然性」

この移行に際して決定的な役割を演ずるのが、先の死の分析において明らかになった私の「単独性」、現存在の存在の「固有性」である。いつ訪れてもおかしくない、そして必ずや訪れるその死を死ぬことができるのは、〈いま・ここで＝現に〉存在するこの者だけなのだった。つまりその死は、徹頭徹尾私の死であって、それ以外の何ものでもありえない。このことは、何を意味するだろうか。その死は、私が「よし」として肯定し、欲し、選ぼうと、逆に、「否」として否定し、斥けようと、そのことに関わりなく、私の死なのだ。それが、固有ということなのである。そうであれば、私の存在は、それを私が根拠として担うことを欲しようが欲しまいが、私のそれたらざるをえない。これはすなわち、私はおのれ自身の根拠であらざるをえないということにほかならない。その死は、私が死ぬほかないものであり、その存在は私が存在するほかないものなのである。

こうして、現存在の存在――それは絶えざる脱自の下で存在可能として存在し、その究極の可能性が存在の不可能性としての無、すなわち私の死だった――は、それが唯一にして一切の代替がきかないものであることを以って、おのれの根拠たらざるをえないという必然性の相の下で、あらためて姿を現わす。

死は一箇の存在可能性であって、そのつどごとに現存在自身が引き受けなければならないものである。死と共に現存在そのものが、〈おのれの最も固有な存在可能〉においておのれに差し迫っている。(SZ, 250/3–135)

没交渉的な〔他人との関わりを一切欠いた、すなわち単独化された〕可能性〔すなわち、おのれの固有な死〕へと先駆けることによって、その先駆ける存在者は〈その最も固有の存在をおのれ自身の側から、おのれ自身に基づいて引き受ける可能性〔この可能性自体は、第一の段階に属する〕〉の中に置かれることを余儀なくされる〔これが、第二の段階で姿を現わした「必然性」である〕。(SZ, 263f./3–192)

〔おのれの死を前にしての〕根源的不安が、現存在がおのれ自身に引き渡されていること(Überlassenheit)から、それを覆い隠すものの全てを取り除く。(SZ, 308/3–384f.)

根拠は今や、私が選びうるものであるが故に根拠なのではなく、私がそれであらざるをえないが故に根拠なのである。

「良心の呼び声」が私にこの「必然性」を告げる

ハイデガーの分析において、すでに「不安」という「情態性＝感情」として現存在に訪れていたこの必然性を、或る種の「知」として私に告げるのが「良心の呼び声」にほかならない。「〔良心の〕呼び声は、……現存在をその最も固有な可能性の内へと(その「面前」へとnach–'vorne'–)呼び出す」(SZ, 273/3–233)。「呼び声は〔現存在の〕存在可能を、そのつどの現存在に属する、そのつど単独化された〔すなわち、代替不能な固有なものとして姿を現わした〕存在可能として開示する」(SZ, 280/3–265)。私は、どこから聴こえてくるのか定かでないその声を聴いたように思ったとき、おのれ自身の固有性に直面させられ、おのれがそれ以外の者でありえないことをその声に対して返さざるをえない。仮にこの声を無視したとしても(聴こえなかった振りをしたとしても)、そのような対応をした者は私以外でないことは、今や明らかだからだ。

このことがほかの何にも増して際立つのが、おのれの死にほかならない。私がその死に対して見て見ぬ振りをしたとしても、その死を死ぬのはやはりその私であり、それ以外ではないからだ。このとき私は、おのれの死に対してそのような（見て見ぬ）対応をした者として、死ぬのである。その対応が、おのれの固有なものに対する私の応答だったのだ。すなわち、私は、おのれをその固有性の前に呼び出すこの呼び声に〈応答しないことができない〉。このことが、第二の段階で私に顕わとなるのである。「呼び声の開示性格が初めて完全に規定されるのは、私たちが呼び声を〈呼び出しつつ呼び返すこと（vorrufender Rückruf）〉として理解するときである。このように捉えられた呼び声へと方向付けられることで漸く、呼び声が何を理解させようとするのかが問われうるものとなる」（SZ, 280/3–265. 強調ハイデガー）。

　おのれが固有の者でしかありえないことへと呼び出されてしまった者は、その呼び声に対して「はい（ここにその固有の者が居ます）」と答えを返さないわけにはいかないのだ。今見たように、その声に「いいえ」と答えても、そのように答えている者は私以外ではないからである。「〈〜へ〉と〔固有の存在可能へと向けて〕呼び出す際の〈どこから〉は、呼び声を〔に対して〕返すこと（Zurückrufen）の〈どこへ〉にほかならない」（SZ, 280/3–264）。「呼び掛けとは、呼び出しつつ、〔それに応じて〕呼び声を返すことなのである」（SZ, 287/3–295）。おのれを固有の存在へと向けて呼ぶことは、その呼び声に答えを返すことと不可分な仕方で結び付いているのだ。このようにして私は、呼び声の方向に向き直ることで、すなわち、現存在の究極の可能性である無の方向へ、私の死の方向へとあらためて向き直ることで、私が固有の者であらざるをえないことを「理解」するのである。

　斯くして今や「現存在は、おのれをほかの何かに基づいて誤解したり見誤ったりする可能性を、斯くも根底的に奪い取られている。そのように根底的に奪い取るものは、〈現存在がおのれ自身に引き渡されながら見放されている〉（die Verlassenheit in der Überlassenheit an es selbst）という事情のほかに、何があるだろうか」(SZ, 277/3–250)。「見放されている」(「遺棄されている」と訳すこともできる)とは、〈現存在が固有の自己に引き渡されている〉この事態に誰も指一本触れることができないということにほかならない。「現存在は実存しながら、〔現存在がそれである存在者として、かつ存在可能として〕その〔おのれの〕存在を存在せざるをえない」(SZ, 134/2–153)のだ。すなわち、現存在が固有の者であることの「必然性」である。

私はおのれ自身を「負い」、「担わ」ざるをえない

この「必然性」は、私がその固有の存在を自ら「負う」しかないことを私に告げている。それを負いうる者は私以外に誰もいないからであると共に、私がその固有性にすでに「引き渡され」、私以外の者でありえないことが今や明らかだからだ。ハイデガーが良心の分析に際して述べる「負い目」とは、このことなのである。

> 良心の「声」は、何らかの仕方で「負い目(Schuld)」について語る。(SZ, 280/3–261)
> 良心の呼び声は、現存在を最も固有な負い目ある存在可能へと呼び醒ます。(SZ, 289/3–305)

私はおのれを、その最も強い意味において固有なものとして「負って」いるのだ。斯くして「呼び声は、現存在を「負い目」があると宣告する」(SZ, 281/3–266)。したがって、現存在が存在するその仕方は、つねに自己自身を固有なものとして「負う」という仕方以外ではないことになる。「〈負い目がある(schuldig)〉は、〈私が存在している(Ich bin)〉ことの述語〔その存在の「仕方」〕」(SZ, 281/3–267)なのである。

そして、このようにして〈私がおのれに固有の存在を「負っている」(Ich bin schuldig)〉のなら、私は否応なく自己自身の根拠――おのれを「担う者」――であらざるをえないことになる。「〈負い目がある(bin schuldig)〉という理念の中には、……〈～にとっての根拠であること〉が属している」(SZ, 283/3-277)のだ。〈私が私であらざるをえない〉というこの必然性は、負わねばならない根拠の「重み」の下に私を置くのである。「現存在がその根拠を自ら置いたのではないとしても〔第零《ゼロ》段階における事実性、被投性、偶然性である〕、現存在はその根拠の重み(Schwere)の内にある」[17](SZ, 284/3-281)。つまり、「呼び声〔に応じて答え〕を返すのは被投性の内へと向かってなのだが、それは、現存在が〔おのれ〕の実存することの内に受け容れねばならない〔必然性である〕無的な根拠として被投性を理解するため」(SZ, 287/3-295)なのだ。

現存在は、おのれが負い・担うものを「被り」、それに「服し」、「耐える」

現存在をその固有性の面前へと引き出すこの呼び声がどこから聴こえて来るかについて、ハイデガーは立ち入った議論を展開している。本書もこの点をあらためて検討するが、ここで予め述べておきたいことがある。これまで検討してきたケースにおいて、私を固有性へと呼び出す声は、何にも増して私の死の方から聴こえてきたはずである。その死を死ぬ者がほかに誰もいないことが、私におのれの単独性と固有性を告知するからだ。にも拘わらず、それがどこから聴こえて来たかが定かでない(ハイデガーもこのことを認めている)のはなぜか。それは、死が現存在の存在を世界もろとも無に帰すものだからだ。無とはどこにも無いものなのだから、その「どこ」を言い当てることができない。その無に直面して立ち昇る「不安」という気分(情態性)の中で、どこから到来したのかを言い当てることのできないこの声が響くのである。

そして、すでに論じたように、この無は私を含めていまだ誰も経験したことのないものであり、それればかりか事柄の性質上そもそも経験の対象たりえないものなのだから、それは私にとって、世界の全てにとって、端的に「異他的」なものである。この「異他的」なものの光を浴びることで、それまで馴れ親しんでいた（当たり前だと思っていた）私の存在、ならびにつねにそれと共にある世界の存在が、一挙に今まで見たことのないよそよそしいものへと転ずるのだ。これが、ハイデガーの言う「不気味さ(Unheimlichkeit)」である。したがって、そのような無、そのような死は、現存在の無、私の死と言っても、ふつうの意味での私の所有物とはおよそその性格を異にしている。それは現存在の存在の一部を成すものではなく、現存在の存在の全体を（その外から）襲い、最終的にはそれを呑み込んでしまうものだからだ。

そうであれば、そのようなものを根拠として（「無－性の根拠」として）負い、担い、引き受けるといっても、これもおのれの存在の一部としてのことではありえない。むしろ、おのれの存在の全てがそれを被り、はたしてそれを支えうるのかも定かでないまま、それに服すると言うべきだろう。ハイデガーが良心の分析において用いる「負い目」とは、この意味に解すべきである。彼は、おのれが固有の自己という負い目を負っていることに直面した現存在の在りようを、「最も固有な負い目ある存在へと向けて〔すなわち、根拠へと向けて〕、沈黙したまま、不安に耐えつつ（-bereit）おのれを投企すること」(SZ, 296f./3-338）と捉えているが、このときの「耐える」という表現は「負うこと」「担うこと」の別様の表現と解することができる。「不安に耐えつつ」担おうとされている（投企されんとしている）ものとは、被らざるをえないおのれの死（ならびに、それと一体になったおのれの存在）にほかならないからだ。

同じく、「現存在は呼び声を理解しながら、おのれに最も固有な実存可能性に聴従している（ist hörig）」（SZ, 287/3-299）と彼が述べるとき、その「聴く」ということの中に、声が告知する内実（すなわち「固有の自己たらざるをえない」）に「従い」「服する」というニュアンスを聴き取ることも、ここで問題となっている事態に相応しいと言ってよい。[18] 彼は、現存在の存在が、その根源的な在り方において、この「負い目」を述語として携えている（「私は負い目がある＝私は何もの／ごとかを担って存在する」）と論じていたが、そのとき現存在は、おのれの存在の全幅を覆う固有性を負い切ることができるか否か定かでないままに、それでも確かにそれに服しているのだ。この第二の段階において良心が私に告げる「私はおのれの根拠であらざるをえない」という必然性とは、このようなものなのである。[19]

根拠の第三段階――「決意性」を介して「肯定性」へ

それでは、「私はおのれ自身の根拠である」と言い切るためには、更に何が必要だろうか。今や私が根拠に関わることは、可能性（能力性）の問題から必然性の問題に移行している。その上で、必然性から「根拠である」という端的な肯定への移行が問われている。だがここでも、先の可能性（能力性）の段階で初めて開かれた〈私と根拠との関係〉、つまり、私がそもそも根拠なるものといかにして関わることができるのかという点に関して得られた知見は、その重要さを失わない。先の第一の段階においては、先立つ第零《ゼロ》段階における被投的状況、〈なぜだか知らないが（根拠が欠落したまま）ただ「ある」〉という事実に対して、その「ある」ことを現存在が自ら欲し、選ぶことで根拠と成りうることが示された。私と根拠とのこの関係は、今や根拠であらざるをえない必然性を前にした状況においても、依然として有効なのだ。

すでに示されたように、私は私であらざるをえず、そのようにして私は私を負い、担うほかないのだが、そのような「ほかでありえない」もの――先には「ほかであってもよかったのに、偶々そうであるもの」すなわち偶然性が選ぶことの対象となっていたが、今やそれは「ほかでありえないもの」すなわち必然性であり、言わば「ある」ことの強度が亢進しているのだ――をも、やはり私は自ら欲し、選ぶことができるのである。この選択は、その死を含めて私がほかに代替する者のない単独にして固有の者であるほかないという、良心の声が告げ知らせる――「良心（Gewissen）」とは何ごとかを私に告げる「知（Wissen）」のことだ――必然性に対して「目を閉ざさず」、それにあくまでも「向き合い」、それにおのれを「開きつづける」ことで為される。それが、ハイデガーの言う「決意性（Entschlossenheit）」である。「決意性」とはそのドイツ語が表現する通り、「ほかでありえないもの」に対して「鍵（Schlüssel）」（ないし「閂《かんぬき》」）を掛けず、扉を開けたままにしておくことだった。[20]「決意性とは、現存在の開示性の一つの際立った様態である」（SZ, 297/3–338）。すなわちそれは、現存在が固有な者であらざるをえないという、今や顕わとなった（「開示」された）必然性にあくまで向き合いつづける「際立った」在り方のことなのだ。すぐ後で述べるように、固有性を開示する良心の声をそのつど保持しつづけることが「良心をもつ」ことなのだが、それは「最も固有な負い目ある存在に対して、自由に開かれていること」（SZ, 288/3–300）なのである。

「決意性」は「選択の選択」であり、「良心をもとうと欲すること」「良心をもつ」ことは、「ほかでありえないもの」を「ほかでありえないもの」として受け取ることであり、「ほかでありえないこと」自体は現存在の選択に先立ってすでに為されてしまっている選択だから、そのようにすでに為されてしまった選択をあらためて現存在が選択し直すことに等しい。すなわち、「選択の選択」である。今問われているのは、現存在が固有の自己を自ら負うことで、「固有な自己存在へと実存的に変様すること」（SZ, 268/3–211）だが、それは「一箇の選択を後から取り戻すこととして遂行されねばならない。他方で、この〈選択を後から取り戻すこと〉が意味しているのは、この選択を選択すること、すなわち固有の自己に基づいて或る存在可能へと〈自ら決定すること（Sichentscheiden）〉なのである。選択を選択することにおいて現存在は、その固有の存在可能を初めておのれに可能とするのだ」（SZ, 268/3–211. 強調ハイデガー）。

この「選択の選択」は、良心が開示した固有な自己存在を、それが開示した通りの姿であらためて保持することにほかならないのだから、良心をどこかに追いやることなく保持しつづけようとすること、すなわち「良心をもとうと欲すること」に等しい。「〈良心をもとうと欲する〉という現象には、自己存在という選択を実存的に選択すること〔すなわち、私があらためておのれを固有な者として生きようと欲すること〕が存している」のであり、それはこれまでの存在論的・実存論的分析において「決意性」と名付けられたものに等しいのである（cf. SZ, 270/3–218）。

先にも一部を引用したが、ここで「選択されるのは〈良心をもつこと〉であって、良心をもつことは、最も固有な負い目ある存在に対して、自由に開かれていること〔＝決意性〕にほかならない」（SZ, 288/3–300. 強調ハイデガー）のだ。「呼びかけを理解することは、良心をもとうと欲することを意味する」（ibid. 強調ハイデガー）。今や、良心の呼び声に「応じないことができない」こととしての私の不可避の応答は、「良心をもとうと欲すること」に結実するのである。「呼びかけに応ずる〔entsprechen＝呼びかけに応じて「はい」と言葉を発する〕理解として明らかになったのは、良心をもとうと欲すること」（SZ, 289/3–305）なのだ。

「根拠である」ことを「よし」とすることで、私は「責任ある者」へと変容する

この「選択の選択」が為されたとき、すなわち私が私であらざるをえない必然性に絶えず向かい合いつづけることをあらためて欲したとき（「良心をもつこと」を欲したとき）、「私は私の（自己自身の）根拠である」。根拠の問題は、その最終的な段階に達したのである。この段階は、「（根拠として）ある」ことを「よし」として受け容れ、それを反復することで（選択の選択）負い、担い、それに服することで成り立つ。私はおのれが固有の者であることを、その死を自ら死ぬことを、（そうでしかありえないにも拘わらず）「よし」としたのだ[21]。このことを以って現存在は、固有な自己への「変容」を完遂したことになる。これが、「私は私自身の根拠である」ことなのだ。もともと根拠なるものとは全く無縁の状況に置かれていたはずの私が（第零《ゼロ》段階を想起せよ）、何もの／ごとかを、そして最終的にはおのれ自身を、担って立つに至ったのである。

ハイデガーは、固有性の対極に位置する〈誰でもあり、誰でもない〉私のことを「ひと（das Man）」と形容するが、それは（大方の理解に反して）私の存在の仕方の基底を成すもの（すなわち、根拠と無縁の第零《ゼロ》段階）である。その「ひと」が、これまで検討してきた過程を経ることで、根拠へと変容したのだ。「固有な自己存在〔固有な自己で「ある」こと〕は、〔本質に即した実存カテゴリーである〕〈ひと〉が、実存的に変容したものなのである」（SZ, 267/3–209, cf., 129/2–128）[22]。この変容が完遂されたとき、本書の主題でもある「責任」ということが初めて可能となる。「呼び声を理解することで現存在は、おのれが選択した存在可能に基づいて、最も固有な自己をおのれの内で行為させる。ただこのことによってのみ、現存在は〈責任ある（verantwortlich）〉者として存在しうるのだ」（SZ, 288/3–302. 強調ハイデガー）。

但し、この段階においても、〈いま・ここで＝現に〉「ある」ことの根拠たることを拒否することはあくまで可能であることを、忘れてはならない。そうでなければ、「選ぶ」ということが意味を成さない。だが、必然性という第二の段階を経由した今となっては、その拒否を選択した者も私以外ではありえないことが顕わとならざるをえないのである。固有性を告知する声（すなわち、「良心の声」）を聴いてしまった者には、その声に固有性を以って応答しないことは、もはやいかにしてもできないのだ。しかし、そもそもそのような声など、本当に聴こえたのか。こう問い返すことは、いつでも可能である。このことも、忘れてはならない（この点には、のちにもう一度触れる）。

異なる存在様相が重なり合いながら、それらは「透けて見える」

もう一点、確認しておきたいことがある。根拠の問題は、事実性＝偶然性（第零《ゼロ》段階）、可能性＝能力性（第一段階）、必然性（第二段階）、肯定性（第三段階）という異なる存在様相が重なり合う複層的な事態であることが明らかになったわけだが、これら互いに異なる存在様相は、下のものに上のものが被《かぶ》さることで上のものの色で塗り潰されてしまうわけではない、という点である。すでに見たように、上のものを通して下のものは依然として「透けて」見えるのであり、下の段階は上の段階の基盤でありつづける。したがって、（差し当たり）一番上の段階である「肯定性」も、その根底に「偶然性」を保持しつづけており（偶然性を踏まえた上での肯定性と言ってもよい）、ハイデガーが「被投的投企」という事態把握を堅持するのもこの故である。つまり、〈なぜか知らぬが（＝根拠の脱落）「ある＝存在する」〉という被投性が現存在の存在の根底を成していることに、些かの変動もないのだ。[23] これが、「無‐性の根拠」という奇妙な表現に彼が固執する所以でもある。つまり現存在は、根底において決して根拠を手にしていない（無‐性にして無力）にも拘わらず、根拠であらざるをえないことを以って、「根拠である」のだ（すなわち、「無‐性の根拠」）。

〔現存在の〕自己は、おのれ自身の根拠を決して手にするには至らないのであって、それでも実存しながら根拠であることを引き受けざるをえない。（SZ, 284/3-281. 強調ハイデガー）

〔おのれの固有性に身を開きつづけんと〕決意することで現存在がおのれの実存において固有に引き受けるのは、おのれがおのれの無‐性の無的な根拠であることである。（SZ, 306/3-376. 強調ハイデガー）[24]

以上のようなハイデガーの議論は、何か大仰なことを論じているように聴こえるかもしれない。だが、本書の見るところ、それは或る意味で、極めて単純なことだ。要するにそれは、「よし、分かった。（と、「私は私でしかない」という「良心の声」を聴き取り）私は（と、あくまで、あるいは敢えて、主語すなわち主体の資格で）このように生きます（と、「このよう」であることを担う）」ということ以外ではないからだ。繰り返そう。「よし、分かった。私はこのように生きます」。これが、「私は自由かもしれない」ということなのだ。この点を、以上の議論を踏まえつつ、本書の主題である「責任」と「自由」にあらためて関連付けて纏めておこう。

「存在」の強度の昂進が、「存在」への「応答」の不可避性を担う「責任」に達する

私が固有の者としておのれの根拠であらざるをえないこと、すなわち第二段階の必然性をあらためて受け容れ、それを負い、担ったとき、私は現におのれの根拠である。私は、おのれを固有な者として言わば「召喚」する（ハイデガーはそれを「面前に引き出す」と表現していた）良心の声に対して、「はい（私はここにいます）」と私の名の下に答え（応え）、このことを以って固有の自己として立つことになる。但し、「立つ」と言っても、先に触れたようにそれは、その「重さ」に（あるいは「重荷」に）「服する」と言い換えてもよいような事態だった。ハイデガーがこの文脈で、「重荷を担うことの苦しみ」とも訳すことのできるLeidenschaftという表現も用いていることを想い起してもよいだろう。

現存在の自己自身とは、〔自己自身という重荷を〕担って苦しみながらも（leidenschaftlich）、〈ひと〉〔という〈無根拠性から目を背けて安心している状態〉〕の錯覚から解き放たれ、しかも事実的〔＝被投的〕で、おのれ自身を確信しつつ〔おのれが固有な者であることをもはや見誤ることなく〕その際〔無に直面することから立ち昇る〕不安を覚えているような、死〔＝無〕へと開かれて自由であるような（Freiheit zum Tode）、自己自身なのだ。（SZ, 266/3-204）

「私は固有の者であるほかない」と良心の声が告げる必然性に対して、当の私がわが身を開きつづけることを自ら欲すること、それが「良心をもとうと意志する（欲する）こと」としての「決意性」だった。それは、今や私の前に見紛う方なく開き示されている「固有の者であらざるをえない」という必然性に目を閉ざすことなく、それへと「おのれを開いたままにすること＝自由」なのである。現存在が「存在する」、私が「ある」、この（「ある」＝「存在する」という）点では、根底にある事実性（〈ただ「ある」〉）と何ら変わることのない事態が、可能性（能力性）から必然性を経て肯定性という、言わば「ある」ことの強度が昂進してゆくかのような様相の重なり合いの下であらためて「存在」し直されることを可能にしたのは、この「決意性」だった。それを本書は、「応答しないことができない」ものに出会ってしまった私が、その不可避の「応答（Verantwortung, responsabilité）」を負い、担って私として立つ「責任（Verantwortung, responsabilité）」として捉えたのである。

私がおのれを担って立つこと、あるいは固有性に自ら服すること、そのようにして私がおのれの根拠であること、このことが可能となったとき初めて、「私は自由である」と言ってよい。[25] 先の第一の段階において、何もの／ごとかが私の欲しうるもの、選びうるものとして姿を現わした。単なる事実性から可能性（能力性）の次元へのこの移行を可能にしたのは、その事実性を放棄することで生じた〈事実性からの解放〉だった。このことを以って私は、事実が支配する「自然」の次元から「自然を超えた」次元へ、すなわち「形而上の」次元へ移行したのである。

責任を負うことで、私は自由と成る

この移行は確かに決定的だが（何しろ自然の次元においては、私が根拠なるものと関わる余地などなかったのだから）、それだけでは、いまだ私は自由ではない。「私は自由である」と言いうるのは、私が何もの／ごとかを現に欲し、選んだとき、[26] すなわち、何かに自ら服し、そのことを以って何かを担い、ほかの誰でもない「この者（固有にして唯一の者）」として立ったとき、つまり、「責任」を負ったとき、初めてなのである。自由だから責任を負うのではない。責任を負うことで、すなわち何かを私という固有の者の名の下に担うことで、私は自由と成るのだ（〈責任という自由〉である）。このとき、自由が成就する――私は自由である――のだ。

但し、このようにして自由の存立する次元が、あくまで形而上の次元、本書の言葉で言う「純粋な可能性」の次元だったことを忘れてはならない（ここで、ハイデガーが現存在に固有の死のことを「純粋な可能性」と呼んでいたことも、想い起されてよい）。形而下の、自然な（の）次元においては、誰もが同じ個体なのであり、全ては自然の命法――近代科学はそれを自然法則として取り出した――に服しているのだから、〈何かが「自ら＝自己」という固有にして唯一の者の名の下に担われる〉という事態の成立する余地など、どこにもなかったからである。ハイデガーの「死」と「良心（固有性）」をめぐる分析はこの形而上の次元を描き出しているのであり、固有性（本来性）はこの次元において初めて、かつこの次元においてのみ、姿を現わすものなのだ。現存在は死と良心という事態に開かれることで（それは現存在の存在が「脱自」であることの究極ないし尖端において可能となった）、おのれがすでに単なる事実性、すなわち自然にして形而下の次元を超えた次元に立ち出でていた可能性に、初めて覚醒するのである。[27]

「ひと」は「自然」にして「形而下」の次元に存在する

他方、ハイデガーによる「ひと」の次元の分析は、「自然」にして「形而下」の次元の在りようを描き出していることになる。先にも見たように、この次元においては誰もが自然の法則に服する同じ個体であり、そこではそうした個体たちは根拠とは無縁である。この次元において根拠と言いうるものがあるとすれば、それは（個体たちを生み出した）自然の中に（あるいは自然の側に）あるはずだからだ（私たち人間――ホモ・サピエンスであるかぎりでの――や動物たちにあっては、例えばそれは「本能」と呼ばれるものであったりするだろう）。ハイデガーの分析を見てみよう。

〈ひと〉はいとも易々《やすやす》と全てに責任を取るけれども、それは何かを請け合う（einstehen）必要のある者は誰もいない〔すなわち、責任というものが問題になる余地がない〕からである。（SZ, 127/2–122）

現存在の日常性にあっては、誰も請け合う者ではないというほかない事柄によって、大抵のことは生じている。／〈ひと〉はこのようにして、日常性において存在しているそのつどの現存在の重荷を取り去る（entlasten）。（SZ, ibid.）

「重荷を取り去る」という言い方は、すでに現存在が「実存的変容」を遂げて形而上の次元に移行した地点から見ての回顧的な言い方であり、端的な「自然」においては、そもそも「取り去る」べき「重荷」は存在しない。「〈日常的な現存在とは誰か〉という問いに対しては、それは〈ひと〉であると答えることができる。〈ひと〉とは、誰でもない者（Niemand）である」（SZ, 128/2–122. 強調ハイデガー）。この次元にあっては、皆が同じ個体なのであり、「誰」と言い当てられる固有の者などどこにも存在しないのである。自然の次元の没根拠性、没責任的な在り方が、的確に描き出されていると言ってよい[28]。

「脱自＝実存」という「存在の過剰」

では、こうした「自然」な次元から、根拠といったことが問題となりうる次元、それも「自己」という固有な者がそれに関わりうる次元への移行を可能にするものは、結局のところ、いったい何なのだろうか。本書はそれを、ハイデガーが現存在の存在の仕方の根本を成すものとして提示した「脱自＝実存」に見る。それは、私が事実性の次元から解き放たれて可能性の次元へとおのれを超え出てゆく動向にほかならなかった。この動向は、私たちの世界が時空的に披かれることを可能にしたところのものであると同時に、その自己超出の運動がついに「無」という究極の可能性、すなわち「存在の不可能性という可能性」にまで尖鋭化されることで、唯一にして固有な者を見出すに至ったのである。

この究極の可能性は、事実の次元で現実化されるということがありえないものだった。無を経験することは、不可能なのだ。すなわち、それは「純粋な可能性」の次元に位置するのである。私をついにそのような次元にまで至らしめたのかもしれない脱自の動向自体は、本章の初めにハイデガーと共に確認したように「存在論的な謎」にとどまるのであり、本書はそれを「存在の過剰」ないし「力の充溢」という形而上的な原理として位置付けた。そしてこの「過剰」が、「充溢」が、ついに世界を「自然」な次元を超えた次元にまで導いたのだとすれば、それは、世界が単なる〈物質的な存在の次元〉から〈生命として存在する次元〉へと大きくその存在の仕方を変えた「創発」に比肩する画期的な――つまり、全く新たな存在秩序を開く――出来事と捉えることができる。すなわち私は、「自由」という存在秩序が創発したのかもしれない地点に立っているのだ。

無から存在へ、存在から生命へ、生命から自由へ

そもそも世界は存在しなくてもよかったのかもしれない――何も存在しないということがあってもおかしくない――という事情に鑑みれば、〈無ではなく存在が存在する〉という事態は第一の画期である（ハイデガーはライプニッツを引きながら、「なぜ無ではなく存在なのか」という問いを形而上学の根本的な問いと位置付けている）。次いで、そのような存在から生命という新たな存在秩序が出現したことは第二の画期であり、固有な自己が世界もろともおのれ自身を担うような存在秩序の出現は、（もしそれが本当に出現したのなら）第三の画期ということになるだろう（自由が占めるこうした存在論上の位

置についての立ち入った考察は、本書序章が行なった)。

だが、この第三の画期によって開かれた「自由」の次元があくまで「純粋な可能性」にとどまることを、決して忘れてはならないのだった。先にも書いたように、はたして私は本当に良心の声を聴いたのか、それは私の思い過ごしではないのかと問い返すことが、いつでも可能だからだ。そして、この問い返しに対して、私はそれを否定する(思い過ごしでないとする)証拠を提示できないのだった。[29] だが同時に、それを支持する(思い過ごしだとする)証拠もまた、提示されないのだ。「純粋な可能性」の次元は事実性の次元を離れた別の次元であるが故に、事実のレヴェルでいくら証拠(らしきもの)を積み上げても、それはこの可能性の次元を否定することにはならないからである。それはちょうど、私の死を心臓や脳の機能停止と説明しても(事実としてはその通りであるにも拘わらず)、それだけでは当の事態を捉えたことにならないのと同様である。[30]

その死において私は、私自身も含めて私たちの誰も経験したことのない事態、経験することのできない事態、すなわち「無」に遭遇するように思われるからだ。それは形而上の次元なのであり、そこに私は思考においてのみ達することができる(今「無に遭遇するように思われる」と書いたのは、そのためである)。死という無は、そしてそのような死を死ぬ代替不可能な存在者たる私は、この「思い」の内でのみ出会われるものなのだ。[31] だが、たとえ「思い」の内においてであるにせよ、「存在」するもの以外の何ものでもなかったはずの世界が「ない」(=無)」ということがもし可能なら、それは全てに貫通し世界そのものと一体だった「存在」の覇権が根本から揺らいだことになる。これを本書序章は、「存在」に生じた「スキャンダル」と呼んだのである。このスキャンダラスな次元に立ち出ることで私は「ひょっとして私は自由なのかもしれない」と思い(「可能性」である)、その思いの内で自由と成り、現に自由である。この思いを何かほかのもので証拠立てることはできないが——したがって、先の反問「それは私の思い過ごしではないのか」はいつでも回帰する——、同じく何かほかのもので否定することもできない。このことが、決定的なのである[32]。

ハイデガーの「死」と「良心」をめぐる分析の再解釈を通して自由の存立をその「可能性」において論証する作業は、以上でひとまず終了したと言ってよい。だが自由に関しては、これで議論を全うしたことにはならない。私の名の下に担われたものの在り方が、そのままでは当の自由を破綻に追い込んでしまうからだ。自由を、この破綻から護らなければならない。自由は、絶えずその存立の余地を護ることによってしか可能でない。そのためにはどのような対応が為されねばならないかを見届けることが、なお課題として残されているのだ。以下で、この課題に取り組もう。

b 「担われる」もの

「担われる」ものの「全体性」

現存在が、その純粋な可能性において「現に自由である」としよう。おのれを根拠として担って立つ、としよう。このとき担われた「おのれ」は、すなわち自己自身は、いったいどのような在り方を、存在の仕方をしているだろうか（ここで担われたのは自己自身なのだから、それは担う者でもある。したがってここでの問いは、「おのれを担う自己はどのような在り方をしているか」でもある）。

ハイデガーは、次のように述べている。「おのれに先駆け〔＝脱自〕、〔おのれに固有なものに身を開く〕決意性において現存在はおのれの存在可能に関して自らを理解するが、それは〈現存在が死の前に歩み出て、おのれ自身がそれである存在者を自らの被投性において全体として引き受けること〉によってである」(SZ, 382/4–252)。ここで「引き受けられるもの」、すなわち担われるものの存在の仕方を考える上で鍵となるのは、「全体として」ということなのだ。それは、どのような存在の仕方を示唆しているだろうか。

「既在」的なものとして「反復」された自己が「将来」へ向けて投企される

これまでの分析においては、固有にして代替不能な死へと脱自的に「先駆ける」ことが前景に出ていた。しかし、そのようにして「将来」へと先駆けることで固有性に出会った現存在が「引き受け」「担う」ことになるおのれ自身（すなわち「自己」）は、被投的なものとしてすでに（なぜかは知らぬが）存在している。したがって、この「引き受け」において担われる「自己」は、「すでに存在している（いた）もの」でもある（ハイデガーは、ふつうの意味での「過去」が〈もはやないもの〉を意味するのに対して、この「すでに存在している（いた）もの」は――すぐ後で触れるように――決して単に過ぎ去って〈もはやないもの〉ではないが故に、後者に「既在（性）」という別の用語を当てて両者を区別する）。

「……もはや実存していない現存在も、存在論的に厳密な意味では、過ぎ去ってしまっているのではない。それは、現に既在している〔=「あった」という仕方で現に「ある」〕」(SZ, 380/4–244)。このように現存在の存在可能（将来へと先駆けての投企）が根本的に既在的であることを現存在に告知するのが、そのように投企する者の被投性である。「……事実性〔=被投性〕の第一次的な実存論的意味は、既在的な在り方の内にある」(SZ, 328/3–465)。存在可能として将来へと先駆ける現存在が、おのれの既在性へと立ち返ってあらためてそれを存在することで自己を担うこの動向を、ハイデガーは「反復」と呼んでいる。

「この〈固有な仕方で既在的に存在すること〉を、私たちは〈反復すること〉と名付ける」（SZ, 339/4–77. 強調ハイデガー）。したがって、現存在が固有な存在可能へと向けておのれを投企するとき投企されるものは、既在的なものとして反復された自己自身なのである。このことを彼は、「先んじての反復」とも表現する。「〔将来へと〕先駆けることで現存在は、おのれを最も固有な存在可能へと先んじて反復する（*vor* …… *wiederholen*）」（ibid. 強調ハイデガー）のだ。

既在として「命運」を担う「圧倒的な力」

また、このように既在としてあらためて引き受けられ（すなわち「反復」され）るほかないおのれの固有性は、「命運（Schicksal）」とも言い換えられる。「命運」とは、すでに（予め）与えられた〈おのれに固有なもの〉として受け容れるほかないものだからだ。なぜか知らぬが、私はこう「ある」べく命運付けられていたのだ、というわけである。[33] つまりこの「命運」の内には、先に考察した第二段階の「必然性」（こうでしかありえない）が谺《こだま》している。「既在している可能性を命運によって〔命運という仕方で〕反復することで現存在は、おのれに先立ってすでに存在していたものへと「直接に」、つまり時間的に脱自的におのれを連れ戻す」（SZ, 391/4–282f.）。

「命運は〈無力なもの（Ohnmacht）〉でありながら、逆境に耐える〈圧倒的な力（Übermacht）〉であって、その〈圧倒的な力〉は〈固有な負い目ある存在へと向けて、沈黙したまま[34]不安に耐えつつ自己を投企すること〉から生ずる」（SZ, 385/4–262）。現存在は被投的なものである以上、その根底において「全く為す術がない」という意味で〈無力なもの〉たらざるをえないが、そうした被投性を自ら担って可能性へと向けて投企しうるという点において、ほかのどんな存在にも見られない〈圧倒的な力〉を有するのである（この意味で、確かに現存在の下で「過剰な力（Übermacht）」が姿を現わしている）。すなわち、現存在においてその〈無力さ〉と〈圧倒的な力〉が交錯する地点で、「反復」が行なわれるのだ。そして、このように既在性へと立ち戻っておのれを反復できるのも、現存在が絶えずおのれの外へと立ち出でる脱自という在り方を根本としているからなのである。脱自は将来にのみ向かうものではなく、既在へと立ち戻ることでもあるのだ。

おのれを目掛けておのれに立ち戻り、おのれを出合わせる「脱自」

そして言うまでもなく、そのように脱自として存在することで現存在は〈いま・ここで＝現に〉ある。つまり、現在もまたこの脱自の内に「ある」。「〔このような〕〈将来、既在、および現在〉〔という在り方〕によって示されるのは、〈おのれに向けて＝を目掛けて（Auf-sich-zu）〉〈〔おのれに〕立ち戻り（Züruck auf）〉〈〔おのれを〕出会わせる〉という現象的な性格である。〈〜へと向けて（zu）〉〔＝将来〕、〈〜に（auf 立ち戻り、かつそれに基づいて）〉〔＝既在〕、〈〜の許で（bei）〉〔＝現在〕という現象が顕わにするのは、〈ekstatikon〔＝脱自〕としての時間性そのもの〉にほかならない。時間性とは、根源的な〈おのれの外にあること（Außer-sich）〉そのことなのである。したがって私たちは、右に特徴付けられた現象、つまり〈将来、既在、および現在〉を、時間性の脱自的在り方（Extasen）と名付ける」（SZ, 328f./3–469. 強調ハイデガー）。「〈既在しつつある現在化する将来〉としてこのように統一された現象を、私たちは時間性と名付ける」（SZ, 326/3–457. 強調ハイデガー）。

ここでも、ハイデガーの言い方は脱自を時間性として解釈するもののように響くが、先にも論じたように、〈（おのれの）外へ〉、あるいは〈（おのれを）超えて〉という脱自の動向こそが根本を成しているのであり、それが私たちの下では時間性と空間性という仕方で具体化されていると捉えるべきだと本書は考える。そして、〈外へ〉あるいは〈超えて〉という動向（「存在の過剰」あるいは「力の充溢」）の中で初めて、この動向自身が「自己＝おのれ」として、しかも固有なものとして姿を現わす。あくまで根本にあるのはこの動向であり、それに先立って「自己＝おのれ」が「ある」わけではないのである（「おのれの」を括弧に入れて表記したのは、この故である）。

自らの固有性と全体性に眼を開き、見据える「瞬視＝瞬間」

このようにして現存在の存在する仕方そのものにほかならない脱自性が現存在の下で十全に展開されることを通して、次のような事態が明らかになる。すなわち、「決意性」において担われることになる自己（そして、そのような自己を担う自己）は、可能性としておのれの前に開かれた将来へと先駆けつつ被投性として既在することで〈現に〉存在するのであり、このような在り方においておのれの「ある（存在する）」ことの「全体」が当の自己自身に対して姿を現わすのである。ここで、おのれを現在において反復しつつ将来へと向けて投企する現存在が、そのようにして担われ投企される自己をその固有性と全体性において看て取っていることを明示するために、「瞬間＝瞬視（Augenblick）」という表現が導入される。それは、「今」「眼の前に」（あるいは「手許に」）あるもの（こと）に心を奪われて将来を見失い、既在を忘却する（日常における）「現在」と対比され、おのれの固有性と全体性に眼（Auge）が開かれ、それらをはっきりと見据えている（blicken）ことなのである。「決意性にあって現在は、……将来と既在の内に保持されている。現在が固有な時間性の内で保持され、斯くしてまた固有の現在であるとき、それを瞬間＝瞬視と呼ぶ」（SZ, 338/4-73）。それは「先駆けつつ反復する〔既在する〕瞬間＝瞬視」

(SZ, 391/4–286) なのだ。[35]

そして、おのれをその固有性と全体性において見据えて担い、投企することが、このようにそのつどの瞬間ごとに為されるのだとすれば、そこで担われ投企される自己もまた瞬間的なそのつどのものであることになる。自己は（少なくともその固有性と全体性においては決して）時間内に一定期間同じものとして（自己同一的に）持続するのではなく、瞬視＝瞬間のたびごとに反復されて投企されるもの、そのつどに言わば「立ち上がる」ものなのだ。先にも触れた「自己の絶えず立つこと（Ständigkeit des Selbst）」あるいは「絶えず（そのつど、不断に）自己であること（Selbständigkeit）」とは、このことにほかならない。

存在が時間的・空間的全体において姿を現わす

現存在は世界内存在として世界という「全て」とつねに共にあることがすでに明らかにされていたが（もちろんこの「全て」の内には、いまだ私には顕在化していないものや、直接経験することは一生ないものも含まれている）、これを現存在の存在の仕方の空間的側面とすれば、今や現存在の存在が時間的にも（瞬間において）既在から現在を経て将来にまで伸び拡がっていることが顕わになることで、その「全体」が余すところなく視野に収められる。自己と世界が「存在」として〈理解されて姿を現わす〉こと自体がすでに画期的だが（本書はそれを「生命」としての存在の仕方の成立と重ね合わせて捉えてきた）、その「存在」が「全体」において姿を現わすことも、それに劣らず画期的なことと言ってよい。なぜなら、多くの生命体においては、単にその時々の「今」とその時々眼の前に（ないし手許に）あるもののみが生きられては次々とそれらが失われていくだけに見えるのに対して、現存在においては、今見たような仕方で時間的にも空間的にも伸び拡がった仕方の下でおのれの存在が「全体」という相貌を獲得するに至っているからだ。[36] 正確に言い直せば、或る種の生命体（例えば、いわゆる高等動物）においては習慣と縄張りという仕方ですでに時間的・空間的な伸び拡がりは姿を現わしているが、その伸び拡がりが「全体」という在り方をするには至っていないのである。だが今や、その「全体」が現存在において〈いま・ここで＝現に〉姿を現わしている。この「全体」は、私にあっては誕生と死によってその両端を画されることになる。

> 現存在は自己自身を伸び拡げる（erstrecken）のであり〔繰り返せば、それは脱自という存在の仕方によって可能となる〕、そのことで予め現存在に固有な存在が〈伸び拡がり〉として構成されている。現存在の存在（「ある」こと）においてすでに、誕生と死との関連で「間《あいだ》」が含まれている。……実存論的に解するなら、誕生は決してもはや眼の前にないという意味で過ぎ去ったものではない。同じく、死に固有な事柄も、まだ眼の前にないがいずれやって来る未済という存在の仕方なのではない。事実的〔被投的〕な現存在は誕生した者として実存しており、誕生した者として現存在はまた、死へと関わる〔先駆的〕存在という意味ですでに死につつある。両側の「末端」とその「間」は、現存在が事実的〔被投的〕に実存しているかぎり存在する。……被投性と、死へと関わる逃避的ないし先駆的な存在との統一において、誕生と死は現存在に相応しい仕方で「関連し合っている」。気遣いとして現存在は、「間」なのである。（SZ, 374/4–220f. 強調ハイデガー）

私は、おのれの既在を誕生にまで遡ってそのつど反復しつつ、そのようにして担われた自己を（世界内存在として、当の世界もろとも）自らの死へと向けて投げ掛けるところの「間」として存在するのである。この「間」としての伸び拡がり——これが〈担い・担われるところの自己自身〉の存在の仕方なのだが——は、反復しつつ為される投企のそのたびごとに伸び拡がるものなのだから（すなわち「瞬間」なのだから）、決して持続する時間の幅と取り違えられてはならない。斯くして「現存在は、誕生と死と、両者の「間」とをおのれの実存の内へ「引き入れて」保持している」（SZ, 390f./4–282）。このような仕方で〈おのれに固有なものとして全体的に引き受けざるをえないもの〉、それが私の「命運」なのである。

「全体」は形而上的なもの

誕生と死のいずれもが、当の私にとって原理的に経験の対象ではありえないことからも明らかなように、それらによって両端を画されることで浮かび上がる私の「全体」は、本書の言葉で言う「形而上」的なものである。すなわち、固有性と全体性は、つまり固有な者がその全体において姿を現わすことは、一箇の形而上的な事態なのである。「現存在は……「死の中へと投げ入れられながら」おのれがそれでありうる存在者として、固有的に全体的に存在する」（SZ, 329/3–473）。「先駆的決意性こそが初めて、負い目ある存在可能を固有的かつ全体的に、言い換えるなら根源的に理解する」（SZ, 306/3–376. 強調ハイデガー）。おのれの存在が不可能となる究極の可能性にまで先駆けて当の事態に身を開きつづけることで初めて、現存在はおのれが負いうる、負わないわけにはいかないものが固有なものであると同時に、すでに存在の中に投げ入れられて既在しつつ将来において無に遭遇する一箇の全体的なものであることを理解するに至る。このことを以って、現存在の存在理解は「根源的」なものとなるのである。すでに用いた表現に倣えば、このようにして私は、単なる事実性――「自然」――の次元においては不可能な、つまり事実を超えた＝形而上的次元において初めて可能な仕方で「私の起源＝根源に立つ」[37]。

このように「根源的」となった存在理解において現存在は、おのれの存在を、固有にして全体的なものとして時間的にも空間的にも「伸び拡げられつつ自己を伸び拡げる特有の動向」と理解するに至るのだが、この動向をハイデガーはあらためて「生起（das Geschehen）」（SZ, 375/4-222）と名付ける。現存在の存在の根底には、時空的「伸び拡がり」の「生起」という事態が横たわっているのである。この「生起」の中で、現存在と世界が共に存在するに至るのだ。すでに何度も確認したように、ハイデガーの事態把握にあって〈現存在が存在すること〉と〈世界が存在すること〉は同一の事態だが（すなわち、現存在の存在と世界の存在は「等根源的」だが）、しばしば現存在（私）を「主観的なもの」として、世界を「客観的なもの」として別々に捉える常識的理解にかこつけて言うなら、「生起」はそのような意味での「主観的なもの」と「客観的なもの」のいずれにも「先立っている」ことになる。そのことを彼は、次のような仕方で表現している（ここでは「生起」が「世界時間」と表記されている。「生起」は時間性の根本を形作っているからである）。

世界時間は、全ての可能な客観〔世界の内に姿を現わすもろもろの存在者＝世界内部的存在者〕「よりも客観的」である。なぜなら、世界時間は世界内部的存在者を可能にする条件として、世界の開示性と共にそのつどごとにすでに、脱自的‐地平的に「客観化されて」いるからである。……他方また世界時間は、一切の可能な主観〔私たち〕「よりも主観的」である。なぜなら、世界時間は事実的

〔被投的〕に実存する自己の存在を初めて共に可能にするものだからであり、しかもその際、気遣い〔脱自の現存在における在り方〕は当の自己の存在として十全な意味で理解されているのである。(SZ, 419/4–394f.)

このような仕方で捉えられた「生起」という事態の射程がどれほどのものであるのか、それがどこまで及ぶものなのかは、節をあらためて検討する。ここで一言だけ展望を述べておけば、現存在と世界の根底に、すなわち全てを「全て」の根底にこの「生起」という事態が横たわっていることが、現存在をも世界をも、すなわち全てを「歴史(Geschichte)」的なものとするのである。これは、現存在の存在が単に私の誕生と死の「間」に尽きるものではないことを、そしてまた空間内に局在する一地点ではないことを示唆する。繰り返せば、それは「全体」だからだ。

良心の声は、沈黙の声

もう一点、決意性にあって担われる自己の内実に関して、確認しておきたいことがある。ことは、固有にして全体的なものとして顕わになった自己を「負わざるをえない」もの、「担わないわけにはいかない」ものとして告知する「良心の呼び声」が、「沈黙」の声である点に関わる。「良心は絶えずひたすら、沈黙という様態において語る。……〔良心は〕呼び掛けられ呼び醒まされた現存在を、現存在自身の沈黙した在り方へと強いる。呼び声の中で呼ばれている事柄は、言葉による定式化を欠いている」(SZ, 273f./3–234f. 強調ハイデガー)。「良心」はひたすら現存在の存在論的な構制である〈固有でありうること〉に、かつ〈固有であらざるをえないこと〉に関わるのであって、その具体的な内実(「存在的」次元)

――そのときどきに実際にどう行為するのか――に関わるのではない。

とはいえこのことは、〈自己であらざるをえない〉というおのれの存在論的な構制に覚醒した自己が、その存在の構制にその時々の具体的な（存在的な）内実を与えていくことを妨げるものではない。いやむしろ、そのことを促すもののはずである。「呼び声の内実が一見したところ規定されていないように見えるからといって、その呼び声が確実に進路を取る方向は見過ごされえない」（SZ, 274/3-235. 強調ハイデガー）。「確実に進路を取る方向」とは、現存在が固有な自己の「面前に立ち」、そのような自己を携えて「将来へと向かう」そのような方向にほかならない。「呼び声は、呼び掛けられるべき者を手探りで探し求めることを必要としない。呼び掛けられる者は、呼び声が目指していた者であるかどうかを見分ける徴付けも必要としない」（SZ, 274/3-235f.）。ちょうど私が、自分がどの人物であってどの人物でないかを見誤ることがないように、あるいは、どのような人物であるかとは無関係に、私は私だと言えるように、である。[38] それが、固有の者であることなのだ。

「……その呼び声は、〈「ひと」である自己〉にその自己において（見間違えようのない、固有の者において）呼び掛ける。このような呼び掛けである呼び声は、自己をそれが〈自己でありうること〉へと呼び醒まし、斯くしてまた現存在をその可能性の内へと呼び出す」（SZ, 274/3-236f.）。良心が呼び醒ますものが単に〈自己でありうる〉という可能性（能力性）へばかりではなく、それに重ね合わせるようにして〈自己を負わざるをえない〉〈おのれを担わないわけにはいかない〉という必然性でもあることについては、すでに見た通りである。

いずれにしても、良心の呼び声の存在論的-実存論的分析において明らかにされたことは、それが具体的で存在的-実存的な内実については何も語らない、すなわち「沈黙」しているという点である。

「呼び声の内実に関しては、その声が「積極的に」推奨したり命令したりするものは何一つとして示されない」(SZ, 294/3–325)。「呼び声がそれへと呼び醒ますものを実存論的に解釈することは、……具体的などのような個々の実存可能性をも限定しようとするものではありえない。確定されうること、確定されようとしているものは、そのつどの現存在においてそのつどごとに実存的に当の現存在の内に呼び掛けられている事柄ではない」(SZ, 280/3–262)。

決意性は、その内実に関して本質的に「規定されていない」

では、そうした「具体的な……実存可能性」、「そのつどの」「そのつどごとに実存的な」事柄に関して、事態はどうなっているのか。それは、個々の実存が千差万別の具体的な状況の下でそのつどごとに現実化してゆくものでしかありえない。この意味での「状況」――のちにあらためて触れる――は、一つとして同じものがない（それが「固有」ということである）のだから、予め限定（規定）しておくことなどできないのだ。しかも、そこでそのつどごとに現実化された内実が本当に〈おのれに最も固有な存在可能〉の実現であるか否かは（存在論的‐実存論的には、どんな内実も〈おのれに最も固有の存在可能〉の実現になってしまうにも拘わらず）、当人にとってもほかの誰にとっても、最後まで確定することがない。なぜなら、〈おのれの最も固有の存在可能〉が形而上の次元に位置しているからである。「すなわち、現存在がさまざまな可能性からおのれを理解し〔「実存的」には、おのれが何者でありうるかはそのつどごとの状況に応じて「さまざま」なのである〕、そのようにおのれを理解しながら、被投的な存在者であることによっておのれの根拠なのである」(SZ, 285/3–285)。どのような者として行為しようと、それはおのれ以外の誰でもないのだ。つまり、行為の内実――さまざまな存在可能の中からどれを選ぶか――

に関して、それがそのつどごとの状況に相応しいものである（あった）か否かはつねに問われうるし（相応しいものである場合もあれば、そうでない場合もある）、ましてそれが当の現存在の〈最も固有な存在可能〉の実現なのか――最も私らしい在り方なのか――は最後まで確定することがないにも拘わらず、どんな対応も私のそれでしかありえず、私がいかなる者であるかを明かしてしまうのである。これが、〈固有性が現存在の存在論上の存在構制である〉ということなのだ。

「決意性」は存在論上のこの存在構制を正面から受け止めるものであるが故に、そのつどの個別の状況の中でどのように振る舞うことが相応しいのかを、おのれの〈最も固有の存在可能〉に照らして判断することになる。あるいは、決意性とはそのような点を視野に入れて判断することのできる唯一の態度ないし能力のことだ、と言ってもよい。そしてこのことが、現存在を「自由」という次元の具体的な現場に向けて開くのである。

決意性はその存在論的な本質からすれば、そのつどの事実的〔被投的〕な現存在の、そのつどごとの決意性である。(SZ, 298/3–344)

決意こそまさに、そのつどの事実的〔被投的〕な可能性〔具体的な可能性は当然、そのつどの状況によって制約されている〕を開示しながら投企し、それを規定することなのだ。決意性には必然的に〈規定されていない在り方〉が属しており、現存在の有する事実的、被投的な存在可能はこの〈規定されていない在り方〉によって特徴付けられている。(SZ, 298/3–344f. 強調ハイデガー)

決意性の〈規定されていない在り方〉は、決意においてそのつど初めて規定される。(SZ, 298/3–345)

決意の具体的内実はそのつどの事実的、被投的制約に照らして決定されるほかなく、それこそが現存在が自由であることの証なのである。

そのつどごとの決意性において開示される「状況」の下での自由

決意性の下で実際に為される「そのつどの」規定ないし決定、これをハイデガーは「状況（Situation）」という言葉で表現する。「〈状況〉はおのれの基礎を、決意性の内に有している。状況とは、決意性においてそのつどごとに開示される〈いま・ここで＝現に〉のことであり、実存している存在者はそのような〈現に〉としてそこに存在している。……そうした〈現に〉に向かって決意していること〔そうした〈現に〉に対しておのれを閉ざすことなく、正面から向き合うこと〕で、さまざまな事情が有するそのつどの事実的〔被投的〕な適所性〔所を得た相応しさ〕という性格が、おのれに向けて初めて開示される」（SZ, 299f./3–349）。

この「適所性」を見出す能力が、アリストテレスによって「プロネーシス」〔「賢慮」としばしば訳される実践的判断能力〕と呼ばれたものであることは言うまでもないが、ハイデガーの分析においてはそこにおのれの〈最も固有な可能性〉という観点が織り込まれている点を見逃してはならない[39]。「呼び声は〔そのような〕状況へと〔現存在を〕呼び出す」（SZ, 300/3–352. 強調ハイデガー）のだ。そしてこの「状況」において初めて私は、具体的に何を選ぶかに関して「自由」となる。「状況は、まずは未規定的で、しかし規定可能性へと開かれている自由な決意においてのみ開示される」（SZ, 307/3–380f.）。「……決意性が理解しているのは、存在可能の未規定的な在り方が、そのつどの状況に向かう決意においてのみ、そのつどごとに規定されるということである」(SZ, 308/3-384)。この「そのつどごとの規定」が為されるとき、私はその具体性においてもまた、自由なのだ。

正確に言い直そう。その時々の私による規定が真に自己自身によって為されたものなのか否かは確定できないのだから(私がそう思っていても、何か自己以外のものによってそうさせられていた可能性はつねに残るのだから)、その時々の具体態においても「そのとき私は自由でありうる」と言わなければならない。私は、「その可能性において自由である」と言っても同じことである。「自由である」とは「純粋な可能性」において、そしてその可能性においてのみ(実存論的にも実存的にも、つまり〈固有であること〉においても〈どのように固有であるか〉においても)、成立する事態だったことを忘れてはならない。「現存在が〔将来へと〕先駆けることで死をおのれの中で力強いものとするとき、現存在は死に対して開かれ自由でありつつ、〈おのれの有限的〔=終わりに向かって開かれた〕自由という固有の圧倒的力〉においておのれを理解する。この有限的自由は、〈選択を選び取った〉ということの内に、そのつどごとに「存在する」だけである」(SZ, 384/4-259)。

「選択を選び取った」とはすなわち、あの「選択の選択」——すでに為されてしまっている選択を、あらためて自ら選び直すこと=反復——であり、おのれの「無力さ」と「圧倒的力」が交錯する「被投的投企」という事態にほかならず、そのようにして「存在可能」の次元に立ち出でた者の下にのみ「自由」の次元が開かれるのである。この自由が「有限的(endlich)」であるのは、それが死という自身に固有の「終わり(End)」に関わることによって初めて開かれることを示している。

3　運命──あるいは「命運の共同体」

a　〈現に〉の「生起＝歴史」

単独者は他者と不可分の関係に立つ

おのれの死を前にして、現存在は単独化される。だが現存在は、ただ単独なだけなのだろうか。単独者であることは、他人あるいは他者と無関係であることと等しいだろうか。そうではない。逆に、単独者であることは、他人あるいは他者と不可分の関係に立つことによって、可能となっている。「他なるもの」「異他的なもの」という意味での「他者」と単独者たる現存在が不可分の関係に立っていることは、すでに死の分析において示された。死は何にも増して私にとって「他なるもの」「異他的なもの」であり、原理的に私にとって経験不能なものにとどまるが故に、私に「不気味さ」という気分を以って襲いかかる。そのような「他者」に直面して私はおのれの固有性（すなわち単独性）の前に引き出され、その固有性＝単独性を担って当の「他者」に応答を返さざるをえないのだった。このような仕方で、単独者たる私の固有性と死という「他者」は重なり合っていた。両者は、同一の事態の表と裏なのだ。

では、〈ひと〉あるいは「他の現存在」という意味での他人と、単独者たる私との関係は、どのようになっているのか。

〈ひと〉の「共同性」

まず、現存在がおのれの固有性に「決意性」という仕方で正面から向かい合っていないとき、事態がどうなっているかを確認しておこう。そのときには、現存在自身も〈ひと〉という〈誰でもあり、誰でもない〉「一般的」な存在の仕方をしており、しかも「差し当たり大抵は」誰もがそのような存在の仕方をしているのだから、この次元においては〈私も他人も基本的に同様の存在者として一つの纏まりの中で存在している〉という意味での「共同性」が、基本的な存在様態となっている。つまり現存在は、初めから他人たちと共にある。このことは、世界（という「全て」）が私に姿を現わし、出会われる仕方を見てみれば、明らかだろう。

眼の前の机の上に置かれた一冊の本は、今私に対して或る頁が開かれた状態で姿を現わしている。その開かれた頁に私は眼を落とし、その書物に書かれた何ごとかを読み取ろうとしている。このとき同時に私は、その本のその頁が、机の向こう側からこちらにやって来る友人にも見えており、しかし彼には本の置かれた向きが私に対してとは逆になっており、しかも距離が遠すぎるために、彼が頁上の文字を読むことができないことを知っている。つまり、同一の本の同一の頁といった或る「自己同一的なもの」が、各人に対して（そして時と場合――場所――によって）多様な仕方で姿を現わすことは、何ものの／ごとかが世界の内で出会われることの基本的条件として、初めからそのもの／ことの内に織り込まれているのである。

これは、ハイデガーの師フッサールがすでにその「相互主観性理論」において精緻な分析を通して明らかにしていたことだが（この理論の展開はハイデガーが『存在と時間』を執筆していた時期とほぼ重なっている）[40]、ハイデガー自身はこれを次のように表現している。「現存在は世界内存在として、そのつどごと、すでに他人たちと共に存在している。……共同存在が世界内存在を実存論的に構成している。

……そもそも現存在が存在するかぎり、現存在は共同相互存在という存在の仕方を有している。……固有な現存在は、他人たちの共同現存在と同じように、差し当たり大抵は、周囲世界において配慮的に気遣われる共同世界の側から出会われる」(SZ, 125/2-110ff.)。

では、そのような現存在がおのれの固有性にその全体性において向き合ったとき(「決意性」である)、すなわちおのれの存在がその単独性において——誰も替わりになって助けてはくれない——差し迫ったとき、事態はどう変化するだろうか。或る意味では「何も変わらない」と言えるし、別の意味では「根本的に変わる」と言える。どういうことか。

単独者と「共同性」

まず、「何も変わらない」というのは、現存在がおのれの単独性に直面したからといって、世界が姿を現わす仕方——何もの／ごとかが「自己同一的なもの」として各人に対して、そして時と場所に応じて、多様に現出する——が変わるわけでは全くないからである。この意味では、世界はこれまで同様、まるで何もなかったかのようにそこに「ある」。いつもと同じように、多様な仕方で姿を現わしている。そして、これまでそうだったのと同様、いつまでもそのようで「あり」つづけるだろう(当然、私が死んだ後でも……)。

では、「根本的に変わった」のは、いったい何だろうか。言われてみれば当たり前のことだが、今や全てが固有性、単独性の側から見られるようになるのだ。「手許にあるものへと理解しながら配慮的に関わる存在と、他人たちと共にある顧慮的に気遣う共同存在が、今やそれらの〈最も固有な自己でありうること〉の側から規定される」(SZ, 298/3-341)。これまでと同じものが、同じ世界が、今や固有性、単独性の光を浴びて浮かび上がる、と言ってもよい。そして、固有性、単独性は、世界が姿を現わすことの有限性――つまり「終わり」があること――を通して何にも増して切迫した仕方で顕わとなったのだから、今や世界はそれがいつ失われても（姿を現わさなくなっても）おかしくないものとして姿を現わすのだ。

先には、これまでと同様いつまでもありつづけるだろうところのものとして姿を現わしていた世界が、ここでは一転して、いつ失われてもおかしくないものとして姿を現わす（私が死んだ後でも世界はなお「ある」かもしれないが、それでもその世界は今や「いつ失われてもおかしくない」ものなのである）。すでに見たように、このことの根底にあるのは、世界が「ある」ことに根拠が欠けているというあの第零《ゼロ》段階、すなわち偶然性にして被投性である。

現存在と世界に「先立つ」〈現に〉の「生起」

だが、それにしても、世界が〈いつ失われてもおかしくないもの〉として姿を現わすことでいったい何が変わるのか、と更に問うことができるだろう。この点を考える上で鍵となるのは、現存在の存在を根底で支え、現存在と世界を〈いま・ここで＝現に〉という仕方で存在へともたらしているのが「生起」という事態だったことである。それは現存在と世界にすら「先立ち」、それが「起こる＝生起する」ことで世界が現存在の下で〈現に〉という仕方で披かれるのだった。では、それはどこまで「先立つ」のだろうか。私の誕生までだろうか。そのようにも見えるが、そもそも私の誕生とはいったいいつのことだろうか。

「おぎゃあ」と泣いて、母親の胎内から出て来たときだろうか。その瞬間を憶えているという人に出会うことは、まずない。仮にそう主張する人がいるとしても、それが本当にその瞬間なのか、後からそうだと思いこまれた（別の）ものなのかを疑うことはつねにできるし、この疑問に決定的証拠を以って答えることは難しいだろう。また、仮にその瞬間にすでに世界の現出に立ち会ったのだとして、ではそれ以前――つまり母親の胎内にいるとき――にすでに胎児に対して世界が何らかの仕方で姿を現わしていた可能性を頭から否定することもまた、難しいだろう。胎教ということがそれなりのもっともらしさを以って言われるくらいだから、胎児に対してすでに世界が何らかの仕方で姿を現わしているかもしれないのだ。では、少なくとも受精の瞬間以前にまでは遡らない――そう言ってよいだろうか。

世界が、私がこの世に生を享ける以前から存在していたことは、むしろ常識に属する。そして、そのこと自体はそのつど〈いま・ここで＝現に〉、そしてこの〈現に〉においてのみ――この点が決定的に重要なのだが――明らかとなったことだ（それ以外のどこに、そのことの明らかになる場所があるだろうか）。そうだとすれば、〈現に〉は私の誕生以前の世界をすでに含んでいることになる。では、私の誕生以前のどこまで、それは遡るのか。江戸時代だろうか、平安時代だろうか、古墳時代だろうか。あるいは、弥生時代だろうか、縄文時代だろうか。更には、白亜紀だろうか、ジュラ紀だろうか。明らかなように、それら歴史上の時代は全て〈現に〉の内に含まれており、かつそれ以外のどこにもその存立の場所をもっていない。すなわち、〈現に〉の「生起」はそれら全てに「先立っている」。言うまでもなく、ここでの「先立つ」はもはや時間内部的な意味ではない（時間は、この〈現に〉の中で初めて姿を現わすからだ）。あらゆる時間的な規定は（それが「太古」にまで遡るものであろうと）、この「先立つ」事態なしには不可能なのだ。

〈現に〉は、歴史的かつ共同的に「生起」する

したがって、この「どこまで」の問いに対して「いついつまで」といった仕方で明確な時間規定を与えることは、できない。確かなことは、それがあらゆる時間内部的な出来事に「先立って」いるということのみなのである。同じことを逆から言えば、〈現に〉は、それがいつのことかが原理的に定まらない――時間もそれによって初めて可能になるのだから――その「生起」の「以後」であれば、どこまでも遡りうることになる。すなわち、「〈現に〉はどこまでも遡りうる」のである。斯くして、いつ失われてもおかしくないものとして〈現に〉の固有性、単独性の下で姿を現わしている世界を、現存在がその既在性において反復するとき（この「反復」は「被投的投企」の不可欠の部分を成していた）、当の既在性の及ぶ範囲は私の誕生を更に（あるいは、遥かに――何もの／ごとかが姿を現わすかぎり「どこまでも」――）遡ることが明らかとなる。

もちろんこのことは、私の誕生を反復することが現存在に対してもつ重要性を、些かも減ずるものではない。肝要なのは、反復がそれにとどまるものではない、ということなのだ。すなわち、〈いま・ここで＝現に〉の「生起（Geschehen）」という事態を現存在と世界の根底に看て取ったとき、固有にして単独の現存在にとって不可避の（第二段階の「必然性」である）反復は、「歴史（Geschichte）」的なものなのだ。そればかりではない。「生起」は〈現存在と世界という「全て」〉に「先立って」それらを〈現に〉あるものたらしめているのだから、それは「全て」にとって共通にして唯一の源泉とでも言うべきものなのである。もし、「他の現存在」（ふつう私たちは、他人をそのようなものと看做しているだろう――あるいは、他人の内にそのようなものを想定しているだろう――）といったものがあるのなら（のちに論ずるように、その「在り」方は特異であり、注意が必要なのだが）、〈現に〉の「生起」はそれら

に「先立つ」共通にして唯一のものなのだ。そして〈現に〉は、この共通の「生起」を起点にして「それ以後」をどこまでも遡って既在しうるのである。つまり、固有性と単独性の光を浴びることで世界は、現存在の下で歴史的かつ共同的なものとして反復されることになるのだ。(41) 以上を、ハイデガーに即して見ていこう。

b 「固有な共同相互性」

「生起」の歴史性は現存在の時間性、すなわち「脱自」に基づく

現存在の、そしてつねに現存在と共にある世界の根底に「生起」という事態が横たわっていること、そしてその故に現存在は(もちろん世界も)「歴史」として存在することは、次のようにして示される。「生起によって初めて現存在の存在が構成されるのであり、その結果、ただ現存在がその存在において歴史的に存在しているが故にのみ、事情、出来事、運命〔＝共同的命運、これについてはのちに触れる〕といったものが存在論的に可能となる」(SZ, 379/4–239)。生起のこの歴史性は、現存在の存在が「時間性」であること――前節で触れた〈既在しつつある現在化する将来〉、あるいは〈将来的に既在する反復における瞬間(固有性と全体性において世界を看て取ること)〉である――に基づく。「自らの存在の根底においてただ時間的に存在するが故に現存在は歴史的に実存し、また実存しうる」(SZ, 376/4–228)。現存在の「時間性」は世界の「歴史性」と織り合わされており、両者は不可分なのだ。そして、これもまたすでに論じたように、ハイデガーにおける「時間性」は「脱自」という存在構制の側から理解されるべきであることに鑑みれば――「時間性とは、根源的な〈おのれの外へ(Außer - sich)〉ということそのこと」(SZ, 329/3–469) だった――、脱自の生起が全てを最終的に歴史的なものとしているのである。

「命運」もまた歴史的である

脱自の生起は全てに「先立ち」、現存在の〈いま・ここで＝現に〉もそれによって初めて可能になるのだから、それは現存在にとって「如何ともし難い」事態であり、現存在はその事態の中につねにすでに投げ入れられてしまっている。すなわち、被投性である。だが、すでに生起してしまっているこの「如何ともし難い」状況を、如何ともし難いにも拘わらず現存在は自ら欲し、選ぶことでそれを既在し、反復することができるのだった。このとき反復されたおのれの既在性は「命運」として受け止められ、引き受けられる。この「命運」は、今や単に個人としての私の誕生から死に至るまでの「間」だけでなく、それを超えて伸び拡が（りう）る「歴史」的なものであることが明らかとなった。

> 被投性へと決意性において立ち返ることの内には、……〔歴史的に〕受け継がれたさまざまな可能性を自ら引き継ぐこと〔überliefern「伝承する」とも訳される〕が含まれている。……決意性において、そのつどごとに或る遺産〔歴史的に受け継がれてきたもの〕の引き継ぎが構成される。……〔おのれと世界の〕固有性に向かい合う決意性の内には、現存在の根源的な生起が蔵されている〔現存在は、おのれと世界の固有性の根底に「生起」という事態が横たわっていることを看て取るのである〕。この生起を私たちは、〔おのれに固有な「如何ともし難い」ものという意味で〕「命運」と呼ぶ。この〔命運としての〕生起の中で現存在は、死に向かっておのれを開き、解き放つことで自由でありつつ、〈譲り渡された（相続された）ものでありながら選び取られた可能性〉〔「選択の選択」である〕においておのれをおのれ自身に引き継ぐ。……現存在は、おのれを引き継ぐ決意性の内で、命運的に実存するのである。（SZ,

383f./4–256ff.）

すなわち、既在する歴史をおのれに定められた命運として引き受け、それを将来のいずれかの可能性へと向けて投企するのだ㊷。

このように歴史的＝命運的な仕方で存在することは、譲り渡された（相続された）遺産を墨守することではない。遺産の墨守は、過去に縛られることでしかない。そうではなく、既在性の反復は遺産をおのれに固有なものとして選び直すことによってそれを（単なる過去としては）破棄し、ほかならぬ〈私に固有なもの〉として新たに将来へと向けて投企するのである。「既在した何らかの実存可能性を、おのれに固有なものとして反復する……〔そのような〕反復は、現にそこに既在していた実存の可能性に応答する（Erwiderung）。他方で同時に、決意性において可能性に応答することは、瞬間＝瞬視的なものとして〔おのれの固有性に正面から向かい合うことで〕今日《こんにち》「過去」として影響を及ぼしているものを破棄すること（Widerruf）なのである。……反復を私たちは、おのれを引き継ぐ決意性の様態として特徴付ける。この様態を通じて現存在は、明示的に命運として実存するのである」（SZ, 385f./4–264ff.）。

「運命」という共同的命運

ここで命運として反復される生起は、それが全てに先立つものであるが故に、当の全てにとって共通にして唯一のものだった。すなわちそれは、全てにとっての「共（同）生起」なのである。ここでの「全て」の内には他人たちも含まれる以上、次のように言ってよい。「命運を伴なう〔担う〕現存在が世界内存在として本質からして他人たちとの共同存在において実存するのなら、現存在の生起は共（同）

生起であって、「運命」として規定される」(SZ, 384/4–259f.)。ここで「運命」と訳したGeschickの前綴りGe-は「共同性（Gemeinsamkeit）」をも表わしており（同時に表わされているのは「被投性（Geworfenheit）」の「被－（Ge-）」、すなわち「如何ともし難さ」、事実性である）、語幹を成す-schickはSchicksal（命運）のことだから、この「運命」は「共同的命運」と訳すことができる。現存在がおのれの既在性を歴史的に遡って「命運」として反復するとき、その反復は同時に他人たちと共に担われた共同的なものでもあるのだ。このようにして歴史を共に担う者たちが、「世代」を形成する。

「……自らの「世代」の内で……現存在には〈命運的な運命（das schicksalhafte Geschick）〉がある。この〔命運的〕運命が、現存在の固有性の完全な生起を形作るのである」(SZ, 384f./4–260)。斯くして私は、共同体の歴史と無関係でありえないのだ[43]。私は「世代」という仕方で他人たちと共同して歴史を担う（担うことができ、担わざるをえず、現に担っている）、と言ってもよい。「本質からしておのれの存在において将来的であり、その結果おのれの死に開かれて自由でありながら死に突き当たって砕け、おのれの事実的〔被投的〕な〈いま・ここで＝現に〉へと投げ返されることのできる存在者だけが、……譲り渡された（相続された）可能性をおのが身に引き継ぎつつ固有の被投性を引き受けて、「おのれの（自らの）時代」に対して瞬間的＝瞬視的に存在することができる」(SZ, 385/4–263)。「瞬間＝瞬視」とは、替わりに引き受けてくれる者が誰も存在しないものを、そのつどそのようなものとして自ら引き受けるそのときのことであり、そのときおのれを引き受けることの可能性（能力性）・必然性・肯定性が、歴史性と共同性において私に切迫するのである。

「運命」を担うのは民族か

ところが、ここでハイデガーは、このようにして現存在が担う「共同の命運」（すなわち「運命」）を、「民族」が担うものに直ちに結び付ける。「運命〔＝共同の命運〕ということで私たちが指し示すのは、共同体（Gemeinschaft）の、すなわち民族（Volk）の生起である」（SZ, 384/4-260）。生起が事柄の本質からして「共（同）生起」である以上、その「共（同）生起」を以ってすでに既在している歴史を反復するとき、それが「共同的」となるのは当然であり、その反復の中で何らかの「共同体」が（制度的なものであれ、いまだそのような形態を具えていないもの——例えば先の「世代」——であれ）すでに形成されていると言うことはできても、その共同体が直ちに「民族」と等置されるところに疑問を抱くのは本書だけではないだろう。

このような形で形成される「共同体」が現実の歴史において地縁や血縁と強く結び付いていることは事実であるにせよ、「民族」はそのような共同体のありうる一形態に過ぎず、両者は等しいものではない。今「ありうる一形態」と述べたが、実際のところ、単一の血縁で繋がる一民族（そのようなものが存在するとして）のみで構成されている共同体など、どこにも存在しないはずである。もし、そのような民族共同体を構成しようとするなら、人為的な「民族浄化」は避けられまい。現に、ハイデガーが一時加担したナチズムがこの途を歩むことで現代史に巨大な影を投げ掛けたことは、周知の事実である。

あるいはハイデガーは、先のように論ずることで「民族」概念に「命運の共同体」としての新たな定義を与えようとしたのだろうか。確かに歴史を振り返ってみれば、例えば古代においてエジプトやメソポタミアや中国やギリシア…が、それぞれの時代を画し、世界をリードしたことは事実だろう。そしてそのそれぞれが、何らかの共同体を形成していたことも間違いない。だがその共同体は、たとえその中核に特定の「民族」――先に見たように、それが単一の地縁・血縁で繋がる集団のことを指すのだとしたら、そのようなものが実在するかどうかは、すでに疑わしい――と呼ばれる集団が位置していたとしても、それ以外の多数の人間たち（例えば被征服民、移住者、外国商人など）を含んで初めて成り立っていたはずである。そのような多様な人間たちが何らかの文化ないし文明と呼ばれるものを紐帯にして繋がることで、一つの共同体を構成していたのである。

そのような文化や文明は、人類がこの世界にもたらした一つの新たな存在の仕方として、あるいは生の様式として、驚嘆に値する。単に驚嘆に値するだけでなく、遠く時を隔てた現代の私たちですら、それらを味わい、慈しむことができる。あるいはまた、それらの中に畏怖すべきもの、粛然とせざるをえないものを見出すこともあるだろう。だが、いずれにせよそこで尊敬に値する役割を演じているのは文化や文明であり、それを担う人々の共同体であって、民族ではない。もし、ハイデガーが「民族」概念をそのような文化や文明を担う共同体としてあらためて定義し直すことで刷新しようとしたのなら、それなりの入念な議論の展開と、もともと概念としての内実に定かでないところのある「民族」[44]の注意深い取り扱いが要求されるだろう。だが残念なことに、そうした入念な議論も注意深い扱いも実際に為されることなく、ナチズムへの加担のみが紛れもない事実として残されたのである。この点に関して、ハイデガーに（釈明の必要はあっても――それも為されなかったのだが――）弁明の余地はないと言わざるをえない。

「運命」は「命運」に基づく

この点を確認した上で、なお本書がハイデガーの議論において注目したい論点が残っている。それは、現存在がおのれの固有性を命運として反復し将来へと向けて投げ掛けるとき、それが必然的に「運命」、すなわち「共同体的な命運」となることを見据えた上で、なお彼が、その「運命」をあくまで「命運」に基づくものと捉えている点である。彼は「時間的〔＝脱自的〕なものとして歴史的に存在しているが故に、現存在は反復することで自らの歴史においておのれを引き受けることができる〔すなわち「命運」である〕」(SZ, 386/4–267) と述べた上で、そうした「命運に、運命もまた基づいている」(SZ, 386/4–268) と言うのである。これは、共同体の歴史を担うのはあくまで、おのれの固有性を「無‐性」の根拠として負う当の現存在自身だということにほかならない。言い換えれば、共同体の歴史を担うのは共同体の成員全体ではなく——ふつうはそう考えるだろう。ことは共同体の歴史なのだから——、あくまでおのれの固有性に向かい合う当の現存在であり、それを替わって引き受ける者はほかに誰もいない、というのだ。

現存在は他人たちの「良心」でありうる

おそらくこのことと関連して、彼は次のようにも述べる。「決意した現存在は、他人たちの「良心」となることがありうる。決意性の内にある固有な自己存在から、固有な共同相互性 (das eigentliche Miteinander) が初めて生ずる」(SZ, 298/3–343)。おのれの固有性に向かい合い、それを担う現存在が「他人たちの「良心」となりうる」とは、どういうことだろうか。「良心」とは、その呼び声を聴く者に、おのれが単独にして唯一の者であること、固有性を担いうるし、担わねばならないし、現に担ってしまっていることを告げるものだった。だとすれば、おのれの固有性に正面から向き合うことでそれをあらためて受け容れ、それに服した者は、そのような仕方で存在することで、それ以外の他人たちに対して、彼らもまた彼ら自身の固有性に向き合うことでそれを担いうるし、担わねばならないし、現に担っていることを告げる者となる、というのである。

正確に言い直そう。おのれの固有性に向き合いつづける者は、そのことで他人たちの「良心」となりうる、というのだ。この「うる」という表現は、他人が実際にその固有性に向かい合うか否かは、そしてそれを反復することで担うか否かは、あくまで当の他人の問題、当の他人しか関わり合うことのできない問題であることを示していると解釈すべきだろう。しかも、仮にその他人がおのれの固有性に向かい合い、それを反復することで担ったのだとしても、そこで何がどう担われたのか、そこで何が起こっているのかを私は知ることができないのだから——それが、その者にのみ固有ということだ——、私がおのれの存在する仕方を通して他人に対して「良心」の役割を演じたのか否かはもとより、そのことを抜きにして単に他人がその固有性を決意性において担っているのか否かですら、もともと知りえないはずなのだ[45]。

そうであれば、すでに論じたように、私がおのれの固有性を担うこと自体があくまで可能性の次元においてだったのと同様、他人においてもそれはあくまで可能性にとどまりつづけると言わねばならない。この「担う」ということは、すなわち「責任」ということの原型式は、他人自身においてもおそらく可能性にとどまりつづけると同時に、私から見ても（当人以外から見ても）、可能性にとどまりつづけるのだ。これは、「責任」ということがもともと徹頭徹尾可能性の次元にしかないこと、「純粋な可能性」にとどまることにほかならない。ハイデガーが「決意した現存在は、他人たちの「良心」となりうる」と述べたとき、この「うる」という表現がそこ——「純粋な可能性」——にまで及ぶ射程を具えていることを意識していた可能性は低いが、本書には事態はそのように見える。

「固有な共同相互性」とは、いかなる「相互性」か

仮に、事態がそのようであるとしよう。では、次の「決意性の内にある固有な自己存在から、固有な共同相互性が初めて生ずる」という文からは、何を読み取ることができるだろうか。まず確認できるのは、ことはあくまで「決意性の内にある固有な自己存在から」、すなわちこの私からしか始まらないという点である。[46] これは、先にハイデガーが「運命」という共同体の命運も、おのれの固有性を命運として反復する現存在自身に基づく、と述べていた点に対応している。では、そのような現存在から、すなわち私から発して「初めて生ずる」とされる「固有な共同相互性」とは、いかなる「相互性」なのか。

ここでハイデガー自身はこの「相互性」に関して、それが「固有な共同相互性」であるとしか述べていない。つまり、その相互性の内実について、これ以上の解明は為されていない。だが本書は、これまでの議論を踏まえて、それを次のように解釈することができる。ここで事態の出発点にして基盤の位置に立っているのは、あくまで単独者であるかぎりでの私である。そして、その私が世界の内で出会う他人たちが、同じように単独者として固有な自己に向かい合っているか否かは定かでない。単に事実として定かでないのではなく、原理的に定かでない。つまり、この点がいつか確定するということはありえない。だが少なくとも、そうである可能性は、つまり、他人（たち）もまた単独者としておのれに向かい合うことで何もの／ごとかをおのれの名の下に担っているのかもしれないことは、開かれたままでありつづける。

この可能性が開かれたままである以上、私はこの可能性を受け容れることができる。だが、この可能性を受け容れたとしても、私がおのれの名の下に担い、反復する命運は、それがいかに共同性を避け難

く帯びようとも（すなわち「運命＝共同的命運」となろうとも）、それと同じものを他人（たち）が担い、反復している保証はない。全くない。仮に他人（たち）もまた何かを担い、反復しているのだとしても、それが何なのかを、そしてそれをどのように担い、反復しているのかを知る余地は、ことが固有にして唯一のものに関わっている以上、原理的にないからだ。つまり、それは隠されたものにとどまるのである。

だが、何をどのように担っているか分からない者（たち）と、それどころかそもそも何かを担っているか否かすら分からない者（たち）と、共にあろうと（存在しようと）欲することが私にはできる。そのかぎりで、それはすでに「共同性」である。だが、その共同性はあくまで私が担った共同性であり、そのようにして私は他人（たち）をも担ったのであり、そのようにして他人（たち）に服したのだ。翻って、他人（たち）もまたそのようにしている保証は全くなかった。したがって、ここでの「相互性」は、どこまでも「可能性」にとどまることになる。つまり、それは可能性における「固有な共同相互性」なのだ。

「星の友情」

しかし、すでに何度も論じてきたように、この可能性が少なくとも私には開かれたままであり、そのかぎりで確固としたものでありつづけるということが決定的なのである。私がそのような「相互性」の下で「共同体」の一員——それを〈現に〉担っていると言えるのは当の私だけなのだが——であることが、確かにできるのだ。このようにして私と他人（たち）との間に取り結ばれる「相互性」は、ニーチェの言う「星の友情」[47]に似ていないだろうか。互いに異なる軌跡をめぐりつづける星々のように、決して直接交わることはなく（単独者だからだ）、したがって本質的に沈黙したままで（何かを遣り取りするということが原理的に不可能だからだ）、それでも（そのように指一本触れることのできない）相手の存在を（こちらから一方的に）欲し、承認するような関係である。[48] ニーチェの言うそれには、それが基本的にあくまでこちらからの一方的なものであり、それが「友情」という相互的なものになるか否かは純粋に可能性にとどまるという点が、希薄かもしれない。だが、そのような「友情」を、そのような「共同体」を、私は欲することができるのだ。ハイデガーが「固有な共同相互性」あるいは「共同的な命運（すなわち運命）」という名の下に垣間見たものは、実はこのようなものだったかもしれないのである。

だが、そうだとすると、そのように純粋な可能性にとどまる共同性ないし共同体は、そのままではおのれを維持することができない。そのような「友人」が複数存在し、それら「友人」同士が反目する可能性があるからだ（私と「友人」との関係は指一本触れえないものであっても、その「友人」同士もそうであるとはかぎらない）。加えて、私の「活動」（アレントが言う意味でのそれだ）は、当の「友人」に何らかの影響を及ぼす可能性がある（何もせずにじっとしていることですら、他人の邪魔になることがあるのだ）。そのときには、もはや私はその共同体をそのままでは支え切ることができないのである（だが、「支え切れないまま、それに服する」ことは可能である）。それを本書は、支え切ることのできない（果たし終えることのない）「無限責任」に服する事態として捉えてきた。そしてこの「無限責任」が、具体的な内実を伴なった（「果たす」ことが可能な）「有限責任」へと移行しなければならない事情についても、考察を重ねてきた。その移行を本書は、「倫理」から「正義」への移行、「隠されたもの」から「顕わなもの」への移行として、解明を試みてもきた（以上については本書第II部第三章、第四章、参照)。ハイデガーにおいても事情は同様であることを、本書は最後に見届けなければならない。だがその前に、単独にして固有の者と歴史的共同性(体)との重なり合い、あるいは〈いま・ここで＝現に〉における単独性と(それに先立つ)「共(同)生起」の交錯に関して、一つの考察を差し挟んでおきたい。

固有な世界の唯一性

これまでの議論ですでに明らかなように、おのれの固有性に向き合い、それを担う単独者は、歴史的に存在する共同体の一部分を成すという仕方で、その共同体の一員なのではない。そうした部分が集まることで、一つの共同体が成立するわけではないのだ。なぜなら、〈現に〉という仕方で〈いま・ここで〉披かれている世界――それは初めから共同世界だった――は世界そのものなのであって、その〈現に〉以外のどこか別のところに(も)世界があるわけではないからである。世界内の存在者であるかぎりでの私や他人たちや…、私が腰掛けている椅子や原稿を広げている机や…、それらが置かれた部屋や隣の建物や…、それらの建物がそこに存在する特定の都市や特定の国や…、それらの国がその上に存在する地球や月や太陽や…、それらの天体がそこに存在する宇宙空間や…、それら全ては、そこで起こるさまざまな出来事と共に、〈いま・ここで＝現に〉披かれている唯だ一つの世界に属している。そしてこの世界は、それが〈現に〉存在することにおいて、これまでに存在してきた(既在である)全てを、これから生ずるかもしれない(将来である)全てをその内に含んで、やはり唯だ一つの世界である。この意味で世界には、それらを寄せ集めることで初めて世界が出来上がるような部分は存在しない。

そのような唯だ一つの世界が〈いま・ここで＝現に〉姿を現わすこと、そのようにして存在する(に至る）こと、それが「生起」だった。「生起」が「共（同）生起」であるとは、それが単に私と他人たちの存在に共通する言わば「源泉」であるにとどまらず、およそ世界の内に存在する全ての事物（出来事や物）の存在に共通する源泉であることにほかならない。世界が「全体性」の相の下に姿を現わすとは、このことなのだ。現存在はこうした唯一の世界の全体としての生起に固有な自己として向かい合い、それを被り、それを引き受け、担う。世界は固有性としてのみ、生起するのである。いや、正確に言い直さなければならない。世界は固有性としてのみ生起するように、思われるのだ。

この「思い」は、ひょっとして世界が〈現に〉それがそのようである仕方で姿を現わす（存在する）のは、この私（この〈現に〉）においてのみではないかという「思い」にほかならない。だが、事態がこの「思い」の通りであることを確証する術はないのだった。固有性が形而上の次元に位置するとは、このことだった。このとき、もしかしたら他人（たち）の下では（あるいは他の動物たちの下では、更には他の生命体の下では）この〈現に〉が、別の固有性として生きられているのかもしれないと考えてみる余地はある。だがそのとき、「別の固有性」ということでいったい何を理解したらよいかが、分からないのだ。固有性というのは「唯だそれしかない」「それ以外のものはない」ということなのだから、それに「別の」ものがあるということが意味を成さないのである。

〈いま・ここで＝現に〉のみが「ある」

こうした事態を、どのように捉えたらよいだろうか。次のように考えてみたら、どうか。言葉の強い意味で、あるいは厳密に正確な意味で、「ある」と言ってよいのは〈いま・ここで＝現に〉ということのみなのだ。このことが、「それしか存在しない」「それに代わる何ものもない」という意味での「固有性」の核心を成す。そして、この〈現に〉ということの生起が全ての根底に横たわっているのだから、当の〈現に〉ということの生起にはもはやそれに「先立つ」いかなるものもない。すなわち、無根拠である。このことは同時に、〈現に〉の生起がいつ起こらなくなってもおかしくないことを意味する。それが起こらなかったとき、世界はどうなるのか。無である。

だが、無はいかにしても経験することのできないものなのだから、それがどういうことなのかが分からない。それを私は、同じく私にとって経験することが叶わない「私の死」に重ね合わせるのである（これを本書は、「世界の無を私の死を通して垣間見る」と表現した）。これはすなわち、私の死とは〈現に〉ということからの脱落にほかならない。私は死ぬことで〈現に〉から離れてしまうのだから、もはや〈現に〉がどうなっているのか皆目見当がつかない。もしかしたら生き残っている他人たちの下では〈現に〉がなお生起するのかもしれないと考えてみる余地はあるが、先に見たように、そのときには〈現に〉が〈現に〉である所以の肝心の固有性がそこには欠けているので、この想定は意味を成さない。このように想定することで、何を理解すればよいかが分からないからだ。

〈現に〉が〈現に〉たる所以の固有性、すなわち厳密な意味で「ある」と言ってよいのは〈現に〉のみであって「それしかない」というこのことを、私が確かに〈いま・ここで〉立ち会っている〈現に〉の生起に〈固有の色〉が着いている可能性に譬えてみることはできないだろうか。この〈固有の色〉が、「それしか存在しない」という唯一性を形作るのである。先に述べた言い方で言えば、ひょっとして世界が〈現に〉それがそのようである仕方で生起し、姿を現わし、斯くして存在する（に至る）のは、この〈現に〉においてのみではないかという「思い」が、この〈固有の色〉に相当する。

だが、この〈固有の色〉が「固有」であることを、すなわち世界が〈いま・ここで〉姿を現わしている通りに存在するのがこの〈現に〉において「のみ」であることを、示すことはできない。なぜならその場合、〈現に〉姿を現わしている世界は全て、隅から隅まで、この〈固有〉の色で染め上げられていることになる以上、それは色として対比されうる一切の他の色を欠いているが故に、そもそも何らかの色として見ることができないからである。〈いま・ここで〉姿を現わしているものがそもそも世界というものなのだから（それが、世界は唯だ一つしかないということである）、それは世界として対比されうる一切の他の世界を欠いているが故に、この〈いま・ここで〉に「のみ」固有の世界であることができないのだ。

固有性のサングラス

事態は、サングラスを掛けて世界を見ているようなものなのだ。しかも、ふつうのサングラスであれば着脱可能だから、着脱するたびごとに自分がどんな色で世界を見ていたかが分かるが（着脱において対比するものがあるからだ）、今の場合、そのサングラスは最初から最後まで掛けっぱなしであるほかないサングラスなのである。そのサングラスが生まれてから死ぬまでその人物だけが掛けているものだとすれば、サングラスを掛けている当人はそれがどんな色であるか知ることができないし（その色で染め上げられたものだけが世界なのだから、その色は透けてしまって、もはや色――つまり、世界の一つのヴァリエーション――であることができない）、他人（たち）もまた、そのサングラスを掛けてみることができないのだから、いったいその人物がどんな色で世界を見ているのか知る術がない。より正確に言えば、（妙な言い方だが）そのサングラスは私の眼の中に組み込まれているものなので、そもそも私がそれを掛けているか否かさえ（他人たちにとっても、私にとっても）定かでないのだ。「固有」であることを示すことができないとは、このことなのである。

だが、あるとき「ふと」私が、ひょっとしたら私は〈私に固有のサングラスを掛けて世界を見ているのかもしれない〉と「思う」ことは、あくまで可能なのだ。〈ひょっとして私は、私にしか立ち会えない仕方で世界の生起に参与しているのかもしれない〉と、「思う」ことができるのである。この「思い」を誤りとして、錯覚として、斥けることはできない。その「思い」は誤りであるかもしれないし、錯覚であるかもしれないにしても、である。これは、単に「思う」ことができるということではない。「思った」通りである可能性も開かれたままだからだ。そしてこのとき、その「思い」の内で担われた固有の世界は、「永遠」なものと成る。もしそのようなものが可能なら、それは古今東西に亘って——時間・空間の全てを通じて——何ものもその代わりになることのできない唯だ一つのものとしての地位をもはや失うことはないからだ。本書序章がジャンケレヴィッチに託して「永遠」について述べたのは、このことだった。

そして私が死ぬとき、〈現に〉の生起にもはや居合わせなくなったとき、この「固有性」に寄せられた「思い」も、それが誤りだったか錯覚だったか、あるいはその通りだったかが定まらないまま、跡形もなく姿を消すのである。いや、ここでもう一度、立ち止まることができる。はたしてその「思い」は何の痕跡も残さなかったのかと、反問することができるからだ。だが、いったい誰が、そのように反問するのだろうか。もし、そのように反問できる者が居るとすれば、それは〈いま・ここで＝現に〉その問いを問う者以外ではない。この問いが問われるかぎり、「永遠」ということが可能なのだ。

4　「国家」へ――「よさ」と「正しさ」

a　現存在と他者――「不気味さ」

ハイデガーの分析においては、〈単独者たる現存在がおのれ＝自己をその既在性において反復することで将来へと向かって投企する〉という仕方で〈おのれ＝自己の根拠として立つこと〉が前面に出るため、その自己性の対極に位置する他性ないし他者性の側面が見落とされがちである。実際、現存在がおのれの存在を失って無に帰す死も、現存在の究極の可能性（「不可能性という可能性」）とされることで、現存在（という「自己」たらざるをえない者、そしてその「自己」を担って根拠として立つ者）の側に回収されようとする傾向が強い。この傾向は、現存在を固有性へと呼び出し、それに直面させる「良心の呼び声」の分析においても、また、その呼び声を「呼ぶ者」を最終的には現存在自身であるとする論の運びにおいても、維持されている。「現存在が、良心においておのれ＝自己自身を呼ぶ」（SZ, 275/3–240）という表現が典型的であり、この主張は随所で繰り返される。

「良心の呼び声」の異他性

しかし、最終的にこの結論に行き着くまでのハイデガーの論の運びには、些か紆余曲折がある。まず、おのれの単独性と固有性に正面から向かい合っていない〈ひと〉にとっては、良心の呼び声は徹底して「異他的」であり、〈ひと〉をその外から襲う点が強調される。「呼び声は、現存在がおのれを聴き落としながら〈ひと〉に対して耳を傾けるのを打ち破る」（SZ, 271/3–222）。「呼び声の開示傾向にあっては衝撃（Stoß）という契機が、途切れ途切れに揺り起こすという契機が、含まれている」（SZ, 271/3–225）。「呼び声に打たれるのは、連れ戻されたいと思っている者なのだ」（ibid.）。「呼ぶ者は、日常的な〈ひとである自己〉には馴染みのない者――疎遠な声といったもの――である」（SZ, 277/3–248）。「呼び声を呼ぶ者は、……おのれが熟知されたものとなることの一切を端的におのれから斥けてしまう」（SZ, 274/3–238）。

この声は、少なくとも〈ひと〉である現存在には、いったいどこから到来するのか不明の――つまり、世界の中のどこからでもない――得体の知れないものであるが故に、当の現存在を「不気味さ（Unheimlichkeit）」「居心地の悪さ（Un-zu-heuse）」の内へと陥れる。「呼ぶ者は、世界の中の「誰でもない」」（SZ, 278/3–254）。「呼ぶ者に特有なのは、その規定されていない在り方、さらには規定されえない在り方である」（SZ, 275/3–239）。「呼ぶ者は、それが〈誰なのか〉について、「世界の中では」何ものによっても規定されえない」（SZ, 276/3–248. 強調ハイデガー）。「呼び声は、不気味さの中から聴こえてくる」（SZ, 280/3–264）。「……不気味さが意味しているのは、居心地の悪さ（das Nicht-zuhause-sein）にほかならない」（SZ, 188/2–373）。

したがって分析のこの過程では、〈呼び声を以って呼ぶ者は誰なのか〉という問いは問題になっている事柄に相応しくないものとして、一旦は斥けられる。「〔事態が〕このようであるとすれば、〈呼ぶ者は誰か〉と呼ぶ者に問うことは差し控えた方が、この現象には相応しいのではないか。事実的な良心の呼び声を実存的に聴き取る場合には、その方が相応しいことは確かだろう」（SZ, 275/3–239）。だが、このことを認めた上で、「実存論的に分析することにとっては、また違ってくる」（ibid.）として、呼ぶ者は現存在自身であるという先の結論へと向かう。すなわち、「〈おのれの不気味さの根拠〉の内で情態付けられて〔気分付けられて〕存在している現存在こそが、良心の呼び声を呼ぶ者だったとしたら、どうだろうか」（SZ, 276/3–247. 強調ハイデガー）とあらためて反問し、最終的な結論として次のように述べるに至る。

「呼ぶ者とは、その不気味さにおける現存在であり、居心地の悪さ（Un-zuhause）としての根源的な被投的世界内存在なのであって、世界の無における裸形の「こと」である」（SZ, 276f./3-248）。つまり、おのれの単独性と固有性に直面した――もはや〈ひと〉ではない――現存在自身が呼んでいるのだ、というわけである。ここでの現存在がもはや〈ひと〉の次元にないことを、引用末尾の「世界の無における裸形の「こと」」という表現が指し示している。現存在がおのれの無に直面し（それは、現存在の存在に根拠が欠けていることでもあった）、有意味（義）性の網の目で構成された世界が無意味（義）性の内に沈み込む事態を「世界の（という）無」という言葉が言い表しているからである。

だが、おのれの固有性に直面した決意性における現存在にとっても、決して良心の呼び声は現存在を先の「不気味さ」から解放しないことをも、この文は同時に示している点を見逃してはならない。「呼ぶ者は、その不気味さにおける現存在」であり、「居心地の悪さとしての根源的な被投的世界内存在」なのである。そして何よりも、おのれの存在が「世界の無における裸形の「こと」」――すなわち、何の根拠もなく〈ただ「ある」〉――であることに直面した現存在を襲う根源的な情態性（気分）は「不安」だった。これらの気分、感情、情態性は、現存在がここで直面しているもの――究極的には「無」――が当の現存在にとって徹底して異他的で、規定できず、得体の知れないものであることに由来している事情を、あらためて告げていないだろうか。そうでなければ、なぜ現存在が無に直面することで不気味さを、居心地の悪さを、不安を覚えるのか、説明できないのではないか。

「良心の呼び声」は「どこから」呼ぶのか

このような観点から良心の呼び声の出どころ（「どこから」）をめぐるハイデガーの分析をあらためて

検討してみると、幾つかの微妙な表現を見出すことができる。「〔呼び声の〕〈どこから〉――それは被投的に単独化された不気味さなのだ――が、呼ぶことにおいて共に呼ばれている。つまり、共に開示されている」(SZ, 280/3-264)。ここでは、呼び声の出どころは「被投的に単独化された不気味さ」と言われている。「不気味さ」が、現存在をその単独性と固有性の前に引き出すのだ。だがその「不気味さ」という気分は、その由来をもっていたはずである。言うまでもなく、それは無であり死なのだ。ハイデガーの分析において前面に出ている自己の根拠性格の背面には、つねにこの無と死が張り付いており、それらが現存在にとって得体の知れない異他的なものであるからこそ、現存在はその根本においてつねに不安なのであり、不気味さを感じているのである。先に、〈ひと〉に対する呼び声の在り方として引用した「熟知されたものとなることの一切を端的におのれから斥けてしまう」(SZ, 274/3-238) という性格は、現存在を固有性へと呼び出す無と死に対してもそのまま当て嵌まるのだ。

呼び声の出どころが見知らぬ、得体の知れないものであることは、呼び声を「それ」と形容するとき、より際立つ。

〈それ〉が呼ぶ。期待に反して、否むしろ意志に反してすら、呼ぶ。……呼び声は私の内から(aus) 到来し、しかも私を超えて(über) 到来する。……呼び声は私の内から(aus) 私を超えて(über) 到来し、私に向けて(an) 発せられる。……呼ぶものである〈それ〉……呼ぶものの、斯くしてまた呼ぶことの存在の仕方……呼び声は明示的に私によって遂行されるのではなく、むしろ〈それ〉が呼ぶ……。(SZ, 275f./3-241ff.)

「それ」は私の「期待に反して」「意志に反してすら」呼ぶのだから、それは私の「意のままにならない」ものなのだ。「私の内から到来し、しかも私を超えて到来する」という表現も、注目に値する。まず、「私の内から」と言っても、私の根底は無だったのだから（「無‐性の／という根拠」）、その出どころはやはり無であると解することもできる。次いで「私を超えて」と言われるときには、それが私を超えた（über）ところから私の上へ（über）と落ちてくる（襲ってくる）、というニュアンスが含まれているだろう。言ってみれば、「それ」は私の根底にぱっくり口を開けたところから発して、私を通り抜け（über には「経由」の意味もある）、私を超えたところからあらためて私の上へと落ちてくるのだ。更には、何らかの存在する者を示唆することになる「呼ぶ者」という表現に加えて、「呼ぶこと」という必ずしもそうした存在者を示唆しない表現も、ここでは導入されている。

すでに何回か登場している「居心地の悪さ」には、Enteignis と後年書き添えられた箇所がある（cf. SZ, 189, 443/2-378）。Enteignis には、〈固有なもの（eigen）の脱去ないし脱落〉という含意がある。またこの語は、現存在の存在の、そして世界の存在の「生起」と重なり合う Ereignis（固有なものの生起）という後年のハイデガーの鍵語に、その反対語としてつねに寄り添うものでもある。固有なものから抜け落ちるもの、あるいは固有なものの脱落、それこそ死であり無でなくて何だろうか。

異他的なものに襲われてそれに応ずることで、私は単独にして固有の者となる

ここで問われねばならないのは、現存在の究極的にして最終的な可能性としての死ないし無は、なるほど当の現存在が、そして当の現存在のみが、それを死ぬほかない固有なものに違いないが、それは一方的にそちらの方からやって来て現存在を襲うのだから、もはや現存在にその所有物として帰属するも

のではないという点を、どう考えるかである。現存在がそれに関わらないでいることができず、それに応答しないことができないもの、しかしだからといって決して現存在の内に回収できず、むしろ現存在がそれを一方的に被らざるをえないもの、そのようにして現存在がそれに服さざるをえないもの、それこそが「異他的なもの」としての「他者＝他なるもの」ではないか。

現存在が全く関わらずにいられるものは、「他なるもの」ですらない。逆に、現存在が現存在であることがそれと関わることなしにはありえず、にも拘わらず当の現存在の内には決して回収できないという仕方で現存在と表裏の関係に立ちつづけるもの、そうしたもののみが「他者」の名に値する。このように本書は考える。もし、そう考えてよいのだとすれば、現存在が〈無‐性の根拠として立つ〉ことは、当の現存在が〈無‐性というおのれにとって異他的なものを被る〉ことと不可分の事態であることになる。単独にして固有の者であることがすでに、見知らぬ（得体の知れない）異他的なものに襲われてそれに応ずることなのだ[49]。

他人の内に孕まれた「別の固有性」という他者

だが、「他者＝他なるもの」に私が遭遇するのは、おのれの死という無においてだけだとは限らない。前節で論じたように、この世界が〈いま・ここで＝現に〉という仕方で姿を現わし、存在するに至る事態に、私がそれを固有なものとして被り、斯くして担うのとは別の仕方で、だがやはりその者に固有なものとして出会っている者がいるかもしれないのだった。しかし、仮にそのような者が存在するのだとしても、そのような者が直面している固有性とはいったいいかなるものかを私は全く理解できないのだから――私が知っているのは、当の私が現に直面しているこの固有性以外にないからだ――、そのような別の固有性に向かい合いつつそれを担う者は、そのかぎりで私にとってやはり徹底して異他的なもの、得体の知れない者たらざるをえない。

つまり私は、〈ひと〉であるかぎりの私と同様の存在者であるはずの他人（たち）の内に、死や無と同じくひとたびそれに出会ってしまったなら、それが理解を絶したものであるにも拘わらず、いや、理解を絶したものであるからこそ、私をほかならぬおのれの固有性の前へと引き出し、そのことを以って私の名の下にそれに対して応じないわけにいかない者の姿を垣間見た可能性があるのだ。そしてそのときには私は、妙な言い方だが、「私は私だけれど（そうあらざるをえないのだが）、いったいあなたは誰？」という仕方で、その得体の知れない者に向かい合わざるをえなくなる。[50] つまりここにも、前節で論じたような〈その者の存在を欲することができる〉段階（可能性＝能力性）から、〈その者の存在を認めざるをえない〉段階（必然性）を経て、〈現にその者の存在を認め、そちらへと向かってしまっている〉段階（肯定性）への移行があるのだ。

このようにして図らずも構成される「共同体」があるかもしれず、すでに私はそれをも担ってしまっているかもしれないのである。だが言うまでもなく、この「共同体」は私の「思い」の内でのみ存立しうる「隠されたもの」であり、そのようなものでありつづける。ちょうど、私が私の死に対してそのつど固有性の下で応じつつも、その応答が私の固有性に相応しいものたりえているかどうかはかろうじて私の「思い」の中で朧げな輪郭を纏いながらも、それが定まることなく全ては私の死によって無に帰すのと同様に、である。[51]

他人という他者の下では、「顕わ」な次元への移行は不可避となる

だが、私の死に対する場合と大きく異なる点が、ここにある。というのは、他人の内で（あるいは、「他人の彼方で」と言ってもよいが）そのような理解を絶した異他的なものと出会ってしまったのかもしれない今の場合には、そこに他人がすでに関与しているからだ。他人の内なる（あるいは彼方の）「他なるもの＝他者」への応答は私の「思い」の内でかろうじて朧げな輪郭を纏いながらもついに定まることがないが、そのような私の応答は他人にとっては必ず何らかの具体的な形（内実）をもって「顕わ」とならざるをえないのである。そして、その具体的な形は、場合によっては当の他人の存在を害するものとなることがありうる。つまり、他人の眼差しの下で「顕わ」となるものに関して、私は何らかの「規定的」な、すなわち内実が明確に定まった対応をしないわけにはいかないのである。他人の存在を害することは、その他人が自らの下で向かい合っているかもしれないあの（私には理解不能な）「固有性」にまで、そしてまた私をそのような者との「共同性」に召喚するあの「固有性」にまで、及ぶからだ。他人の内なる（あるいは、彼方の）この「別の固有性」は、それに私が指一本触れることができないにも拘わらず、（そのこととは独立に）いとも容易に棄損される。そのような（理解を絶した）固有性の側から発せられているのかもしれない具体的な対応への要請に、私はおのれの名の下に応じないわけにはいかない。[52]

斯くしてこの「共同性」においては、「隠されたもの」から「顕わなもの」への移行は不可避なものとなる。ハイデガーは、現存在がおのれの被投性を既在性として反復することで将来へと向けて投企する「命運」が必然的に他の現存在との「共同的命運」すなわち「運命」となることを、すでに看て取っていた。そのときの〈他の現存在との「共同性」〉、すなわち「固有な共同相互性」が今本書が看て取ったようなものだとすれば、そのような「共同性」はおのずから「顕わなもの」の次元へと移行していかざるをえないことになる。すでに見たように、ハイデガー自身はこの移行について、僅かにそれが「民族」という形を取ると暗示的に述べるにとどまり、その移行の過程を論ずることはなかった。

本書はこの過程を、彼とは異なり、「国家」への移行として捉える。ほかならぬ私のみが担う「命運の共同体」――それは私が理解不能な「他者＝他なるもの」に向かう動向（「他者へ＝他者のために」）のみから成り立つ「倫理」の次元に位置する――を影の如く従えたまま（それは「隠されたもの」にとどまるからだ）、正しい者とそうでない者が判然と（「顕わな」仕方で）区別されねばならない「正義の共同体」としての「国家」への移行である。この移行を、そしてその必然性[53]を、本書はエマニュエル・レヴィナスとの対話の中から引き出している。最後にこの点をレヴィナスに即して確認することで、本書を閉じよう。

b　倫理から正義へ――「隠されたもの」から「顕わなもの」へ

他人の「顔」に痕跡を残す「無限」

レヴィナスは「他者＝他なるもの」を、「無限（infini）」と呼ぶ。他者は、私によるいかなる「規定＝限定（définition）」の下にも――「この人は斯く斯くの仕事をもち、然《し》か然《じ》かの性格の人だ」といったような――姿を現わさない。そのような「規定＝限定」によって捉えられて姿を現わした他人は、その者に対してどのような対応をすればよいのかが明らかな者として――例えば極端な場合には、「付き合わない方がよい人物」として――すでに私の権能の手中にあり、もはや異他性をもたないからだ。もちろん、通常私たちは、こうした規定性の下で他人を（つまり、他者を他人として）捉えている。だが、そうした他人たちの「顔」の上には、こうした規定に収まらない、あるいはそうした規定によって覆い隠されてしまった〈何ものか〉の痕跡が残されてはいないか。このようにレヴィナスは問うのである。そして、この〈何ものか〉が、ひとたび〈それ〉に出会ってしまったならもはや〈それ〉に対して応答しないことができないという仕方で、その不可避の応答を担う固有の者として私を、〈それ〉の前に引き出すのだ。私に手を差し出す物乞いの前を素知らぬ顔をして通り過ぎる私は、ほかならぬそのような者としておのれを顕わにせざるをえないのである。

他人の顔は、その他者性を通じて、その異他性そのものを通じて、どこに由来するのか分からない〔「どこ」という限定ができない〕命令〔「応答せよ」という、抗うことのできない命令〕を語る。（DI, 11/12）

〔私が他人の顔の上に「無限」を見たように「思う」、そのような〕〈無限についての私の思考＝思い〉とは、……決して私と時を同じくすることなく、私が手に捉えたものが滑り落ちてゆくこと、そのことなのだ。（DI, 12/13）

そのような「他者＝他なるもの」が「無限（者）」と呼ばれるのは、この不可避の応答に「終わり(fini)」がなく、その者に出会うそのつどに、そのたびごとに際限なく応答が要求される（「命令」である）からでもある。この次元で他者に出会ってしまったら、物乞いの手に百円玉を握らせればそれで「ことが済んだ」ということには、もはやならないのだ。関係を清算するということが不可能になり、どこまでもその者は付いて（憑いて）回るのである。私は他者に取り憑かれてしまうのだ。こうした「無限」を、レヴィナスは専ら他人の内に看て取る。じっと私を見詰める他人の「顔」の上に、そしてそうした「顔」の上にのみ、無限者の痕跡が残されているというのである。

これに対して本書は、この「無限」を、すなわち、それに対して応答しないことができず、その応答において私を唯一にして単独の固有者として召喚する「他なるもの＝他者」を、他人の内にも、おのれの死の内にも看て取る。いずれもが、私によって「何」かとして規定＝限定されることを斥けるからだ。それらはいずれも、私にとって「得体の知れない」「不気味な」ものにとどまりつづける。だが、いずれにおいても不可避の応答の、その在り方は同じでない。おのれの死に対してその応答を看て取ることができるのは（看て取ることができるとして）、固有な者であるかぎりでの私しかいない。他人から見たときのその応答は、単に時と場合によってさまざまな個別の事情に応じた対応でしかない。その対応で以って私が、その固有にして不可避の死にどのように応じているのかは、全く不可解なままである。

事態は、実は当の私にとっても、それほど変わるわけではない。おのれの死に対する私の曲がりなりにもの応答は、死という無（限）の中に音もなく吸い込まれてゆくばかりで、そこに何の反響も、何らの回答も与えられないからだ。私は自らの応答を前に、はたしてこれでよいのか、それでよかったのか、という疑念から解放されることがついにないのである。すなわち私の応答は、最後まで明確な輪郭をもって定まることがなく、この意味で「曖昧さ」に付き纏われたままなのだ。

他人の内なる「他者」への私の応答は、誰の眼にも明らかなものとなる

これに対して他人の内なる（あるいは彼方なる）「他者＝他なるもの」への私の応答は、そこにすでに他人が存在しているが故に、当の他人との関係が織り込まれた何らかの規定の下で明確な形をもたざるをえない。私は彼女に挨拶をしたのであり、彼と一緒に仕事をしたのであり、場合によってはその子を無視したのである。これら明確な形をもった規定態には、つねに第三者が居合わせている。挨拶や仕

事や無視は、当の相手にとってのみそのようなものであるのではなく、誰の目にもそのようなものとして明らかなのである。私がその子を無視したなら、それは第三者から見て薄情な行為とならざるをえないのだ。この第三者を、ハイデガーであれば〈ひと〉（ないし、〈ひと〉であるかぎりでの「共同現存在」）と言うだろう。つまり、世界が「何」かとして明確な規定性の下で姿を現わすとき、そこにはつねに他人たちが居合わせているのである。本書もすでに検討したように、世界は初めからこうした「相互主観性」（フッサール）において構成されている。(54)

この意味で、第三者の介入は不可避である。私がおのれの既在性を反復して将来へと向けて投企することでおのれの名の下に担って立つことになる「命運」は、すでに〈ひと〉の次元において避け難く「共同的命運」すなわち「運命」なのだ。だが、他人の内に（彼方に）垣間見られたのかもしれない「無限」は、私の理解を絶した「得体の知れない異他的なもの」は、私にとってのおのれの死と同様、そのつど応答を要求して熄まないものであるにも拘わらず、その応答もやはり「他者」という「無限」の中に呑み込まれてゆくばかりで、「これでよい」という明確な輪郭をもって定まることがついにない。私がその「他者」の面前でひたすらおのれの固有性を担って応答するばかりで（私はそうすることしかできないのだった）、そして行為としてはそのつど何らかの具体的な内実をもつ――例えば、その子を無視する――ことでそのたびごとにおのれの「何者であるか」が顕わになるにも拘わらず、応答として「これでよい」という明確な輪郭をもつことなく、薄暗がりの中に沈んだままなのだ。

例えば、物乞いに百円を施せば「それでよい」かと問われれば、「よい」とは言えないだろうが、だからと言って「では何を、どこまですればよいのか」は相変わらず不明なままなのである。私の何らかの応答に対して、たとえ他人であるかぎりでの他者が「これでよい」と言ってくれたとしても、それは

「不承不承」かもしれないし、「こんなものだ」ということかもしれないし、場合によっては私を気遣ってのことかもしれない……。要するに、「本心」でない可能性がつねに残るのであり、本当に「これでよい」のかはいつまでも定まらないままなのだ。

もし、私が他人の内に、あるいは彼方に、私には理解不能な「別の」固有性――固有性とは、私が私の下で現に立ち会ってしまっているもの以外にないからだ――に直面してそれを唯だ一人で担う者の影を見たとすれば、私がその者に向けて為すどんな行為も、その者がその固有性を担うことそのことに指一本触れることはできないのだった。死にゆく者が死にゆくとき、その死ぬことそのことには誰も一切の手出しができないのと同様である。それが「固有」ということなのだ（本書第一章は、ここに「尊厳」という事態の成り立つ余地を認めた）。そのことそのものに関しては、そもそも「これでよい」応答などありえないと言った方がよいほどなのである。このように、「他者＝他なるもの」に直面してしまったときにはそのつど絶えず応答は不可避であるにも拘わらず、「これでよい」として果たし終えることのないこの応答を、レヴィナスは「無限責任」（responsabilité infinie）と表現する。

他者であるかぎりの他人に対して私の負う「無限責任」は破綻する

だが、事態のこの次元――すなわち「固有性」――においても、「第三者」の介入は避け難いのだ。もちろん、この場合の「第三者」は、先に見た〈ひと〉としてのそれとは相貌を異にしている。では、それはどんな相貌の下で避け難く介入してくるのか。他人の「顔」の上に、あるいは彼方に、「無限」にして「得体の知れない」「異他的なもの」が垣間見られたのなら、他人は無数に存在する以上、第二の、第三の、…他人の内でもその「無限」に出会ってしまうことは避け難い。私が向かい合う他人の内なる

「無限」の傍らに、「第三者」として「別の」、更には「別々の」無限が居合わせているのだ。つまり私は、無数の他人たちに対してそれぞれ「別々の」無限責任を負うことになる。だがこのことは、取りも直さず「無限責任」なるものの破綻を意味する。無限に「別々」はありえないからだ。一つ、二つ、……と数えることができるなら、つまりそれを一箇の規定態の内に包摂できるなら（包摂した上でそれらを数え上げることができるなら）、それはもはや無限――少なくともレヴィナスが考える「無限者」――ではない。無限責任のこうした破綻の具体的な形とは、例えば次のようなものだろう。

私が向かい合う一方の他人が他方の他人に対して、その存立（存在）を何らかの仕方で脅かす、ないし害する行為をするかもしれない。いきなり殴り掛かるとか、騙して金品を巻き上げる、といったようにである。このとき、いずれの他人の内にも「無限」を垣間見てしまった私は、すなわちそれぞれに対して「無限責任」を負ってしまった私は、いったいどうしたらよいだろうか。何もしないで手をこまねいていることは事態を悪化させるだけなのだから、何らかの仕方で介入せざるをえないだろう。両者に責任を負った上で、（単に一方の肩をもつのではなく）介入する唯一可能な方法は、両者を等しい存在と看做してそれぞれの行為を比較考量し、どちらの行為が「より正しく」、どちらのそれがそうでないかを判定し、その判定に則っていずれかの行為の是正を求めること以外ではないだろう。ここで為されていることは、「無限」というそもそも比較不可能なものの比較、すなわち、「無限」という限定不可能なものを一箇の規定態へと限定した上で、いずれをも（一つ、二つ、……と数え上げることのできる）同等のものと看做して比較考量するという操作である。

破綻した「無限責任」に、「正義」を以って対処する「国家」

この比較考量を行なうためには、「他者＝他なるもの」を「同等な存在者」へと「力尽く」で変換し（「力尽く」というのは、本来「他者」は限定に抗う――「無限」とは限定の否定以外ではない――ものだからだ）、以ってこの〈「等しい者」たちから成る共同体〉を設定しなければならない。この「共同体」を、レヴィナスは「国家（Etat）」と呼ぶのである。すなわち「国家」は、破綻せざるをえない私の「無限責任」に対処しうる、唯一可能な現実的措置なのだ。その国家に課された中心的な役割は、比較考量に基づく判定と、その判定に基づく是正の遂行であり、そのために（今や「等しい者」たちとされた）この共同体の成員たち全員がそれに服する「力＝権力」が承認される。そして、国家のこうした役割の遂行の基盤を成す比較考量の基準が、「等しさ」に基づく「正しさ」、すなわち「正義」なのである。正義の下で、全ては「顕わ」となるのであり、かつ「顕わ」とならねばならないのだ。

正義が無限なる他者を一箇の規定態とした上でそれを「等しい者」たちから成る空間に包摂する一種の全体化であることについては、次のように言われている。「一つに纏めることとしての、集約としての正義」（AA, 205/292）。このような正義が、「顕わなもの」の体系を形作るのだ。「意識〔すなわち、何かが明確な規定性の下で姿を現わすこと＝「顕わ」となること〕の基礎は、正義である。……考量による介入[55]、すなわち共時化、比較、主題化が、正義の営みなのだ」（AA, 204/291）。この「顕わなもの」の次元においては、全ての人々が「同等な存在者」、すなわち「市民（citoyen）」となる。「正義の生誕の地では、主体は規定可能で、かつすでに規定されたさまざまな義務と権利の一切を具えた市民なのである」（AA, 204/292）。

この次元では私も他人たちも含めた全ての人々が「同等な存在者」とされねばならないのは、すでに第四章で論じたように、誰がおのれを担って立つことのできる「私」であるかが決して予め定まることではないからだった。そうである以上、自由を護るためには全ての人々を「私」でありうる者と看做さなければならない。同じことは、「あなた＝他者」に関しても当て嵌まる。誰が「私」なのかが予め定まらない以上、誰が「あなた＝他者」としてそのような私に対して姿を現わすかもまた、予め定まらない。したがって、「あなた＝他者」への不可避の応答としての自由をその可能性において護るべく設立された「正義」――この「制作物」を以って「市民」とされた者たちから成る共同体の運営を「政治」と呼ぶことができる――は、全ての人々を等しく「あなた＝他者」たりうるものと看做さなければならない。

斯くして、私も他人たちも、全ての人々が自由の擁護という観点から「等しい者」と看做される。このことは、「私からあなた＝他者へ」という他に比べるもののない唯一の動向が自由の成立の現場である以上、当然である。この唯一の動向の不可欠のメンバーである「私」も「あなた＝他者」も共に他に比べるものがない、つまり比較して「等しい」とすることのできないものであるにも拘わらず、「正義」すなわち〈制度としての政治〉の次元においては「等しい者」と看做されねばならないのだ。これをレヴィナスは「比較不可能なものを比較しなければならない」と述べたのである。したがって、「正義」すなわち「政治」の成立の根本に、不可能な比較を敢えて行なう「力」が行使されている。繰り返せば、それだけが自由を護りうるからだ。

以上の考察を踏まえてハイデガーに立ち戻れば、私が担う「共同的命運」が単に〈ひと〉（という意味での第三者）の共同性ではなく、私の固有性の下での共同性であるとき（彼はそれを「固有な共同相互性」と表現していた）、その共同性は「国家」へと移行しなければならないことを、すなわち「国家」という形で具体化されねばならないことを、示唆する。私がおのれの固有性の下で（単独者であるかぎりで、すなわち単独で）担う共同性は、そのままでは単に私にとってのものに過ぎないばかりでなく、内実の定かでない「薄暗がり」ないし「曖昧さ」の中に沈んだままなのであり（すなわち、「隠されたもの」である）、しかもそのままでは維持できず、破綻してしまうからである。「無限責任」の衝突の中でその共同性を支え切れず、私はその重みの下で潰え去ってしまうのだ。この崩壊を免れる唯一可能な対応が、「国家」という「顕わなもの」への移行なのである。(56)

「国家」への移行は、「他者のために」の消滅を意味しない

だがこの移行は、私がおのれの固有性の下で（世界として姿を現わす）全てに服し、そのことを以って全てを担って「他者＝他なるもの」に応ずる、すなわち「他者＝他なるもの」へ向かう動向(57)――これをレヴィナスは「他者へ＝他者のために（pour l'autre）」という「よさ（bonté）」と呼ぶのであり、本書はこれをあらためて「倫理」と呼んだ――の消滅を意味しない。なぜなら、国家という〈「顕わなもの」から成る正義の空間〉が存在せねばならないというその必然性を支えているのは、その本質からして「隠されたもの」であらざるをえない「よさ」という「倫理」だからだ。すなわち、「よさ」という「隠されたもの」は、「正しさ」という「顕わなもの」の空間である「国家」へと移行することで、その国家の傍らに、つねに「隠されたもの」として居合わせることができるのだ。

正義〔すなわち「国家」〕は決して〈強迫の失墜〉〔他者が私に応答を「抗いがたい仕方で迫る」ことがなくなること〕、〈「他者のために」〔すなわち「よさ」〕の退化〉、……〈無限なる者の栄光の「中性化」〉ではない。……〔国家においては〕万人の平等〔全ての人々が「等しい者」であること〕が私の不等性によって、

すなわち〈私の権利に対する私の義務〔すなわち、私が負わなければならないもの〕の過剰〉によって担われるのだ。(AA, 203/290)

この「私の不等性」は、「万人に対する一者〔すなわち、私〕の還元不能な応答＝責任《レスポンサビリテ》」(AA, ibid.) とも表現される。

もちろん、このような私は「隠されたもの」なのだから、現実の国家を幾ら目を凝らして見詰めてみても、そのような者の影も形も見えない。それでよいのである。もし、「よさ」がおのれを全うすることができるとしたら、それは徹頭徹尾「隠されたもの」、「見えないもの」でなければならないからだ（本書第四章で検討した、アレントの洞察を想起されたい）。むしろ重要なのは、国家という「顕わなもの」が曲がりなりにも存立しているおかげで、言わばその陰になるようにして「隠されたもの」が「隠されたもの」でありつづける余地が確保されることの方なのである。

> 〈よさ〉であること、それは存在〔今の文脈では、〈「顕わなもの」としての国家〉と言い換えることができる〕においては欠陥であり、衰弱であり、愚行である。〈よさ〉であること、それは存在〔＝国家〕を超える卓越性であり、高さである。倫理的なものは、存在〔＝国家〕の一契機と成ることがない。それは、存在〔＝国家〕とは別の仕方で〔すなわち、「隠されたもの」という仕方で〕、存在〔＝国家〕よりも〈よい〉仕方であること〔これに対して、国家は「正しい」仕方であるところのものにほかならない〕、つまり、彼方の可能性そのものなのだ〔すなわち、それは「純粋な可能性」にとどまるのである〕。(DI, 114/136)

「国家」の行使する「規定と全体化の暴力」に異議申し立てを為しうる者

もう一点、忘れてはならないことがある。「国家」という「顕わなもの」への移行を可能にしたのは「比較不可能なものの比較」であるが故に、どんな程度であれそこにすでに「他者＝他なるもの」に（それを一箇の規定態へと限定した上で「等しい者」たちから成る「全体」に集約するという）「規定と全体化の暴力」が行使されている。このことを告発できるのは、この「隠されたもの」だけだという点である。おのれが「他者＝他なるもの」に負う「無限責任」の破綻に直面して「国家」を要請したのは、すなわちその力の行使の現場に立ち会ったのは（単に立ち会ったばかりでなく、避け難くそれに加担すらしたのは）、「隠されたもの」であるかぎりでの私だからだ。どんな国家に対しても、「他者（＝他なるもの）のために」、その力の行使に異議申し立てが為されうるのであり、また、為されねばならないのである。他人の「顔」の上に痕跡を残して立ち去った「他者＝他なるもの」は、決して「同等な存在者」ではないからだ。その異議申し立てを為しうるのは、為さねばならないのは、固有性に服する単独者としてのこの私のみなのだ。そして、その異議申し立てがどのような行為となって具体化するかを決めることができるのも、この私以外ではないのである。

私がそのような私として、おのれの固有性を担って――「責任」である――主体として立つ――「自由」である――、このことをその「可能性」において擁護すること、これが本書の課題だった。この課題を遂行するにあたって本章は前半部で、ハイデガーの「死」と「良心」をめぐる分析を解釈し直すことを通して、私（「現存在」）がおのれの固有性（他に代わりになる者が存在しないこと）に向かい合うことで根拠として立つに至る途筋を提示した。本章後半部は、そこで私が根拠として担うものの在り方がそのままでは（〈いま・ここで＝現に〉姿を現わすものの全てに及ぶが故に）「担うこと」（すなわち、責任）を破綻させてしまうこと、したがってこの「担うこと」をその可能性の内で保持するために「等しい者」たちから成る共同体を要請する次第を明らかにした。

だが、なぜ「担うこと」をその可能性の内で保持しなければならないのか。それは、〈責任という（仕方でのみ可能な）自由〉は、「顕わ」となる具体的行為の場面では私が担ってしまっているものに相応しい応答になっているかがつねに疑われるにも拘わらず、何かを担って私が応じつづけることができ、かつ応じないわけにはいかない点に、些かの変りもないからだ。この次元で私がおのれの名の下にどのように応ずるかがあくまで私に委ねられている（ほかに応ずることのできる者が存在しない）かぎりで私は自由であり、しかもこの応答が「私（自己）から他者へ」（ここで「他者」とは私を固有にして単独なもの――自己――に指名するものの謂いであり、ハイデガーは死の内に、レヴィナスは他人の内に、その影ないし痕跡を認めた）という、自然の内には存在しない動向であるかぎりで（自然を貫くのは、徹底して「自己へ／のために」、すなわち自己維持の論理だった）、それは「よさ」の名に値する。つまり、私が自由であることは「よい」ことかもしれないのであり、そうであればその可能性を追求して「よい」。

だが、今「かもしれない」と述べた通り、私が自由であり、すなわち「よき」者であるか否かはついに定まることがなかった。私を自由へと任命する固有性と、その固有性を携えて私が他者へと向かう「よさ」は、「隠れた」次元に、「純粋な可能性」にとどまるからだ。しかし、繰り返せば、もしそれが「可能」なら、それは追求されて「よい」。このかぎりで、「等しい者」たちから成る共同体の手前に隠れて、ひょっとしたらその共同体を要請し、担っているのかもしれない私は、おのれの拠って立つ次元を護ることができる。但し、それはあくまで、その共同体の存続を損なわないかぎりでのことだ。なぜなら、その共同体の成員の内の誰が私であり、誰が私を固有性に任命する他者であるかは事実性に属する事柄であり（ハイデガーはそれを被投性と呼んだ）、私は気付いたときにはすでにこの共同体に属する一人物として他の人物たちと共に存在している以上、この共同体の存続が最優先されるほかないからである。

これは、「等しい者」たちから成る共同体から議論を出発させて何ら差し支えないということでもある。議論は、つまり共同体という制度の制作とその維持は、「顕わ」な次元で為されるほかなく、その次元での有効性（実効性）のみが尺度だからだ。しかし、そうであるにも拘わらず、その共同体の手前でそれを要請し、単独で担っているのかもしれない私は、その共同体を少しでもより「よく」しようと試みることができる。あくまでそのことが「可能」であることは、驚くべきことではないか。斯くして本書は、〈ただ「ある」〉か、さもなければ自己維持に邁進して止むことのない「存在」の論理から見れば、それは「スキャンダル」以外の何ものでもない、と論じたのである。はたして存在は、自らおのれを破棄してその外へ向かって歩み出したのか、それともその外部を被って外へと引き出されたのか。いずれとも見分けのつかないこの驚きから本書は出立し、今再びその地点に戻ったことになる。筆を擱くべき時である。

註

序章

（1）〈いま・ここで＝現に〉は、本書の思考を展開する上での鍵語の一つである。本文のすぐ後で述べるように、この鍵語を本書はハイデガーが私たちを「現存在」と呼ぶときの「現」から受け継いでいる（より詳しくは、本書第Ⅲ部第五章、参照）。それが指し示す事態がどのような仕方で「責任という自由」にとって決定的であるかを、これから本書は論じていくことになる。この表現が頻出する場合、あるいは他と取り違えられる怖れのない場合は〈現に〉と略記することもあるが、すべて〈いま・ここで＝現に〉の意である。

（2）本書はこの「生命」の論理を、現代の生命科学ならびにハンス・ヨナスとの対話を通して明確化する。第Ⅰ部第一章、第Ⅱ部第三章、参照。

（3）これはすなわち、存在と現象が重なり合い、相覆うといった事態が成就することにとって、「私たち」がその「媒体」として機能することにほかならない。私たちをこうした媒体として捉え・分析したものとして、例えば斎藤慶典[2007]第二部、同[2009]第Ⅰ部を参照。

（4）この「突破」という観点から私たちの現実を考察したものとして、斎藤慶典[2016]を参照。本書は、この「力」の果てに「責任」すなわち「何かを私の名の下に担うこと」として「自由」が姿を現わすさまを見届けることになる。また本書は、現代の生命科学においてあらためて注目を浴びることになる「創発」という事態も、「存在の強度の昂進」という形而上的な事態把握の内に位置付けられるべきものと考える。すなわち創発とは、「存在の強度の昂進」によって生じた「危機」を介しての新たな存在秩序の出現のことなのである。「創発」と（新たな存在秩序の）「出現」が英語では同一の言葉（emergence）であることを、忘れないようにしよう。生命科学における創発概念の検討には、本書第Ⅰ部第一章以下で取り組む。斎藤慶典[2014]をも参照。

（5）この現実の成立にとって「本質」が果たす決定的な役割については、斎藤慶典[2018]における井筒（俊彦）「東洋」哲学との対話を通してあらためて考察した。

（6）それに対して、そこにおいて、初めて世界が姿を現わすことになる視点ないし場所は、このようにして言わば世界を伴なっているのであり、このことをハイデガーは「世界‐内‐存在（In-der-Welt-sein）」と表現する。このハイフンは、視点ないし場所が世界を不可分なものとして伴なっていることを示しており、ここでの「内」は世界の内部の一地点のことではない。視点ないし場所は、世界を不可分なものとしておのれに帰属させているのである。ここからモーリス・メルロ＝ポンティは、「内部」を意味してしまう in に代えて、「帰属」を表わす à を用いてこの視点ないし場所を être-au-monde――「世界－帰属－存在」――と表記することを提案する。それは世界をおのれに帰属させるものであると同時に、世界に帰属するものでもあるのであり、つまりは世界と不可分のものなのである。

このような視点ないし場所をエトムント・フッサールは「超越論的主観性＝領野」と呼び、ルートヴィヒ・ヴィトゲンシュタインは「形而上学的主体」と形容する。ヴィトゲンシュタインから引用しよう。「哲学的自我は人間ではなく、人間の身体でも、心理学が扱うような人間の心でもない。それは形而上学的主体、すなわち世界の――部分ではなく――限界なのだ」(Wittgenstein[1918], 5-641)。そのような「形而上学的主体、すなわち世界の〔…〕限界」を世界内部に存在する一人物であるかぎりの私の中に言わば押し込めたとき、私は「奇妙な感覚」に襲われる。これを、トマス・ネーゲルは次のように表現している。「私は宇宙〔＝世界〕の中心〔すなわち、そこから宇宙＝世界が抜けるところ〕であり、かつ、そうでないという奇妙な感覚」(Nagel[1986], 64/104)。前者(すなわち、世界の「中心」にして「限界」)であるかぎりでの私を指示しようとすれば、そのときには「世界の中に含まれているかどうか自明ではない、より大きな何かによって指示の働きをしなければならず」(Nagel [1986], 65/106)、したがって「私はトマス・ネーゲルである」(「トマス・ネーゲル」のところにあなたの名前を入れて読んでほしい。以下同じ)という主張は決して「自明ではない」(ibid.)、「不可思議」(Nagel[1986], 65/105) ですらあるものとなる。「このような非人物的な世界の捉え方〔つまり、世界内の特定の一人物と自明な仕方では結び付いていない捉え方〕はトマス・ネーゲル〔という一人物〕に特別な位置を与えないにも拘わらず、トマス・ネーゲルの視点に依存し、そこから展開する」(Nagel[1986], 64/104)。

このときの「そこから」を、厳密に取らなければならない。すなわち、それはトマス・ネーゲルという一人物からの距離を示しているのであり、視点という仕方で世界に穿たれたこの開口部は、世界の外部へと通じているのである。この「外部」とは形而上の次元にほかならず、その次元が自由と責任を考える上でも決定的な役割を演ずることを、これから本書は詳述してゆくことになる(残念ながら、ネーゲルはそのことに気付いていないようなのだが)。

(7)「媒体」については、本章註3参照。

(8) 本章註4参照。

(9) 尤もこのことは、私の身体に対して例えば大気が呼吸すべきものとして、血液が循環すべきものとして姿を現わしていることを排除しない。しかし、そうした形での世界の現象も、それがいつ失われてもおかしくない点では、何ら変わるところがない。

(10) Kant[1922], 258/381. 一七九八年九月二一日付、クリスティアン・ガルヴェ宛書簡。

（11）「あったことをなかったことにはできない」。これが根本である。この根本を踏まえた上で初めて、「あったことをなかったことにする」ことが可能となる。すなわち、「赦す」ということが可能なのだ。だがそれは、決して「あったことがなくなる」ことではない。ひとたびそれが「あった＝姿を現わした」のであれば、もはやそれを抹消することはできないからだ。そうではなく、末梢不可能なそれを「あたかもなかったかのように」看做すこと、それが「赦し」なのである。このようにして現実とは別の次元を開く能力、すなわち「想像力」が私たちの下に根を下《お》ろすとき、自由と責任が、そしてその延長上に政治が可能となるさまを、本書は追究してゆくことになる。「赦し」については、ハンナ・アレントを論ずる本書第Ⅱ部第四章であらためて触れる。

（12）この一文は、以下からの引用である。Fénelon, *Œuvres complètes*, Paris-Lille-Besançon, 1850, VI, p. 129.

（13）この事態を井筒俊彦は、芭蕉の俳諧論の内に看て取っている。「松の事は松に習へ、竹の事は竹に習へ」とは、松としておのれを顕わにするもの、竹としておのれを顕わにするものに正面から向かい合い・迎え入れ・それに成り切ることなのだ。そのとき、「物の見えたる光」が――その物がその物で「ある」所以が――射す。この「光」が射した瞬間を言い止めること、すなわち証言すること、それに全てを懸けるのが詩人なのである。「物の見えたる光、いまだ心に消えざる中《うち》にいいとむべし」。斎藤慶典［2018］、第Ⅲ章a節、参照。

（14）この「そのたびごとに」を、ハイデガーは「瞬間（Augenblick）」と術語化することになる。本書第Ⅲ部第五章、参照。

（15）非現象という点では区別の付かない「（単なる）ある（存在）」と「（端的な）ない（無）」は、それにも拘わらず同じものではない。前者はそこから〈何かとして存在する存在者〉を現出させる動向ないし「力」に充ち満ちているのに対して、後者はそうした「力」すら「ない」からだ。いまだ何ものも存在者として現象していないにも拘わらず、そうした存在者へと向かう動向＝力で充満している前者を、「（全き）無」である後者と区別して「空」と表現することもできるだろう。この点については、斎藤慶典［2016］を参照。

（16）ここに「日本による南京」を加えないわけにはいかない。明らかなように、例を挙げ出したらきりがないのだ。

第一章

（1）詳しくは、斎藤慶典［2014］の、ドナルド・デイヴィッドソンとベンジャミン・リベットを批判的に検討した第Ⅰ部第一章を参照。

（2）「重合」とは、低分子化合物二つ以上が化学的に結合して、新たに分子量の大きい化合物（高分子化合物）を生成することである。

（3）斎藤慶典[2014]、同書第Ⅰ部第一章のリベット批判をも参照。

（4）物質的（無機的）存在秩序から生命的（有機的）存在秩序への移行は、それを説明する新しい理論を要請することにトマス・ネーゲルも気付いている。「私たちにはまだ理解できないが、私たちの頭の中の働き〔=「心」ならびに「意識」の働き〕も身体も、その素材がそれなりに結合され組織化されたときに誕生する。不思議なことだが、私たちの誰もがその一事例なのだ。生物学的な起源をもつ複雑な物理システムの中には、豊富な非物理的特性をもつものもいるのだ。現実についての統一的な理論が、これを説明しなければならない。この理論の誕生には、おそらく何世紀もかかるだろう〔!〕。そしてそれが誕生したとき、これまでのどんなものよりも根本的に、私たちの宇宙観を変えるに違いない」（Nagel[1986], 51/82f.）。

言うまでもなく本書は、彼がここで要請している「この理論」とは「創発による基付け関係理論（「創発」によって生ずる新たな次元とそれ以前の次元の関係を「基付け」という固有の関係と捉える理論）」だと考えている。少なくとも創発について彼が何も知らないとは思われないので、彼がそれを真剣に検討しないのは、頭からそれを非科学的な議論と決めて掛かる或る種の先入見によるものだろう（本書が第Ⅲ部第三章で検討するハンス・ヨナスの場合も、似たような状況が見られる――尤もヨナスの場合は、少なくとも一回はそれを検討しているのだが）。ネーゲルは次のようにすら述べているにも拘わらず、である。「頭の中のことではない現象を説明するためだけに考案された概念や理論によって頭の中のことを説明しようとするのは、根本的に物質とは異なる頭の中の特性から言って、知性の後退であると同時に科学的（学問的）な自殺行為でもある。頭の中のことと物理的なこととの違いは、電気と力学的なものの違いよりも遥かに大きい。だから全く新たな知性の道具が必要であり、物質の再構成から頭の中のことを生み出すといった一見不可能に思えることをじっくり考え抜いて初めて、そんな道具を創造することができる」（Nagel[1986], 52/84）。

物質が或る種の仕方で結合（組織化）されたとき、物質とは異なる存在秩序が出現することはすでに創発であり、その気になってよくよく眺めてみれば、自然の至るところにこの事態が生じているのだ。ここで彼が言及している「電気と力学的なものの違い」もまた然り、である。この「違い」について、彼は次のような註を付している。「マックスウェル自身は、電磁場の理論を開発したにも拘わらず、それを究極的には力学的に説明されるものと考えていたようだ。〈電磁場を物理的現実の還元不可能な特性として受け容れる〉ことは、一九世紀の終わりになって漸く、ローレンツによって為された」（Nagel[1986], 52/380）。今私たちが手にしているのは、「電磁場を物理的現実の還元不可能な特性として受け容れる」のと同様、「心（ならびに意識）を脳という物理的現実の還元不可能な特性として受け容れる」ことを可能にする「創発－基付け理論」なのである。

（5）アントニオ・ダマシオ（Damasio[2000], [2010]）も、「心」と「意識」をこのように使い分けている。そして、本章次節で触れるルイジ＝ルイージの言う「認知」は、この「心」（「意識」ではない）の次元における物質の「識別」――生命の維持にとって正の価値をもつか負の価値をもつか――に関わる。

（6）本書序章、註1をも参照。

（7）すなわち、生命という存在秩序において初めて何かが何かとして限定されて姿を現わすにあたって尺度あるいは基準となって機能するのは、当の生命自身なのだ。この基準の下で測られる「価値」ないし「意味」を帯びることで、何かが姿を現わす。それは、生命にとっての価値であり、意味なのだ。「価値は、直接または間接的に生存（＝生命）と関係している。特に人間の場合、価値または福祉〔well-being、すなわち「よく生きる」という形で、その生存の質にも関連している。……大雑把に言えば、個体全体にとっての至上の価値は、再生産を成功させられる年齢まで健康に生き延びることだ。自然選択はまさにそれを実現するように、恒常性の仕組みを完成させた」（Damasio[2010], 48/63）。

ここでヘーゲルの「原－分割（Ur-teil）」（すなわち「判断」）の議論を想起してもよい。限定されるということがないために何ものも姿を現わすことのない次元（本書序章が「（単なる）ある＝存在」と述べた次元であり、物質にとっての世界とはそのようなものだった）に、S ist P（「SはP〔である〕」）という仕方で限定を以って主語と述語への分割が導入されることで（SはPとして限定されるところのものにほかならない）「認知」（本文でこのすぐ後に触れるルイジ＝ルイージの用語であり、これをヘーゲルは「判断」とする）が成立し、それが直接個体の行動（反応）に結び付くのだ。例えば、「これ（S）は食べ物＝糧（P）である」すなわち「摂取（せよ）」、あるいは「あれ（S）は敵（P）だ」すなわち「回避（せよ）」、といった具合である。

（8）本章第五節参照。また、言葉の弱い（ふつうの）意味での「自由」に関しては、本章第三節が触れる。「自由」のより厳密な検討には、更に次章が取り組む。

（9）正確には「曲がりなりにも」と限定する必要があるのは、あらためて論ずるように、ここで登場を要請されている「主宰者」は、必ずしもおのれを最終的に主宰しているわけではないからだ。自然の領域においては、個体がおのれの最終的な主宰者にして根拠となることはない。敢えて主宰者を名指すとすれば、それは「生命」自身以外にはない。個体は、それが生命の宿る場であるかぎりで、生命という最終的な主宰者の一翼を担うのである（より正確には、生命と個体を繋ぐ不可欠の存在秩序として「種」を考えなければならないが、ここでは立ち入らない）。本章前註7をも参照。

（10）ここで言う「認知」は最広義のそれであり、必ずしも

「意識」されている必要はない。例えば、私たちは呼吸によって酸素を体内に取り込み、二酸化炭素を体外に排出しているが、そのことを「意識」していない（生まれたばかりの赤子のことを考えれば、このことは明らかだろう）。そうであるにも拘わらず、酸素や二酸化炭素がそれぞれ取り込むべきものとして、排出されるべきものとして何らかの仕方で「認知」されていなければ（つまり、当の個体に対して「現象」していなければ）、生命（個体）は維持できない。つまり、無「意識」下ですでにそうした「認知」は作動しているのであり、このような「認知」が行なわれる場所ないし次元を本書は「心」と呼ぶ（ダマシオもそのように「意識」と「心」を使い分けていることについては、すでに触れた）。つまり「心」には、意識されるに至る部分と、意識以前にすでに作動している部分があるのだ。「〔脳生理学は〕心的過程が意識のないところでも機能するという豊富な証拠〔をすでに有している〕」（Damasio[2010], 162/195）。したがって「意識の利点に関する議論は全て、多くの場合に行動をコントロールしているのは無意識過程だと述べる大量の証拠を考慮しなければならない」（Damasio[2010], 269/321）。言うまでもなくこのことは、すでに二〇世紀の初頭にフロイトによって「無意識」や「下意識」として捉えられていた。歴史を遡れば、すでにアリストテレスが「魂＝心（psychē）」を「生あるものの原理＝始まり」と捉えていたことも、想い起されてよい（『魂＝心について（*De anima*）』、402a7）。

（11）個体（＝自己）の存在（＝生命）の維持を尺度として全てが価値（＝意味）によって測られて「認知」される（＝現象する）存在秩序がすでに単細胞生物においてすら成立していることは、例えば以下の発言からも確認できる。「……単細胞生物は、おのれ〔＝自己〕を脅かす侵害に対して「敏感（sensitive）」だ。アメーバを突つくと、縮んで逃げようとする。こうした行動を観察したら、それを迷わず「態度」と呼べる。……細胞に脳はないし、まして突つかれたことを「感ずる（feel）」〔そのような能力をもった〕心はないが、それでも内部で何かが変わったから〔逃げる＝縮むという〕反応を示す。〔この反応の延長上に〕原感情を生み出す物理状態を考えることができる。これは、同じレヴェルで生ずる原認知に対応するものだ」（Damasio[2010], 257f./308）。なお、このとき維持されるべき「自己」は、最終的には「生命」自身にまで遡ることを忘れてはならない。本章前註7と9をも参照。

（12）欲求と充足の間に〈隔たり〉を挿入することで成立した「欲望」という形式の成立のすぐ先には、「熟慮」という段階が控えている。（単なる）「心」ではなく、「意識」の活動がだんだん明確化してゆくのである。「意識以前の生命制御と意識以後の生命制御の違いは、単に自動化と熟慮の違いだ。意識以前の生命制御は完全に自動化されていた〔植物的秩序を考えればよい〕。意識が始まってからは、生命制御は自動部分を残しつつ、だんだん自己中心の熟慮の影響下に置かれるようになった

〔動物的秩序を考えればよい〕」（Damasio[2010], 176/213）。「意識の過程がますます複雑になり、記憶・推論・言語といった機能が共進化して関わってくると、意識の更なる利点がもたらされた。そうした利点は主に、計画と熟慮に関するものだ。……この進化的に目新しい能力の一例は、満足〔充足〕を遅らせることだ。今欲しいものを、将来のもっと欲しいもののために計算づくで交換する――あるいは、目先に何かよいものがあっても、将来を考えてそれが何か悪いことを惹き起こすと思ったら、それを見送るという行動だ。……／充分に複雑な脳をもつヒト以外の生物種でも、意識ある極めて成功した行動は大量に見られる。その例は至るところにあるし、それが最も顕著なのが哺乳類だ」（Damasio[2010], 268/320）。こうした熟慮の末に選び取られた行動を、ふつう私たちは自由なそれと看做すだろう。

（13）もちろん、全てがそれに対して姿を現わすところの原点としての自己と、それに対して現象したものと交渉する自己は、そのままでは重ならない。交渉できるためには、交渉する両者（交渉するものとされるもの）は何らかの仕方で同じ次元を共有していなければならず、そのためには自己もまた何らかの仕方で現象するものでなければならない。ところが、原点（としての自己）はあくまでそれに対して全てが現象するものであって、それ自身は現象するものではないからだ。したがってこの原点は、それに対して現象するものと交渉しうるために、それ自体が現象するものであるおのれの身体と重ね合わされ、その中に埋め込まれねばならない。しかし、この埋め込みが完全に成功することはない。ありえない。現象するものは原点ではありえず、原点は現象するものではありえないからだ。自己が抱え込むことになるこのズレに今は立ち入らないが、本章の最後で、この原点が原理的に「語りえない＝現象しえない」次元に位置していることが示唆されるはずである。また、先に本文で触れた「現存在における世界の開示性」（ハイデガー）も「世界の最終的基盤としての超越論的主観性」（フッサール）も、この現象しえない次元に関わるものだったことを付言しておこう。

（14）この「国家」が要請されるに至る途筋を正確に追う作業は、同所（本書第五章）で行なう。そこでは、本章で触れていない或る隠れたもう一つの途筋が存在する可能性が論じられる。だが、その途筋への通路は、すでに本章次節の議論の中に含まれている。また、このもう一つの途筋が存在しないとしても、「国家」が本節で論じたような仕方で「等しさ」を原理として構築された「正しい」共同体である点は動かない。

（15）本書の主題である「責任」を擬制として論ずる小坂井敏晶[2008]については、本書第Ⅲ部第五章で触れる。

（16）「人類社会の全ての構成員の固有の尊厳と、平等で譲ることのできない（inalienable）権利」、それが「人権（human rights）」とされる。

（17）『スイス連邦憲法』前文ならびに第一二〇条、『ドイツ連邦共和国基本法』第二〇a条、参照。

(18) 念のため付け加えれば、エゴイズム（自己中心化）が悪いと言っているのではない。それは自然の必然である。だが、それだけであれば、そこに尊厳なるものをもち出す余地はない、と言っているのである。せいぜいのところ、「自分がされて嫌なことは他人にするな」といった「お互いさま」――「等しい」もの――の原理をもち出せば事足りる。問われているのは、等しいものが等しいというだけで、はたして尊厳の名に値するかということなのだ。

(19) 本書序章、三九頁以下。

(20) 「単独者」というこの呼称は、斎藤慶典[2005]第四章第三節でのそれに対応している。

(21) 本書第Ⅲ部第五章で詳論するが、ハイデガーが「被投性」と呼んだのはこのことだと本書は解する。

(22) 世界と私が事態のこの次元においては切り離すことができない次第について、本書は第Ⅲ部第五章であらためて考察する。

(23) この「向き合うことで、担う」ことが自由の成立の根本に関わる点については、本書第Ⅲ部第五章であらためて考察を試みる。

(24) 本書は、事態のこの次元の「語りえなさ」にヴィトゲンシュタインと並ぶ鋭敏な感受性を有していた哲学者として、第Ⅱ部第四章でハンナ・アレントを取り上げる。

(25) この点について、本書はつづく第Ⅰ部第二章、ならびに第Ⅲ部第五章で、考察を重ねる。

(26) 『スイス連邦憲法』前文、参照。

(27) 第Ⅲ部第五章、参照。

第二章

(1) ここで言う「私たち」は、必ずしも人間だけを指すのではない。「存在（ある）」が何らかの仕方で理解の対象として姿を現わしている次元に身を置く存在者は全て、この「私たち」に含まれる。例えば餌や敵の「存在」に敏感に反応する動物たちは、彼らなりの仕方で「存在」を「理解」していると言ってよい。

(2) この「価値」の源泉ないし尺度は、生命体（個体）にとっては「おのれ自身の存在」であり、最終的にはそれら個体を通して受け継がれてゆく「生命」自身だった。本書第Ⅰ部第一章第二節、ならびに同所への註7、参照。ここでは存在が（〈ただ「ある」〉のではなく）存在に（あらためて）関わるという仕方でおのれを超出する事態が成立していることに、本章は注目する。本文後論参照。

(3) この「瞬間」は、それが成就したときにはすでに失われているのだから、何かとして姿を現わすことがない。したがって、それに「引きつづく」というのは、あくまで「状態」の中で何かとして姿を現わしたものの側から遡って、そう言われるに過ぎない。「かのように」が示しているのは、このような事情である。同様の事情は、想像力が「反復」の能力だと言われる場合にも当てはまる。反復されるもの（〈いま＝現に〉の到来の「瞬間」）が、反復に先だって姿を現わしているわけではないからだ。何かが何かとして姿を現わしたとき、そのようにして姿を現わしたものの内部で、失われたおのれの起源が失われたものとして初めて反復されるのである。

（4）カントの「純粋語性概念の超越論的演繹」をこのように解釈することについて、詳しくは斎藤慶典[2007]、第七章を参照。

（5）斎藤慶典[2011]参照。

（6）青山拓央[2016]参照。「道徳（moral）」の反対概念・対立概念は、「不道徳（*immoral*）」である。両者は対置されるという仕方で、すでに同一の次元に立っている。これに対して、そもそも「道徳」といったことが問題にならない次元を考えることができる。それを「無道徳（*amoral*）」と表現するとしよう。この用法に倣って、「自由」と「不自由」に対して「無自由」という次元を考えることができるのである。

（7）入不二基義[2015]参照。

（8）〈いま・ここで＝現に〉がその本質からして「おのれを超出する」ものであることを、ハイデガーは「実存＝脱自＝おのれの外へ（Existenz = Außer sich）」と捉えることになる。この点をめぐっては、本書第Ⅲ部第五章があらためて検討する。

（9）私たちの現実において、〈いま・ここで＝現に〉の到来と、それに引きつづくかのようにして立ち現われる「状態」は、切り離すことができない。とはいえ、前者の文字通りの「如何ともし難さ」「そうでしかなかった」決定性と後者のそれとは、必ずしも同じではない。後者の中には、私たちの手で改変可能なものも含まれているからだ。しかし、その改変も、当の「状態」が与えられることを以ってしか何も始まらないという点では「如何ともし難い」。ここでは、そうした「如何ともし難い」「そうでしかなかった」ものが、そうであるにも拘わらず自由の次元に位置しうることの提示に議論の主眼があるので、「如何ともし難い」ことの内実の相違には立ち入らない。

（10）Locke[1690], 1–197f./2–135f. 論点を見え易くするために、若干の改変を行なった。また、この事例の解釈に関して、本書はロックの議論には従っていない。

（11）「如何ともし難い」「そうでしかなかった」ことと、そのような状況においてなお私が自由でありうることの両立について、法哲学者の瀧川裕英は次のように述べている。「他行為が不可能であった〔＝「そうでしかなかった」〕としても、当該行為の行為理由が他行為不可能性以外に存在する〔＝「私はそれをよしとする＝欲する」〕のであれば、その行為に対して責任を問うことは可能なのである。したがって、たとえ決定論が他行為不可能性を含意したとしても、他行為不可能性は責任実践の妥当性を否定しないので、決定論と責任実践は両立可能なのである」（瀧川裕英[2003]、七九頁）。ここで瀧川はロックの例を「責任を問う」次元に移して問題化し・論ずるハリー・フランクファートの文脈で語っているが、本書はそこで「問われる」責任という事態の成立を自由の根本と捉える。そこで決定的なのは、別様に行為できること（他行為可能性）ではなく、何もの／ごとかを「よし」として「欲する」ことのできる「意欲」の主体の成立なのである。

(12) 本書第Ⅲ部第五章、参照。

(13) 自由が単なる擬制に過ぎないなら、自由のある所にのみ可能な「責任」も擬制に過ぎない。しばしば、このようにも論じられる。例えば、小坂井敏晶[2008]参照。同書については、本書第Ⅲ部第五章であらためて言及する。

(14) 「私がおのれの起源＝根拠である」と言いうるためには、少なくとも可能性・必然性・肯定性という三つの段階を踏まえねばならないことについては、本書第Ⅲ部第五章で詳しく論ずる。

(15) ハイデガーが「命運（Schiksal）」と「運命（Geschick、すなわち命運の共同体）」について語るのも、この次元においてである。本書第Ⅲ部第五章、参照。

(16) 世界がそこにおいて見え、聴こえ…るその一点（それは〈いま・ここで＝現に〉という仕方で披かれるのだった）と世界の中の特定の地点との関係があくまでこうした「事実上の重なり合い」であって、決して両者が一致しないことも見逃されてはならない。この点についてはすでに斎藤慶典[2007]で論じたし、今後も検討することになる。

(17) 正確には、「特定の観点、ならびにその観点がそこにおいて（それに対して）成立する最終的な一点（〈いま・ここで＝現に〉という仕方で披かれるパースペクティヴの原点、つまり視点）と相関することで」と表現されねばならないが、因果性を検討するにあたって着目すべきはさしあたり前者の「特定の観点」なので、以下では原則として後者の「最終的な一点」は省略する。

(18) 正確に言い直しておこう。根拠律とは、何もの／ごとかを根拠とする＝看做すことを以って事態を理解する一つの試み、ないし営みである。責任と自由を考えるにあたっても、このことは決定的に重要となる。この点については、本書第Ⅲ部第五章であらためて検討する。

(19) 実際、殆ど全てのことに原因を見出すことができる――但し、量子力学の場合を除いて――。しかしその場合も、量子の振る舞いには隠された――場合によっては私たちが光の下で観測するかぎり原理的に隠されたままであるような――原因があるのではないかと考える余地は残っているし、現にそう考える量子力学者は少なからず存在する。

(20) 因果関係がそれを捉える観点に依存することについては、すでに何人かの論者が指摘している。曰く、「因果の規則性を提唱したヒュームは、因果関係を自然界の客観的あり方としてではなく、人間の習慣や社会制度が作り出す表象だと考えた。因果関係は当該事象に内在しない。言い換えるならば因果的効力は事象内部に実在するのではなく、複数の事象を結びつける外部観察者によって感知される」（小坂井敏晶[2008]、一七一頁）。曰く、「一般に、ある出来事をどのように記述するか、出来事の原因を何に求めるかは関心に依存するので、端的に原因が同じであれば同じ出来事であると言って済ますことはできない」（瀧川裕英[2003]、七七頁。同所で瀧川は、Fischer, John Martin; "Responsibility and Control", p. 180f. の参照をも指示している）。

（21）以下、本節の議論では、「心」と「意識」を区別せずに用いる。意識をその一部として含む心的次元と、それ以外の次元との関係が問題だからである。

（22）斎藤慶典[2014]、第一章、参照。

（23）ここで言う「理由律」は、先に触れた「目的律」をも含んでいる。デレク・パーフィットも、自由を含む道徳の次元がこの理由律によって組み上げられている点を指摘している。「これらの議論（＝自己利益説を破る道徳の理論）は、道徳的理由の強さ、あるいは重みの説明によって助けられるだろう。それゆえ私たちは、私たちの道徳理論の中に行為の合理性、あるいは理由といったものの説明を含めるべきである」（Parfit[1984], 129/182）。だが本書は、ここで彼が「道徳」と呼んでいる次元の内に、（密接に関わっていながらも）似て非なる二つのもの（「道徳」と「倫理」）を区別する。そしてそのときには、ここで「合理性」や「理由」と呼ばれているものの内実も区別されることになる（予め述べておけば、そのときの「倫理」における「合理性」は〈言葉としておのれを他者に差し向けること〉を意味し、「理由」は〈「はい、私はここに居る然々の者です」という応答の言葉〉となる。本書第Ⅲ部第五章、参照）。

（24）Frankfurt[1969], 1–10/81–98.

（25）上記のようなフランクファートの所説に対する異論については、以下が詳しい。瀧川裕英[2003]、成田和信[2004]。

（26）全てが決定されているとして——他行為可能性ばかりでなく、他意志可能性も奪われているとして——、それでもそのようにして与えられたものを「よし」と肯定＝意志（意欲）できるか、と問うてみよう。当然、決定論者は、最後に出て来たこの「よし」（という意志）も決定されている、と応ずるだろう。だが、この応答を受けて、「あっ、そう。それでもいいよ」と、なお応ずることができてしまう。もちろん、この「いい」に対しても、決定論者は「いや、それも決定されている」と応ずる。以下、この応答が際限なく繰り返されうる。「予言破りの自由」と同じ構造が、ここに現われる。これは、いったい何を意味するのか。

自由が成り立つのか、そうでないのかが定まらない、ということだ。だが、そうであれば、自由の可能性は（決定されている可能性と共に）いつまでも存立しつづけることになる。このようにして開かれてしまう「純粋な（単なる）可能性」の次元、ここに自由の故郷がある。ひとたび自由の可能性に覚醒してしまった者にとって、それはつねに可能なものでありつづけるのだ。これはすなわち、この可能性へと向けておのれを投企することもまた自由であることにほかならない。

　同じことを、次のように言ってもよい。「運命愛」も「予言破りの自由」も、実はそれらを欲するよう予め決定されているのだ、という主張は可能である。あくまで可能である。そして、そうであれば、自由はどこにも存在しないことになる。だがこの場合、この全面的決定の想定（全ては決定されている）は、形而上の次元におけるものでしかありえない。決定されていることを確証ないし実証することが、原理的にできないからだ（それを成しうるためには、全てである世界の外部に立たなければならない）。したがって全面的決定論は、「そう想定しうる」ということ以上ではない。そして、これと全く同等の権利を以ってこの全面的決定論に対して態度を取る自由を想定することができる。全面的決定論が原理的に想定上のものでしかないなら、つまり、あくまでそれが想定上のものにとどまり、原理的に決着がつかないなら、つねにその反対の想定も可能だからだ。

　斯くして、私はつねに自由でありうる。この立言は、抹消不可能なのだ。このことを本書は、些細でネガティヴなものとは考えない。逆に、つねに自由が可能であることに驚いているのだ。

(27) したがって、自由を考えるためには、この「担う」者、すなわち「主体」の「自己」性の検討——「自ら」とはいかなることか——が不可欠となる。この検討には、本書第Ⅲ部第五章が取り組む。そこでは、この「自己」が固有な者であることが明らかにされ、このことを以って（かつ、このことを以ってのみ——すなわち、私が固有な者であるかぎりで——）自由は可能性から必然性を経由して肯定性にまで導かれる次第が示されることになる。

　フランクファートの高階説は、第二階において第一階の欲求を自らのものとして承認するか否かに関わっていたのだから、そこで姿を現わした「自ら」とは何かを（そして、そのような者がいかにして存立するのかを）検討すべきだったのである。つまり、私たちの下では何かを欲することが初めから私の名の下に為されている可能性があるのであり（ロックの例における「私はこの部屋に居たい」）、これを本書は「想像力」による形而上の次元の開示として捉える（したがって、ここで姿を現わした「自ら」＝「私」は、すでにして形而上的存在者である）。

(28) 成田和信[2004]、第五章参照。

(29) 成田和信[2004]、第五章参照。

(30) フランクファートが「二階の欲求（*desire*）」を「二階の意志（*volition*）」と呼び変えたとき、彼は問題の次元が決定的に新たなものへと移行したことに気付くべきだった。前者は「自然的」なものであり、後者は「超‐自然的＝形而上的」なものだからだ。彼は後者を「反省的」な段階と捉えているが、肝要なのは、それが単に階が上がったことではなく、次元そのものの在りようが全く別ものになった点なのだ。そして私は、ひとたび後者の次元が開かれたなら、初めから自由でありうるのである。すなわち、何かを端的に自らの名の下に欲し・選ぶことができるのだ（ロックの例で、鍵の掛かった部屋に居る男が端的に「私は部屋の中に居たい」と思えるように）。

　ダマシオは「知る者としての自己」（おのれを自己として知っている主体としての自己）と「客体としての自己」（無意識のまま、自動的に反応する自己）を区別した上で、前者を「生物進化における転回点」に位置付けている。本書はこの「転回点」の延長上に、強い意味での「主体」、すなわち「自由」の次元に身を置く者を位置付ける。「〈主体であり知る者としての自己〉は、紛れもなく現に存在しているばかりでなく、生物進化における転回点だ。〈主体としての自己にして〔おのれを〕知る者〉は、〈客体としての自己〉の頂点に言わば積み上がっていると考えられる。神経過程の新たな層が、〈更に別の心的処理の層〉を生み出したというわけだ〔これは一種の「創発」である〕。〈客体としての自己〉と〈知る者としての自己〉の間に、二項対立はない。そこにはむしろ、連結性と段階的移行がある。〈知るものとしての自己〉は、〈客体としての自己〉に根差しているのだ〔すなわち、両者の間には、後者が前者を「支え」、前者が後者を「包む」という「基付け」関係が成立している〕」（Damasio[2010], 9f./17）。

（31）この「可能性」に、「自己」性――私が固有にして唯一の者（単独者）であること（これは本書第I部第一章の論点でもあった）――が統合されたとき、自由は可能性から必然性を経て肯定性へと達することになるのである。前註27、参照。

第三章

（1）人名の表記について、一言述べておきたい。ヨナス（Jonas）もアレント（Arendt）も、それぞれ最初の母音o、Aは長母音だから、日本語で表記する場合にこの点を明示するなら「ヨーナス」「アーレント」となる。しかし、ドイツ語のネイティヴに確認したところ、日本語の「ー」で表わされる長母音は、ドイツ語のそれとしては長すぎで、間延びして聴こえるという（むしろ、そこに強いアクセントが置かれていると受け取った方がよいらしい）。したがって、本書ではそれぞれを「ヨナス」「アレント」と表記することにした。

（2）この箇所は、『責任という原理』（以下、引用に当たっては略号PV）の英語版（Jonas[1984]）・序文から引用した（x/xi）。本文で述べたように、彼は同書をまずドイツ語で書いて一九七九年に公刊し（Jonas[1979]）、次いで協力者を得てこの英語版を一九八四年に出している。しかし、ヨナス自身が述べているように同書の試みは「著者に対してばかりでなく読者に対しても厳密さを要求する」（PV, 9/vi）ものであるにも拘わらず、この英語版は簡略化や削除がかなり大幅に為されていて、議論展開を厳密に追うには不向きである。そこで本書での同書からの引用は、その後 Suhrkamp 社の文庫に収められたドイツ語版（suhrkamp taschenbuch 3492, 2003）から行なう。

（3）Jonas[1981]. 同書からの引用は、略号 MO を以って記す。同書で展開される議論は本来『責任という原理』で「基礎問題と方法問題」を論じた第二章と、「存在の中での目的の位置」について論じた第三章の間に置かれていたが、『責任という原理』中の一章とするには長大かつ錯綜した議論になってしまったため切り離し、別著としてのちに公刊された。しかし、この別著での議論が「体系的には欠かすことができない」（PV, 10/vi）ことをヨナスは明言しており、『責任という原理』が邦訳されるときの条件にこの別著も同時に訳すことが彼の遺志として夫人を通して伝えられたという（cf. MO,「訳者あとがき」一一七頁）。

　なぜ、それほどまでにヨナスは心身関係論を重要視したのだろうか。それは、彼がこの別著で「主観性」と呼ぶ「意識」——これは生命という存在秩序の成立と不可分である——が存在の「目的」として（「目的」であるかぎりで）すでに存在の内に含まれているのでなければ、その意識なしには不可能な「存在と生命に対する責任」を立言することは叶わないからである。そして意識がその責任を自ら担うためには、そこに自由がなければならない。すなわち、心身関係論において主観性の自由を保証することが、この別著の帯びた使命なのである。「なぜなら、決定論のある所に倫理はないし、自由がなければ〔生命に対して責任を担うべしという〕当為もないからだ」（PV, 10/vi）。本章はこの後、これらの論点を一つずつ、あらためて吟味し直していくことになる。

（4）別著でヨナスと共同で心身問題の検討に取り組んだ、数理物理学の専門家（Kurt Otto Friedrichs）である。

（5）この括弧内は、フリードリクス教授の発言である。

（6）前註3、参照。

（7）ここでヨナスは偶然性を斥けているが、すでに本書ならびに斎藤慶典[2014]で詳しく検討したように、創発を惹き起こすものが系の辺縁部で起こるノイズや「揺らぎ」であることを考慮すれば、むしろそれは多分に偶然的なものと言うべきである。また、引用文の以下に見られる「付加」性（意識は物質に付け加わったものである）や、因果性（意識は物質が惹き起こしたものである）を強く示唆する「起因」といった表現が事態の誤解を招く不適切なものであることについては、以下の本文で論ずる。

（8）詳しくは、斎藤慶典[2014]を参照。

（9）次の発言は、自然科学における因果的説明の本質をヨナスが正確に捉えていることを証している。「私たちは事実を聞き知って初めて、その事実が可能であることを事後的に知ることができるに過ぎず、またそこからして分子構造の法則について何ごとかを学ぶことができるに過ぎない」(PV, ibid.)。事態を完了の相の下に(つまり結果の側から)眺めてその原因へと遡及していくのが因果的思考(因果的世界把握)の構造上の特性であること(すなわちその「事後性」)が的確に捉えられている。この点については、斎藤慶典[2014]ならびに本書第二章第三節ですでに論じた。自然科学が行なう「予見」(ないし予測)は、未来の状態を完了の相の下に(つまり結果の側から)見ることで可能となるのである。

　また、ここでの発言は、「分子構造」がどのようなものであるかは分子が「事実」として成立して初めて、その後で(「事後的に」)知られるのであって、決して事前に(つまり原子のレヴェルで)それを知ることができないこと、つまり原子と分子を「予見(予測)」や「演繹」によって連続的に繋ぐことができない(すなわち、そこには「跳躍」がある)事情を認めるものである点を見逃してはならない。

(10) 言うまでもなく、このことは物質であるかぎりの椅子の移動を、同じく物質であるかぎりの大脳の電気的興奮を起点にして因果的に説明することを、何ら妨げない。

(11)『責任という原理』邦訳の監訳者である加藤尚武は同邦訳書に付された「訳者による解説」で、ヨナスは創発説に対して「下降型連続性の原理」による修正を要求していると整理している(四一〇―四一一頁)。この整理を借りてヨナスに対する本書の批判を述べれば、創発における「連続性」を本書は斥け、むしろ「跳躍」こそがその特徴であると考える。他方で「下降」に関しては、「基付け」関係の一方の柱である(創発以後の上位の段階がそれ以前の下位の段階を)「包む(包摂する)」という関係が「下降」にほかならないと考え、ヨナスを支持する。但し、「基付け」関係の他方の柱である(下位の段階が上位の段階を)「支える」という関係を逸することはできない。「支える」関係は連続性ではないが(すでに本文で論じたように、創発後の下位の段階はそれ以前と同じものではない)、「基付ける」項の(「基付けられる」項にとっての)不可欠性を示しているのである。

(12) 以下、本章では「人間」と「人類」を同義で用い、単に「人間」とのみ表記する。

(13) 本書第I部第一章第二節、ならびに斎藤慶典[2014]、参照。

(14) 認知と無意識との関係については第一章註10参照。

(15) 以下のようなヨナスの主張についても同様である。「「最も単純な」実在する有機体の中に、すなわち物質交替〔代謝〕を営む有機体、しかも自立しながら同時に欠乏的・他者依存的でもある有機体の中に、存在か非存在か〔生きるか死ぬか〕という厳しい選択肢の下で、すでに自己性や世界や時間の地平が精神以前の形〔=彼の用語法では「主観性の外部」〕でもその兆候を見せている。……生命体全体の内部での消化や消化器官には、たとえ意識をもたない仕方で、しかも不随意にであろうと〔＝同じく彼の用語法では「主観性の外部に」〕、目的（強調ヨナス〕が内在している。そして生命とは、まさにこの生命体の自己目的である」（PV, 144/130f.）。

（16）「存在の過剰」については、本章第二節bでもあらためて触れる。

（17）存在と生命の関係について、あと一点だけ（ヨナスの議論を直接批判するものではないが――むしろ彼と本書の違いを明示するために――）指摘しておきたい。ヨナス自身、生命にとって「目的」が本質的なものであることを（アリストテレスを引きながら）説得的に述べている。「器官とは道具のこと、すなわち何らかの仕事を遂行するもの、または何らかの仕事が遂行される道具のことである。それどころか、アリストテレスによる生物の定義は有名だが、彼は生命ある身体を「器官的身体（soma organikon）」と定義した。つまり、〔生命とは、ないし生命体＝身体とは〕道具を具えたもの、または道具から成るというわけだ。……だから私たちが有機体について語るとき、元来の語義に従えば、すでに目的を形作るものについて語っていることになる。道具という概念は、目的という概念なしには考えられないからだ」（PV, 117f./104）。

　生命は、その本質からして目的的なのである。そしてその最終的な目的は「生命それ自体の維持」であることも、彼自身認める通りである。したがって、「存在の（自己）維持（conatus essendi）」というときの「存在」は、生命の存在なのだ（この語がしばしば「生存本能」と訳されるのも、このことを示している）。というのも、すでにデカルトが指摘した通り、何かが存在することは、それが次の瞬間にも存在することを何ら保証しないのであり、引きつづき存在するためにはそのための「努力（conatus）」が必要だからだ。その「努力」をする能力のない単なる物質（何らかの存在するもの、すなわち存在者であるかぎりでのそれ）は、ただただ解体していくのみなのである。エントロピー増大則が示しているのは、このことにほかならない。

　これに対して、ひたすら解体しつつ（「何か」としての個体性――存在者性――を次々と喪失しつつ）「（ただ）ある」こと――すなわち（存在者と区別される）「存在」――は、一種の「惰性」（ないし「慣性」）のように（つまり「努力」を必要としないように）見えるかもしれない。解体した個体は別の個体へと移行したに過ぎず（例えば私たちの死体は土葬されれば腐敗して解体し「土に還ってゆく」のだし、火葬されればその大部分は二酸化炭素などの気体となって大気中に拡散し、残りは僅かの灰と成る）、こうした解体の経過がどこまでもつづき、したがって「ある」ことそのことはどこまでも維持されつづけるからだ。しかし、そうした「ある＝存在」も（それが「ある」ことの）根拠をそれ自体で有しているわけではないが故に、次の瞬間に失われても何ら不思議はない（世界はなくてもよかったのかもしれないのだから）。存在者のレヴェルでも存在のレヴェルでも、「ある」ことはそのつど「努力」――「ある」ことを支える何らかの「力」――を必要とすることに変わりはないのだ。

ただ、このレヴェルでの「努力」は、存在の中の一領域に過ぎない生命体の為しうるものではない。生命体にできるのは、個体としてのおのれの自己維持と、その再産出（子の産出）を通して、（あくまで存在の中の一領域にとどまる）生命の維持のために「努力」することでしかない。また、（生命以外の）単なる存在者や存在自身にも、この「努力」は不可能である。それらもまた、その「存在」をあくまで付与されたものに過ぎないからだ。

斯くしてデカルトはこの「努力」を、当の「存在」を創出した「神」以外に求めることはできないと考えたのである。すなわち、世界の存在は神の絶えざる「努力」によってのみ、支えられている。これが彼のいわゆる「連続創造説」にほかならない。そして、（この連続創造説から）神という神学的ないし宗教的存在者を除外したときには、〈世界はそのつど「偶々」ある〉ということになるのだ。このことを、本書の形而上的思考は示唆するのである。

(18)「なぜ人間は存在するのか、存在しなくてもよかったのではないか」、「そもそもなぜ（人間のみならず）全ては存在するのか、何もないということがあってもよかったのではないか」という形而上学の問いに、本書は（宗教や神学を前提にしないかぎり）答えを見出すことができない。そうであれば、存在には根拠が欠けているのである（少なくとも、欠けている可能性がある）。本書の形而上的思考（それはもはや根拠――理由や目的や原因――を提示できない次元を動くのだから、「学」の名は相応しくない）は、この地点から出立する（斎藤慶典[2016]をも参照）。ヨナスも正確に指摘している通り「〈系列がつづかなければならない〔すなわち、人間は存続しなければならない〕〉ということ〔命法〕は、〔当の〕系列の外にある。〔それは〕系列とは全く異質の、系列の前提となる命法である」（PV, 35/22）。このことを確認した上で、彼は「これは、最終的には形而上学にしか根拠付けられない」（PV, ibid.）と述べる。あるいは、「おそらくは宗教なしには根拠付けることができない問題だろう。私たちの命法は、これをさしあたり根拠なしに公理として受け取っておく」（PV, 36/23）とすら述べる（「さしあたり」と留保を付けることで、根拠付けを先送りするという趣旨だろう）。だが本文でも見る通り、彼はこの根拠付けに結局のところ成功していない。けれどもこのことは（根拠が提示できないということは）、決して形而上的思考の不可能を意味しないのである。むしろ、そこがその出発点なのだ。

(19) この相対性は、ヨナス自身の認めるところでもある。「〈人間を存在せしめよ〉という命法が、人間だけを念頭に置くかぎり、第一の命法なのである」（PV, 91/76）。それは、あくまでも「人間だけを念頭に置くかぎり」であって、決して「絶対的」な命法ではない。

(20) 別の個所では次のように言われている。「こうした世界――人間が住むに相応しい世界――が未来もずっと存在しなければならない。……この命題は、〈世界が何でもよいから実在する方が、何も実在しないよりもよい〉という命題と同様、説得力はあるが証明不可能である」(PV, 33/20)。すでに見たように、この「説得力」はあくまで限定的、すなわち「(人間に対して、あるいはひとたび存在したものに対して)相対的」なものに過ぎない。そうであれば、ここでも彼自身認めている通り「証明不可能である」(すなわち、根拠付けできない)地点から出立し直すべきなのであって、安易に生半可の(少なくとも、本書のように考えるかぎり共有できない)「説得力」などに頼るべきではない。それが形而上的思考の厳密さと言うものだろう。そもそもヨナスは(彼が言うところの)「存在論的＝形而上学的」思考を、単なる信念の領域と取り違えてはいないか。

(21) もちろん、ここで言う「無」は形而上的なそれではなく、直前で言われた「平衡」のことである。それは何かが何かとして際立つことなく、〈ただ「ある」〉ことに限りなく接近することだから(エントロピーの増大とはこのことにほかならない)、形而上的にはむしろ端的な「存在」(「存在者」と区別された)であろう。

(22) 失われた平衡を回復するための一連の過程の中では、個体と環境の間で物質の遣り取りが行なわれるのだから、当然それに伴なってエネルギーの出入りがある。これに対して、こうした過程がそれ以前の〈ただ「ある」〉次元から新たに成立すること自体には、それに対応するエネルギーの出入りが見られない。このことを、現代の生命科学の先端的な動きの一つであるオートポイエーシス論者たちは「入力(イン・プット)の不在」あるいは「作動的内閉」と表現している。本書第I部第一章、ならびに斎藤慶典[2015]、参照。

(23)「形而上的次元に属している可能性がある」と述べたのは、現時点ではいまだ発見されていない(あるいは、原理的に私たちには経験できない――例えばハイゼンベルクがアナクシマンドロスの「無限定なもの」に準える「光以前の素粒子の状態」を考えてもらってもよい――)何らかの自然的実体がそこに存在している可能性も残っているからである。本書序章の言葉を使えば、この「力」が〈ただ「ある」〉自然の次元にとどまるものなのか、それともすでにその内に「ない」というもはや自然を超えた(ないしその手前の)次元を孕んでしまっているのかの見分けがつかないのだ。斎藤慶典[2016]は、前者を「空」と呼び、後者を「無」と呼んだ(序章、註15をも参照)。しかし本文のこの箇所は、〈ただ「ある」〉次元から〈何かが何かとして姿を現わす〉「現象」(すなわち「生命」)の次元が成立する途筋ならびにその固有の構造(すなわちその「論理」)に関わる洞察をヨナスの内に見出すことに主眼があるので、「空」

と「無」の区別の問題には立ち入らない。

(24) ヨナスの議論の中でこの「感情(Gefühl)」が占める重要な位置について、本章はこの後何回か言及する。なお、ダマシオは、破綻した均衡を回復するための行動に直結する感情を「情動(emotion)」と呼び、それが当の自己に覚知ないし知覚されたときに生ずる「感情(feeling)」と区別している(「情動を知覚的に読み出したものが感情と成る」Damasio[2010], 255/305。ほかに、同書110/135も参照)。ここでヨナスが「感情」と呼ぶものは、この両者に跨るものと解釈できる。行動を起こすためには、すでに「衝動」が機能していなければならないからだ。感情が単なる受動ではなく、すでに受け取られるものへの能動的な動向(「衝動」)を宿して初めて感情である点は、ダマシオも指摘している(cf. Damasio[2010], 64/82, 133/163)。

(25) ここで言う「力」の昂進を本書は、「存在の過剰」とも呼んできた。「(単なる)ある=存在」の闇から、何かが何かとしての固有の輪郭を具えた「存在者」として姿を現わすに至ったからだ。すなわち、「現象(する)」という事態の成立である。本書、序章をも参照。

(26) ここで「勝義の」とは、それがもはや(なお自然的な次元に属している可能性のある)「空」=〈ただ「ある」〉に関わるのではなく、「無」という「非自然的」ないし「超自然的」次元に関わるからである。本文後論ならびに前註23、参照。思考がこの次元に立ち出でたとき、漸く自由がその全貌を顕わにする次第に、本書はあらためて最終章で取り組む。

(27) このかぎりでは、ヨナスは「倫理」の可能性に関して楽観的に過ぎる。赤子を前にした親が受け取る「当為」を、何の疑問もなくそのまま「倫理」的なものとしているからだ。その「当為」が、「生命の維持」という生命にとっての自己中心的な動向に由来するもの――すなわち、「道徳」――かもしれないにも拘わらず、である。そのヨナスが、乳飲み子を前にして「世話せよ」という当為をそこに見て取らない「数学的物理学者」を引き合いに出し、そうした当為を看て取るためには「それに相応しい視力を用いなければならない。「見れば分かる〔「世話せよ」という当為は一目瞭然だ〕」と言われるのは、この相応しい視力のことを指している」(PV, 236/224)――この「相応しい視力」が当の「数学的物理学者」には欠けている、と言いたいのだろう――と述べるに至っては、これはもはや(「数学的物理学者」に対して「道徳」――「倫理」ではない――的能力の欠如を非難し、それを身に付けよと説く)「道徳」的お説教以外の何ものでもない。繰り返せば、ここでヨナスが論じているのは「道徳」であって、「倫理」ではない。先に本論でも予め提示しておいたように、「倫理」は私のみが負いうるものに関わる以上、人にお説教することのできないものだからだ。「倫理」がもつこの独特の性格について、本書はアレントを論ずる第四章であらためて触れることになるだろう。

(28) ヨナスは「……自らのもつ独特の自然遺産である自由意

志……」(PV, 158/146) と述べるが、彼の言に反して、もし「自由」ということが可能なら、それは「自然遺産」ではない。

(29) ヨナスは別の箇所で、「人間がこの先も存続すべし」という「存在論的な命法」を、「もともと無名で、これからも無名であるような第一の命法」と呼び、この第一の命法が「語られることのないまま、そこから先のあらゆる命法に含み込まれている」と述べている(PV, 187/176)。だが、それが「もともと無名」で「語られることがない」のは、本文の引用で彼自身が述べているようにそれが「余計」だからではないのか。すぐにつづけて彼が述べるように、「この第一の命法の直接的な執行は生殖本能が引き受ける」(PV, ibid.) からだ。それにも拘わらず今やこの第一の命法が「当為」として語られざるをえないのだとすれば、それは「もともと無名」なまま機能してきた本能の手に負えない事態が出来したために(生命の論理に服する)当の本能が要請したのだと言ってはいけない理由を、(この「第一の命法」が「存在論的な命法」であることを根拠付けることに失敗した)ヨナスは提示できていないのである。

(30) 「自分の意識に服する力を自分で制御する手段としての当為が、意欲そのものから身をもたげてくる」(PV, 232/221) と述べるときも、「させられる」意欲ではなく「自ら欲する」意欲がいかにして可能かを彼が示しえていない以上、その「意欲」は生命の維持に向かう自然的意欲(「させられる」意欲)の延長上にあるその補完物ないしその代替物でしかない。

(31) ヨナスは自らの世代間倫理の命法を、以下のような仕方で定式化している。曰く、「汝の行為がもたらす因果的結果が地球上で真に人間の名に値する生命が永続することと折り合うように、行為せよ」「こうした生命が将来も可能であることが、汝の行為がもたらす因果的結果によって破壊されないように、行為せよ」「人間が地球上でいつまでも存続できる条件を、危険に曝してはならない」「汝が現在〔何ごとかを〕選択するにあたって、人間が未来も無傷であることを汝の欲する対象に含み入れよ」…(PV, 36/22)。生命であるかぎりの私たち人間がこのような義務を負うこと(それはまさしく本書の言う「道徳」的義務である)に、異存はない。だが、それは「形而上的」義務ではなく(したがって「倫理」ではないし——もしそれが「倫理」なら、本文最終節でも論ずるように、それは「義務」ですらないのだが——)、本能の補完物ないし代理物としての自然的(生命的)義務であることを見逃してはならない。

自然的義務であるかぎりで、人間が自然(とその未来)に対して負う義務に対して次のように述べることは正当である。「人間の未来と自然の未来とは分離不可能である。……むしろ、〈保存か破壊か〉という決定的な二者択一の中では、〈人間の利益〉と〈人間以外の生命から成る人間の故郷としての世界の利益〉は一致する。したがって私たちは、人間に対する義務と自然に対する義務とを、人間に対する義務〔強調ヨナス〕を指導原理として一つのものとして扱える」(PV, 245/243)。そう言ってよいのは、もともと生命が相対的な境界で区切られた内と外との間で為される物質交替（代謝）によっておのれを維持する存在秩序だからである。ここで内とは生命個体（生物）を、外とはその環境を指し、生命において個体と環境はもともと一体なのだ。すなわち、人間が自らと自然の未来に対して配慮すべきであることとは、生命の論理の必然である。それは「倫理」の問題ではない。あるいは、「倫理」以前の問題である。世代間倫理は（その名にも拘わらず）、この次元に（そしてこの次元においてのみ）根拠をもつ。

(32) 前註29参照。

(33)「意志」と「意欲」の違いについては、この後すぐに触れる。

(34) 前註27をも参照。

(35) 本章第三節b参照。

(36) このことを、本章はすでに第2節bで論じた。

(37) 親が子を思う思いが並大抵のものでないことは、洋の東西を問わない。感情を謳うことにかけては古来秀でた才を発揮してきたわが国の詩歌で真っ先に思い浮かぶのは、万葉の山上憶良だろう。「山上臣憶良の子らを思《しの》へる歌……瓜食《うりは》めば／子ども思ほゆ／栗食《くりは》めば／まして思《しの》はゆ／何処《いづく》より／来《きた》りしものそ／眼交《まなかひ》に／もとな懸《かか》りて／安眠《やすい》し寝《な》さぬ」（万葉集八〇二）。「瓜を食べると、子どものことが思われる。栗を食べると、ましてや気に掛かる。いったい子どもというものは、どこからやって来たのだろうか。眼の先にいつも彼らの姿がちらついて、心安らかに眠ることもできない」。

だが、ここで問われているのは、これほど強く、「自然」な思いを――この形容に違和感をもつ人はいないだろう。何しろそれは、「自《おの》ずと」湧き上がってしまうのだから――、古今東西に亘って多くの人々が共有しているのはなぜなのか、ということだ。親が子に対してそのような思いを抱かないわけにはいかない、何か然るべき事情があるのではないか。この思いがそれほどまでに「自然」なのは、ほかならぬ「自然」がそうさせているのではないか。そうであれば「自然」とは、生命の自己維持という生命体にとっての至上命令の発令者なのだ。

(38) したがって正確には、他の生物たちに関しても、彼らにそれができるか否かは「定かでない」と言うべきだろう。

(39) もちろん、何かを受け止めることができるためには、その何かへとこちらから向かう動向が不可欠であることは、すでに論じた通りである。だがこの動向は、そこで何が到来するかを規定することはできないのだ。

(40) この「他者」が「他人」ばかりでないことについては、本書最終章でもあらためて論ずる。また、この「他者」に向けての応答が不可避である事情については、ハイデガーとレヴィナスを集中的に検討する第Ⅲ部第五章であらためて論ずる。なお、本文のこの箇所で言及した「自己正当化＝自己弁明」(apologie) は、この不可避の応答の中で〈私が何者であるか〉

が顕わとなる事態をソクラテスの「弁明」に仮託して（換骨奪胎して）表現するレヴィナスの言葉である。

（41）彼はこの「せざるをえない」を「させられる」の意で用いているようだが、本書はここに全く別の――似て非なる――事態、すなわち応答の不可避性を見る。

（42）この唯一の事態の一翼を担う不可欠のものである「私」を、先に本書は「単独者」と呼んだ。この「私」には「同類」がいないからだ。本書第Ⅰ部第一章第五節、参照。にも拘わらず、この「単独者」は一人ぼっちではない。「他者」がいるからであり、この他者の下で初めて「私」は「単独者」だからだ。

（43）最後のＳＳの例は、戦場で捕えられてユダヤ人であるが故に捕虜収容所ユダヤ人特別班に収監され（強制収容所行きを免れたのは、彼がフランス軍兵士として戦ったからである）終戦までの五年間を強制労働に従事し、両親と弟は強制収容所で殺されたレヴィナスが、「あまり語りたくないことだが」と留保を付しつつ語った言葉である。彼については、本書最終章で集中的に検討する。

（44）本書第Ⅲ部第五章、参照。

（45）斎藤慶典[2011]をも参照。

（46）なるほど、彼は次のように付け加えてはいる。「確かに、自由が必然性から最後に勝ち取り、その後で自由独自の内容で満たすことのできるものの中にもまた、自由の本質がある」（PV, 364/357. 強調ヨナス）。だが、すでに本章第二節ｂならびにｃで検討したように、彼の考える「自由の本質」は生命の論理の中に含まれる「自発性」のレヴェルにとどまっており、その「本質」が「純粋な可能性」の次元にのみ存立の場をもつものであることが看て取られていないのだった。この点が看過されるとき、自由はいつまでも必然と領分を争いつづけるものでしかなくなる。ここでヨナスが「必然」の名で語っているのは、自由がそれに抗って自らを護る、ないし確立することができるものであるかぎりで、或る種の「強制」のことだと言ってもよい。この「強制」に対して自由がつねに護られねばならないことは明らかであり、本書も最終章でその途筋を論ずる。

（47）本書第Ⅰ部第二章、参照。

（48）根源的な「肯定（oui）」と、その反復としての二度目の「肯定（oui, oui）」ないし「否定（oui, non）」という構造については、デリダを取り上げた斎藤慶典[2006]で詳しく考察した。この反復構造が私たちの現実に奥行きを与え、それを「味わい深い」もの――「享受」である――としているのだ。

（49）『責任という原理』の監訳者である加藤尚武も同書に付された「訳者による解説」でこの点に言及し、次の文が引用されている。「responsibility と accountability と liability というような概念が話す人によってしばしば入れ替わりで使われている」（Holdworth[1994], 42）。そして、「この三語にやっかいな問題がからむ」と指摘している（邦訳書四一三頁）。

第四章

（1）例えば、邦訳書『活動的生』の訳者・森一郎による「訳者あとがき」、五一九頁、参照。

（2）この構想については、例えば、『精神の生活』の邦訳者・佐藤和夫による指摘（邦訳書『精神の生活』上巻、三四五―三四六頁や同下巻、三七二頁）を参照。

（3）『革命について』が『人間の条件』の続編的性格をもつことについては、例えば森一郎[2018]、一六七頁を参照。

（4）以上の諸点については、邦訳書『活動的生』の「訳者あとがき」五一九―五二〇頁、森一郎[2018]、一六八頁以下、参照。

（5）この「活動」に対比されるのが、言わば「静止」としての「観想（theoria）」ないし「観照（Kontemplation）」である。「観想」は、事物の真の在りようを〈じっと見詰めて微動だにしない〉ことにほかならない。古代のギリシア人たち（とりわけ「哲学」――思考ないし知の西洋的形態としてのそれ――を生み出した人たち）が「観想」を人間的生の最高の形態としたことが、アレントの念頭に置かれている。この「観想」が、実はそれに先行する「ポリスにおける活動」すなわち「政治」に対する一種の反動であったことを明らかにし、以って観想の優位に対して「活動」を復権することが同書での彼女の最終的な狙いだったと言ってよい。尤もそれが彼女の哲学全体の中で「観想」が「活動」に従属するものであることを必ずしも意味しないことは、未完に終わった晩年の大著『精神の生活』を見れば明らかである。ここで言う「精神」の本義は、「観想」にほかならないからだ。問題は、「観想」と「活動」の関係を彼女が最終的にどのように考えていたのかだが、先に本文で触れたように、本章はこの点には立ち入らない。

（6）労働を論じた同書第三章に付した註で、アレントは「食べ終われば、もう消化が始まる」というシュルツェ＝デリッチュ（Schulze-Delitzsch, *Die Arbeit*, Leibzig, 1863）の言葉も引用している（VA, 441/456）。

（7）次のようにも述べられる。「労働は大地の「よき事物」によって養われつつも、人体の物質交替〔代謝〕という途を辿って幾度となくそれを大地に返している」（VA, 118/118）。

（8）この箇所に付された註でアレントは、ピエール・ナヴィルの『労働の生とその問題』（Pierre Naville, *La vie de travail et ses problems*, 1954）から次の一文を引用している。「労働日の主要な特徴は、円環的ないしはリズミカルな性格をもつ点である。この性格は、一日という単位に潜む自然的、宇宙論的精神に結び付いていると同時に、人間が他の高等動物の種と共有している生理的機能の性格に結び付いている。……明らかに労働は、まず以って自然のリズムと機能に結び付かざるをえない」（VA, 441/456）。

（9）この引用は、労働の第一の課題である「肉体の維持管理」につづく「労働の第二の課題」とされる「世界の維持管理」――のちに触れるように、人間の活動の第二の類型である

「制作」によって形作られたものが「世界」である――における「労苦」（典型的には「掃除」）について述べられたものだが、「果てしなく反復しなければならない」点は第一の課題と共通である。第一の課題においては、生命の維持は至上命令だから「それが危険」であっても遂行されなければならない場合があることは、言うまでもない。

（10）次のような記述もある。「……マルクスは労働力の内に、自然と同じく自家消費分より以上をどんどん作りだし産み出す生命力の、人間ならではの形態を発見した」（VA, 127f./128）。

（11）本書第II部第三章第二節b、参照。

（12）次のようにも述べられる。「幸福とは、実は、生命それ自体に潜んでいる恩恵のことである。消耗と休息、疲労と回復を繰り返すのが自然なリズムというものであり、この繰り返しの中で疲労がだんだんと静まるのをしみじみ味わうこともできるからである。要するに、そういった自然の循環にのみ固有な、不快と快の絶えず更新されてゆく均衡の中でこそ、労働する動物のこだわる幸福、正しくは恩恵が与えられる」（VA, 158/159）。なお、本文でもすぐ後で述べるように、生命という存在秩序においては一旦回復された均衡が絶えず崩れることで再び均衡へ向けての運動が立ち上がり、そのようにして循環（リズム）が構成されるのだから、エントロピー増大則に或る種の「異変」が起こっていることにも注目すべきである。「不快」という緊張状態が回帰するそのたびごとに、エントロピー増大則が一旦破られることになるからだ。

また、緊張が緩和されて無（関心）へと向かう動向自体はエントロピーが増大する過程と言えるが、この増大は均衡の回復（すなわち秩序の再樹立）というエントロピー減少過程と表裏一体なのだ。この後者の側面に注目すれば、ここでもエントロピー増大則は破れていることになる。エントロピー増大則に生じたこの奇妙な捩じれを、どう捉えたらよいだろうか。はたしてそれは、同法則の部分的・局所的な破れに過ぎないのか、そもそも部分的・局所的にせよそれが破れるのだとすれば、このことはいったい何を意味しているのか。

（13）「世界とは、人間が自分自身のために地上に建てた家である」（VA, 159/160）。「世界は、次々に貪り喰われる消費財から成り立つのではなく、持続的に使用されうる対象や物から成り立つ。自然と大地が人間の生存条件を供給するように、世界と世界の物は人間の生がまさに人間らしい生として大地の上に住むことができるための条件を作り出す」（VA, ibid.）。ここで彼女の言う「人間らしい」とはいかなることかも、本書はのちに問題にする。

（14）この「虚しさへの反感」や「無常さ」という表現をアレントは、ヴェブレン『有閑階級の理論』（Thorstein Veblen, *The Theory of the Leisure Class*, 1917）から引いてきている。

（15）アレントは「労働する動物の無世界性」について、次のように述べる。「労働する動物は、世界から逃避するのではない。そうではなく、世界から追放されて、他人には立ち入ることのできない自分の肉体の私的性格へ閉じこもるのである」（VA, 139/140）。だが、動物的生命にとって（のみならず、動物以前の生命にとっても）、そもそも「世界」なるものは存在しないのだから、それから「逃避」することも「追放」されることも本来問題にならない。注目すべきは、私たち人間が（「制作」という新たな活動の仕方へと乗り出すことで）「世界」へと「出で立って」ゆくという事態の方である。

（16）この箇所に付された註で彼女は、「『創世記』のこの二つの章のどちらに拠っているか」は決定的に重要だとしている（cf. VA, 417/427）。そして、イエスが第一章に、パウロが第二章に依拠していることを示した上で、「イエスにとって信仰は直に行為に向かうもの」だったのに対して、「パウロにとって信仰は専ら個人の魂の救済の問題だった」と述べる（VA, ibid.）。本書はこの箇所を、人をして行為に向かわせる次元がいかなるものであるかを彼女が正確に看て取っていた証しだと捉える。しかし、この後本文でも見るように、彼女は同書でこの次元に敢えて踏み込もうとしない。それを「信仰」の問題だとして、行為の理論から切り離すのである。「思考」すなわち哲学に対しても、同様の態度を取る。「本書〔『活動的生』〕では、思考という活動と理性という能力は、敢えて論じないことにした」（VA, 19/15）。

　このことが結果として、行為とは私たちのいかなる活動であるかを首尾よく提示することを妨げ、そればかりか、彼女をして当の行為が私たちの生において占めうる位置を誤認させはしなかったか。とはいえ、これもこの後本文で見るように、切り離したはずのこの次元に関わる発言は同書に少なからず見出されるのであり、問題はその洞察が行為の理論と切り離されたままであることにある（この点に関して、同書の邦訳者・森一郎は、『活動的生』から『精神〔すなわち「思考」＝「観想」〕の生』へという道筋は……当初から予定されていた」と述べているが（邦訳書五一七頁）、『精神の生』が思考と行為の関連を説得的に提示しえているか否かはあらためて慎重に検討されなければならない）。

（17）本書第Ⅱ部第三章第三節b、ならびに同所への註42参照。

（18）森川輝一はこのことを、イエスにおける「複数性」とパウロにおける「多数性」との対比を通して明らかにしている。「パウロは、人間の複数性を一人の男（アダム）の「増殖 multiplication の結果」と――つまり〔イエスにおけるような〕異なる者から成る複数性 plurality ではなく、同じもの〔者〕から成る多数性 multitude と――看做して」いる（森川輝一［2010］、三〇九頁）。

（19）前註17、参照。

（20）前註16で触れた森一郎の註釈も、この引用に付されたものである。

（21）唯一性は、原理的に隠された次元にとどまる。はたして私が、その名の下に自らを担って他者へと向かう（応ずる）唯一にして単独の者——それを担いうる者は当の私以外にいない——であるか否かは、当の私にも、いや、何にもまして当の私にとってこそ決定不能にとどまることを、本書はすでに論じた。アレントが唯一性と行為を遮断するのは、このことが行為の公共性——顕わなること——と相容れない（ように思われる）からだろう。だが、反-自然（生命）性としての人間性（アレントも、生きるためにあくせくすること——すなわち労働——を軽蔑する古代ギリシア人と、この見解を共有している）は、純粋な可能性の内にとどまる形而上的次元において初めて姿を現わすのだった。つまり、隠れたものにとどまる唯一性と顕わな場所に立ち出でる行為は、この形而上の次元において、そしてこの次元においてのみ、共存するのである。人間性の在りかについての徹底した議論の欠落が、彼女にこの遮断を余儀なくさせていることを本書は危惧する。

(22) アウグスティヌス自身の言葉では、こちらの方の問いが「私は誰であるか」と表現されている。「そして私は、自分を自分自身に向けて、自分に向かって、お前はいったい誰なのか (tu, quis es?) と尋ねました。そこで私は、人間だ、と答えました」（『告白』第一〇巻第六章）。

(23) アウグスティヌス自身の言葉では、こちらの方の問いを「私は何であるか」と表現している。「では神よ、私とはいったい何でしょうか (quid ergo sum?)」（『告白』第一〇巻第一七章）。

(24)「本来」と述べたのは、私的領域に隠されていた「生きるための営み」が誰の目にも明らかな公的領域に進出し、大手を振って歩くようになることを「社会化」として取り出し、こうした傾向はローマ以降になって初めて現われ、近代に至ってますます昂進し、今や本来公的領域の主役だったはずの政治を殆んど放逐しているという見立てが、同書の主要な（いわば歴史哲学的な）モチーフの一つだからである。

(25)「行ないの儚い瞬間を超えて存続することの、決してありえないもの」(VA, 92/91) とも述べられる。

(26)「現代文明でも無条件に隠すべきものとされている僅かな残りものは、身体そのものの自然に由来する強制的必然に関係している。とりわけ、便所と寝室がそれである」(VA. 89/88f.)。最後の一文は訳者の森一郎による「解釈的敷衍」（同書邦訳、五一〇頁）だが（原文にはない）、名訳である。

(27) 先に註20の本文の箇所で触れた、同書末尾にカトーから引かれた文言も、この意味で読まれなければならない。ここでアレントがそうしているように、それをプラトンの如くに解してはならないのである。

(28) マキアヴェッリ『「ローマ史」論（ディスコルシ）』第三巻第一章 (cf. VA96/96)。

(29) initium の補足はアレント自身による。また、次のような表現もある。「行為とは、新しい始まりとして、誰かの誕生に応答するものであり、各個人において、生まれたという事実を現実化する」(VA, 217/221)。

(30) もちろん、すでに見たように、アウグスティヌスはそのことの理由を「彼の前には誰も存在しなかったからである」(VA, 215/219) と述べてはいる。だが、「彼の前にはつねに誰かがいたのではないか」――そうでなければ、そもそも生まれてくることすら叶わない――と反問されている今、そのことへの回答が必要なのである。この回答がアウグスティヌスの内にあるにせよないにせよ、そのことの検討をアレントはしなければならないはずなのだ。

(31) だが、すでに彼女も論じていたように、イエスは徹底して(原理的に隠れたものたらざるをえない)「善行」の人であり、「行為」(公け)の人ではなかったはずである。善行と行為の(表向きの)厳格な区別にもかかわらず、両者の間に深い内的な繋がりをアレントが見ていたことは、このような箇所からも読み取ることができる。

(32) 詳しくは、本書第I部第三章を参照。

(33) 「イデオロギーとテロル」Arendt[1953], 327 (『全体主義の起源』改訂版四七八頁以下。森川輝一[2010]、二〇三頁より引用した)。

(34) 尤も後年の彼女は、「……人々が生まれてくる……という事実ほど、人間理性を混乱させる「ものはない」」(『精神の生活』Arendt[1978]II, 109/(下)一三四頁) という趣旨の発言をしている。『精神の生活』を中心としたその後年の哲学の検討を期す次第である。森川輝一[2010]、三六九頁をも参照。

(35) もちろん、肯定できるためには否定もできなければならない。現実の全面的否定の一つの在り方は、自殺だろう。自殺できるということは、確かに私たちが自由でありうること(私が主体でありうること)の一つの証しである。しかしこの否定も、否定する当のものを一旦受け容れた上でなければ不可能であることを忘れてはならない。この点については、本書第三章で「肯定(よし)」の反復性格を論ずるデリダを引き合いに出して考察した。第三章、註48参照。

(36) この肯定と否定は、二者択一ではない。現実を全体として受け容れ(肯定し)た上で、その一部を否定して「よりよい」現実を目指すことができる。ふつう私たちは、現実に対してこのように向かい合っているだろうし、どの程度の部分が否定されるかには殆ど無限のヴァリエーションがある。こうした否定の一つの極限が、前註で述べた自殺である。

(37) 先に註でも触れたように、「複数性」と「多数性」を彼女が明確に区別しているにしても、である。結局のところ、複数性とは各人の有する「個別性」と同義になってしまっており、言葉の厳密な意味での「唯一性」・「単独性」という困難な問題と「行為」が結び付けられることがないからだ。

(38) ハイデガーは、おのれに「固有の」死の内に、それに対して「応答しないことができない」ものの姿を認めたと言ってよい。本書第III部第五章、参照。

(39) パリ協定は二〇一六年一〇月にアメリカ・中国・ヨーロッパ諸国など多くの国々で批准され、発効することになった。その後、二〇一七年一月、ドナルド・トランプがアメリカ大統領に就任し、この動向に待ったが掛けられた。こうした行きつ戻りつと試行錯誤もまた、「制作」活動に特有のものである。

(40) "What is Freedom?", in Arendt[1968], 146/197.

(41) 本章第一節b「倫理」、参照。

(42) したがって、当然のことながらこの誰かは、「名声」とも「栄光」とも無縁である（「無縁」というのが強すぎるなら、それらとは別の次元に「佇んでいる」）。それらが相応しいのは、誰の目にもその成果が明らかな制作物の方である。世界中でおそらく最も高く評価されていると言ってよいだろうノーベル賞がそれぞれの分野で為された成果（例えば、ニュートリノの検出という業績）を以って授与されることは、その証左である。その成果を以って賞を授与された人物が「誰であるか」はついに定まることがない以上、「栄光」に包まれたその成果と等しくはないからだ。

(43) 以上の経緯について、詳しくは斎藤慶典[2003]を参照。

(44) これらの点について、詳しくは斎藤慶典[2000]を参照。

第五章

(1) 本章には、他章に比して長大な註が幾つも付けられている。それらは、通常ハイデガーと関連が薄い、ないし全くないと思われている他の哲学者、法哲学者、社会学者、生命科学者…たちの問題意識が、その核心部分でハイデガーと極めて近接していることを示すために付された。これらの指摘を本論に組み入れると議論の途筋が見えにくくなってしまうことを怖れて註に回したが、「自由」という、もしかしたら存在の新たな可能性に関わっているかもしれない事態をめぐる稔り豊かな対話に繋がればうれしい。

(2) 同曲の台本は『旧約聖書』「創世記」とミルトンの『失楽園』を基にした作者不詳の英語で書かれたものであり、これをハイドンの庇護者ヴァン・スヴィーテン男爵がドイツ語に訳したものに作曲された。

(3) 予め分析の要点を提示しておけば、次のようになる。そこで何かを担う者は、「唯一にして単独の、固有な者」であり、そのときその者が担うのは「自己自身」であり、それは自己がおのれの「無‐性の根拠」として立つことで可能となる。「自由」についてハイデガーは、本章が検討する『存在と時間』刊行直後の一九二八年に行なわれた講義で次のように述べている。「超越するものとしての現存在は、自然を超え出ている。たとえ事実的なものとしての現存在がなお自然に巻き付かれたままであるとしても、超越するものとして、すなわち自由な者として、現存在は自然にとって何か異質なもの（etwas Fremdes）である」（GA26, 212）。

(4) 本章における『存在と時間』からの引用は、略号SZにつづいて原書（Niemeyer版）の頁付け／邦訳書（岩波文庫版）の巻数と頁付けの順に表示する。例えば当該箇所は、『存在と時間』の原書三六四頁、邦訳書第四巻一八一頁を指す。

（5）〈状況〉（Situation）については、のちにあらためて論ずる。本章第二節、参照。

（6）「生起すること」と「歴史」との関係については、本章第二節、三節であらためて検討する。

（7）「世界内存在」については、本書序章をも参照。

（8）通常、「経験の主体」と考えられている「私」が「実体」でないことは、パーフィットも強調している。「私」を行為者、思考者であるとするG・H・リードの文章「私は思考ではなく、行為ではなく、感覚ではない。私は思考し、行為し、苦しむところの何者かである」を引用しつつ、パーフィットは次のように論ずる。「或る意味では、これは明らかに正しい。……私は一連の経験ではなく、これらの経験をもつ人格＝人物（Person）である。この意味で、人格＝人物とは経験をもつ者、あるいは経験の主体であるということを、還元主義者は認めることができる〔ここで「還元主義者」とはパーフィット自身であり、「私」をさまざまな経験の「束」に「還元」できると考える立場である〕。これは、私たちの語り方ゆえに真である〔私たちは通常、「私」をそのようなものと看做している〕。還元主義者〔すなわちパーフィット〕が否定するのは、経験の主体が、脳や身体や、一連の物理的出来事や心理的出来事とは別に、個別的に存在する実体であるということである」（Parfit[1984], 223/310. 強調パーフィット）。このように論じて彼は、「私が私の脳や身体から独立した、個別的に存在する実体」（Parfit[1984], 243/336）であることを否定する。

この点で、パーフィットとハイデガーは見解を同じくすると言ってよい。その上でパーフィットは、彼の言う「非人格＝非人物的記述」の正当性を主張する。「……私たちは個別的に存在する実体ではないのだから、私たちは自分の思考が思考者をもつと主張することなしにそれを充分に記述することができる。私たちは、自分の経験が経験の主体によってもたれると主張することなしに、経験や経験間の関係を充分に記述することができる。私たちは、私が非人格＝非人物的記述と呼ぶものを与えることができるのである〔この記述によって与えられるものを、彼は〈R関係〉と呼ぶ〕」（Parfit[1984], 225/313）。「私たちは、さまざまな思考を思考者に帰することなしに、これらの思考やそれら相互の関係に言及したり、それらを記述したりすることができる」（Parfit[1984], 226/315）。「重要なことは、特定の身体の継続した存在〔自己同一的存在者のこうした持続的な存在が「実体」性の徴表である〕ではなく、〈R関係〉なのである――それがいかなる原因によるのであれ」（Parfit[1984], 297/409）。「還元主義的見解によると、人格＝人物は存在する。だがそれは、国家が存在するような仕方でしか存在しない。人格＝人物は、私たちが間違って信じているような根本的なものではない。

この見解は、この意味において一層非人格＝非人物的なものである」(Parfit[1984], 445/604)。

経験の対象が次々に何らかの関係性の下で立ち現われては姿を消していくこのような事態は、殆んどの生物（動物に限定してもよい）にとってそうだろうし、私たちの日常の多くの場面においてもそのようだろう。だがこのことは、私が「主体」たりうることを妨げるものではない点が見逃されてはならない（パーフィットは、その還元主義的見解に従って、〈R関係〉で緩やかに結合された「経験の束」に主体を「還元」する方向に強く傾いてゆくのだが）。そのときの「主体」は、「実体」とは異なる仕方で存在するものであることを、ハイデガーの「不断に［そのつど］自己であること（Selbständigkeit）」をめぐる分析は示している。本書も本章でこの点を詳しく検討することになるが、この段階で一点だけパーフィットの見解に異論を提示しておこう。

先の引用の中で彼は、「私」が「私の脳や身体から独立した、個別的に存在する実体」であることを否定していた。本書も、それが「私の脳や身体から独立した」ものでない点に関しては、見解を同じくする。だが、単に「独立したものでない」と言うだけでは充分でない。「独立したものでない」以上そこには何らかの関係が結ばれているわけだが、それがどのような関係であるかについて、パーフィットは明確な見解を提示していない（別註で触れるように、「私」と「脳」の同一視に異を唱えるのみで、関係の内実についての立ち入った見解は――本書の見落としでないかぎり――見当たらない）。すでに何度も論じたように、本書はそこに〈脳は心＝私を「支え」、そのようにして支えられて存立するに至った心＝私がそれを「包む」ことで初めて、脳はそのようなものとして姿を現わす〉という「基付け」関係を看て取る。そして、そのようにして脳から心＝私が存立するに至る過程は、「創発」という独自の生成原理によってしか説明できないと考えるのである。

(9) ネーゲルの次の発言は、この〈いま・ここで＝現に〉に関わるものと解釈することができる。「「私」とはトマス・ネーゲル［ここにあなた自身の固有名を入れて読めば、彼の言いたいことがよりはっきりするだろう］を含む世界の非人称的な捉え方のもち主としての私を指示すると理解すれば［世界のこの「捉え方」の「もち主」は、世界の中の人物がもつ「私」「あなた」「彼」「彼女」といった人称性をもっておらず、この「捉え方」の中で初めて、それらの人称性が理解されるのである］、「私はトマス・ネーゲルである」という哲学的思考の意味を理解できる。この指示は、この解釈において……本質的に指標詞的であり、客観的な記述によって置き換えることができない。……この非人称的な世界の捉え方は、トマス・ネーゲル［という、世界の中に特定の客観的な性質をもって存在している一人物］に特別な場所を与えないにも拘わらず［それは世界の中に無数に存在する人物たちの一人に過ぎないからだ］、彼の視点に依存し、そこから発展する」(Nagel[1986], 64/104)。世界は〈いま・ここで=現に〉という仕方で「そこから」、そして「そこから」しか姿を現わさないのである。

ネーゲルの次の発言をも参照。「……世界の中の一人物トマス・ネーゲルが私の意識の場であり、私が世界を観察したり世界に参加したりする際の視点であるという事実……この事実は、トマス・ネーゲルの経歴、経験、性格をこの上なく詳しく述べたとしても〔それらは全て人物であるかぎりでのトマス・ネーゲルに属する〕、そこには含まれない……」(Nagel[1986], 56/90)。言うまでもなく、ここで「私」と表現されているのは、先の引用における「世界の非人称的な捉え方のもち主」のことである。そのような意味での「「私がトマス・ネーゲルである」という事実は、無中心の世界の捉え方〔=視点を欠いた、いわゆる「客観的な」世界の捉え方〕をどれほど完璧にしようとも、そこから抜け落ちてしまう。……「私がトマス・ネーゲルである」という事実は、……世界そのもの〔の中〕に居場所をもたない何かだと思われる」(Nagel[1986], 56f./91)。「私は、単なる特定の人物ではありえない。このような見方からは、「私はトマス・ネーゲルである」とは、それが真であれば、同一律〔を表現しているの〕ではなく、主語-述語命題であるように思われる」(Nagel[1986], 55/88)。つまり、「私」と「トマス・ネーゲル」(という特定の人物)は同じものではなく、「トマス・ネーゲル」という特定の人物を「述語」としておのれに帰属させる「主語」としての誰か(「非人称」)なのだ。このような「誰か」としての「私」を、本書の著者は「顔をもたない」「透明人間」に喩えたことがある(斎藤慶典[2013]、第九章参照)。それは、一切の属性(性質)——特定の「顔」——の向こうに「透けて見える」ほかない者(それ自身はどんな属性「でもない者)だからである。本書をここまで読んで来て下さった読者なら、そこに第四章でアレントがアウグスティヌスを引きながら論じた「誰か」、「本質」を以ってしては答えることのできない者、「薄明の内に佇む誰か」の姿を看て取るだろう。

「これ〔「私がトマス・ネーゲルである」〕は存在せねばならない事実であり(というのも、この事実なしには世界の在り方は不完全だろうから〔本書に言わせれば、「不完全」どころか、この事実なくしてはそもそも世界なるものが姿を現わす余地が全くない〕)、なおかつ、存在しえない事実でもある(というのも、世界の在り方はその事実を〔その中に〕含むことができないからだ)。……これは、完全な世界の捉え方から指標詞〔=世界がそこから抜ける「視点」ないし「場所」〕を排除できないことのはっきりした一例であり、それがまた、私たち一人ひとりについて何かを明らかにしてくれる」(Nagel[1986], 57/92)。見られるように、ネーゲルは〈いま・ここで=現に〉を「指標詞」の問題として捉えている。そしてその「指標詞」について、次のように述べる。「……一般に指標詞は、世界の中の特定の地点から、この地点に関する使用者の客観的知識に左右されずにもろもろの人物、事物、場所、時間に言及するために用いられるものであるから、客観的用語では言い換えられない。……「トマス・ネーゲル」に言及するのに「私」を使うにあたって、〈自分が誰〔どのような人物〕であるかを私は知る必要がない〉……。発話者〔発話する「当のもの」〕は、自分が誰であるかを客観的に知ることなしに、私として自分自身に言及できる……」(Nagel[1986], 59/95)。そのような「私」が、ハイデガーの分析において「固有性」(ならびに「単独者」)として捉えられるのである。本文後論参照。

ダマシオは世界に「意識」が到来すること(本書の言葉で言えば「何かが何かとして姿を現わすこと」、すなわち「現象すること」)と「自己」の成立を同一の事態と捉えているが、その「自己」の最も原的な形態においてすでに自分や自分が関わっている対象が(したがって、総じて世界が)「ある」という「存在」の感情ないし感覚(the elementary feelings of existence)が成立しているとみている(cf. Damasio[2010], 22/33)。「……それ〔「存在」感情〕は自己の原初的で不可欠な構成要素であり、「心」にとって一番の発端となる未発達の認識、つまりその生命体が生きている〔=「現にある」〕という認識をもたらす」(Damasio[2010], 76/96. 強調ダマシオ)。「「意識」というのは、自分自身の存在についてと、周囲が存在することについての〔すなわち、おのれを含めて世界が「存在」していることについての〕知を有した「心」の状態である」(Damasio[2010], 157/189)。「……或る深い感情があり、それが意識ある心の深みで見つかる。それは、……自分自身が生きている〔=存在している〕という言葉のない確固たる肯定だ。この根本的な感情〔を〕……自己プロセスの決定的な要素として導入しよう。私はこれを、原初的な感情と呼ぶ」(Damasio[2010], 185/222f.)。本書の見るところ、ダマシオのこの「原初的感情」もまた、ハイデガーの〈いま・ここで=現に〉に関わるものである。

(10) ハイデガーがここで「情態性(Befindlichkeit)」という言葉を使うのは、この言葉がsich befindenという動詞に由来し、この動詞が「ある」こと、「存在」することを意味するからである。つまり、現存在の「存在(すること)」は或る「気分」と不可分なのであり(前註で触れたダマシオの「原初的感情」も、この事態を指し示していた)、それがつねに無に曝されているが故にこの気分は「不安」という形を取るのである。

(11) 類似の表現として、次のようなものもある。「終わりに到達することは、そのつどの現存在にとって端的に代理不可能な存在様態を内包している」(SZ, 242/3-101)。この「終わり」に関して、ネーゲルは次のように述べている。「世界の中の出来事としての私の死なら、難なく考えることができる。だが、私の世界の終わりは、そうではない」(Nagel[1986], 225/367)。本文で述べるように、ハイデガーはこの場面で、それは(どう理解したらよいか分からないまま)「のっぴきならない」仕方で

「問題」として「差し迫る」と言う。

（12） 前註に引用したネーゲルの発言「世界の中の出来事としての私の死なら、難なく考えられる。だが、私の世界の終わりは、そうではない」（Nagel[1986], 225/367）は、この「困惑」「周章狼狽」を表現している。「私の世界の終わり」について考えることは「困難」であるが故に、私はどうしていいか分からず「困惑」に陥り、「周章狼狽」するのである。

（13） 例えば、世界は現に存在するが、それはなくてもよかったのかもしれない。このとき、世界の無の可能性が開かれる。だが、それだけでは、自由は問題とならない。この可能性に私が私であるかぎりで応ずるとき、初めてそれは自由の問題となる。この次第を明らかにすることが、以下の本論の課題である。

（14） 例えば次の如くである。「現存在は、存在しつつ被投的なものであり、おのれ自身によっておのれの〈いま・ここで＝現に〉へともたらされたのではない」（SZ, 284/3–280. 強調ハイデガー）。「現存在の〈存在可能＝〜でありうる〉は、現存在自身に属していながらも、現存在自身としておのれに与えておいたものではない」（ibid. 強調ハイデガー）。本論では触れないが、次のようにも使われる。「特定の可能性を選ぶことは……、他の可能性を選ばないことであり、選ぶことができないことである……」（SZ, 285/3–286）。

（15） この〈事実性の廃棄（ないし事実性からの距離）〉に関して瀧川は、他行為（不）可能性に関わるフランクファートの議論（本書も第二章で取り上げた）を念頭に置きつつ、次のように論じている。「……責任を問うための前提条件として要求される他行為可能性とは、個別的可能性すなわち事実的他行為可能性ではなく、一般的可能性としての意味的他行為可能性である……」（瀧川裕英[2003]、八四頁）。ここで「一般的可能性」とは、事実的に可能でなくとも、その可能性を想定して、それとの対比の下で特定の行為の価値を有意味に測ることができるような可能性のことである。ロックの例で言えば、事実としては部屋の外に出ることができなくても、外に出ることができると想定し、この可能性との対比の下で「外に出ない」行為の価値（意味）を測ることができるのだ。

「……他行為不可能性が唯一の行為理由でないのであれば〔他の行為をすることができなかったという理由によってのみ、特定の行為をしたのでないならば〕、全く同じ状況において実際には〔事実上は〕別様に行為することができなかったとしても、現実に行われた行為の意味は、現実には〔事実の次元においては〕行われなかった行為との対比によって確定されるのであり、その行為に対して責任を問うことは可能なのである」（同所）。

「……従来の他行為不可能性論が、同一状況において事実として別の行為をする可能性という意味で「事実的他行為不可能性」を前提としていたのに対し、責任実践において前提とされる他行為不可能性は、事実的他行為不可能性ではなく、行為の意味を確定するために必要とされる「意味的他行為可能性」であることを示し、決定論は意味的他行為可能性を否定しないことを示した。その結果、責任実践においては他行為可能性自体ではなく行為の意味こそが重要であるという洞察が導かれた」（同書、一一四頁）。「以上のような他行為可能性に関する考察がもたらす重要な洞察は、ある行為に対して責任を問いうるか否かという問題においては、その行為に他行為可能性があったか否かではなく、その行為がなぜ行われたのかという理由こそが問われねばならないということである。このように「行為理由」を問題にするということは、いかなる「理由の連関」において行為が捉えられるかを問題にするということであり、これはつまり「行為の意味」を問題にするということである」（同書、七九頁以下）。

ここで瀧川の言う「意味」はすでにいろいろな次元を含んでいるが、単に「意味」ということであれば「生命」ないし「自然」の次元――すなわち、「責任」ということが問題になりえない次元――において、もう姿を現わしている。生命体にとって、その存続に資するか否かで全ての価値が測られ、斯くして「～のために」という「有意味性」が生命体の行動を導くものとなっているからである。したがって、責任という事態の成立にとっては、「意味」というだけでは充分でない。そのためには、何ものかを自ら担って他者に応ずる「主体」が立ち上がらなければならないのであり、このことは自然を超えた形而上の次元が開かれて初めて可能となる。つまり、事実性の次元からの離脱が単に「意味」の領域にとどまるのでなく、「主体」という形而上の次元にまで達せねばならないのである。

この意味で、瀧川が次のように述べる点こそが注目されねばならない。「……そもそも機械論〔私たちを物理的因果性のみに従って行動する機械と捉える見方〕が責任実践と両立しないように思われるのは、物理的状態が行為を決定するからではない。むしろ、行為者の外部の何かによって行為が決定されることによって、行為者性が否定されるからである。したがって機械論が呈示する問題は、行為の説明として機械論的説明のみを正当な説明と認めるか否かという対立として捉えるのではなく、いわば〈「第一原因」たる行為者という存在を承認するか否か〉という対立として捉えられるべきである」（同書、九三頁）。私がそれを欲したが故にのみ何ごとかが存在するということ、私が（おのれの存在をも含めて）何ごとかの最終的な（「第一の」）原因であることは、自然の次元においては叶わない。それは事実として確証されることで現実となることが原理的にありえず、ただ純粋な可能性においてその存立が許容される次元、すなわち形而上の次元においてのみ可能なのである。カントが「行為者は行為することで一連の結果を完全に自ら始めるかのように看做してよい」と述べるとき（瀧川自身がこの文を引用している。同書、一〇五頁参照）、この「かのように（als ob）」は純粋な可能性としての形而上の次元を指し示している。

この点に関連して、瀧川がフランクファートの「欲求の階層説」に触れるとき、問題にしておかなければならない論点がある。瀧川は次のように述べる。「〔フランクファートの〕階層説は、複数の一階の欲求のうち、ある〔特定の〕一階の欲求を持つことを欲するとき、またはある〔特定の〕一階の欲求が自らの意志であることを欲するときに、「二階の欲求（second-order desire）」があると呼び、特に後者の場合、すなわちある〔特定の〕一階の欲求が自らの意志であることを欲する場合に、その二階の欲求を「二階の意志作用（second-order volition）」と呼ぶ。ここで意志概念は「実効的（effective）」欲求、すなわち実際に行為させるような欲求と規定されているので、二階の意志作用とは、ある〔特定の〕一階の欲求によって実際に行為することを欲する欲求である。……階層説はこのように欲求に階層構造を導入することで、行為者とは何かという問題に答えようとする。……ある〔特定の〕一階の欲求は二階の意志の対象となることによって、まさにその行為者の欲求であるという資格を獲得するのである」（同書、九五頁）。

本論であらためて詳しく検討していくことになるが、ここで予め述べておけば、「主体」という「担う」者——特定の欲求を「自らの」意志としてもつ者——の成立が自由の次元を開くのだから、こうした議論構制に従うかぎり自由が問題となるのは「二階」以降（「二階」が成立して以後）ということになる。他方、単なる欲求（「一階」のそれ）は言わばそちらの方から勝手に湧き起こるものなのだから、自由以前に位置する（本書はこれを「自発性」と呼んだ）。だが、自由以前のこの次元においても、欲求ならびにその充足／不充足には、すでに誰かが居合わせている（姿を現わしている）。ただ欲求だけがあるのではなく、その欲求と相関する形で欲求する誰かが、そして（その欲求が）充足される／されない誰かがいるのだ。

この誰かは、いまだ「主体」ではない。だがそれは、主体に成りうる誰かである。この意味で、潜在的主体と言ってもよい。そしてこの潜在的主体は、生じてくるさまざまな欲求と相関して、そのつどそれら欲求の数だけある。こうした殆ど無数と言ってよい多様な潜在的主体を一つに統合する形で「自覚的」「意識的（狭義）」に成立するのが、「担う」主体である。つまり、「担う」主体の成立以前と以後では、次元の構成原理自体が異なる。したがって、単に「一階」「二階」といった階層性だけでは、ここで生じている事態を正確に捉えることはできない。ここに、新たな「基付け」関係の成立を看て取るべきなのである。「欲求」と「意志（作用）」は性質を異にするのであり、「二階の欲求」と「意志（作用）」は等しくないのだ。

「喉が渇いた＝水が飲みたい」は単なる「欲求」であり、このことに関して自由はいまだ問題にならない。この欲求に基づいて行動しているとき、私たちは自由なわけでも不自由なわけでもない（すなわち「無自由」——本書第Ⅰ部第二章、参照——である）。これに対して、そのような欲求に身を委ねることを「よし」とする／しないのは、「意志」である。ここには、そのような意志の主体である「私＝自己」が成立している。この「私」の下で初めて、「自由」が問題になる。「私」の意志に反する現実は（「私」が欲求に負けた場合も含めて）不自由なのである。逆に、それが私の意志に合致していれば、私は自由なのだ。ロックの例で言えば、「部屋に居たい」というのが私の意志ならば、たとえその部屋に鍵が掛かっていたとしても、私は自由なのである。このときの「部屋に居たい」という私の思いは「二階の欲求」ではなく（「部屋に居たい」という欲求を欲求しているのではなく）、端的な（ということは「一階」の）意志なのだ。端的に私は「部屋に居たい」のである。「……行為者とは、同一化されるいずれかの欲求であるのではなく、欲求を批判的に反省し、正当な理由を有すると考えられる欲求を自らの意志とする過程それ自体である。行為者は、様々な欲求と同一化すべく、そうした欲求と独立してあらかじめ存在するのではない。むしろ、様々な欲求について反省し、どの欲求にしたがった行為が正当な理由をもちうるかを吟味する過程の中ではじめて、責任主体たる行為者が立ち上がってくる」（同書、一〇五頁）。そして、その者が曲がりなりにも「主体」たらんとしているかぎりで、その者はすでに形而上の次元に歩み入っているのである。繰り返せば、自然の次元においては「主体」なるものは存立しえないからだ。「自然」と「形而上」の境界は、おのれが（つねに錯覚の可能性を孕みながらも）何かを担う「主体」として定立されているか否かによって、引かれる。そのような（そのように自分たちを看做す）者たちの間で営まれる社会実践は、すでに「形而上的」なのである。

こうして（最終的にはおのれ自身を）「担う」者たちから成るものとして私たちの世界が捉えられて（捉え直されて）いる点を明らかにした上で、その「担う」ことが可能な限り有効に機能するような（実効的な）制度の設計の問題として「道徳」や「法」をあらためて位置付け直すことが要請される（この途筋を本書は、アレントを論じた第四章で提示すべく試みた）。このとき、「担う」者の存在構造（存在構制）の探究（すなわち「存在論」）は、道徳や法の可能性の条件に関わるという意味で、すでに「倫理学」（そして「法哲学」）であると言うこともできる（「担う」者の存在の仕方が、根本的に「倫理」的――本書の言う意味で――だからであり、かつ、おのれをその可能性の内で保持するために道徳や法を要請するからだ）。すなわち、「存在論が倫理学に先立つ」のでもなければ「倫理学が存在論に先立つ」のでもなく、「存在論は倫理学なのである」。かつて「あなたはいつ倫理学を書くのですか」と問われたとき、ハイデガーは憮然として何も答えなかったというエピソードを、ここで想起してもよい。上に述べた意味で、『存在と時間』はすでに「倫理学」でもあるからだ（cf. Dastur[2002], 87f. 池田喬[2011]、一一六頁をも参照）。

（16）このことは、事実性が事実性として捉えられたときには、すでに当の事実性の次元からの離脱が始まっていたことを示している。〈ただ「ある」〉ことに徹しきった「物」がおのれの在りようを事実性として知ることがないのは、このためである。

（17）次のような表現もある。「現存在にとって、気分がこの〈重み〉を〈重荷（Last）〉として顕わにする」（SZ, 284/3-281）。

（18）次のような表現もある。「ただ〈ひとである自己〉の自己のみが、呼び掛けられて〈聴くこと〉へと引き立てられる（gebracht wird）」（SZ, 273/3-231）。

（19）この「必然性」に関しては、すでに多くの論者が指摘している（例えば、Gethmann[1993], 315. Dastur[2001], 93. Raffoul[2002], 207. 池田喬[2011]、一三三頁）。ここでは池田から一文を引用しておく。「注意すべきは、被投的企投の「引き受けるしかない」という性格を、「引き受けるべきである（sollen）」という当為や義務の性格と混同しないことである。……「引き受けるしかない」という性格は、現存在が責めある〔何もの／ごとかを負う〕存在へといわば〈無条件的〉に拘束されていることを示している。……この点で、責めある存在を引き受ける現存在は、意志による自己統制という考えに全く従っていないにもかかわらず、……無条件的な定言命法に従う理性的存在者というカント倫理学の描像に重なるものとひとまず考えることができる」（同所）。

（20）本書、序章参照。

（21）「よし」とする、あるいは「肯定性」という表現は能動性が前面に出るが、そこで受け容れられたものが「そうでしかありえない」ものであることに鑑みれば、それは「そうでしかありえない」ものに身を委ねたということでもある。本文中で用いた「服す」という表現のニュアンスも、こちらに近い。ハイデガー自身も後年「委ねる（Gelassenheit）」という言葉を使うようになることを、ここで念頭に置いておいてよい。彼の後年の発言の一つを、引用しておこう。『存在と時間』の中で述べられた「投企」を、何かを表象し定立する働きとして理解してしまう人は、投企を主観性＝主体の機能として受け取ってしまう。そのような人は投企を、「世界内存在」の「実存論的分析」の内でのみ思考されうるような「存在理解」として、つまり、存在の明るみへの脱自的＝実存的関わりとして思考していない。……〔表象し定立する働きとしての〕主観性を捨て去ってゆくこの別の思考……」（「「ヒューマニズム」について」、『道標』所収。Heidegger[GA9], 327f./49.）。私が、私と世界の〈いま・ここで＝現に〉「ある」ことを担って立つことと、当の〈いま・ここで＝現に〉「ある」ことに服することとは、別のことではないのである。

（22）次のような表現もある。「固有な実存とは、……実存論的に見れば、日常性が変容されて把握されること以上ではない」（SZ, 179/2-336）。

（23）この事態を入不二基義[2015]は、偶然性と必然性という二つの様相が「潰れて」しまって、両者が見分け難くなっていると表現していた（本書、第二章参照）。本章の表現では、通常であれば重なり合うはずのないこれらの様相が根拠の問題においては（ということは、自由の問題においては）重なり合ってしまい、それにも拘わらず一方の下に他方が依然として「透けて」見えることで、それがあくまで「重なり合い」であることが理解される、ということになるだろう。

（24）ほかに、次のような表現がある。「〈ない〉を通じて規定されている存在にとっての根拠であること」（SZ, 283/3–277）。「ないことの根拠であること」（SZ, ibid. 強調ハイデガー）。「現存在自身は、根拠でありながら、自己自身についての一箇の無–性なのである」（SZ, 284/3–283）。「現存在とは、おのれの存在の可能性の内に立つことで、おのれの無的な投企に対する無的な根拠である」（SZ, 287/3–295）。ここで言う「無的な投企」とは、投企することで根拠と成るにも拘わらず、それは最終的な根拠の欠落（根拠の無）を埋め合わせるものにはならないことと、固有な自己に向けておのれを投企することが最終的には無に帰着することを、同時に表現していると解することができるだろう。

（25）「私がおのれの根拠である」とは、私がおのれ自身を自らの自由の下で創造したことに等しい。「［自由の次元において私たちは］言わば無から私たち自身を創造するのだ」（Nagel[1986], 118/193）。このように私が自身の存在の「始原」に居合わせることは「自然」の次元においては叶わないが、そうであるにも拘わらず私はおのれの存在を欲し、選ぶことができるのであり、そのことは必然として肯定されるのだった。この可能性（能力性）、必然性、肯定性は、全て「自然」を超えた「形而上」の次元に身を置いている。このことをカントは、先に引いたように、「（あたかも）〜かのように」と表現したのである。すなわち、「行為者は行為することで一連の結果を完全に自ら始めるかのように看做してよい」（本章註15参照）。「かのように看做す」とは、形而上の次元への移行を画すメルクマールなのだ。この点に関するパーフィットとロバート・ノージックの見解を、ここで検討しておこう。

パーフィットは次のように述べる。「私たちの継続した存在がオール・オア・ナッシングに違いないということは真ではないが［「私」は、存在するか／しないかのいずれかでしかありえないような「実体」的存在ではないが］、それでもあたかもそれが真であるかのように私たちの自己同一性を配慮することは合理的でありうる。ノージックが認めるように、これは「現実性の反実在論的な過大評価、プラトン的［＝理念的・理想的］眼鏡を通してそれを見ること」を含んでいる。……彼［ノージック］の関心が、彼の生についての現実の真実にではなく、彼が〈現実がこうであればよかった〉と考えているところのものに対応しようとするのは合理的だろうか。理論的合理性と実践的合理性との間の区別を考慮すると、ノージックの配慮のパターンは弁護可能である。……もしノージックがありのままの現実ではなく、彼が現実にこうあってほしいと考えているところのものに反応するならば、これは理論的には不合理である。しかし、この種の願望思考の方が人をもっと深く満足させるならば、彼がこのようにして自分を理論的には不合理にしようとすることは、実践的には合理的でありうる」（Parfit[1984], 479/648）。

ここで些か諧謔的に「現実性の過大評価、プラトン的眼鏡を通してそれ〔現実〕を見ること」と表現されている事態が、「形而上」の次元に相当する。パーフィットは、先に「自己利益の追求」と「道徳に従うこと」を二者択一的な選択の問題として提示していた（Parfit[1984], 129f./181f. 本書第二章、註23をも参照）のと同様、ここでも「理論的合理性」と「実践的合理性」を対置した上で、（ノージックのように）後者を選ぶことにも一定の「合理性」を認めようとしている。だが、本書の見るところ、事態はこうした二者択一的な選択の問題ではない。私たちの「現実」はすでに形而上的なものである可能性があるのであり、その場合、パーフィットたちの言う「現実」は「基付け」関係における下位の項（「支える」項）として「形而上」の次元に「含まれ」ているのである（瀧川裕英[2003]、七九頁、一一四頁の言う「意味」の次元は、この「形而上」の次元を含んでいた。本章、註15参照）。

すなわち、「理論的合理性」は「実践的＝形而上的合理性」に「包まれ」た、その限定態なのだ（先の瀧川の用語法を借用すれば、「意味」の次元を介さない「裸の現実」など、どこにも無いのだ。ネーゲルはこの「意味」の次元を「意識の主観性」と捉え、それは「ほかの何ものにも還元できない現実の特性であり、それがなければ物理学を研究することもできないではないか」Nagel[1986], 7f./11 と述べていた。本書第一章、註4参照）。かつてカントが「理論理性」に対する「実践理性」の「優位」を唱えたとき、彼が見ていたのはこのような事態だったと、本書は解する。そして、私たちの「現実」がもともと実践的なものであり（あるいは、すでに形而上的なものであり）、理論的なものの措定する「ありのままの現実」の方がその特殊な限定＝規定態であるならば（理論的「仮構＝構築態」と言ってもよい）、現実に対してノージック的な態度を取ることは、端的に合理的なのである。

「理論的合理性」と「実践的合理性」（あるいは、「自己利益の追求」と「道徳」）が二者択一的な関係にないことについては、ダマシオも次のような仕方で言及している（以下では、前者が「生物学的恒常性」、後者が「社会文化的恒常性」と表現されている）。「恒常性には大きく二つの種類、基本的なものと社会文化的なものがあるという発想は、別に後者が純粋に「文化的」構築物であり、前者が「生物学的」だということではない。生物学と文化は全面的に相互作用を行なっている〔この「相互作用」の内実は、前者が後者を「支え」、後者が前者を「包む」関係だと本書は考える〕。社会文化的恒常性は、個々のゲノムの導きにより構築された脳による、数多くの「心」の作用を通じて形成されたものだ。興味深いことに、文化の発達は人のゲノムに大きな変化をもたらしうるという証拠が増えつつある」(Damasio[2010], 294/350)。

(26) 自由の存立は、〈私が何かを欲し、意志し、選ぶ〉ことの成立に懸かっていることを、ネーゲルは次のように述べる。「……行為することによってその可能性〔ハイデガーの言う「存在可能」である〕の中の一つを実現した場合、このことの最終的な説明は〔可能性を限定=規定する背景を考慮すれば〕意図〔=意志、意欲〕によるものである。そしてこの説明は、私の観点を通さないと理解できない。私がそれをする理由は、それが起こった理由の全てであり、それ以上の説明は必要でも可能でもない〈取り立てて理由もなく何かをした〉というのは、この種の説明の極端な形だ〕。／……世界の客観的な見取り図には、因果律に従わない行為を説明する余地はない。自由を擁護するためには、行為者の視点と本質的に結び付いた、別の種類の説明が必要なのだ」(Nagel[1986], 115/188)。世界を因果律の下で記述することと自由が両立しうることについては、すでに本書第二章で論じた。

(27) ハイデガー自身による、次のような発言がある。おのれの固有性に直面した場面における「私」(「自己性(Selbstheit)」、「自我性(Egoität)」などと表現される)は「私自身の個人的な私性ではなく、形而上学的な中立性における私性である」(GA26, 242/255)。

ひょっとして私は世界の中で唯一無二の者なのかもしれないと思い至ったときの「驚き」を、ネーゲルは次のように述べている。「〈私である〉という唯一無二の特性をもつ者を宇宙が含むようになったということへの驚きは、かなり原始的な感情である」(Nagel[1986], 56/89)。そしてこの「驚き」が「形而上」的な次元に属するものであることを、些かおのれを揶揄するような口調でこう述べる。「〔このような「驚き」に関わる思考が〕とても恥知らずな形而上的な妄想に見えることは分かっている。……自己弁護するなら、このような考え〔「思い」〕は誰にでも可能だ、としか言えない」(Nagel[1986], 61/99)。

(28)「……決定されていようがいまいが〔全てが因果的に予め決定されていようが、逆に全ては単なる偶然に従って起こるに過ぎなかろうが〕、人を世界の〔=自然の〕一部と見てしまうと、行為に対する責任をもたせることは一切できないように思われる」(Nagel[1986], 120/196)。

(29) いつでも可能なこの「問い返し」を、ネーゲルは「懐疑」と「無力」と表現している。「自由と認識へと通じているかに見える行路の果てには、懐疑と無力が待ち構えている。私たちは、世界の内側からのみ行為できる。だが他方で、外側から自分を眺めれば、内側から経験している自律は幻と化し〔懐疑である〕、外側から見ている私たちには行為することなど全くできない〔無力である〕」(Nagel[1986], 119f./196)。むしろ本書から見れば、自由が「純粋な可能性」の次元においてのみ存立する以上、懐疑はその次元に不可欠の要素なのである。懐疑を伴なわない（おのれへの自信に満ち溢れた）自由は、不健全ですらある。

（30）この点に関してNagel[1986]の邦訳書に付された「解題　誇り高き謙虚さ」の執筆者・山田雅大は、フランク・ジャクソンによって「メアリーの部屋」として定式化されてよく知られるようになった事例に言及しつつ、次のように述べている。「脳の中で何が起こるかを知っていることと、それが起きたときどのような感じなのかを知ることとは別のことなのである。彼女〔優れた盲目の脳科学者メアリー〕の〔赤いものを見るとき脳の中で何が起こるかについての〕科学的知識は、赤いものを見るとはどういうことかを彼女に教えることはできなかったのである」（邦訳書「解題」四一〇頁）。それどころか、今問題になっているのは、赤いものを見るのと違って、死というそもそも経験不可能なもの、思考だけが（かろうじて）それに直面できるものなのである。本文後論、参照。

また、パーフィットにも、次のような発言がある。「……人物の脳は、私たちの多くが〈自分自身がもっている〉と信じている性質の大部分をもっていない。脳の継続した存在は、オール・オア・ナッシングに違いないというものではない。私たちの多くが「私」を用いるとき、私たちの脳は、私たちが自分の意図する指示対象だと信じているものとあまり似ていない。このことは、〈私たちが「私」を用いるとき、実際には私たちの脳に言及しているのだ〉という主張に対する反論になる」（Parfit[1984], 473/639）。

（31）ハイデガーにも、次のような一文がある。「固有なものとして〈死を思うこと〉（das eigentliche 'Denken an den Tod'）は、実存的におのれを見通すに至った〈良心をもとうと欲すること〉なのだ」（SZ, 309/3-387）。

（32）「自然」の次元においては、〈自らの原因＝根拠たりうる者〉としての「主体」が存在しないことについては、すでにカントやストローソンの指摘がある。「……私自身が、自ら出来事を開始することはできない」（『実践理性批判』、小坂井敏晶[2008]、一四三頁参照）。「……ストローソンが指摘するように、責任概念と因果関係は次の論理的矛盾を抱えるため、根本的に相容れない。（1）自らの行為に対して道徳的責任を負うのは、行為者自身が当該行為の原因をなす場合である。（2）しかし、どんな存在も自らの原因ではありえない。（3）したがって、どんな存在も責任を負えない」（Strawson[2003], 212-228. 小坂井敏晶[2008]、一四七頁参照）。これらの指摘を受けて、小坂井は次のように述べる。「……我々は自律感覚〔すなわち、自由の感情〕を持ち、自己であるか他者であるかを問わず、人間行動の原因を当人の内的要素に求める〔という〕……あまりにも強い錯覚」（同書、一二頁）を有する。「好き嫌いという素朴な感情さえも主体性の及ばない次元で起きる」（同書、一七頁）。「主体とは社会心理現象であり、社会環境の中で脳が不断に繰り返す虚構生成プロセスを意味している」（同書、一二三頁）。そして、「行為と行為でないものの区別の基準を意志の作用という内面的な過程の有無に求める考え」について、黒田亘の次の見解を引用する。「行為の定義的基準とされる意志過程なるものは、あらかじめ常識の理解によって行為ならぬ現象から区別されている人間の営みの背後に、ことさらに仮定された内的過程であり、たいていは架空の存在なのである」（黒田亘[1992]、九頁以下。小坂井敏晶[2008]、一四九頁参照）。この発言を受けて小坂井は、それを「虚構の物語」（同所）とも述べる。

本論から明らかなように、「良心をもとうと（すなわち、おのれを担おうと）欲する」こととしての「意志」ないし「意欲」を「自然」の次元における（「客観的」）存在として証示することができない点については、本書も同意見である。だが本書は、その「意志」ないし「意欲」が「架空」（黒田）あるいは「虚構」（小坂井）であるとは考えない。なぜなら、「架空」ないし「虚構」の対概念（反対概念）である「現実」（あるいは「自然」）がそのようなものとして姿を現わす（現象する）のも、「意志」や「意欲」が姿を現わすのと同じ次元以外ではないからだ。「自然」も「意欲」（という「形而上的＝超自然的」なもの）も、いずれもがそこ以外に存立の場所をもたない共通の根、それがハイデガーの言う〈いま・ここで＝現に(da)〉であり、フッサールの言う「超越論的領野」である（〈現に〉や「超越論的領野」は「意識」や「主観性」と同義ではないが――議論の論脈によっては、厳密に区別されねばならないが――、先にもその一部を引いたネーゲルの次の発言はこの「根」に関わるものと解することができる。「意識の主観性はほかの何ものにも還元できない現実の特性であり、それがなければ物理学を研究することもできないではないか。信用するに足る世界観と言えるためには、物質エネルギー、空間や時間、数だけでなく、〔意識の主観性という〕この特性も基本要素の位置を占めなければならない」（Nagel[1986], 7f./11）。

私（たち）はこの「根」を基盤に、「形而上」と位置付けられる新たな次元を切り拓きつつすでにそこに半ばは身を置いているのであり、その次元から（それを「支え」る）「自然」の次元と新たな関係を取り結ぼうとしている存在なのである（「支え」るものを「包む」、あの「基付け」関係を想起されたい。したがって本書は、小坂井のように「……（「自然」に関わる）実証科学のアプローチの成否は自由や責任と……は関係がない」（小坂井敏晶[2008]、一六八頁）とは言わない）。「倫理（よさ）」も「政治（正しさ）」も――これらについてはすでに第四章で論じたが、本章の最終節でもあらためて触れる――、切り拓かれつつあるこの新たな次元に、その存立の場を有している（本書の見るところ、「虚構」という表現を用いているとはいえ、小坂井も必ずしもそれを否定的・消極的なものと考えてはいない）。

(33) 日本語では、こうした場合「運命付けられていた」と表現する方が自然だろうが、のちに論ずるGeschickに「運命」という訳語を取って置くため、こう訳しておく。

(34)「沈黙」については、あらためて論ずる。

(35)「今」という「現在」がそのつど「固有の」ものであることは、私たちの日常性においてはしばしば見過ごされる。私たちはいつも「今」において存在しているので、それは「同じ」ものがずっと(つまり「持続」して)存在しているように見えるからだ。それが「そのつど」のみに固有のものであり、ひとたび失われたら二度と同じものが回帰しないことは、時刻を表わす数直線上のどこが「今」なのかをそれぞれの時刻に帰属する性質をいくら詳細に調べても決定できないことから明らかになる。いつが「今」であるかは、「そのつど」の〈いま〉(こちらは時間内の特定の位置としての「今」ではなく、すぐ後で述べるように、厳密な意味で全てがそこにおいてしか存在しない〈いま・ここで=現に〉のことだから、〈いま〉と表記する)の側からしか決定できないからであり、この「そのつど」は文字通り「そのつど」かぎりのものでしかないからである。ハイデガーが〈いま・ここで=現に〉の「そのつど」性を強調して止まないのは、このためなのだ。そしてこの「そのつど」性が、現存在にその「固有性」を告知するのである。斯くして、「私」の固有性と〈いま〉の固有性は、分かち難く結び付いていることが明らかになる。本文でつづいて言及するように、自己性と時間性のこの不可分の結び付きを、ハイデガーは「そのつど、絶えず(不断に)自己であること(Selbständigkeit)」と表現するのである。

この不可分に結び付きについては、ネーゲルも注目している。「この問題〔指標詞としての「私」の問題〕が時間の現実性に関する問題と形が似ているということは、言及に値する。世界の完全に客観的な記述には、或る特定の時間〔時刻〕を現在〔=「今」〕として同定する余地はない。……しかし、〈「今」がまさに〈いま〉であるような特定の時間だ〉という事実は、私たちにとってなしで済ますことのできない基本的な真理であるように思われる。時間的な順序に関する無時間的な記述は、本質的に不完全である。それは、時間の移行を排除してしまうからだ」(Nagel[1986], 57/380)。ここで彼が「移行」と呼んでいるものは時間の「動性」を指しており、ハイデガーはそれを〈世界のそのつどの「生起」〉、すなわち「瞬間」=「瞬視」と捉えるのである。

パーフィットがバーナード・ウィリアムズの見解を引きつつ次のように述べるとき問題になっているのも、このような事態だと本書は考える。「ウィリアムズが書いているように、「自分の生涯についての正しいパースペクティヴは、〈いま〉からのものである」」(Parfit[1984], 143/201. cf.Williaws[1976], 209. 強調ウィリアムズ)。したがって、この場合の〈いま〉は過去や未来から切り離された一つの時間位置としてのそれではなく、「既在」と「将来」を孕んで初めて〈いま〉であるような〈いま〉、すなわち「瞬間＝瞬視」なのであり、この「瞬間＝瞬視」において「自分の生涯」がその固有性と全体性において姿を現わすのだ。つまり、「自分の生涯」ということが初めて、意味ある事態として当の私の前に姿を現わすのである。

（36）脳神経科学者であるダマシオは、生命がこのような仕方で存在するに至ったことを「生物進化の転回点」として捉える。彼によれば、多くの生命体においてはいまだ「自己」なるものの存在しない無意識状態としての「心」が――その時々の個別の刺激を受け止めて、生命維持に利するような個別の反応を返すという仕方で――生命維持活動を統御しているのに対して、そのような活動の「目撃者」として登場し、そのような活動をおのれのそれとして捉える「自己」が姿を現わすことを以って「意識」が成立する。そのような「自己」がついに「主体」にして「知る者」として立つに至ったことは、「生物進化の転回点」だというのである（Damasio[2010], 9/17）。そして、この地点に立った「意識」について、次のように述べる。

「……意識が人類に与えてくれた究極の贈り物とは、何だろうか。それは、想像力〔これは、事実性から離脱し・距離を取る能力にほかならなかった〕の中で未来への舵取りをする能力かもしれない。……充分に生き抜いた過去〔すなわち「既在」〕と、予測される将来〔すなわち、「将来へと先駆けること」〕との間に自己は置かれ、失われた昨日とまだ可能性でしかない明日の間にバッファリングされている。将来は、遥かな消失点から私たちを前へと引き寄せ、現在の中の旅をつづける意志を与えてくれる。これこそ、T・S・エリオットの以下の詩の意味するところかもしれない。「過ぎ去りしときと、将来のとき／ありえたこと〔可能性〕と、実際にあったこと〔現実性〕が／指し示す地点は、つねに現在〔＝〈いま〉〕」」（Damasio[2010], 296f./354）。「意識」のこの〈いま〉において既在が反復され将来が先駆けられることで、一箇の「全体」が初めて姿を現わしたのである。

（37）現存在の存在する仕方（存在構制）がこのようなものであるからこそ、すなわち、〈「瞬間」において、「将来」へと先駆けつつ「既在」を反復することを以って「現在」に生きる〉という特有の「時間性」を有するものであるからこそ、おのれを「担う」（「責任」である）といったことが初めて可能になるのであり、このようにして私は「自由」の次元に足を踏み入れるのである。

したがって、この「既在の反復」は単なる「事後性」ではない。「ある行為の行為者に責任を負わせることをもって、事後的にその行為の原因としての（過去の）意志」〔が〕「構成」（中島義道[1999]、一六一頁以下）されうるのは――本書は刑法上の有効な手続きの一過程としてこうしたことが為されるのを認めるに吝かでない――、そもそも私（たち）がおのれを、そのようにして既在をわがものとしうる存在と認めているからなのである。「……ある身体運動を出来事ではなく行為と認めること自体が、そこに意志の存在を事後的に構成する」（小坂井敏晶[2008]、一五一頁）と言っただけでは、充分でない。私（たち）が予め——ハイデガーの言う「先立って＝先駆」である——「事後的」な観点に立って——つまり、これから生ずる事態を「完了」の相の下に看て取った上で——〈あたかも私の意志が事態の起源であるかのように〉行為することができる（本書はこれを「純粋な可能性」と捉えた）からこそ、私（たち）は何かを「担う」「負う」といった（「自然」の次元においては決して見られない）存在の仕方をすることができるのだ。

瀧川裕英は、現在の自分がこのような人格の者であることの責任は当人にあるとする「人格形成責任論」について、次のように述べている。「……人格形成責任論は〔現在の自分がそのような人格の者であることの責任はそれに先立つ自分にあり、その先立つ自分がそのような人格であることの責任は更にそれに先立つ自分にあり、……といった仕方で〕無限背進に陥ることになり、結局生後間もない乳児が最も自由であり、その自由によってその後のすべての行為の責任が基礎づけされるという奇妙な理論に陥ってしまう。人格形成責任論がこのような問題を抱えてしまうのは、人格形成責任論が時間的な理論であり、時間的な遡行を理論的に内在させているからである」（瀧川裕英[2003]、一〇五頁以下）。人格形成責任論がそうした「奇妙な理論」になってしまうのは瀧川の指摘する通りだが、ここで考えてみてもよいのは、私（たち）が〈おのれの過去（既在）を遡って反復することで初めてそれをわがものとする〉——のちに見るように、この意味での「遡行」はもはやおのれの誕生にとどまるものですらない——という独特の「時間性」を存在しているのではないかという点である。この点に鑑みれば、自由であ（りう）るのは「生後間もない乳児」ではなく、それをもおのれの「既在」として存在する当の者の方である。尤も、この存在構制は形而上の次元に属する「隠されたもの」なのだから、法学理論の範疇にない点も忘れてはならない。

（38）この点にネーゲルも注目していたことについては、本章の註9を参照。

（39）このことは、ハイデガーが「プロネーシス」を「瞬間」に結び付けている点からも看て取れる。「瞬間」とは、固有性の相の下での現在のことだからだ。「それ〔プロネーシス〕は、十全な〈瞬間〉を真に保つ仕方である」（GA62, 384）。プロネーシスは、「全ての行為が特定のときに〔然るべきときに＝「瞬間」において〕遂行される」（GA19, 147）よう導くのである。

（40）およそ一九一〇年代から二〇年代にかけてのことである。池田喬[2011]、一八八頁をも参照。

（41）世界のこの歴史的・共同的な反復は、将来へ向けての投企と切り離すことができない。したがって、この「将来」はどこまで及ぶものなのか、と問うこともできる。この「生起」が世界の全てに「先立って」ひたすら被られるしかないものである以上（偶然性・事実性である）、それはいつ失われてもおかしくなかった。この意味で、世界はつねに「終わり（End）」との関係の内にある。すなわち、世界は「有限（endlich）」なのだ。そうであればこの将来も、その「生起」の終わりの「手前」（それ以前）であれば、「どこまでも」先へと進みうることになる。それは今この瞬間にもやって来るかもしれないし、私の死の遥か先になってもまだやって来ないかもしれない。このことは、私の「責任」が当の私の死の遥か先まで及びうることを意味する――本書が第Ⅱ部第三章で検討したヨナスの世代間倫理を、この文脈で考える余地がある――が、議論の構造は「反復」の場合と同様だから、本論では論じない。

（42）この場合の「将来」が、今や私の死を越えて遥かその先まで拡がっている（拡がりうる）ことは、前註41で触れた通りである。

（43）いわゆる「戦争責任」も然り、である。私が参与したわけではない過去の（私が生まれる前の）戦争に対しても、それが共同体の歴史に関わるものである以上、私は無関係でありえないのだ。もちろんそのことと、そのような私が具体的にどのような形で責任を負いうるか、負わねばならないかという問題は、（繋がってはいるが）同じではない。ことは、本書の言う〈倫理から正義への移行〉に関わる（本章第四節b参照）。

（44）ドイツ語の「民族（Volk）」概念は本来「文化」や「文明」の担い手を指し、地縁や血縁で結び付いた「部族」や「種族」、あるいは「人種」とは別のものとされるが（cf. *Duden*）、それらがしばしば混同されてきたという事実がある（この点は日本語においても同様であり、ドイツ語以上に「人種」や「出自」と繋がりが強い。逆に、Volk の英語訳 people になると、こうした側面は薄くなる）。ナチズムにおいてもこの混同ははっきり現われているが、ハイデガー自身の中でこの混同が生じていたか否かは定かでない。ハイデガーは混同しておらず、その上でナチズムの「民族」運動的側面を評価して加担したが、ナチズム自身はこの混同を犯した、という可能性はある。だが、そうであればその混同を彼ははっきりと批判すべきだったし、自らの理解に従った「民族」概念、すなわち「命運の共同体」について、より立ち入った議論を展開して江湖の批判を仰ぐべきだった（森一郎[2017]、一二三頁も次のように述べている。「ハイデガーの議論に問題があるとすれば、それは、民族や世代について語った点にあるのではなく、むしろわずかしか語らなかった点にある」）。なお、節をあらためて論ずるように、本書はこの「命運の共同体」は文化の担い手としての共同体へと展開されるべきものではなく、正義という基準に従って機能する「国家」（この概念の取り扱いにも注意が必要だが）へと変貌しなければならないと考える。

（45）「誰が「本当に、かつ固有なものとして（eigentlich）」〔おのれ自身を担うという〕選択しているのかは、規定されないままにとどまる」（*SZ*, 268/3-211）。ハイデガーはこのことを〈ひと〉ないし日常性における場合に限定しているが、固有性があくまで可能性の次元にしかないと考える本書にとって、事態は固有性（しばしば日常性と対比される「本来性」）すなわち決意性にあっても基本的に同じである。他人において未規定的にとどまるばかりでなく、おのれの固有性に直面した（すなわち決意性における）私においてすら、その選択は私の「思い」の内にのみ存立しているのであって、それ以上でも以下でもないからだ。つまり、私が固有の者として何もの／ごとかを選択したと「思って」も、それが「思い違い」である可能性は原理的に排除されないのである。

(46) この点に関しては、ハイデガーの次の発言からも確認することができる。「現存在がその自己性に基づいておのれ自身を殊更に選択しうるが故にのみ、現存在はおのれを他者のために出動させうるのであり、また現存在がおのれ自身に向けた存在においてそもそも「自己」といったものを理解できるからこそ、現存在はまた、あなた「自身」〔あなたの「自己」〕にも端的に耳を傾けることができる。現存在が〈〜のために〉によって構成されていて、自己性において実存するからこそ、ただその理由によってのみ、人間共同体といったものが可能なのである」(GA26, 245)。

(47) 永井均[1998]、七一頁以下。Nietzsche[1876], IV, ならびに斎藤慶典[2013]、Ⅳ—一五章、末尾も参照。

(48) ハイデガーの次のような表現は、この承認が私の側からする一方的なものであって、何ら相手に干渉するものでないこと、そもそもそのような干渉は事柄の性格上不可能であることを示唆するものと解釈しうる。「共に存在する他者たちを、〈彼らの最も固有な存在可能において存在するがままにしておく(lassen)〉……」(SZ, 298/3-343)。「共に存在する他者たち」が「彼らの最も固有な存在可能において」いかに「存在する」かは、彼らに「委ねられたまま(lassen)」であり、そうであるほかないのだ。本書は、このlassenを使役（〜させる）の意味に取るべきではないと考える。

(49) カントの言う「自律」にも、このことは当てはまる。カントの「自律」について、モーリッツ・シュリックは次のように述べている。「……義務は、絶対にいかなる〈他者〉にも由来しない……いかなる条件からも独立の定言命法だと、彼〔カント〕は主張した」(Schlick[1930], tr.fr., 100. 小坂井敏晶[2008]、一六二頁参照)。だが、そうではないのだ。この「自律」には、言わば「手前」がある。私が一方的に被らざるをえない、私の意のままにならないもの、すなわち「他者＝他なるもの」に直面して、「お前はどうする?」という〈答えないことのできない問い〉を突き付けられた者だけが、その不可避の応答として「自ら義務に服する」こと、すなわち「自律」を能くしうるのである。「自律」は、すでに一箇の応答なのだ。

責任実践の最終的な立脚点（ないし「意味」）を〈他者に対する私の応答〉に求める瀧川は、この点について次のように述べている。「……理由能力を行使して実践的推論を行なうのは、自己の生の統合性を得るためであるよりは、他者に対する証し立てのためであり、そのような他者に対する証し立てこそが責任実践の意味なのであって、そのような責任実践の基盤である理由能力という観点は、決定論という観点に劣後せず両立するものである……」（瀧川裕英[2003]、二三七頁）。ここで「他者」とは「他人」のことだが、私がおのれを「証し立て」しないわけにいかないのは、他人に対してばかりではない（しかも、この場合に私がそれに対しておのれを「証し立て」ている当のものは、本文でつづいて論ずるように、〈ひと〉という意味での「他人」ではない可能性がある）。すでに考察した「死」を含めておよそ他性を有するものの全てに対して、つまり、「お前、どうする？」と問うものすべてに対して、私は私の名の下に、すなわち「自己」という一者（「主体」）として、応答しないわけにはいかないのである。この次元が初めて、「自律」ということを可能とする。

かつてレヴィナスが用いた言い回しを借用すれば、この意味で「主体」は全て（「自律」の主体を含めて）「（何ものかを被ることで立ち上がる）対格的主体」なのである（これは、ハイデガーが「被投的投企」という形で捉えた事態と別のものではない）。もし、ハイデガーにおける「他者性」の問題をこのように捉えることができるとすれば、次のようにはもはや言えないことになる。「責任を負担責任として捉えることは、最終的には他者なき決断を肯定することにつながる」（瀧川裕英[2003]、二四八頁。同所で瀧川は、クリスティアン・クロコウ『決断　ユンガー・シュミット・ハイデガー』の参照を指示している）。尤も、「固有な共同相互性」に言及するとはいえ、「他人」ならびにその顔の上に痕跡を残す「他者」との「共同性」についてのハイデガーの議論が、「死」と「良心」をめぐる周到な考察に比して、充分に展開されているとは言い難いこともまた確かである。本章は、この欠落を埋める一つの試みでもある。

（50）レヴィナスは、私が向かい合い、いまやそれへの応答が不可避となった他者を、次のように形容している。それは、「曖昧さの明滅の前に付された疑問符の如きもの」（AA, 206/293）だというのである。すなわち、「あなたはいったい誰？」というわけだ。本書が第四章で用いた表現で言えば、そこに「薄明の内に佇む誰か」が居るのである。

（51）後期のハイデガーがこの「別の固有性」の問題を、「言葉を通じた「別の」生への期待」（信太光郎[2011]、一七一頁）として、あらためて「言葉」を中軸に論じ直していると解釈する余地がある。信太光郎、同書第三章、参照。但し本書は、この「期待」が「生」と取り結ぶ関係についてはより立ち入った検討が必要だと考えている。

（52）私をおのれの固有性へと呼び出す「呼び声」（応答への要請）がそこから（そこを経由して）到来する他人からの具体性を伴なった要求に、私がその具体性のレヴェルで応じないことはもはや不可能である。その要求を無視することも、そこに他人が関わっている以上、「無視」という明確な、すなわち「顕わない」対応になってしまうからだ。この点が、私の死に対する私の応答がついに最後まで（その肯定性に至ってなお）「隠れた」ものにとどまるのと決定的に異なる。

(53) この移行の必然性について、瀧川は次のように述べている。「責任実践は……本質的に脆い実践〔である。〕……このような責任実践の、重要であるにもかかわらず脆い性質のため、責任実践を保障するために「制度化」が要請されることになる」（瀧川裕英[2003]、六頁）。本書もこの見解に賛同する。この「要請」がいかなる要請であり、それはどのように実現（「制度化」）されなければならないか——言わば、その「理路」——を確認することが、次節の課題である。

(54) 第三者の介入については、以下をも参照。「……責任実践において問題となる行為の意味とは、端的に言えば、いわば行為の「客観的意図」のことであるということができる。重要なのは、行為の単なる客観的帰結でもなければ主観的意図でもなく、行為の客観的（間主観的〔＝相互主観的〕）意図である。意味の空間に住まう人間にとっては、帰結ではなく意味こそが問題になる。しかも、その意味は行為者ではなく第三者によって明らかにされる。ハンナ・アレントによれば「行為の意味が行為者に開示されることは決してない。行為の意味が開示されるのは歴史家の回顧的まなざしに対してのみである」。第三者によって構成された行為の客観的意図に基づいて、責任実践は営まれる」（瀧川裕英[2003]、八五頁）。

尤も、アレントのように「歴史家〔という第三者〕の回顧的まなざしに対してのみ」というのは、言い過ぎである。行為を担う者（主体＝第一人称）に対しても意味がすでに姿を現わしているのでなければ、そもそも「意図」ということが問題になりえないからだ。もちろん、それが明確な輪郭を得て規定態となることはないが、それは歴史家に対しても（程度の差はあれ）同様である。歴史的定説は、いつでも覆りうる。肝心なのは、行為を担う当人に対してのみでは不充分であり、かつ、当人に対してそれが何らかの輪郭を伴なって姿を現わすときすでに、そこに第三者が居合わせているということなのだ。これは「倫理（よさ）」から「政治（正しさ）」への移行の（不可避性の）問題なのである。

(55) 原語は un événement tel que la méditation であり、「さまざまな事情を勘案して熟慮する（méditation）という出来事（événement）」といったほどの意味だが、événement の原義は「何かが外から入ってくる」（伊吹武彦ほか編『仏和大辞典』、白水社、一九八一年）であり、このニュアンスを響かせていると思われるので（多少強く）「介入」と訳した。

(56) あくまで共同体の「内部」に社会秩序の根拠を見出そうとしたルソーと、共同体の「外部」に根拠を権力として要請したホッブズを対比する小坂井は、そのルソーも結局は「外部」

を要請せざるをえなかったと見る。「どの構成員からも独立する〈外部〉としての君主＝主権者を媒介せず、共同体内部に社会秩序の根拠を打ち立てようとルソーは試みた。神と呼ばれる〈外部〉に社会秩序の根拠を求める道を拒否し、あくまで個人の権利から出発したホッブズを高く評価しつつも、彼の理論の不徹底さを批判したルソーは、共同体の〈外部〉に一歩も出ることなく社会秩序を正当化するという個人主義的主体論を極限まで突き詰めたのだった。／しかし結局、社会契約を支える根拠として、各構成員の私的意志を超越する「一般意志」という〈外部〉を彼も導入せざるをえなかった」（小坂井敏晶[2008]、二一三頁）。「ホッブズと同様にルソーの社会契約論においても、共同体内の闘争を防ぐため、構成員各自から遊離する〈外部〉が導入されている」（同書、二一五頁）。本書はルソーによる「外部」へのこの移行をむしろ事柄の必然に従ったものとして評価するが、その「外部」を「構成員各自から遊離」したものとしてではなく、単独者であるかぎりでの「私」が要請したものとして、かつそのことが「隠され」ざるをえないものとして、捉える。だが、以下の本論で論ずるように、「隠され」ざるをえないことは、必ずしもそれが「遊離」したものとなることを意味しない。

(57) すでに明らかなように、責任ということの成立に関わるこの最も基底的な次元においては、何ものかに「応ずる」（応答する）ことと何ものかを「担う」（負う）こととは別のことではない。「応ずる」ことは「何かを以って」応ずることでしかありえず、このとき「応答」が「それを以って」為されるところの「それ」は、応ずる者がわが身に担って（「私の名の下に」）他者へと「差し出す」もの以外ではないからだ。したがって、事態のこの次元においては、次のように言うことは（「応答する」ことと「負う」ことを区別することは）できない。「責任実践の解釈には、責任を負担（すなわち、「負う」もの）として捉え、負担の配分として責任実践を捉える解釈（負担責任論）と、責任を応答として捉え、問責に対する応答の過程として責任実践を捉える解釈（応答責任論）がある」（瀧川裕英[2003]、八頁）。「「応答責任論（応答基底的責任解釈）」とは、負担の帰属・配分ではなく、責任を問い責任に答える過程を責任の中心的理念として、その観点から責任実践を捉える解釈である。この解釈によれば「責任」とは、負担のような何らかの実体的なものではなく、問責とそれに対する応答という関係である。その意味で、「実体的責任観」ではなく「関係的責任観」が採用される。端的に言えば、負担責任論が「負う責任」を中心的理念として責任実践を解釈するのに対し、応答責任論は「応える責任」を中心的理念として責任実践を解釈する……」（同書、一二七頁）。瀧川の用語法ではこのように「負う」と「応える」が区別された上で、以下のように前者（「負う」）と区別される「担う」が導入され、この「担う」が「応える」の側に配分される。「根源的責任は、私によって負われる責任ではなく、私と他者との関係の中で担われる責任である」（同書、一五二頁）。対して本書は、これらをいずれも同一の事態の諸側面として捉える。責任という事態は、応答の担い手が「主体＝主語」として、その応答の内実を「述語」として担って（負って）立ち上がることで、初めて可能となるからだ。

このようにして私が主語として述語を担って他者へと向かう（応ずる）動向が、レヴィナスによれば「意味（sens この語はもともと、何かが何かに向かう「方向」を指し示すものである）」という次元を開く。したがって、この場合の「意味」は「理由」と「配慮」の区別以前に属する（理由がその態を成すのは、それが誰か――当人も含む――に向かって行為を正当化する――誰かに気を配っている（配慮）――からでしかない）と共に、すでに「自然」の次元になく「形而上」の次元に属する（何ものかをおのれの名の下に担う「主体」は、自然界には存在しないからである）。つまり、事態のこの次元においては、次のように言うこともできない。「……正当なる応答責任論は、責任実践の中核を「私は、『どうしてあなたはそのようなことをしたのか』という問いを問われうるし、それに対して答えを与えねばならない」という点に求める。ここで要求されている応答は「「配慮応答」（ギリガン）ではなく」「理由応答」である」（同書、一三一頁）。「結論的に言えば、負担の配分でもなければ配慮でもなく、証し立てとしての責任実践が「人間同士を結合する」紐帯の基盤となる。異なる者たちの共生を根底で支えているのは、配分的正義でもなければ愛でもなく、匡正的正義である」（同書、一三二頁。「配分的正義」「愛」「匡正的正義」を区別する基準については、同書一六一頁以下参照）。

念のため言い添えれば、このように言うことができないのはあくまで「事態のこの次元において」であって、瀧川の議論が立脚している「公共的なもの（顕わなもの）」の次元においてではない（後者の次元において尺度として機能すべきものが「匡正的正義」であることに、本書は全面的に賛同する）。にも拘わらず本書が敢えてこの次元に身を置いて発言するのは、この次元について思考することなしには、なぜ「顕わなもの」の次元でこうした区別の正当性が問われねばならないかが理解できないと考えるからである。

本書を構成する諸章の内、序章と第Ⅰ部第一章、ならびに第二章は、旧稿をもとに大幅な改訂を加えて成ったものである。この場を借りてそれら旧稿の成立について記し、本書がそれらなしには成り立たなかっただろう貴重な機会を与えて下さった方々、そしてそこでの議論に参加して下さった皆さんに、心より御礼申し上げたい。

序章は、齋藤元紀さん（高千穂大学）の企画・立案によって二〇一四年度の後半期に開催された同大学の公開講座「危機の時代と哲学の未来」において、「危機と／の固有性、あるいは危機の形而上学――ハイデガーとジャンケレヴィッチを手がかりに」と題されて行なわれた講演（同年一一月一八日）の原稿がもとになっている。この講座は主として同大学の所在する杉並区民を対象にした連続講演会で、一五〇名の定員が満席となるほどの関心を集め、私の回も聴講者の皆さんから熱心な質問をたくさん戴いた。一二名の講師から成る同講座は、その後一書として刊行された（齋藤元紀編『連続講義　現代日本の四つの危機　哲学からの挑戦』、講談社・選書メチエ、二〇一五年）。同書に本講演を収録するにあたっては、編集作業の実務を担当された互盛央さん（講談社）にも大変お世話になった。

第一章のもとになったのは、加藤泰史さん（一橋大学）が組織された日本学術振興会科学研究費による基盤研究（A）「尊厳概念のアクチュアリティ――多元主義的社会に適切な概念構築に向けて」において行なわれた研究報告「生命と自由――「尊厳」を考えるために」（第八回一橋哲学フォーラム、二〇一四年九月七日）である。第二章のもとになったのは、村田純一さん（立正大学）が組織された同じく日本学術振興会科学研究費による基盤研究（C）「現代における自由意志の問題」において行なわれた研究報告「自由であるとは、いかなることか」（二〇一六年二月二七日）である。いずれの研究会においてもそれぞれの分野の専門家の皆さんと立ち入った議論をすることができ、多くの示唆を得た。

以上のほかは（すなわち、第II部を構成する第三章、第四章、ならびに第III部の第五章）、全て今回新たに書き下ろしたものである。これらを書き下ろすにあたっては、私の本務先である慶應義塾大学より与えられた研究休暇（二〇一六年九月より二〇一七年九月までの一年間）を当てることができた。かなりの分量となったこれら諸章を書き上げることは、この研究休暇なしには不可能だった。この期間中執筆に専念することができたおかげで、本書と、その姉妹編的な性格をもった『「東洋」哲学の根本問題 あるいは井筒俊彦』（講談社・選書メチエ、二〇一八年）を、その成果として世に問うことができた。快く研究休暇に送り出してくれ、執筆に専念できる環境を整えてくれた同大学文学部哲学専攻の同僚の皆さんにも、あらためて御礼申し上げる。

本書が今読者の皆さんが手に取ってくださっている形に成るに際しては、編集にあたってくれた片原良子さんのご尽力によるところが大きい。本書は当初の私の心づもりでは、いわゆる専門書として刊行する予定だった。したがって最初の原稿は、この方面の専門家なら当然知っている事柄についての説明を一切省いた、かなりぶっきら棒なものだった。ところが、この最初の稿に眼を通した片原さんから、本書を一般読者にも届く形で出版したいという、私にとっては些か意外な提案を戴いた。意外というのは、本書で展開した議論など、一般の読者の関心を惹くものではないだろうと思っていたからだ。それでも本書を書いたのは、少なくとも私自身にとってはここでの議論なしにはおよそ哲学することの意味がないと思われたからに過ぎない。ともかくもその問題を今自分にできるかぎり厳密に考え、形に残すことができさえすれば、それでよいと思っていたのだ。

本書のどこを片原さんが面白がってくれたのか、そして彼女のその見込みが当たるかどうかについて、私自身は確信をもって何かを言うことができない。いずれにせよ、一人でも多くの方に読んでもらえるなら、著者としてこんなに嬉しいことはない。斯くして、一般の読者を想定して、最初の原稿に大幅な手を入れる作業に着手したのである。もとの原稿の分量がかなり大きなものだったせいもあって、この作業には予想していたよりも多くの時間がかかったが、はたしてどの程度所期の目的を達しえたかも、実は心許ない。それでも、本書が少しでも読み易いものになっていたなら、それは全て片原さんのおかげである。彼女は自分が納得するまで原稿を読み込んで、ここがよく分からないとかこの議論とあの議論の繋がりはどうなっているのかなど、いろいろ質問してくれたからだ。本書のタイトル「私は自由なのかもしれない」も、彼女が付けてくれた。

最後になってしまったが、ご自身の苦心の訳業を私に送ってくれた東北大学の森本浩一さん（ヨナス『責任という原理』）、同じく東北大学の森一郎さん（アレント『活動的生』）、東京大学の熊野純彦さん（ハイデガー『存在と時間』）にも、心よりの御礼を申し上げる。これらの訳業から受けた大きな刺激が本書執筆の一つのきっかけとなったことも、間違いない。とはいえ、これらに対する応答が速やかに為されたと言うにはほど遠い。自分なりに納得のゆく応答が可能となるまでにこれほどの時間を必要としたおのれの非才を恥じると共に、お三方のご寛恕を乞う次第である。

以上、近年とみに忘れっぽくなっている自分自身の備忘のためを兼ねて、本書の成立に至る歩みを記した。望むと望まざるとに関わらず、本書の成立に何らかの形で関わってくださった全ての皆さんに、満腔の感謝を捧げる。

早くも追憶の対象と成りつつある研究休暇を過ごした地に、思いを馳せながら

二〇一八年五月二四日

斎藤慶典

著者
斎藤慶典　Yoshimichi Saito
1957年生まれ。慶應義塾大学大学院文学研究科博士課程修了。哲学博士。現在、慶應義塾大学文学部哲学科教授。専攻は現象学、西洋近・現代哲学。
著書に『フッサール 起源への哲学』『レヴィナス 無起源からの思考』『知ること、黙すること、遣り過ごすこと』『「東洋」哲学の根本問題　あるいは井筒俊彦』（以上講談社）、『「実在」の形而上学』（岩波書店）、『デカルト――「われ思う」のは誰か』『デリダ――なぜ「脱‐構築」は正義なのか』（以上 NHK 出版）、『生命と自由――現象学、生命科学、そして形而上学』（東京大学出版会）、『死の話をしよう――とりわけ、ジュニアとシニアのための哲学入門』（PHP 研究所）など。

私は自由なのかもしれない
――〈責任という自由〉の形而上学

2018年 7 月14日　初版第 1 刷発行

著　者――――斎藤慶典
発行者――――古屋正博
発行所――――慶應義塾大学出版会株式会社
〒108-8346　東京都港区三田2-19-30
TEL 〔編集部〕03-3451-0931
〔営業部〕03-3451-3584〈ご注文〉
〔　〃　〕03-3451-6926
FAX 〔営業部〕03-3451-3122
振替　00190-8-155497
http://www.keio-up.co.jp/
装　丁――――岡部正裕（voids）
印刷・製本――中央精版印刷株式会社
カバー印刷――株式会社太平印刷社

Printed in Japan ISBN978-4-7664-2528-4

人名索引

註に登場する場合は、章番号を四角で囲み、註番号を示した。
原綴りのみ登場する場合は、(　)内に姓の原綴りを添えた。

タ

ナ

ハ

マ

ヤ

ラ

参考文献

引用にあたっては、原則として著者名と出版年を表記した。但し、頻出する場合などは、各文献の末尾に表示した略号を使用した。

青山拓央『分岐する時間——自由意志の哲学』、慶應義塾大学博士論文、2016年

Arendt, Hannah; *The Human Condition*, The University of Chicago Press, 1958（アレント『人間の条件』、志水速雄訳、ちくま学芸文庫、1994年）

——; *Vita activa oder Vom Tätigen Leben*, Kohlhammer, 1960（アーレント『活動的生』、森一郎訳、みすず書房、2015年）（引用にあたっては、同書の文庫特別版 Taschenbuchsonderausgabe, Piper, 2002に依拠した）[VA]

——; *Lectures on Kant's Political Philosophy*, edited and with an Interpretive Essay by Beiner, R., The University of Chicago Press, 1982（アーレント『カント政治哲学の講義』、ロナルド・ベイナー編、浜田義文監訳、法政大学出版局、1987年／アーレント『完訳　カント政治哲学講義録』、ロナルド・ベイナー編、仲正昌樹訳、明月堂書店、2009年）

——; *Responsibility and Judgement*, edited and with an Introduction by Jerome Kohn, Schocken Books, 2003（アレント『責任と判断』、ジェローム・コーン編、中山元訳、ちくま学芸文庫、2016年）

——; *On Revolution*, Viking Press, 1963（アレント『革命について』、志水速雄訳、ちくま学芸文庫、1995年）

——; *The Life of the Mind*, A Harvest/HBJ book, 1978（アーレント『精神の生活』上・下、佐藤和夫訳、岩波書店、1994年）

——; *Between Past and Future*, Penguin Books, 1968（アーレント『過去と未来の間』、引田隆也・齋藤純一訳、みすず書房、1994年）

——; "Ideology and Terror: A Novel Form of Government", *The Review of Politics*, vol.15, no.3, 1953

Aristoteles; *De Anima*, edited, with introduction and commentary by Sir David Ross, Oxford University Press, 1961（アリストテレス『霊魂論』、山本光雄訳、岩波書店、1968年）

——; *Metaphysica*, a revised text with introduction and commentary by W. David Ross, 2 vols., Oxford University Press. 1924（アリストテレス『形而上学』、出隆訳、岩波文庫（上）（下）、1959年、1961年）

Augstinus; *Confessiones*（アウグスティヌス『告白』、山田晶訳、中公バックス 世界の名著16、1978年）

Cicero; *De re publica*（キケロー「国家について」、岡道男訳、岡道男ほか編『キケロー選集』第8巻『哲学Ⅰ』、岩波書店、1999年、所収）

Damasio, Antonio; *The Feeling of What Happens: Body, Emotion and the Making of Consciousness*, Vintage Books, 2000（アントニオ・ダマシオ『無意識の脳　自己意識

の脳――身体と情動と感情の神秘』、田中三彦訳、講談社、2003年）
――; *Self Comes to Mind: Constructing the Conscious Brain*, William Heinemann, 2010（アントニオ・ダマシオ『自己が心にやって来る――意識ある脳の構築』、山形浩生訳、早川書房、2013年）
Dastur, Françoise; "The Call of Conscience: The Most Intimate Alterity", in Raffoul, F. & Pettigrew, D.（ed.）; *Heidegger and Practical Philosophy*, State University of New York Press, 2002
Dennett, Daniel; *Kinds of Minds*, BasicBooks, 1996（デネット『心はどこにあるのか』、土屋俊訳、草思社、1997年）
Frankfurt, Harry; "Alternate Possibilities and Moral Responsibility", *The Journal of Philosophy*, LXVI, 23, 1969, 829–839. in *The Importance of What We Care About: Philosophical Essays*, Cambridge University Press, 1988, 1–10（フランクファート「選択可能性と道徳的責任」、三ツ野陽介訳、門脇俊介・野矢茂樹編、監修『自由と行為の哲学』、春秋社、2010年、81–98頁）
Gethmann, C. F.; *Dasein: Erkennen und Handeln. Heidegger im phänomenologischen Kontext*, Walter de Gruyter, 1993
郡司ペギオ－幸夫「創発という問題　潜在性と可能性」（Luisi[2006]の邦訳書に付された「解説」）
Heidegger, Martin; *Sein und Zeit*, Max Niemeiyer Verlag, 1927（ハイデガー『存在と時間』㈠～㈣、熊野純彦訳、岩波文庫、2013年）[SZ]
――; *Metaphysische Anfangsgründe der Logik im Ausgang von Leibniz, Gesamtausgabe 26*, Vittorio Klostermann, 1978（ハイデッガー『論理学の形而上学的な始元諸根拠――ライプニッツから出発して』、酒井潔・W. クルンカー訳、創文社、2002年）[GA26]
――; *Phänomenologische Interpretationen ausgewählter Abhandlungen des Aristoteles zur Ontologie und Logik, Gesamtausgabe 62*, Vittorio Klostermann, 2005. [GA62]
――; *Platon: Sophistes, Gesamtausgabe 19*, Vittorio Klostermann, 1992. [GA19]
――; „Brief über den »Humanismus« ". in *Wegmarken, Gesamtausgabe 9*, Vittorio Klostermann, 1976（ハイデッガー『「ヒューマニズム」について』、渡邊二郎訳、ちくま学芸文庫、1997年）[GA9]
――; *Kant und das Problem der Metaphysik, Gesammtausgabe 3*, Vittorio Klostermann, 1991（ハイデッガー『カントと形而上学の問題』、門脇卓爾訳、創文社、2003年）[GA3]
――; „Die Frage nach der Technik ", in *Vorträge und Aufsätze, Gesamtausgabe 7*, Vittorio Klostermann, 2000（ハイデッガー『技術への問い』、関口浩訳、平凡社、2009年）[GA7]
Holdworth, D.; "Accountability: the obligation to lay oneself open to criticism", in Ruth F. Chadwick（ed.）; *Ethics and the Professions*, Avebury, 1994.
池田喬『ハイデガー　存在と行為――『存在と時間』の解釈と展開』、創文社、2011

年
入不二元義『あるようにあり、なるようになる――運命論の運命』、講談社、2015年
Jankélévitch, Vladimir; *La Mort*, Flammarion, 1966（ジャンケレヴィッチ『死』、仲沢紀雄訳、みすず書房、1978年）
Jonas, Hans; *Das Prinzip Verantwortung: Versuch einer Ethik für die technologische Zivilisation*, Insel Verlag, 1979（ヨナス『責任という原理』、加藤尚武監訳、東信堂、2000年）（引用にあたっては、同書の Suhrkamp 版、suhrkamp taschenbuch 3492, 2003、に依拠した）[PV]
――; *The Imperative of Responsibility: In Search of Ethics for the Technological Age*. Trans. by Hans Jonas with the Collaboration of David Herr. The University of Chicago Press, 1984
――; *Macht oder Ohnmacht der Subjektivität?: Das Leib-Seele-Problem im Vorfeld des Prinzips Verantwortung*, Insel Verlag, 1981（ヨナス『主観性の復権――心身問題から『責任という原理』へ』、宇佐美公生・滝口清栄訳、東信堂、2000年）（引用にあたっては、同書の Suhrkamp 版、suhrkamp taschenbuch 1513, 1987、に依拠した）[MO]
――; *Das Prinzip Leben: Ansätze zu einer philosophischen Biologie*, Insel Verlag, 1994（ヨーナス『生命の哲学――有機体と自由』、細見和之・吉本陵訳、法政大学出版局、2008年）[PL]
金子邦彦『生命とは何か――複雑系生命論序説』、東京大学出版会、2003年
Kant, Immanuel; *Kritik der reinen Vernunft*, 1781/1787（カント『純粋理性批判』上・中・下、有福孝岳訳、坂部恵ほか編『カント全集』第4・5・6巻、岩波書店、2001・2003・2006年）
――; *Kritik der praktischen Vernunft*, 1788（カント『実践理性批判』、坂部恵・伊古田理訳、坂部恵ほか編『カント全集』第7巻、岩波書店、2000年）
――; *Kants Briefwechsel. Bd.3. 1795-1803. Kants gesammelte Schriften*, hrsg. v. d. Königlich Preussischen Akademie der Wissenschaften. Bd.12, 1922（カント『書簡II』、木阪貴行・山本精一訳、坂部恵ほか編『カント全集』第22巻、岩波書店、2005年）
Kauffman, Stuart; *At Home in the Univers: The Search for Laws of Self-Organization and Complexity*, Oxford University Press, 1995（カウフマン『自己組織化と進化の論理――宇宙を貫く複雑系の法則』、米沢冨美子監訳、ちくま学芸文庫、2008年）
河本英夫『オートポイエーシス――第三世代システム』、青土社、1995年
小坂井敏晶『責任という虚構』、東京大学出版会、2008年
Krockow, Christian; *Die Entscheidung: eine Untersuchung über Ernst Jünger, Carl Schmitt, Martin Heidegger*, F. Enke, 1958（クロコウ『決断　ユンガー・シュミット・ハイデガー』、高田珠樹訳、柏書房、1999年）
黒田亘『行為と規範』、勁草書房、1992年
Levinas, Emmanuel; *Autrement qu'etre ou au-dela de l'essence*, Martinus Nijhoff, 1974（レヴィナス『存在するとは別の仕方で、あるいは存在することの彼方へ』、合田正人訳、朝日出版社、1990年）[AA]

——; *De Dieu qui vient a l'idee*, 1982 ; 2ᵉ ed. Revue et augmentee, J. Vrin, 1986（レヴィナス『観念に到来する神について』、内田樹訳、国文社、1997年）[DI]
Lewontin, Richard; "The organism as the subject and object of evolution", *Scientia* 118, pp. 63–82, 1983
Locke, John; *An Essay concerning Human Understanding*, 1690. edited with an introduction by John W. Yolton, 2 vols., Everyman's Library, revi. ed., repr. 1967–68（ロック『人間知性論』、大槻春彦訳、岩波文庫㈠〜㈣、1972–1977年）
Luisi, Pier Luigi; *The Emergence of Life. From Chemical Origins to Synthetic Biology*, Cambridge Unversity Press, 2006（ピエル・ルイジ＝ルイージ『創発する生命——化学的起源から構成的生物学へ』、白川智弘・郡司ペギオ‐幸夫訳、NTT出版、2009年）
Machiavelli; *Discorsi sopra la prima deca di Tito Livio*, 1531（マキァヴェッリ『ディスコルシ「ローマ史」論』、永井三明訳、ちくま学芸文庫、2011年）
——; *Il Principe*, 1532（マキアヴェッリ『君主論』、佐々木毅訳、講談社学術文庫、2004年）
Mainzer, Klaus; *Thinking in Complexity: the Complex Dynamics of Matter, Mind, and Mankind*, Third Rivised and Enlarged Edition, Springer-Verlag, 1997（クラウス・マインツァー『複雑系思考』、中村量空訳、シュプリンガー・フェアラーク東京、1997年、本訳書は1996年刊の第2版による）
Malaterre, Christophe; *Les Origines de la Vie: Emergence ou Explication réductrice ?*, Hermann Editeurs, 2010（クリストフ・マラテール『生命起源論の科学哲学——創発か、還元的説明か』、佐藤直樹訳、みすず書房、2013年）
Merlau-Ponty, Maurice; *Phénoménologie de la Perception*, Gallimard, 1945（メルロ＝ポンティ『知覚の現象学』1・2、竹内芳郎ほか訳、みすず書房、1967・1974年）
森一郎『死と誕生——ハイデガー・九鬼周造・アーレント』、東京大学出版会、2008年
——『世代問題の再燃——ハイデガー、アーレントとともに哲学する』、明石書店、2017年
——『現代の危機と哲学』、放送大学教育振興会、2018年
森川輝一『〈始まり〉のアーレント——「出生」の思想の誕生』、岩波書店、2010年
永井均『これがニーチェだ』、講談社現代新書、1998年
Nagel, Thomas; *The View from Nowhere*, Oxford University Press, 1986（トマス・ネーゲル『どこでもないところからの眺め』、中村昇・山田雅大・岡山敬二・齋藤宜之・新海太郎・鈴木保早訳、春秋社、2009年）
中島義道『時間と自由——カント解釈の冒険』、講談社学術文庫、1999年
成田和信『責任と自由』、勁草書房、2004年
Nietzsche, Friedrich; *Unzeitgemäße Betrachtungen*, 1876（ニーチェ『反時代的考察』、小倉志祥訳、ちくま学芸文庫、1993年）
Parfit, Derek; *Reasons and Persons*, Oxford University Press, 1984（パーフィット『理由と

人格——非人格性の倫理へ』、森村進訳、勁草書房、1998年）
Raffoul, F.; "Heidegger and the Origins of Responsibility", in Raffoul, F. & Pettigrew, D. (ed.); *Heidegger and Practical Philosophy*, State University of New York Press, 2002
Rawls, John; *A Theory of Justice*, Harvard University Press, 1971（ロールズ『正義論』改訂版、川本隆史・福間聡・神島裕子訳、紀伊國屋書店、2010年）
斎藤慶典『思考の臨界——超越論的現象学の徹底』、勁草書房、2000年
——『デカルト——「われ思う」のは誰か』、NHK出版、2003年
——『レヴィナス——「無起源」からの思考』、講談社・選書メチエ、2005年
——『デリダ——なぜ「脱 - 構築」は正義なのか』、NHK出版、2006年
——『哲学が始まるとき——思考は何／どこに向かうのか』、ちくま新書（651）、2007年
——『知ること、黙すること、遣り過ごすこと——存在と愛の哲学』、講談社、2009年
——『「実在」の形而上学』、岩波書店、2011年
——『中学生の君におくる哲学』、講談社、2013年
——『生命と自由——現象学、生命科学、そして形而上学』、東京大学出版会、2014年
——「突破ということ——あるいは選択と亀裂、そして転倒」、『三田文学』124号、2016年
『「東洋」哲学の根本問題　あるいは井筒俊彦』、講談社・選書メチエ、2018年
Schlick, Moritz; *Fragen der Ethik*, Springer, 1930. (tr. fr., Questions d' éthique, in *Questions d'éthique. Volonté et motif.* PUF, 2000, pp. 9–177)（シュリック『倫理学の諸問題』、安藤孝行訳、行路社、1981年）
信太光郎『死すべきものの自由　ハイデガーの生命の思考』、東北大学出版会、2011年
品川哲彦『正義と境を接するもの——責任という原理とケアの倫理』、ナカニシヤ出版、2007年
Smith, John Maynard & Szathmary, Eörs; *The Major Transition in Evolution*, Oxford University Press, 1997（スミス、サトマーリ『進化する階層——生命の発生から言語の誕生まで』、長野敬訳、シュプリンガー・フェアラーク東京、1997年）
Strawson, G. ; "The Impossibility of Moral Responsibility", in Watson, G.（ed.）, *Free Will*, Oxford University Press, 2003
瀧川裕英『責任の意味と制度——負担から応答へ』、勁草書房、2003年
山田雅大「解題　誇り高き謙虚さ」（ネーゲル『どこでもないところからの眺め』、春秋社、2009年、所収）
Varela, Francisco & Thompson, Evan & Rosch, Eleanor; *The Embodied Mind: Cognitive Science and Human Experience*, MIT Press, 1991（ヴァレラ、トンプソン、ロッシュ『身体化された心——仏教思想からのエナクティヴ・アプローチ』、田中靖夫訳、工

作舎、2001年）
Willams, Bernard; “Persons, Character, and Morality”, in Rorty, A. ed., *The Identities of Persons*, University of California Press, 1976
Wittgenstein, Ludwig; *Tractatus Logico-Philosophicus*, 1918（ルートヴィヒ・ウィトゲンシュタイン『論理哲学論考』、野矢茂樹訳、岩波文庫、2003年）

『スイス連邦憲法』
『世界人権宣言』
『国連憲章』
『ドイツ連邦共和国基本法』